中国特色社会主义"五位一体"的制度建设丛书项目

获得国家出版基金资助

国家新闻出版广电总局深入学习宣传贯彻党的十八大精神重点出版物

中国特色社会主义"五位一体"的制度建设丛书

丛书主编 程恩富

中国特色社会主义经济制度研究

ZHONGGUO TESE SHEHUIZHUYI JINGJI ZHIDU YANJIU

程恩富 杨承训 徐则荣 张建刚 著

经济科学出版社

Economic Science Press

图书在版编目（CIP）数据

中国特色社会主义经济制度研究/程恩富 杨承训 徐则荣 张建刚 著.
—北京：经济科学出版社，2013.3
（中国特色社会主义"五位一体"的制度建设丛书）
ISBN 978 - 7 - 5141 - 4019 - 4

Ⅰ.①中…　Ⅱ.①程…②杨…③徐…④张…　Ⅲ.①中国特色社会主义 –
社会主义经济 – 经济制度 – 研究　Ⅳ.①F120.2

中国版本图书馆 CIP 数据核字（2013）第 274664 号

责任编辑：范　莹
责任校对：杨　海
责任印制：李　鹏

中国特色社会主义经济制度研究

程恩富　杨承训　徐则荣　张建刚　著

经济科学出版社出版、发行　新华书店经销

社址：北京市海淀区阜成路甲 28 号　邮编：100142

总编部电话：010 – 88191217　发行部电话：010 – 88191522

网址：www. esp. com. cn

电子邮件：esp@ esp. com. cn

天猫网店：经济科学出版社旗舰店

网址：http://jjkxcbs. tmall. com

北京欣舒印务有限公司印装

710×1000　16 开　21 印张　340000 字

2013 年 11 月第 1 版　2013 年 11 月第 1 次印刷

ISBN 978 – 7 – 5141 – 4019 – 4　定价：58. 00 元

总　序

程恩富

　　科学社会主义的理论创新，总是来源于实践并指导着实践。中国特色社会主义理论是马克思主义中国化在当代的重大成果，是我国社会主义现代化建设事业不断前进的指南。这一重大成果的现实形式，就是中国特色社会主义制度体系的逐步形成。中国特色社会主义制度不断丰富和完善的过程，是理论和实践、主观和客观有机统一的历史过程，是中国经济社会发展的历史规律性与中国共产党创造性相结合的产物。党的十八大报告进一步指出："全面建成小康社会，必须以更大的政治勇气和智慧，不失时机深化重要领域改革，坚决破除一切妨碍科学发展的思想观念和体制机制弊端，构建系统完备、科学规范、运行有效的制度体系，使各方面制度更加成熟更加定型。"整个报告丰富和发展了中国特色社会主义理论体系和制度体系，从整体上更加鲜明地反映新时期我国社会主义建设的内在规律和时代要求。

　　"中国特色社会主义'五位一体'的制度建设丛书"依据党的十八大精神，全面阐述经济、政治、文化、社会和生态文明五个领域的制度建设，并在理论和现实两个层面对其进行深入探讨和研究。在这里，我们着重提炼和论述与制度体系建设相关的三个问题。

一、坚持中国特色社会主义理论体系与制度体系的统一

　　中国特色社会主义理论是我国在建设社会主义道路上反复探索的历史经验的结晶。在社会主义制度基本确立后如何在社会主义市场经济条件下发展和完善社会主义，对于共产党人来说是一个新的课题。改革开放以来，我国对"什么是社会主义、怎样建设社会主义"等重大问题进行了积极探索，形成了中国特色社会主义理论并确立了与之相应的一系列制度。但正如恩格斯所说，

"社会主义社会不是一种一成不变的东西，而应当和任何其他社会制度一样，把它看成是经常变化和改革的社会。"我国社会主义制度建立以后的实践表明，在国内外不同的背景和条件下完善社会主义制度需要一个长期的历史过程。

对于这一问题，我国的认识是明确的并且日益深化。邓小平在 20 世纪 90 年代初曾指出："恐怕再有 30 年的时间，我们才会在各方面形成一整套更加成熟、更加定型的制度。在这个制度下的方针、政策，也将更加定型化。"1992 年 10 月召开的中国共产党第十四次全国代表大会通过的报告提出："再经过三十年的努力，到建党一百周年的时候，我们将在各方面形成一整套更加成熟更加定型的制度。"江泽民 2000 年 10 月 11 日在中共十五届五中全会上的讲话也指出："我们进行改革的根本目的，就是要使生产关系适应生产力的发展，使上层建筑适应经济基础的发展，使我国社会主义社会的各个方面都形成比较成熟、比较定型的制度。"目前，随着我国经济社会发展新格局的形成，随着邓小平理论、"三个代表"重要思想、科学发展观等内容的丰富和完善，加快形成和完善中国特色社会主义制度体系已经成为新时期的重大历史使命。

中国特色社会主义制度的确立，一个重要的前提是要以马列主义及其中国化理论为指导思想和行动指南。科学的理论是实践的先导，从中国革命和建设的历史经验来看，以毛泽东为主要代表的中国共产党人创造性地将马列主义与中国革命和建设的具体实践相结合，成功地探索了在落后国家建立社会主义制度的道路，尽管有失误，但"党在社会主义建设中取得的独创性理论成果和巨大成就，为新的历史时期开创中国特色社会主义提供了宝贵经验、理论准备、物质基础"。邓小平针对社会主义社会生产力相对落后的现实国情，提出了建设有中国特色社会主义理论，为当代中国的繁荣和发展奠定了基础。在改革开放的进程中，又提出"三个代表"重要思想和"科学发展观"的新思维，丰富了中国特色社会主义理论体系，极大地推进了我国经济社会的快速发展。可见，只有在实践中探索社会主义基本理论和基本路线，不断总结建设社会主义的基本经验，不断完善社会主义的具体制度和政策，才能保证劳动人民当家做主的权利、参与政治和文化生活的权利，广泛而充分地调动劳动者的积极性。只有使中国特色社会主义制度在政治、经济、文化、社会和生态文明等方面体现其优越性，才能为经济发展创造出有利的稳定的制度环境，为经济社会快速发展奠定前提。

中国特色社会主义制度体系的形成和完善，是中国特色社会主义理论体系最终形成的现实标志。建设有中国特色社会主义理论是适应于社会主义初级阶段的理论创新，在总结实践经验后已经成为一个比较完整的理论体系，而中国特色社会主义制度同样需要随着实践的发展加以完善并走向成熟。中国特色社会主义制度体系的要义在于"社会主义"，而不是借与国际接轨的名义改变我国社会主义的社会性质。邓小平曾指出："我们建立的社会主义制度是个好制度，必须坚持。"这里所说的坚持，不仅局限于公有制为主体、按劳分配为主体等主要经济制度，也包括我国的人民代表大会、中国共产党领导的多党合作和政治协商制度，以社会主义核心价值体系为标志等文化制度。这些都是社会主义理论体系中的核心内容，构成了中国特色社会主义制度体系中的精髓。

但是，在探索中国特色社会主义道路的过程中，我国各项具体制度（包括法律、规章等）和政策层面经历了复杂的演变历程，分别适应了不同时期或不同领域的现实情况，还面临着一些新的难题。由于我国经济、政治、文化和社会等领域发展的不平衡，各项制度的整体衔接尚不足以应对经济社会全面协调发展的要求。目前来看，还没有一整套完善的、严密的、相互协调的具体制度体系加以规范，容易导致不同具体制度间的摩擦，不利于统筹兼顾各方权益，也不利于为实现社会主义共同富裕提供制度保障。譬如，体现基本经济制度、财富和收入分配制度、社会保障制度的具体体制机制或规章制度之间如果衔接不好，将不利于维护和促进社会公平正义，实现全体人民共同富裕，也不利于调动广大人民群众和社会各方面的积极性、主动性、创造性；各项文化管理、社会管理的具体规章制度出现失误和缺位，便容易导致文化和社会领域矛盾尖锐化，难以推动经济社会全面发展；不理顺体现经济制度和政治制度关系的具体体制机制和政策，便会导致经济基础与上层建筑之间形成矛盾和冲突，无法协调和有效地应对前进道路上的各种风险挑战；等等。因此，形成和完善社会主义基本和具体的一整套制度体系，是坚持社会主义道路并从根本上化解当前面临各种矛盾的必然途径。

二、科学把握中国特色社会主义制度体系的内在要求

中国特色社会主义制度体系的最终形成，标志着中国特色社会主义理论成果的具体化，迫切要求社会主义初级阶段各项制度实现科学的系统化和定型化。所谓系统化，就是以社会主义的经济、政治、社会、文化和生态文明领域为重点，实现"五位一体"的制度的内在有机统一；所谓定型化，就是保持各项制度的相对稳定性。

首先，中国特色社会主义制度体系的形成和完善，需要扩大制度调节经济社会生活的范围，全面涵盖经济、政治（含党的建设）、文化和社会等各领域。在马克思主义看来，社会是一个有机的统一体，经济基础对上层建筑、社会存在对社会意识起着原生性和初始性的决定性作用，但后者对前者也存在程度不同的反作用，甚至是派生性的决定性反作用。显而易见，政治建设滞后会影响经济建设，精神文明建设的滞后会对社会发展带来巨大的负面影响，法律制度的缺陷会导致经济社会生活失序。因此，按照中国特色社会主义事业的总体要求，近几年将中国特色社会主义制度总体布局由经济、政治、文化建设三大方面，扩展为经济、政治、文化和社会建设四位一体，党的十八大又扩展为涵盖生态文明建设在内的五大建设。其实，在物质文明、政治文明、精神文明、社会文明和生态文明的基础上，还应确立体现生产关系或经济制度的经济文明、体现军事建设和国防制度的军事文明等意识和概念，这些均可反映我国对中国特色社会主义建设规律认识的深化。相应地，社会主义市场经济制度、民主政治制度、先进文化制度、和谐社会制度等，均应成为中国特色社会主义制度体系的重要组成部分。

其次，中国特色社会主义制度体系的形成和完善，需要加强基本制度和一般制度的衔接，发挥好制度体系的总体作用。按照马克思主义的观点，生产资料的所有制最终决定着一个社会的制度属性，也直接决定着社会分配关系。因此，社会主义政治制度的完善，需要以中国特色社会主义基本经济制度为基础。比如，在中国特色社会主义经济制度中，财富和收入分配制度的调整需要以所有制为基础。多种所有制共同发展、促进社会分配公平的制度和政策，需要以市场型的公有制和按劳分配为主体与前提。又如，在中国特色社会主义政治制度建设中，坚持党的领导、人民当家做主、依法治国的有机统一，并将人民当家做主作为中国特色社会主义政治制度的本质，落实《宪法》"一切权力属于人民；人民是国家的主人，拥有广泛而真实的民主权利；要保证人民管理国家，管理社会事务"的规定。再如，在中国特色社会主义文化制度建设中，要处理好社会主义核心价值体系与包容多样性内在统一的文化传播制度。在中国特色社会主义社会制度建设中，要处理好以国家调节为主导、以各方统筹协调为特点的城乡群众权益维护制度体系。

最后，在中国特色社会主义制度体系中，注重发挥社会主义各项制度的优势。制度的优劣归根到底要取决于其能否符合现实社会的客观规律。社会主义制度的优势在经济、政治、文化和社会等各层面均有体现。比如，邓小平谈到社会主义思想文化建设时曾指出："过去我们党无论怎样弱小，无论遇到什么困难，一直有强大的战斗力，因为我们有马克思主义和共产主义的信念。有了共同的理想，也就有了铁的纪律。无论过去、现在和将来，这都是我们的真正优势。"又如，在谈到政治体制时他指出："社会主义同资本主义比较，它的优越性就在于能做到全国一盘棋。"这样，在经济领域就可以集中力量办大的、好的事，从而能适应发展社会化大生产、经济全球化和提高国民经济整体效益的经济规律。在政治领域就可以更高效地发挥民主集中制的潜能。因此，中国特色社会主义制度体系的不断完善，要从根本上符合社会主义各种矛盾运动发展的内在规律，使制度和机制体系的实施，能够又好又快地推动发展民生经济、健全民主法治、弘扬先进文化和促进社会和谐。

三、全面认识中国特色社会主义制度体系的内涵和特点

依据党的十八大文件精神，从坚持邓小平关于社会主义本质的重要思想和中国特色社会主义现代化建设事业的客观要求看，中国特色社会主义制度体系的主要内涵和特点，可以从几个方面进行归纳。

（一）"一个目标、四层框架"的中国特色社会主义经济制度。经济制度是社会主义制度的基石。从改革开放以来的实践看，就是要贯彻邓小平关于社会主义本质是解放生产力，发展生产力，消灭剥削，消除两极分化，实现共同富裕的总体方向，在逐步实现共同富裕这个经济发展总目标的基础上，中国特色社会主义经济制度已经初步确立了"四主型"经济制度。它包含着四个层面的界定：首先，在产权制度上确立和完善公有主体型的多种类产权制度。即在公有制为主体的前提下（包含资产在质上和量上的优势），发展中外私有制经济，具体则通过就业结构、资本结构、GDP结构、税收结构、外贸结构等体现出来。在这种产权结构动态发展中，从量的方面看不同经济成分呈现出"主体－辅体"的结构特征。公有制经济占主要地位，而中外私有制经济则处于辅体的重要地位。其次，在分配制度上确立和完善劳动主体型的多要素分配

制度。即以市场型按劳分配为主体，多要素所有者可凭产权参与分配，使经济公平与经济效率呈现交互同向和并重关系。要进一步保障劳动者合法权益，提高劳动占比，限制资本收入趋高的现象，调节国有企业、国有事业和公务员三类人员的收入差距，完善各类社会保障，扩大中等收入者人群，促进财富和收入分配的和谐。再其次，在市场制度上确立和完善国家主导型的多结构市场制度，即多结构地发展市场体系，发挥市场的基础性配置资源的作用，同时，在廉洁、廉价、民主和高效的基础上发挥国家调节的主导型作用。最后，在对外经济制度上确立和完善自力主导型的多方位开放制度，即处理好引进国外技术和资本同自力更生的发展自主知识产权和高效利用本国资本关系，实行内需为主并与外需相结合的国内外经济交往关系，促进追求引进数量的粗放型开放模式向追求引进效益的质量型开发模式转变，从而尽快完成从贸易大国向贸易强国和经济大国向经济强国的转型。

（二）"三者统一、四层框架"的中国特色社会主义政治制度。坚持中国特色的政治发展之路，促进"坚持党的领导、人民当家做主、依法治国"的有机统一，真正体现人民民主专政这一社会主义国家的国体。通过加强和改善共产党的领导，确保中国特色社会主义政治发展的正确方向、科学架构、高效运行和有序参与。通过完善人民当家做主的社会主义民主政治制度，保障人民群众管理国家重大事务、选举政府官员、监督国家工作人员的权力。通过将无产阶级的意志上升为国家法律并加以实施，体现党在宪法和法律的范围内活动的基本思想，实现人民当家做主的本质性和有序性。

注重政治制度的统一性和协调性，在四个层面完善我国的政治制度。一是巩固社会主义国家的政体和根本政治制度，坚持和完善人民代表大会制度。确保人民通过全国人民代表大会和地方各级人民代表大会，行使国家权力。二是坚持具有中国特色的社会主义政党制度，完善中国共产党领导的多党合作和政治协商制度。积极促进民主参与，广泛集中各民主党派、各人民团体和各界人士的智慧，实现执政党和各级政府决策的科学化和民主化，统筹兼顾各方面群众的利益要求，体现民主集中制的优势。同时，防范一党领导可能产生的缺乏监督的弊端，避免多党纷争可能带来的政治混乱。三是维护国家统一和中华民族大团结，坚持和完善民族区域自治和"一国两制"制度。保障少数民族依法管理本民族事务，民主参与国家和社会事务的管理，维护台港澳地区的稳定，促进国家统一，反对分裂国家，保证我国长治久安。四是坚持和完善基层群众自治制度。积极扩大基层民主，以农村村民委员会、城市居民委员会和企事业职工代表大会为载体，保障广大人民在城乡基层群众性自治组织中，依法行使民主选举、民主决策、民主管理和民主监督的权利。同时，在健全基层党组织领导的充满活力的基层群众自治机制基础上，扩大基层群众自治范围，以管理有序、服务完善、文明祥和为目标，将城乡社区建设成社会生活新型共同体。

（三）"一个体系、五层框架"的中国特色社会主义文化制度。党的十六大以来，我国将文化建设作为中国特色社会主义事业总体布局的重要组成部分，明确了社会主义文化制度建设的方向。按照中国特色社会主义事业发展的要求看，我国文化发展的方向是建立社会主义先进文化，文化制度建设的核心在于弘扬社会主义核心价值体系和核心价值观，满足人民精神需要。社会主义核心价值体系和核心价值观是中国特色社会主义制度思想基础和文化母体，是中国特色社会主义制度内在精神的体现形式。这一核心价值体系，以马克思主义为指导思想，包含着中国特色社会主义的共同理想、以爱国主义为核心的民族精神、以改革创新为核心的时代精神和"八荣八耻"为主要内容的公民道德等丰富内涵。党的十八大报告强调指出："大力弘扬民族精神和时代精神，深入开展爱国主义、集体主义、社会主义教育，丰富人民精神世界，增强人民精神力量。倡导富强、民主、文明、和谐，倡导自由、平等、公正、法治，倡导爱国、敬业、诚信、友善，积极培育和践行社会主义核心价值观。""建设社会主义文化强国，必须走中国特色社会主义文化发展道路，坚持为人民服务、为社会主义服务的方向"，"坚持教育为社会主义现代化建设服务、为人民服务"，"为人民服务是党的根本宗旨"。可见，需要重塑以为人民服务为宗旨的社会主义核心价值观。

从中国特色社会主义文化制度的具体内容和特征来分析，它应包含着"五个主体"即五个层面的制度：一是以社会主义核心价值体系为主体、包容多样性的文化传播制度；二是以公有制为主体、多种所有制共同发展的文化产权制度；三是以文化产业为主体、发展公益性文化事业的文化企事业制度；四是以民族文化为主体、吸收外来有益文化的文化开放制度；五是以党政责任为主体、发挥市场积极作用的文化调控制度。这五层制度互为一体，成为中国特色社会主义文化制度的管理和运作形式。

（四）"四个机制、五层框架"的中国特色社会主义社会制度。社会制度是维系和谐社会关系和社会稳定的制度保障。我国改革开放以来取得了巨大的历史成就，但随着人口加速流动和社会结构的急剧变化，我国在治安防控、社会保障、权益维护、户籍管理和基本公共服务等管理制度方面的滞后，使社会管理难度和风险逐渐加大。同时，传统的以维系社会秩序、保持社会稳定的社会管理方式，因情况变化而不利于激发整个社会的活力。从秩序和活力并重的现代社会管理理念看，中国特色社会主义社会制度在制度设计上应实现三个方面的互动，即在党的领导下，使社会管理网络实现政府调控机制同社会协调机制互联、政府行政功能同社会自治功能互补、政府管理力量同社会调节力量互动，形成科学有效的利益协调机制、诉求表达机制、矛盾调处机制、权益保障机制。

依据党的十八大报告，新的社会制度在内容上主要应建立和完善五个方面的具体制度：一是加快形成党委领导、政府负责、社会协同、公众参与、法治保障的社会管理体制；二是加快形成政府主导、覆盖城乡、可持续的基本公共服务体系；三是加快形成政社分开、权责明确、依法自治的现代社会组织体制；四是加快形成源头治理、动态管理、应急处置相结合的社会管理机制。另外，建立健全广覆盖、多层次和可持续的社会保障制度，也是重要内容之一。简言之，通过确立"四个机制、五层框架"的制度，确保社会既充满活力又和谐有序，使社会管理工作适应新时期的总要求。

（五）"一种形态，三层含义"的中国特色社会主义生态文明制度。党的十六大报告率先提出"推动整个社会走上生产发展、生活富裕、生态良好的文明发展道路"的设想。党的十七大报告把"建设生态文明"作为实现全面建设小康社会奋斗目标的新要求之一。党的十八大报告以"四个第一次"的方式强调生态文明建设的重要性。所谓"四个第一"，即第一次在党的报告中用一个单设篇来阐述生态文明建设；第一次把生态文明建设与经济、政治、文化、社会四大建设并列；第一次把生态文明建设作为中国特色社会主义"五位一体"总布局之一；第一次把生态文明建设写入了新修改的党章中。

生态文明是继原始文明、古代文明、近代文明之后的一种新的文明形态。从人类史前史和真正的人类史的视角看，"文明"是以人类为本体、以人类活动为本源、以实现人类预期目的为主题的物质活动与非物质活动的过程及其结果，是人类特有的自我开化、自我启蒙、自我觉悟的社会实践过程及其历史效应。从大时间尺度看，文明包括"史前文明"即人类形成过程中的文明；"真正的人类文明"即人作为社会主体创造的文明及其不同历史阶段的文明，如古代、近代、现代、后现代等形态。从地域空间角度看，没有"统一的"文明形态，只有千姿百态的"特色文明"形态，如两河流域、美洲、亚洲、欧洲等文明。从人文历史角度看，文明是照耀人类走出黑暗、愚昧、野蛮，走向光明、智慧、幸福的灯塔，是以宗教、风俗、习惯、文化、科学、精神等形态影响人类发展趋势的力量。

生态文明是以"生态"为特征，高度重视生命系统与非生命系统之间的交互作用、人文活动与自然活动之间的交错运动、科技效应与制度效应之间耦合效应的文明形态。它在本质上根本不同于"以物为本""以资为本"的文明形态。它以生命特别是"以人的生命为本"，充分尊重生命的个体差异性、群体多样性、整体（群落）复杂性，深刻理解这三者之间的辩证关系，以及与生命系统相关的自然环境系统和社会环境系统，并把这种文明理念融入整个社会制度体系的设计和构建之中。因此，生态文明建设，不仅是把生态文明理念灌输到中国特色社会主义的经济建设、政治建设、文化建设、社会建设等方面及其全过程中的行动，而且是要把中国特色社会主义制度体系的构建作为生态文明"落地"的现实途径，即借助制度体系把生态文明转化为物质力量的行动。

生态文明制度建设，既涉及资源系统与环境系统的重新耦合，还涉及经济制度、政治制度、文化制度和社会制度的重新构建。因此，它既要求重新认识与协调文明制度建设与其他制度建设之间的关系，又要求启蒙与推进其他制度建设向生态化方向的变革，还要求以法律制度体系的方式促进生态文明行动方案的实施。显然，比起其他制度建设来说，生态文明制度建设更具复杂性、艰巨性、创新性、探索性。从结果角度看，生态文明制度建设与科学社会主义理论一脉相承，也与人类文明演进趋势息息相关；最重要的是，它把人类文明史上唯一持续了5000多年的中华文明与当代文明和未来文明对接起来，并使之成为推动中国特色社会主义永续发展最重要的文明力量，因此，它必定是中国特色社会主义理论体系和制度建设的一个最重要的组成部分。

"中国特色社会主义'五位一体'的制度建设丛书"共分五个单册。由于生态文明建设在党的十八大报告中新提出与经济、政治、文化、社会四大建设并列，因此，生态文明制度建设仍处于研究阶段，《中国特色社会主义生态文明制度研究》一书的写作框架与其他四本也有所差异。

2013 年 8 月

前　言

　　中国共产党领导中国人民开辟了中国特色社会主义道路，创造了中国特色社会主义理论体系，建立了富有活力的中国特色社会主义制度。这一优越制度的基础就是我国的基本经济制度，越来越强劲地展现巨大的活力。

　　21 世纪前十年，有两件大事改变了世界经济格局：一是以美国为中心爆发了百年不遇的金融危机、经济危机和债务危机，至今还未结束；二是中国作为发展中的社会主义大国，经济总量跃居世界第二，超过了美国以外的所有国家。这两件大事同时出现，使得西方垄断资本主义发生了重大的阶段性变化：美国相对走向衰落，千方百计地搅乱世界格局，从四面八方遏制和包围中国。而中国却岿然不动，集中力量进一步按照自己的目标和路线壮大自己，显示出中国特色社会主义基本制度的优越性。

　　为什么会出现这种"两极式"的变化？最根本的是社会经济制度不同。以美国为代表的西方国家进入国际金融垄断资本主义，由于基本矛盾的多层积累和日趋激化，发生了一系列的危机。而社会主义中国，则坚持以公有制为主体、多种所有制共同发展的基本经济制度，越来越释放出巨大的潜在优势。这充分表明，经济制度不同，凸显了两种不同的前景：资本主义走向灭亡最终不可避免，虽然目前还有一个过程；社会主义正在蒸蒸日上，虽然目前还在发展中，总体力量不如资本主义，而最后的胜利必然是社会主义国家。正如邓小平所说：只要中国不倒，社会主义就倒不了。我们依靠社会主义制度，就会充分释放出巨大潜力。

　　按照马克思主义的观点，人类社会的基本矛盾是生产力与生产关系的矛盾、经济基础和上层建筑的矛盾。只有生产关系适合生产力发展的要求，它才能够推动生产力的发展。资本主义的主要经济矛盾是生产资料的资本主义私人

1

占有和生产社会化的矛盾，而社会主义就是要消除这个主要矛盾，它所蕴含的矛盾主要是非对抗性矛盾，在矛盾的自我解决中不断完善，这正是长期革命和改革的结果。

正如马克思、恩格斯所说："迄今的一切革命都是为了保护一种所有制以反对另一种所有制的革命。"① 在所有的革命运动中，他们都强调，"所有制问题是运动的基本问题"②。中国从新民主主义革命开始，九十多年的历史经过了三次重大的所有制变革：第一次变革是随着中华人民共和国的成立，推翻了帝国主义、封建主义、官僚资本主义的经济政治制度，产生了社会主义国家所有制和农民的个人土地所有制等；第二次变革是经过社会主义和平改造，改变了私人资本主义和个体私人所有制，主要形成了两种公有制，即全民所有制和集体所有制；第三次变革从改革开放开始，我们认识了中国长期处在社会主义初级阶段，进一步调整和完善生产关系，形成了公有制为主体、多种成分共同发展的所有制结构，走过了一个否定之否定的辩证过程，形成新的经济格局。具体说，社会主义初级阶段的经济制度是在 1997 年党的十五大明确表述的："建设有中国特色社会主义的经济，就是在社会主义条件下发展市场经济，不断解放和发展生产力。这就要坚持和完善社会主义公有制为主体、多种所有制经济共同发展的基本经济制度；坚持和完善社会主义市场经济体制，使市场在国家宏观调控下对资源配置起基础性作用；坚持和完善按劳分配为主体的多种分配方式，允许一部分地区一部分人先富起来，带动和帮助后富，逐步走向共同富裕；坚持和完善对外开放，积极参与国际经济合作和竞争。保证国民经济持续快速健康发展，人民共享经济繁荣成果。"③ 党的十八大报告明确指出："要加快完善社会主义市场经济体制，完善公有制为主体、多种所有制经济共同发展的基本经济制度，完善按劳分配为主体、多种分配方式并存的分配制度，更大程度更广范围发挥市场在资源配置中的基础性作用，完善宏观调控体系，完善开放型经济体系。"④ 这就是说，加快完善社会主义市场经济体制即中国特色社会主义经济制度的方向和内涵，要从产权、分配、调节和开放四个

---

① 《马克思恩格斯选集》第四卷，人民出版社 1995 年版，第 113 页。
② 《马克思恩格斯选集》第一卷，人民出版社 1995 年版，第 307 页。
③ 《江泽民文选》第二卷，人民出版社 2006 年版，第 17 页。
④ 胡锦涛：《中国共产党第十八次全国代表大会文件汇编》，人民出版社 2012 年版，第 17 页。

层面来着手。依据对立统一的经济辩证法和经济实践，我们可以简要地概括为"四主型"经济制度：（1）公有主体型的多种类产权制度；（2）劳动主体型的多要素分配制度；（3）国家主导型的多结构市场制度；（4）自力主导型的多方位开放制度。

这就是现实中国特色社会主义生产关系基本格局，是马克思主义社会主义经济学说中的新内容。它细分了社会主义社会发展的阶段性特征，扩大和深化了马克思主义生产关系和经济制度的内涵，既包括所有制和分配关系，又包括新的交换关系（即交换方式），还包括它同国际经济的关系。鉴于此，我们需要全方位、多领域、分层次展开对生产关系即社会主义经济制度的研究。

2013 年 8 月

目 录

第 一 章

公有主体型的多种类产权制度

生产资料所有制或广义的产权制度，是一个社会经济制度的基础，是决定一个社会性质和发展方向的根本因素。改革开放以来，中国共产党立足中国基本国情，围绕完善社会主义初级阶段所有制结构进行了不懈探索，确立了公有制为主体、多种所有制共同发展的基本经济制度。这一基本经济制度，显示了社会主义初级阶段生产关系的本质特征，也是对社会主义建设正反两方面经验的科学总结，在中国大地上丰富和发展了马克思主义所有制理论。

第一节 探索与构建：公有主体型多种类产权制度的形成

一、关于生产资料所有制的概念

为了弄清我国现阶段的基本经济制度，首先要明确几个基本概念。

什么是社会形态？就是人类社会活动的总体方式，包括社会经济形态、社会政治形态和社会意识形态。按照历史唯物论的观点，一般从社会经济形态即与一定生产力发展水平相适应的生产关系形式（马克思称之为生产方式）来划分社会阶段和社会制度类型的，大体上分为五种社会形态，即原始社会、奴隶社会、封建社会、资本主义社会、共产主义社会。从社会发展的纵向行程来看，共产主义社会形态分为高级阶段和低级阶段即社会主义社会阶段。社会经济形态实质上是以生产资料公有制为核心的生产关系形态。由于任何一种社会形态都有它自己的发展过程并在不同的国家表现为不同的形式，所以每一种社

1

会制度很少只有一种生产关系的纯粹形式，往往是多种生产关系相交错，关键在于哪一种生产关系占主体地位。

生产资料所有制（包括流通资料，简称为所有制）是一切生产关系的核心，它决定着生产关系的其他要素，如分配关系、劳动关系等。它是指由一定生产力水平所决定的人们对生产资料的占有形式，即生产资料归谁所有、归谁支配。通俗地说，就是财产是属于谁的。它决定着人们的利益关系。生产资料归奴隶主所有，即为奴隶主所有制；归封建主所有，即为封建所有制；归资本家所有，即为资本主义制；归全社会或部分劳动者共同所有，即为公有制。前三类所有制加上个体劳动者所有制，统称为私有制；后一类统称为公有制。

所有制与所有权有直接联系，但又不是同一个概念。所有权属于法律范畴，又称"财产所有权"，有时与产权通用，是指一定所有制关系在法律上的表现，即法律上确认的经济主体对自身拥有的财产的权力。分为两层含义：一是原始产权，指出资人的所有权，包括出资人依法对自己的财产享有占用、使用、收益、处分的权力；二是法人财产权，或称"委托产权"，即资产的经营权。我们研究的社会主义初级阶段的基本经济制度，核心就是所有制关系，与广义的产权关系基本等同。

二、对社会主义社会所有制关系的认识演变

基于生产资料所有制是生产关系的基础，科学社会主义创始人指出："它同现存制度（指资本主义制度——引者注）的具有决定意义的差别当然在于，在实行全部生产资料公有制（先是单个国家实行）的基础上组织生产"。① 这是对当时发达资本主义国家变革提出的设想。后来在列宁、斯大林的苏联实践中作了新的探索，出现了变化。我国党的十一届三中全会之前基本上是沿用苏联的模式。经过改革开放，经过十几年的实践才确定了以公有制为主体、多种所有制经济共同发展的基本经济制度。这个一百多年的认识过程，大体可分三个认识阶段。

第一阶段的认识，面对欧美发达资本主义国家，生产水平比较高，当时设

---

① 《马克思恩格斯选集》第四卷，人民出版社1995年版，第693页。

想首先实现社会主义胜利，资本主义所有制要全部变为公有制，后来也提出通过合作社改造小农个体经济。

第二阶段的认识，从列宁开始接受了实践中的教训（特别是战时共产主义）转向新经济政策（有五种经济成分）。《论合作社》一文中提出"集体企业"的概念。后来，斯大林加以完善，概括为全民所有制（国有）和集体所有制（以农业集体农庄为主要形式），消灭其他成分。中国从社会主义改造开始实行两种公有制形式，覆盖全部经济部门。苏联六十多年和中国近三十多年的历史表明，只有两种公有制形式不能适应生产力发展的要求。

中国在第一个五年计划期间，由于社会主义改造进度过快，形式过于单一，而1958年后又以提升公有制水平为中心使生产关系进一步脱离生产力发展水平。从1966年"文化大革命"开始，更加盲目追求纯而又纯的公有制形式，将"一大二公"作为判断所有制形式先进与否的标准。到1978年，国民生产总值中公有制经济占到98%，其中全民所有制占55%；集体经济占43%。在工业领域，国有工业总产值占全部工业总产值的77.6%，集体工业总产值占全部工业总产值的22.4%，非公有制经济几乎不存在。在社会商品零售总额中，公有制经济占97.8%，其中全民、集体分别占54.5%和43.3%。在社会固定资产投资中，国有单位投资占全社会投资总额的70%以上。中国社会之所以在1958~1978年期间，经济发展的潜力没有获得充分释放，与这种过分单一的所有制结构不利于生产力发展是有直接关系的。

第三阶段的认识，总结了苏联和中国实行传统社会主义的教训，从现实生产力发展水平出发，逐步放开发展个体经济、私营经济和外资经济，以及多种形式的混合经济。

三、片面追求公有制形式高级化和单一化的弊端

苏联和新中国成立后的前29年在所有制关系上最重要的教训是没有坚持实事求是的思想路线，违背了生产关系一定要适合生产力发展水平的经济规律。生产关系落后于生产力的水平会束缚生产力的发展；生产关系超越了生产力发展水平则会破坏生产力。马克思说："无论哪一个社会形态，在它所能容纳的全部生产力发挥出来以前，是决不会灭亡的；而新的更高的生产关系，在

它的物质存在条件在旧社会的胎胞里成熟以前，是决不会出现的。"① 这个原理不仅适用于整个社会形态质的飞跃（如旧社会为新社会所取代），而且适用于一个社会内部的部分质变和所有制结构演化。特别是在经济落后的国家中生产力总水平较低，而且发展极不平衡的情况下，生产关系的结构必然十分错综复杂，追求过高的和单一的公有制形式事实上会招致挫折。对于这样的复杂情况，我们的认识长期陷入直线化的框子中，没有弄清什么是社会主义和社会主义的阶段特征，简单机械地理解生产关系一定适合于生产力发展水平的规律，夸大了生产关系对生产力发展的反作用，急于追求公有制形式的高级化和纯粹化。

具体说，在以下几个方面有片面性的表现。

第一，对于生产力的理解有简单化的倾向，好像它是一件不可分割的武器。事实上，生产力是一个十分庞大而又极其复杂的体系，包括了各个部门、多个层次、许多子系统，具有结构复合性的特点。由于各部门、各层次、各系统的技术水平、生产特点、自然条件、组合形式不同，它要求不同的组织结构及其相应的生产关系形式（如有的适用于分散的生产和经营，有的要求集中与分散相结合）。尤其在我国生产力发展总体水平较低而又不平衡的条件下，不仅有现代化的大工业、大交通，还有落后的农业、手工业、半机械生产等，生产力大系统更加复杂多样、参差不齐。要适应这种生产力大系统的要求，单靠一两种生产关系形式是不够的，也必然需要有多种形式、适应多层次生产力的特点。这是一个很复杂的过程。

第二，对生产关系的反作用估计过高，以为高级的公有制形式一定会促进高级生产力的发展。实际上，起决定作用的还是生产力，只有生产关系（主要是所有制形式）适应了生产力特殊要求之后，它才能发挥巨大的反作用。否则，就违背了历史唯物论的基本原理。这是多年来追求的所有制公有程度过高的认识根源之一。

第三，公有制是个好制度，但它并不是唯一能适应和推动生产力发展的经济形式，并非公有化程度越高就越能适应和推动生产力发展，从而忽视现实生产力发展水平对所有制形式在根本上的制约。在生产力水平还很低的条件下，

---

① 《马克思恩格斯选集》第二卷，人民出版社1995年版，第33页。

取消各种非公有制经济的发展，脱离国情追求"一大二公"，超越现实生产力水平搞"穷过渡"和"所有制升级"，会造成生产力的畸形化，影响全面调动作为生产力主体的劳动群众创造社会财富的积极性。

第四，由于在计划经济体制下容易忽视市场对所有制及其实现形式的优选作用，惯于用清一色的形式人为地构建所有制结构。市场经济不仅有配置资源的作用，而且有优选所有制形式及其实现形式的功能。竞争机制选择高效率，淘汰低效率。生产关系的具体形式与市场机制是相互作用的，当然最终取决于生产力水平，而生产力水平和社会化程度不同又与市场机制和市场容量相联系。事实上，在市场经济环境中，生产关系的具体形式能否适应生产力发展的需要，往往通过市场优胜劣汰的机制来实现，市场需要的多样化也要求多种形式的生产和经营产品的形式，像众多的个体生产可在市场上起到拾漏补缺的作用，有的还提供相当大的供给。研究多种成分，不能脱离市场经济的机制和功能。从这个意义上说，市场机制也是所有制改革的一种动力。

第五，社会公平是以经济发展为前提的，在生产力尚未充分发展的时候，过分追求公平，很可能陷入平均主义。虽然公有制具有公平的天性，但必须同提高经济效率辩证地结合起来。公有制也有其经济功能和社会功能。公有制的社会功能是消灭剥削，实现人人平等和共同富裕等；公有制的经济功能则是发展生产力。从根本上说，这两者是一致的。但若建立的公有制形式与现实生产力水平不适应，两者之间就会出现一定的矛盾，这就是通常所说的"先进的社会制度与落后的生产力"之间的矛盾，反而扭曲了分配关系和社会公平。

第六，忽视所有制结构的选择不仅要考虑生产力和市场经济发展水平，还要考虑诸多社会因素。在中国特别突出的是社会就业问题，这么多的劳动者要充分就业，单靠一两种所有制形式是不能满足的。它同样关系到社会公平和收入分配关系。为了开辟更大的就业空间和创业的广阔天地（尤其是科技发明者创业），必须发展多种多样的所有制形式及其亚种。在中国，这是一个十分重大的经济、政治和社会问题。归根到底，它是众多的劳动者实现与劳动资料全面、多层次的结合，是生产方式交换方式的延伸，也体现以人为本的要求。

第七，从区域分工和区域差异来看，中国的国土十分广大，各个地方千差万别，自然禀赋、区位特点、生产力水平和文化品位各有不同，都有自身的优势和劣势，尤其是广大农村生产力水平相当低，受自然条件制约很大。其社会分工必然受这些条件的制约。这种差异本身，就构成了生产力多层次性的空间结构。要适应这种多元化、多层次的状况求发展，不能要求生产力和生产关系结合的统一模式，不能一刀切。形象地说，有的地方适合发展众多的"草根经济"，即以个体、私营经济为主；有的地方适合发展"大树经济"，则要以国有经济大型企业为主；有的距离境外资本主义经济较近，便于发展以来料加工为主的"灌木经济"，以中外合资和外资经济为主；而多数地区可能发展"树"、"灌"、"草"相混合的经济，所有制形式更会多样化。我们研究生产关系一定要适合生产力发展要求的规律，必须具体化，以"三个有利于"为标准，探索它的空间结构及其具体形式。

与上述认识的片面性相关，自然会夸大社会主义与资本主义的矛盾，简单地把各种非公有制与公有制对立起来，以为二者水火不容。而不是以是否最终有利于发展社会主义社会的生产力作为判断所有制形式的标准。

四、中国所有制改革的大体历程

建设中国特色社会主义的道路是从 1978 年 12 月党的十一届三中全会开始的。这是具有伟大历史意义的转折。邓小平深刻指出："把马克思主义的普遍真理同我国的具体实际结合起来，走自己的道路，建设有中国特色的社会主义，这就是我们总结长期历史经验得出的基本结论。"[1] 改革开放以来，是中国经济快速、稳定、持续发展的时期，也是中国特色社会主义理论形成和完善的历史阶段。以改革开放为特征，以建立和完善社会主义市场经济为主线，以发展的三步战略为目标，可将 1978 年以来的发展大体分为三个小的阶段。

第一，"摸着石头过河"阶段（1979~1991 年），大体相当于第一步战略（即 1980~1990 年国民生产总值翻一番）。由于改革开放刚刚起步，既无现成的模式，也无丰富的经验，主要靠在实践中探索，而改革首先是从计划经济体制最薄弱的环节农村开始，实行农业家庭承包责任制（俗称"大包干"），短短几年解决了农民的温饱问题。1984 年中共中央作出《中共中央关于经济体制改革的决定》，改革的重心转向城市，以国有企业改革为中心环节，然后进

---

① 《邓小平文选》第三卷，人民出版社 1993 年版，第 3 页。

行了物价改革。在这个阶段中，形成了社会主义初级阶段的基本路线（简称"一个中心、两个基本点"的基本路线）和有计划的商品经济理论。

第二，建立社会主义市场经济体制阶段（1992～2001年），大体相当于第二步战略，国民生产总值再翻一番，人民生活实现小康。以邓小平南方谈话为起点（1992年初），中共十四大（1992年）正式确立社会主义市场经济的改革取向，中共中央作出《中共中央关于建立社会主义市场经济体制若干问题的决定》（1993年），然后进行了各方面的深化改革，特别是建立现代企业制度和建立股票市场。20世纪90年代中期治理了通货膨胀，卖方市场变为买方市场；1997～1998年应对东南亚金融危机，国内又治理通货紧缩，实行扩大内需的政策，实施积极的财政政策和稳健的货币政策，保持了经济的快速增长。

第三，完善社会主义市场经济和科学发展阶段（2002年～），大体与第三步战略的初期相对应。其标志是2001年正式加入WTO，使中国经济与国际经济加快接轨；接着中共十六大提出了"全面建设小康社会"的目标（2000～2020年）；2003年中共中央作出《中共中央关于完善社会主义市场经济若干问题的决定》，提出全面、协调、可持续的科学发展观。从2001年开始，在世界经济陷入低迷的情况下，中国经济一枝独秀。2008年西方金融和经济危机爆发以来，中国应对迅速，成效明显，显示出社会主义市场经济体制比资本主义市场经济体制要优越。

对于中国特色社会主义历史经验，胡锦涛同志在党的十七大报告中做了科学的总结，要点为："在改革开放的历史进程中，我们党把坚持马克思主义基本原理同推进马克思主义中国化结合起来，把坚持四项基本原则同坚持改革开放结合起来，把尊重人民首创精神同加强和改善党的领导结合起来，把坚持社会主义基本制度同发展市场经济结合起来，把推动经济基础变革同推动上层建筑改革结合起来，把发展社会生产力同提高全民族文明素质结合起来，把提高效率同促进社会公平结合起来，把坚持独立自主同参与经济全球化结合起来，把促进改革发展同保持社会稳定结合起来，把推进中国特色社会主义伟大事业同推进党的建设新的伟大工程结合起来，取得了我们这样一个十几亿人口的发展中大国摆脱贫困、加快实现现代化、巩固和发展社会主义的宝贵经验。"①

---

① 《十七大以来重要文献选编》（上），中央文献出版社2009年版，第8页。

党的十八大报告又明确指出，中国特色社会主义道路是实现途径，中国特色社会主义理论体系是行动指南，中国特色社会主义制度是根本保障，三者统一于中国特色社会主义伟大实践，这是党领导人民在建设社会主义长期实践中形成的最鲜明特色。

五、适应生产力体系多层次性和市场经济的配置作用

以往的政治经济学（社会主义部分），特别是苏联政治经济学（社会主义部分），都把公有制作为逻辑的起点，基点在于把公有制纯粹化。历史的逻辑证明，这样做不但非常容易超越阶段，而且把复杂的社会经济结构简单化了。邓小平理论的一大贡献在于揭示社会主义初级阶段所有制非纯粹的规律，提出了"公有制为主体"和多种所有制组合的架构。这正是社会主义历史经验的总结。

早在苏联新经济政策时期，列宁就从战时共产主义的失败中找到这样的教训："向纯社会主义形式和纯社会主义分配直接过渡，是我们力所不及的"，"群众已经感到的，我们当时还不能自觉地表述出来"。[①] 他设计了多种经济成分的结构。这个观点并未引起后人足够的重视，带来苏联模式的教训。在中国，陈云同志在 1956 年就指出公有制为主体、个体经济为补充的主张，也未成为基本方略坚持下来。在暂时困难时期，陈云和邓小平都提过部分地区实行"包产到户"的意见，后来受到冷遇和批判。直到十一届三中全会后，邓小平明确公有制为主体的论断，彻底纠正了纯而又纯的社会主义公有制传统观念。又经过十几年的实践，1997 年党的十五大确定了社会主义初级阶段的基本经济制度。

应当说，这是一条经济规律，即社会主义生产关系形式适应生产力复合体系的多层次性，并与市场经济的复杂性相联系，显示公有制为主体、组合多种经济成分的规律。先进的大型生产力要求巨型企业，主要由国企经营；中小型生产力尤其是劳动密集型产业，主要由集体企业和私营企业经营；大量的零散的服务业、手工工艺等小型生产力，需要个体分散经营；受自然条件制约大的

---

① 《列宁选集》第四卷，人民出版社 1995 年版，第 720 页。

农业、牧业、林业等，要根据其生产力的特殊性采取统分结合的多种经营形式；此外，还要利用国外的资本和技术，这就要求发展外资企业。这种具有多样性、多层次性与灵活性的所有制和经营形式，可能存在于社会主义社会的长久历史进程中，即使在社会主义发达阶段也不可完全消除混合经济、个体经济和外资经济，只是各种成分的比例和作用有所不同罢了。社会主义初级阶段所有制的特征在于坚持公有制主体地位的同时，在数量上存在较多的非公有经济，特别是私营经济（实质是资本主义经济）。

放大视野，这种所有制的非纯粹性和经济成分的多元组合乃是历史上一切大国社会经济的共同特征。考察各大国的历史，从原始社会解体后，任何社会经济形态都不只是一种所有制形式（有的小国例外），而是由一种所有制占主导地位，同时存在着其他成分。马克思在《〈政治经济学批判〉序言》中就说过："在一切社会形式中都有一种一定的生产决定其他一切生产的地位和影响，因而它的关系也决定其他一切关系的地位和影响。这是一种普照的光，它掩盖了一切其他色彩，改变着它们的特点。这是一种特殊的以太，它决定着它里面显露出来的一切存在的比重。"① 简言之，一切社会形态都有一种起决定作用的生产力和生产关系，影响着其经济成分的比重和作用。后来恩格斯考察了当时的发达资本主义国家，认为那种只有三大阶级（地主、资本家、工人）而"一切中间阶层都已被消灭"的情形，"这种情形甚至在英国都没有，而且永远也不会有"。② 可见，纯而又纯的社会形态（仅有一种生产关系）是不会存在的。可能未来的发达社会主义也是如此。只是比重不同而已，但并不会影响社会制度的性质。这就是生产关系组合的非纯粹规律。事实上，自然界也是如此，世界事物的多样化使然。

对于这个重大问题，应当尊重客观事物的发展进程和广大劳动群众的意愿。其客观标准就是最终要有利于生产力充分发展。而作为生产力主体，劳动者往往能从实际中自发地朦胧地感知其优劣，所以要尊重群众的意愿。正如20世纪60年代邓小平所说："生产关系究竟以什么形式为最好，恐怕要采取这样一种态度，就是哪种形式在哪个地方能够比较容易比较快地恢复和发展农

---

① 《马克思恩格斯选集》第二卷，人民出版社1995年版，第24页。
② 《马克思恩格斯选集》第四卷，人民出版社1995年版，第745页。

业生产，就采取哪种形式；群众愿意采取哪种形式，就应该采取哪种形式，不合法的使它合法起来。"① 在社会主义所有制结构的大框架下，这就是尊重客观规律与尊重群众意愿的统一性。

第二节 主体与多元：所有制结构的内涵与功能特征

社会主义初级阶段基本制度的核心是坚持公有制为主体。为什么一定要坚持公有制为主体？有的人认为似乎没有必要，笼统地主张"什么样的所有制有利于发展生产力就以它为主体"，所以又必须进一步分析公有制的优劣所在，找出优化公有制的路径。

一、中国现阶段的所有制结构

结构，从普遍意义上说，它是指事物组成部分的搭配和排列，或者说事物的成分及其相互关系。它是系统论的重要内容。各种事物都有一定的物质载体，其载体成分形成自身运行的特殊关系，以区别于其他事物。例如，化学中有化学结构式，用元素符号通过价链相互连接表示某种分子中原子的排列和结合方式，在一定程度上反映分子结构和化学性质。人的有机体有生理结构，由九大系统组成，研究其结构的学问称之为解剖学。它是生理功能的基础，生理学研究各系统的功能及其相互关系，病理学则研究结构功能的病变原因及其结构的恶性变化。一个社会也有它的特定结构，包括经济结构、阶级阶层结构、人口结构、政治结构等。单就社会经济结构来说，它又分为产业结构、区域结构、所有制结构、分配结构，等等。

所有制结构，是指一个社会中生产资料所有制的组成部分及其相互关系，它是生产关系的基础。同其他结构一样，在组成部分中，总有一种成分为主要成分，主导和影响着其他成分，这个主要成分决定生产关系的性质，即社会形

---

① 《邓小平文选》第一卷，人民出版社 1994 年版，第 323 页。

态。马克思在《〈政治经济学批判〉序言》中有一个著名的论断："人们在自己生活的社会生产中发生一定的、必然的、不以他们的意志为转移的关系，即同他们的物质生产力的一定发展阶段相适合的生产关系。这些生产关系的总和构成社会的经济结构，即有法律的和政治的上层建筑竖立其上并有一定的社会意识形式与之相适应的现实基础。物质生活的生产方式制约着整个社会生活、政治生活和精神生活的过程。"① 这里所说的"社会经济结构"，就是指的所有制结构。我们今天所讲的"基本经济制度"，也是指的所有制结构。

现在我们处在社会主义初级阶段，还不是成熟的或发达的社会主义阶段，其所有制结构包括生产资料公有制和其他非公有制成分，后者又包括劳动者个体所有制、私营所有制（资本主义成分）、国外投资的所有制（主要是外国资本主义企业），还有其他过渡成分（或称为亚种）。其中公有制为主体，包括国有经济、集体经济及其他形式的公有经济。公有制的主体地位，决定了我国的社会经济性质，即属于社会主义经济形态，影响着其他成分的运行和发展方向。这种所有制结构之所以称之为基本经济制度，是因为它是不可随意改变而区别于其他社会形态的东西，既区别于私人资本为主体的资本主义社会，也区别于公有制占绝对优势的发达社会主义社会。

一般说，所有制结构也以各种成分的数量关系来表现，但处在我国的现阶段生产力发展水平，公有制成分在数量上还不可能一下子占绝对优势，主要表现为质与量相统一的优势。必须保持优质的一定数量，否则就失去了主体地位。

二、公有制及其主体地位

基本经济制度是相对于其他具体经济制度而言，它决定其他具体经济制度。生产关系的基本构成在社会主义初级阶段完结之前不会改变。江泽民同志作了这样的阐述："在新形势下，要全面认识公有制经济的含义。从资产总量上看，公有制经济不仅包括传统意义上的国有经济和集体经济，同时应该包括混合经济中的国有成分和集体所有制成分。从资产形态上看，公有制不仅包括

---

① 《马克思恩格斯选集》第二卷，人民出版社 1995 年版，第 32 页。

单一形态的国有经济和集体经济，同时应该包括国有成分和集体所有制成分可以对其资产进行控制的股份制经济和股份合作制经济。改革开放以来，不仅国有经济和集体经济有了明显的壮大和发展，混合经济中的公有制经济同样有了明显的壮大和发展。这是改革取得的成果。"① 对公有制的主体作用，党的十四届三中全会通过的《关于建立社会主义市场经济体制若干问题的决定》提出了三点要求、一点灵活。三点要求：一是国家和集体所有的资产在社会总资产中占优势；二是国有经济控制国民经济命脉；三是国有经济对经济发展起主导作用。一点灵活，即有的地方、有的产业在上述三点要求上，可以有所差别，有一定灵活性。国家和集体所有的资产占优势，在现阶段就是不仅要保持量的优势，更应注重质的影响，国有经济主导作用主要应该体现在控制力上。这个内容为党的十五大所确认。

要搞清公有制的内涵，先要搞清什么是公有制，应当有新的理解。这里并非说凡是不属于私人所有的一切公共财产（如旧社会的许多家庭和商会的公产、资本主义国家的国有经济等）都称之为公有制。科学地界定社会主义社会的公有制，就是以劳动者为产权主体，联合劳动、消灭剥削、旨在实现共同富裕的所有制形式，它是社会主义社会的经济基础。具体说，公有制经济的主要财产归劳动者共同所有，不是归私人所有；劳动者依托它共同使用生产资料联合劳动，平等协作；分配上消灭剥削，不能由少数人占有他人的剩余劳动；其劳动成果的积累形式是扩大再生产的公有财产或公有资本，而不是进一步剥削劳动者、加剧两极分化的私人资本。尽管公有制的具体类型、实现形式有所不同，但其根本属性是相同的，体现社会主义本质要求。根据这个内涵，既包括两种最基本的形式"全民所有制"即国家所有制和集体所有，也要研究在社会主义市场经济下公有制灵活多样的实现形式，以有利于生产力发展，实现公平与效率的统一。

怎样理解公有制为主体？党的十五大报告非常明确地指出："公有制的主体地位主要体现在：公有资产在社会总资产中占优势；国有经济控制国民经济命脉，对经济发展起主导作用。"② 这就是说，公有制的主体地位包括互相联

---

① 《江泽民文选》第一卷，人民出版社 2006 年版，第 614 页。

② 《江泽民文选》第二卷，人民出版社 2006 年版，第 19 页。

系的两个方面，一是确保公有资产占优势；二是确保国有经济的主导作用。

公有资产占优势，首要确保的是公有资产在量上占优势。所谓量的优势，当然是指整个社会全部公有资产在社会总资产和经营性资产中占多数，至少也要占有50%以上的比重，否则，也就称不上量的优势。这既是当前实际状况的反映，又是今后坚持多种经济成分并存和共同发展的数量规定，即非公有制经济成分发展在量上的上限和公有制经济在量上的下限。这里还需要明确指出的是，公有资产在社会总资产和经营性资产中占优势或多数，既包括公有资产在价值形式上占优势，也包括公有资产在实物形态上占优势。

公有资产在坚持量的优势的同时，更要重视质的提高，成为中国最先进生产力的主要载体。其资产的质主要包括资产的行业分布结构、资产的物化形态的技术含量、资产的增殖功效、资产从一种形态（价值形态或实物形态）转化为另一种形态（实物形态或价值形态）的能力，特别是它对国民经济命脉的控制力及其在国内外市场上的竞争力等等。就全国而言，公有资产在这些方面都必须超过非公有资产，才能保证公有资产的质的优势。

公有资产量的优势与质的优势是有机统一的。一方面，量的优势是公有制主体地位的基础和前提。所谓主体，指的是事物的主要组成部分，当然必须在量的比重上占多数。公有资产只有在量上占多数，质的优势才能得以充分展现。如果公有资产在社会总资产中的比重太低，其质量再高也难以维护公有制经济主体地位。另一方面，质的优势是公有制主体地位的灵魂。公有资产质量高，不仅较少的资产就可以发挥出较大的作用，而且扩张、控制、影响、竞争的能力也比较大，可以使公有资产在数量上得到较快发展。如果公有资产只有量的优势，但质量不高，经营管理不善，资源利用效率与经济效益低下等，量的优势就有可能失去，就很难保持公有制的主体地位。因此，仅仅盯住公有资产量的优势，不重视公有资产质的提高是不够的，也容易产生一些误解；但也不能只讲质不讲量，把公有经济比重降得太低，必须把质和量有机地统一起来。

三、公有制为主体的必然性和整体性

有人提出，既然中国是社会主义初级阶段，为什么非得公有制占主体地位不可？不是用生产力标准看问题吗？还有的认为公有制天然地与市场经济格格不入，而非公有经济有利于生产力发展，并同市场经济有天然联系，它占主体地位不是更好吗？应当说，这个看法违背社会主义原则，从根本上有悖于生产力标准，对社会主义市场经济的真谛缺乏深入理解。

事物的性质是由主要矛盾的主要方面所决定的。在多种所有制经济共同发展的条件下，哪种所有制占主体地位、起主导作用，它就决定一个社会的性质。在古代社会中，有多种所有制形式，特别是大量存在着个体经济，然而，如果奴隶制占主体，它就是奴隶社会；如若封建经济占主体，它就是封建社会。在近代，各国的资本主义社会，存在着少量私有经济，还有封建地主经济（如德国的"容克"、俄国的封建庄园），乃至奴隶制残余，但起主导作用的是资本主义工厂制和农场制，它就是资本主义社会。社会主义社会同样如此。我国现在虽然处在社会主义初级阶段，存在着多种成分（个体经济、私营经济、外资经济等），但占主体地位和起主导作用的是公有经济，它的根本性质还属于社会主义社会，其他的经济成分要受它的影响和制约。

公有制经济是实现共同富裕、人的全面发展与构建社会主义和谐社会的经济基础。公有制实现了联合劳动者与生产资料的直接结合，消除了人与人的剥削关系，是按劳分配的直接基础，根本目标是共同富裕。没有公有制就不能消除两极分化，消除贫困。这是最大的公平。这也是实现人的全面发展的物质条件，因为它本质上为所有劳动者的幸福和发展服务，不是为少数人发财谋利，就能够铲除迫使人畸形化的经济条件。同时，只有在这个基础上消除了人民的根本利益冲突的矛盾，通过解决人民内部矛盾达到各得其所，而又和谐相处，也是自我完善机制（改革）的根基。尽管在改革和发展的进程中还存在着诸多问题，但最终要实现共同富裕。这是同资本主义私有制（存在根本利益冲突）相比较最大的优势之处。所以说，公有制是劳动群众共同富裕的制度保证。没有这个经济基础，就失去了最大的公平。

有人以为，邓小平谈三个有利于标准，就是只讲发展生产力，不讲公有制主体地位了。如果全面理解邓小平的思想，就不会产生这种误解。第一，邓小平之所以不要简单化地对姓"社"姓"资"画线，是为了消除对发展非公有经济（包括引进外资）的顾虑，也不要把公有制具体形式变为僵化的模式。同时他强调了公有制的主体地位和优劣（以深圳为例），他一贯的思想就是把发展生产力与坚持公有制为主体统一起来。第二，他所讲的"三个有利于"标准都没有离开社会主义这个大框子，强调的是"发展社会主义社会的生产力""增强社会主义国家的综合国力"，不是发展殖民地或半殖民地的生产力。第三，就发展生产力本身而言，它与坚持公有制为主体并非抵牾，经过自我完善的公有制同样可迸发出推动生产力大发展的活力。我国六十多年翻天覆地的变化，特别是改革开放三十多年保持年均9.8%的增速，与公有制为主体、国有经济为主导是分不开的，只是公有制不再包打天下，而要同多种成分共同发展。我们对生产力标准也应当有一个全面科学的理解，主要是全面深刻理解邓小平提出的"三个有利于"标准。

"公有制为主体"的整体性，是指它对全国而言，对于地方有一定的灵活性，就是说在每一个省市和产业部门不一定都要在数量上为主体，可以根据实际更多地发展非公有经济，特别是县以下不更多地要求发展国有经济。因为我国的社会主义制度是一个整体，只要整个国民经济命脉由国家控制，占据主体地位、起着主导作用，地方上非公有经济多一点也不会超出轨道。但必须大多数省市和产业部门要坚持公有制为主体。

四、国有经济的主导作用

社会主义国有经济即全民所有制，是社会化程度最高的经济形态，能够更好地体现生产力社会化与生产关系社会化相统一、效率与公平相统一的优势，体现全体人民和整个社会的利益。在我国社会主义初级阶段基本经济制度中，作为经济主体的公有制中必须突出国有经济的主导作用，在整体经济体制改革中国有企业改革又是中心环节。从人们的认识和理论界的研究看，对国有企业改革的争论最大，一种流行的观点集中表现为"国企低效论"，主张取消它的主导地位，实行私有化或民营化改革。这关系到要不要国有企业及如何改革的问题，从根本上说关系到社会主义制度的存亡和实现现代化的依托力量。

（一）马克思主义关于国有经济的理论与实践经验

从科学社会主义创始人到后来社会主义国家的领导人都认定国有经济（长期称之为全民所有制）是社会主义经济最重要的部分。《共产党宣言》最早提出："把一切生产工具集中在国家即组织成为统治阶级的无产阶级手里"①，包括地产、银行、交通运输和工厂，等等。以后，马克思、恩格斯多次重申了这个主张：党的"最终目的是工人阶级夺取政权，使整个社会直接占有一切生产资料——土地、铁路、矿山、机器，等等，让它们供全体和为了全体的利益而共同使用"②。

后来，苏联确定为两种公有制形式，工业、交通、商业、银行业企业，以及为农业服务的（如拖拉机站）部门等都属于全民所有制，即国营经济，占整个国民经济的近80%。那时的国有企业，不但属于国家所有，而且由国家直接经营，它对于苏联短时期内实现工业的快速发展起了决定性作用，但也逐渐暴露了机制死板僵化、粗放经营的弊端。

中国的国有企业主要来自三个方面：一是解放区的工业企业；二是没收官僚资本的企业；三是新中国成立后由国家投资的企业（包括苏联援建的156项大企业）。其管理模式基本上是从苏联学来的，是计划经济体制的产物，但其历史功绩不可抹杀。1978年后开始改革，逐步形成今天的国有企业体制（关于国有企业改革的内容将于下节详述）。

从几十年的社会主义发展史来看，对国有企业地位和作用的下列两种倾向都不利于生产力发展和巩固社会主义阵地：一是坚持国有企业僵化体制和"包打天下"的局面，抑制了整个经济的生机，特别是非公有经济的发展；二是取消或大大削弱国有经济，最典型的是前南斯拉夫只要企业自治即集体经济，而使国家失去操纵国民经济命脉的能力，使整个经济不能集中力量攻克大型建设，综合实力脆弱，更不消说俄罗斯和东欧国家取消了社会主义国有经济之后带来的灭顶之灾了。这两种情形我们都要避免。

（二）国有企业必须控制国民经济命脉

事物的性质是由主要矛盾的主要方面决定的。中国的国有经济是公有制经济的主体，必须居于主导地位，控制经济发展的基本方向。1999年《中共中央关于国有企业改革和发展若干重大问题的决定》作过这样明确的论述："在

---

① 《马克思恩格斯选集》第一卷，人民出版社1995年版，第293页。
② 《马克思恩格斯选集》第四卷，人民出版社1995年版，第390页。

社会主义市场经济条件下，国有经济在国民经济中的主导作用主要体现在控制力上。（一）国有经济的作用既要通过国有独资企业来实现，更要大力发展股份制，探索通过国有控股和参股企业来实现。（二）国有经济在关系国民经济命脉的重要行业和关键领域占支配地位，支撑、引导和带动整个社会经济的发展，在实现国家宏观调控目标中发挥重要作用。（三）国有经济应保持必要的数量，更要有分布的优化和质的提高；在经济发展的不同阶段，国有经济在不同产业和地区的比重可以有所差别，其布局要相应调整。"① 党的十六大和十六届三中全会重申了这个基本观点和改革方针。

根据我们的理解，发挥国有经济的主导作用，核心是提高它的控制力。所谓国有经济的控制力，就是控制国民经济命脉、主导国民经济发展方向、实现国家宏观经济调控目标、规避和化解国内外重大经济风险、保证社会主义国家富强和广大人民共同富裕的经济能力及其强度。按照这个要求，在微观上，主要表现为对企业特别是关键领域大企业的独立经营或控股能力（后者占大部分），至于对一部分企业的参股，则属于资本经营的范畴，但不是全部退出。在宏观上，着重控制国民经济命脉中的重要行业和关键领域，包括国防、重要矿产资源和土地资源开发、能源、骨干交通、主要金融企业（特别是银行）、提供基本公共产品的大中型企业和对市场起调节作用的骨干企业，以及其他关系国家经济安全、高新技术骨干企业；对于竞争性加工部门也不能完全放弃，主要是控制在重要行业起龙头作用的大中型企业（对于至今经营很好的国有企业不应当拱手出让），以作为整个行业的示范。其控制力、影响力和竞争力是相辅相成的，控制力侧重指在产业布局结构中对整个国民经济的主导作用，影响力、竞争力主要是指国有企业作为市场主体发挥的引领功能。控制力是影响力、竞争力的杠杆，影响力、竞争力是控制力的支撑。简言之，国有经济的主导作用集中体现在它的控制力及其强度上。

从一系列党的文件中，就可以清清楚楚看到，增强国有经济的控制力，本来就是我国体制改革的应有之义，并取得了重大成就。那么，为什么有些论著却有意无意地淡化这个重要内容而去片面地强调缩小国有经济的比重、全部实行民营化或私有化改革呢？因此，对国有经济控制力很有必要进一步加以

---

① 《十五大以来重要文献选编》（中），人民出版社2001年版，第1007页。

阐释。

第一，增强国有经济控制力是社会主义本质的具体要求。作为一个发展中的社会主义大国，我们承担着加快生产力发展和消除两极分化、实现共同富裕的双重任务，而国有经济则是完成双重任务的主力军。从生产力上看，国有企业是先进生产力的最重要的载体，经过半个世纪的建设，国有经济已经构建起独立完整的现代化工业和交通运输的体系。这是我国实现社会主义现代化最重要的本钱。改革开放以来，我国连续28年的高速增长（年均9.6%），最主要的经济依托就是强大的国有经济。从生产关系上看，公有经济是整个国民经济的主体，国有经济又是公有经济的主体。离开了强大的国有经济，既没有整个社会的高效率，也没有广大劳动人民的真公平。放弃居于整个社会经济"矛盾主要方面"的国有经济的主导地位，社会主义性质也就改变了。

第二，增强国有经济控制力是落实科学发展观的基本要求。科学发展观要以人为本，体现社会主义性质；要全面协调，首先是关系到国民经济命脉的基本部门全面协调，不能畸形发展，并影响到全部国民经济各个部门，只有体现全社会利益的国有经济才能"在实现国家宏观目标中发挥重要作用"，而以利润最大化为宗旨的私人部门则不可能真正实现这个要求。西方各发达国家的现实也证明这一点，它们也有相当数量的国有经济（如法国国有经济占30%以上）。至于降低资源消耗、减少环境污染、发展循环经济、保证安全生产、以高信誉度为支撑供给消费者优质产品，更主要得依靠大中型国有企业，实现可持续发展。在我们这样一个发展中的社会主义大国中，实现又快又好、和谐均衡的发展，没有国有经济强大的控制力，落实科学发展观就必定落空，优化经济结构、转变经济增长方式、实现自主创新战略就没有主力军。正如作战一样，没有主力军是不可能控制全局、克敌制胜的。

第三，增强国有经济的控制力是维护国家经济安全、政治安全和化解国内外各类风险的主要经济保证。在今天这样一个垄断资本主义国家为主导的世界里，仍然是充满着变数和杀机的时代。由于高科技的飞速发展，情况更加复杂、手段更加隐蔽，所面临风险更多样也更多变。社会主义国家如果不能拥有强大的实力，就不能抵御来自国际上的金融、能源、矿产、粮食、技术、信息、医药等各种风险冲击，也无法稳定国内的市场。现在连曾经私有化的拉美一些国家和俄罗斯，都在对石油等重要战略物资重新实行国有化，韩国的土地由国家垄断经营（土地公社）。中国人口居世界第一，国土面积居世界第三，又处在美国战略弧形图包围之中，始终面临经济风险、政治风险和军事风险。加之，自然灾害等突发事件层出不穷。在风险出现以前要规避，在风险发生时要化解，在风险造成恶果后要弥补，这些都得依靠国有经济充当强大的主力军，发挥稳定盘和蓄水库作用，其中国防经济更需日益加强和提升。这些单靠财政的力量到国外购买物品，那就无异于授人以柄，根本不能保持经济主权和国家独立。何况财政收入的大头也是来自国有企业。可以说，没有强大的国有经济，我们这样一个社会主义大国便没有真正的综合国力，恐怕连独立都难以保持。

第四，增强国有经济的控制力是引领多种经济成分为社会主义服务的强大杠杆。在社会主义初级阶段存在多种经济形式，主要是私营企业和外国的资本主义企业。我们之所以让它们存在和发展，是因为现在其还有利于生产力的扩充和提升，而它们的消极面则受社会主义经济所制约，最重要的也是因为有国有经济的控制力。从现实看，国有经济一方面为非公有经济的发展创造了外部条件，如支付改革成本，提供能源、原材料、设备、技术和技术人才、高素质的劳动力、交通信息及其他公共设施；另一方面也控制着最重要的资源（列宁称其为："国家支配着一切大的生产资料"①）和占领着相当大的市场份额，并在生产、交易、服务、竞争中做出榜样，限制非公有经济和市场经济的消极作用，如恶性投机，掠夺和破坏资源、环境，引导它们为消费者更好地服务，平抑市场波动，在竞争中促使它们节约和减污、提高劳动者的待遇、提高资信水平等。邓小平在讲到"三资"企业时说过："我们有优势，有国营大中型企业，有乡镇企业，更重要的是政权在我们手里"，"'三资'企业受到我国整个政治、经济条件的制约"。② 这个论点适用于一切非公有经济。我们应当清醒地看到，无论国内的资本主义经济还是国外的资本主义，它们都是以追求高额利润为目的，剥削的本质不会变，不可能自动承担社会主义经济的功能。在这种情况下，社会主义经济就像如来佛的手心，不能让非公有经济越出"三个有利于"的范围。这里除了政权的力量之外，最重要的就是增强国有经济的

---

① 《列宁选集》第四卷，人民出版社1995年版，第768页。
② 《邓小平文选》第三卷，人民出版社1993年版，第373页。

控制力。否则，种种资本主义经济就会脱离为中国特色社会主义服务的大方向，以至消极因素压倒积极因素，改变我国的社会主义经济制度。

第五，增强国有经济的控制力是巩固和优化社会主义上层建筑的根本需要。在社会主义条件下，共产党所代表的首先是先进的生产力，执政的基础是公有制经济，主要依靠的是广大劳动人民；先进的文化也是以先进的生产力及其相适应的生产关系作为经济基础的。如果国有经济不能稳居主导地位，失去了对整个经济的控制力，共产党就丧失了执政的经济基础和社会基础，就没有左右发展方向的经济实体；如果替少数富人和外商说话，党和政权就会变质；先进的文化也会成为无源之水、无本之木。到那时，资本主义的和平演变也就降临到中国。正如江泽民所说："没有国有经济为核心的公有制经济，就没有社会主义的经济基础，也就没有我们共产党执政以及整个社会主义上层建筑的经济基础和强大物质手段。"①

截至 2011 年，国有经营性资产为 40 多万亿元，其中包括国有金融机构自有金融资产约 10 万亿元，国有农场（1807 个，330 万名职工，8983.5 万亩耕地，300 亿斤粮食产量等）资产约 1 万亿元。在全国经营性资产总量中，国有资产约占 40%。

综上所述，国有经济强大的控制力是我国社会主义经济巩固发展最重要的保证。没有国有经济的主导地位及其强大的控制力，社会主义的经济和政治性质就会改变，社会主义制度的优势就会丧失，广大劳动人民就会重新陷入被剥削被压迫的境地。因此，我们深化改革，必须自觉地大幅度增强国有经济的控制力、竞争力和影响力。

五、深化集体经济的改革

集体经济是公有制的一个重要组成部分。集体所有制经济，是由部分劳动者共同占有生产资料、共同劳动、共同分享劳动成果、共同分担经营风险的一种经济形式。它量大面广，遍及城乡的农业、工业、建筑业、运输业、服务业以及科教文卫等各个系统，与国有经济一起，构成社会主义经济制度的基础。

---

① 《江泽民文选》第三卷，人民出版社 2006 年版，第 71 页。

大体上说，集体所有制有三大组成部分：第一，最大的是农村集体经济；第二，是为农业服务的供销合作社；第三，是城市的集体经济。

（一）第一种形式：农民生产经营的集体经济形式

农业和农民问题，是马克思主义的一个重要内容，中国发展的关键问题，也是中国特色社会主义经济的一个亮点。适应农业现代化进程的要求，我国农村生产关系变革的理论贡献，集中体现于邓小平关于农村"两个飞跃"的理论。邓小平晚年再次强调："农业的改革和发展会有两个飞跃，第一个飞跃是废除人民公社，实行家庭联产承包为主的责任制，第二个飞跃就是发展集体经济。社会主义经济以公有制为主体，农业也一样，最终要以公有制为主体。公有制不仅有国有企业那样的全民所有制，农村集体所有制也属于公有制范畴。"① 这是对我国农村生产关系变革历史经验的总结。

1. 农业的第一次飞跃：农民联产承包制

党的十一届三中全会后，农民家庭联产承包（俗称"大包干"）首先从较为贫困的地区（安徽、甘肃、河南、贵州等省的一部分地区）开始，主要特点是在土地公有的基础上，由农民家庭自主承包经营，分配关系的特点是："交够国家的，留足集体的，剩多剩少是自己的。"当时还认为它仅是解决温饱问题的暂时措施，不适于经济比较富裕、机械化比较高的地区。后来的事实证明，不但贫困地区商品经济的发展需要这种形式，而且富裕地区也需要这种形式，因为商品经济与平均主义及层层地区分割是不相容的，而按劳分配和农民的自主精神则有着内在的联系。所以，它的发展冲破了存在二十多年的一个个封闭小体，使联产承包责任制成为地域性合作组织的基本形式（占过去生产队总数的99%），形成了多样、多边联系的格局，扬弃了旧的集体经济形式，创造了新的合作制的多种形式。

农村真正出现商品经济蓬勃发展的形势，是在农村全面实行家庭承包制以后，并在整个国民经济中遥遥领先，形成第二次"农村包围城市"的局面，从几个方面提供良好的条件：一是生产和经营的经济收入与农民的经济利益挂钩，引起经营的兴趣；二是随着生产的发展，使农民在满足自身温饱之后，有

---

① 《邓小平年谱1975～1997》（下），中央文献出版社2004年版，第1349页。

了更多的剩余产品，可供市场交换，同时具有越来越强的购买力；三是劳动生产率的提高，使越来越多的农民从种植中解放出来（包括兼业），加快了社会分工；四是农民生产和经营上有了自主权，能在更大的范围内参与或从事商品流通，逐渐打破了地区封锁。可以说，农村家庭承包经营的最大功绩表现为两点：一是解决了几千年没有解决的中国农民吃饭问题；二是冲破了农村自给半自给经济，大批的农产品和剩余劳动力投向市场。正是因为这样，我国农村全部产品的商品率由 20 世纪 70 年代的 30% 上下，提高到 80 年代中叶的 60% 以上。就是说，农村经济由自给自足为主，变为以面向市场交换为主。这次农村经济的历史性转变，带有质的飞跃。所以，把农村联产承包视为"倒退"是片面的，尽管也带来一些新问题。

进入 20 世纪 90 年代以后，广大牧区进行改革，实行草场家庭承包制，使牧草养统一起来，调动了牧民的积极性。21 世纪头 10 年里，又实行山林家庭承包制，使得保养植被森林结合起来，既调动了农民的积极性，又促进了生态优化。这两种改革是农村家庭联产承包的扩大和延伸。

2. 农业的第二次飞跃：逐步发展新型农业合作组织

随着科技大发展和推行土地家庭承包经营制度，农村经济发展取得了阶段性成绩，基本上在解决 13 亿人的农产品供应问题基础上，又向小康社会迈进了一小步。但是，农村市场化进程以及经济全球化进程的加快，特别是 WTO 对中国农业所带来的冲击，中国农民家庭生产经营的风险性和不确定性将进一步加大。为了解决这一问题，因而出现了各种形式的合作组织。

客观地看，现在农民的家庭经济也有很大的局限性，需要不断优化生产关系的组织形式。但是，其动力不是来自行政命令，而是来自市场经济和生产力发展的需要，以便把小生产与大市场联系起；它的具体形式不再是以往苏联集体农庄和我国人民公社生产队的形式，而是经过市场经济选择采取更多有利于农业现代化、现代城镇化和农民富裕起来的多种形式。那么，市场经济与合作组织又有什么内在联系呢？第一，为适应市场行情、提高竞争力，减少交易成本，需要在流通环节联合，即供销方面的合作。第二，商品生产的发展，要求资金融通和相对集中，这就需要资金、信贷方面的联合。第三，商品生产要适应市场，还得不断提高技术水平，创造出新的产品，提高劳动生产率，降低成本，增强竞争力。第四，市场经济的发展，将推动分工不断深化，形成专业化的生产组织，越来越追求规模效益。第五，为了承担市场竞争的风险和防止自然灾害的袭击，需要在保险事业和福利上的联合。总之，由于市场经济的基础是社会化生产，它就要求农村各类生产和经营社会化，为农户提供产前、产中、产后服务。不过，这个社会化决不等于简单的"大规模集中"，而是以社会经济的各种联系为契机，形成大小不等的合作经济组织。

从另一方面看，合作制的特性也要求市场经济大发展。既然它是劳动农民自愿联合的组织，就不能损害他们的劳动利益，避免用各种形式剥夺农民。因此合作组织对外的经济关系必然是等价交换关系，保持独立性；对内的经济关系是自愿互利关系。谁集资、谁出力，谁得益，为了给农民争取更多的利益，它必须参与市场、参与竞争并取得经济效益，成为集体企业。这样的联系组织，才能真正富有活力。合作组织的发展和完善，又会推动和保证农村市场化发展，使小商品生产联合为大商品生产（不是合并），并纳入市场调节和调节市场的双导向运动的宏观运行轨道。

在这个基础上，实现合作组织制度创新。把农民组织起来，克服小生产的弱势，这是以现代科技为支撑的社会化大生产的要求，是农业现代化的必然趋势，也是农民共同富裕的必由之路。但必须进行制度创新：（1）以往我国农村的合作组织只是单一的社区性集体经济，今后这种经济需要进一步完善和提高，寻找更好的实现形式（包括以土地入股为特征的股份合作制等），增强服务功能。（2）发展各种专业合作组织和各类专业协会，它的优点是灵活、多样、专业性强、服务功能佳，但也不能一刀切、靠行政命令推行，而要坚持自愿、民主、互利的原则。这方面有许多国际经验可以借鉴（例如日本的农协）。（3）我国创造的"种养加""产供销""产学研"一条龙的形式即产业化经营，也是一种依托产业链的特殊的合作组织。可能成为今后农村经营体制的基本框架，其具体形式可能更多样、更灵活。至于乡镇企业，更要按照农村工业化的要求，进一步深化产权制度改革，使之更具活力。

如果说，农村家庭承包制是我国农民的伟大创造，那么建立中国特色的合作经济组织则是我国农村的历史跨越。这个进程既要积极引导，又不可求之过急，必须尊重农民意愿，归根到底要有利于农业的发展和农民的共同富裕。

3. 积极壮大农村集体所有制经济

（1）充分肯定和壮大"完全集体所有制"。经济学完全或纯粹意义上的农村集体所有制经济，是指生产资料归农村部分劳动者集体所有的一种公有制形式，并在分配上实行多种形式按劳分配。其严格的经济本质规定性是"整体所有、自主决策、联合劳动、按劳分配"。农村集体所有制经济包括两方面：一是农业中的集体所有制；二是农村中的乡办集体企业和村办集体企业。目前，与市场经济结合和管理水平很高的集体经济模式，如南街村、刘庄、竹林、华西村等都是走"集体经济，共同富裕"的典范。当然，这些实行集体所有制较好的地区都有其特定的主客观条件。首先，当地的集体经济具有一定的基础，且集体经济的优越性很快得以体现出来，足以吸引个体、私营经济的加入。其次，这些村集体都有强有力的带头人和领导班子。不可否认的是，它们的存在和发展充分体现了集体经济在使人民群众走上共同富裕道路上的不可比拟的优势。不论是南街村，还是刘庄等，其人均纯收入、社会保障制度、居民生活环境、精神文化生活等早在 20 世纪 90 年代中期就已达到甚至超过小康水平。而且它们现在已具备了很强的经济实力和发展后劲，正在向更高层次的共同富裕迈进。因此，我们应鼓励在条件合适的地区继续发展。壮大"完全集体经济模式"，促进农村经济的长远发展。

（2）适度推动农业的"集体化和集约化"进程。改革开放以来，邓小平多次反复强调"社会主义农业的改革和发展第二个飞跃"的思想。1992 年 7 月，他在审阅中共十四大报告稿时再次强调和阐发了"两个飞跃"的重要思想。邓小平指出：农业的改革和发展会有两个飞跃，第一个飞跃是废除人民公社，实行家庭联产承包为主的责任制，第二个飞跃就是发展集体经济。农村改革以后，我国绝大多数原有"完全集体所有制"经济都改建为以家庭联产承包为基础的统分结合的双层经营体制。这种体制坚持了基本农业生产资料（土地）的集体所有制的根本性质，同时其落实到每户的土地承包形式体现了在所有权面前的平等性，并明确了一定的产权、责任和利益分配关系，使集体利益与个人利益采取了新的结合形式，调动了农民生产的积极性，总的来说是促进了我国农业的发展。在这一体制下，农村"完全集体所有制"经济在内涵和外延上都有较大改变。如土地长期承包基础上的集体所有制与其他日渐增多的生产资料私人所有制相结合，或集体资产量化为私人所有，按劳分配和按生产要素产权分配相结合。各种混合型的"准集体所有制""半集体所有制""集体合作所有制""股份合作所有制"或"合作股份私有制"经济呈现多样化模式。

进入 21 世纪以来，面对经济全球化和国外农业的激烈竞争，带有小农分散生产方式特点的家庭联产承包责任制，与集约和规模经营的现代化生产方式要求相差甚远，其能量和潜力有限。按照邓小平关于"两个飞跃"的思想，社会主义农业改革和发展的第一个飞跃是通过改革确立适应农业生产特点的家庭经营这一基本制度，使农户拥有自主经营权，能更好地发挥生产主动性，这是农业微观经济组织的一次大调整；第二个飞跃是在第一个飞跃取得重大成果的基础上，发展适度规模经营，发展集体经济。"两个飞跃"都是以适应生产力发展的要求为出发点和落脚点。建设社会主义新农村应当遵照邓小平的战略思想和方针，探讨如何适时适度发展农村"集体化和集约化"问题，逐步实现农村经济的"第二次飞跃"。

（3）提倡和发展集体经济联合体。我国的行政单位村受自然条件和经济发展水平影响，规模都比较小，且村落分散。2005 年全国乡镇数量为 35509个，行政村 640139 个。由此造成的突出问题是增加村级管理成本，加重农民负担，制约集体经济发展。因此，以村为单位的集体经济普遍存在集体经济实力薄弱的问题。与我国不同，西方发达国家农业生产的基本单位是资本主义私人农场。第二次世界大战后，随着农业机械化在发达国家的逐步实现及在政府的引导和各种农民组织的帮助下，通过租赁、转让、合并等形式，许多专业化、机械化、商品化程度很高的大农场逐渐发展起来。我国已加入世界贸易组织，农业逐渐面临国外大农场的激烈竞争，如何增强我国农业的竞争力成为日益紧迫的问题。但这并不意味着我国就应主要发展国外大农场模式的集体经济。第一，人多地少的基本国情决定了我国的土地制度适宜土地的集体所有制模式。国外大农场意味着少数人占有大量土地，这不符合我国国情。我国农村土地要想形成类似国外大农场的规模，先要以农村大量剩余劳动力的转移为前提。第二，扩大农业生产规模可提高机械化水平、降低生产成本，但并不一定能增强自身的综合实力。我国农业与国外发达国家进行竞争，不可能单纯靠增大规模来实现，而要提倡和发展集体经济联合体，增强综合竞争能力和整体竞争能力，提高科技含量和生产经营效率。第三，我国集体经济"小而弱"的分割是造成集体经济薄弱的重要原因。提高集体经济综合竞争实力，依赖于多种因素的共同作用，而不是主要靠把土地合并起来就可以实现。

（二） 第二种形式：农村供销合作社

农村供销合作社是目前全国性的最大的集体组织，分布到全国各个省、市、县、乡，其功能类似日本的农协。中华全国供销合作总社于 1985 年代表中国合作社加入国际合作社联盟，在国际合作社运动中发挥着重要作用。自 2006 年起，中华全国供销合作总社负责人在国际合作社联盟中担任副主席。到 2011 年，全国供销合作社系统已形成了较完整的涉农经济组织。全系统共有 32 个省级社，342 个地级社，2377 个县级社，20050 个基层社，6.7 万家专业合作社，24 万家综合服务社，有 78 万个经营服务网点，在职职工 200 万人。2011 年全系统资产总额达到 8530 亿元，所有者权益达到 1928 亿元。供销合作社自身发展的实力和活力迅速增强。2011 年，全系统销售总额首次突破 2 万亿元，利润总额首次突破 200 亿元，达到 215.5 亿元，同比分别增长 29.5% 和 25.3%；全系统资产总额达到 8530 亿元，所有者权益达到 1928 亿元，实际从业人员超过 200 万人。目前，我国农民专业合作社有 51 万家，仅供销合作社系统就有 6.6 万家专业合作社、24 万家综合服务社和近 2 万家行业协会。供销合作社在服务"三农"和经济社会建设中发挥着越来越重要的作用。截至 2011 年底，全系统共发展农民专业合作社 66784 家，入社农户 1004.4 万户，全年助农增收 1027.99 亿元。

供销社是农业生产资料供应的主渠道，也是为农民消费服务的重要组织。供销合作社的根在农村，供销合作社的最大优势在于遍布城乡的流通经营网络。近年来，作为中国规模最大的合作经济组织，全国供销合作社充分发挥自身网络优势，全力构筑联系城乡、覆盖全国的"四大网络"现代流通体系。到目前，已基本构建起农业生产资料、日用消费品、农副产品、再生资源四大流通网络，在城乡现代流通服务中发挥了主导作用。农业生产资料是供销合作社为农服务的主阵地。在"十一五"期间，供销合作社以提升农资供给保障能力为重点，全面推进农资现代经营服务网络建设，加快推进农资连锁网络全覆盖已发展起了"统一配送、统一价格、统一标识、统一服务"的农资连锁网点 26 万多个，覆盖全国 80% 以上的乡镇，农资供应量占到全社会的 70%，并承担了 70% 的国家化肥商业储备和救灾储备。特别是在全国 800 多个粮食主产县建设的农资仓储物流库，充分发挥了淡储旺供功能，有力保障了重点农业产区的农资供应和价格稳定。①

目前，供销社正在构建四大网络，服务于城乡现代流通：（1）农业生产资料：现代经营服务网络基本形成；（2）农村日用消费品：现代经营网络初具雏形；（3）农副产品：现代购销网络快速铺开；（4）再生资源：回收利用网络扎实推进。②

根据中央的要求，供销合作社加快推进改革发展，加快构建运转高效、功能完备、城乡并举、工贸并重的农村现代经营服务新体系，在发展目标上，努力成为"三个力量"，即成为农业社会化服务的骨干力量，成为农村现代流通的主导力量，成为农民专业合作的带动力量。

（三）第三种形式：城市集体经济

在整个 20 世纪 80 年代和 90 年代初，城镇集体经济占全国工业总产值的 15% 以上，占城镇就业总人数的 20% 以上，占城镇新安置劳动力的 30% 以上。国家统计局资料显示，2001 年以后我国规模以上集体（含股份合作制和一部分股份制企业）工业增加值有所下降。2004 年全国经济普查材料表明，在第二、第三产业中集体资本占企业实收资本总额的 7.9%。加上农村集体部分，估计占 GDP 的近 15%。正如党的十六大报告所强调的，发展集体经济，对坚持社会主义初级阶段的基本经济制度，实现共同富裕具有重要作用。

20 世纪 90 年代以后，集体经济在发展中曾遇到一些问题和困难，相当一部分集体企业陷入了停滞以致濒临破产的困境。党的十六届三中全会《中共中央关于完善社会主义市场经济体制若干问题的决定》提出，要"以明晰产权为重点深化集体企业改革，发展多种形式的集体经济"。③党的十七大重申："推进集体经济改革，发展多种形式的集体经济、合作经济。"④党的十八大又强调"坚持和完善农村基本经营制度，依法维护农民土地承包经营权、宅基地使用权、集体收益分配权，壮大集体经济实力，发展农民专业合作和股份合作，培育新型经营主体，发展多种形式规模经营，构建集约化、专业化、组织化、社会化相结合

---

① 刘惠兰：《现代流通体系渐入佳境》，发表于《经济日报》，2012 年 7 月 9 日。
② 杨传堂：《加快构筑四大网络　服务城乡现代流通》，发表于《经济日报》，2012 年 7 月 9 日。
③ 《十六大以来重要文献选编》（上），中央文献出版社 2005 年版，第 466 页。
④ 《十七大以来重要文献选编》（上），中央文献出版社 2009 年版，第 316 页。

的新型农业经营体系"。① 公有制经济的实现形式可以而且应当多样化，集体所有制经济的实现形式也可以而且应当多样化，在改革的实践中，很多城乡集体经济都突破了原有体制的束缚，在明确界定产权、合理设置股权结构的基础上，实行了形式多样的股份合作制和股份公司等，创造了劳动者劳动联合与劳动者的资本联合为主的新型发展模式（简称"双联合"）。许多集体经济内在加入了管理层和职工个人股的同时，还保留了部分集体股，甚至还加入了社会股，既照顾到公共集体利益，又调动了职工个人特别是经营者的积极性，并形成了社会筹资机制和股民对集体经济的监督机制。集体股的存在和壮大是走共同富裕的必要的物质支撑。像海尔、春兰、东宝药业等著名大型企业，都是由小型集体企业发展起来的。总算下来，现在全国集体资产有多少？可大体估算：（1）农地18亿亩，可估为9万亿元，加上集体资产、新形成的合作社资产约2万亿元；（2）供销合作社近1万亿元；（3）城市多种类型集体企业约1万多亿元，共计约12万亿元，占全国经营性资产总量的12%上下。

当然，各种市场型的广义和狭义集体经济（含合作经济）还需要进一步完善和发展。我们要以积极的热情、扎实的措施、得力的政策进一步改革和发展集体经济，使传统集体经济脱胎换骨，新型集体经济加快发展，以推动不同层次的生产力发展和扩大城乡就业空间。

第三节　核心与难点：市场型公有制经济的地位与作用

在公有制改革中遇到一个理论和实践上的最大难题，就是公有制能否与市场经济能够融合。按照传统的计划经济观点，公有制和市场经济是不相容的。西方经济学同样认为，公有制和市场经济不可兼容。然而，改革以来，我国从理论和实践上都证明，与国有企业为主导的公有制在社会主义市场经济中能够更好地发展。2002～2011年，国有企业以营业收入年均增长17.6%、利润年

---

① 胡锦涛：《坚定不移沿着中国特色社会主义道路前进　为全面建成小康社会而奋斗——在中国共产党第十八次全国代表大会上的报告》，人民出版社2012年版，第23页。

均增长 22% 和税金年均增长 17.9% 的稳定高速发展，为支撑经济社会发展发挥了重要作用。据统计，2011 年全国国有企业营业收入达到 367855 亿元、实现利润 22556.8 亿元、上缴税收 29934 亿元；从 2002 年到 2010 年，全国国有企业资产总额、营业收入和实现利润分别增长了 3.8 倍、3.8 倍和 7.2 倍，国有资产保值增值率和平均资产收益率分别提高了 3.8 个百分点和 4.1 个百分点。[①] 在世界 500 强企业中，2000 年中国只有 11 家国有企业；2011 年达到 68 家国有企业（另外还有 3 家民营企业，共 71 家）。这表明，在社会主义市场经济中，公有制能够焕发巨大的活力。对此，我们要做系统的理论探讨。

一、交换方式与生产方式的相互联系

从本质上说，市场经济属于交换方式，是交换关系的总和。交换方式与生产方式总是连在一起的，过去只讲生产方式，这还不够。按照恩格斯的观点和历史的事实，生产方式和交换方式是互为支撑的。

长期以来，广义的"生产方式"范畴被理解为生产力与生产关系的统一。总体上，这是正确的，抓住了最基本的东西。然而，这种理解没有突出交换方式。恩格斯历来特别重视交换方式，时常讲到生产方式时就提到交换方式。例如，他说："每一历史时代主要的经济生产方式和交换方式以及必然由此产生的社会结构，是该时代政治的和精神的历史所赖以确立的基础"。[②] 又说："我们视之为社会历史的决定性基础的经济关系，是指一定社会的人们生产生活资料和彼此交换产品（在有分工的条件下）的方式"。[③] 还说："政治经济学，从最广的意义上说，是研究人类社会中支配物质生活资料的生产和交换的规律的科学"，"它首先研究生产和交换的每个个别发展阶段的特殊规律"，然后"才能确立为数不多的、适用于生产和交换一般的、完全普遍的规律"。他把交换方式视为决定分配方式的一个因素："新的生产方式和交换形式必须经过长期的斗争才能取得和自己相适应的分配。但是，某种生产方式和交换方式越是活

---

① 何宗渝、王希：《国有经济实力显著增强　多种所有制经济共同发展》，发表于《光明日报》，2012 年 7 月 10 日。

② 《马克思恩格斯选集》第一卷，人民出版社 1995 年版，第 257 页。

③ 《马克思恩格斯选集》第四卷，人民出版社 1995 年版，第 731 页。

跃，越是具有成长和发展的能力，分配也就越快地达到超过它的母体的阶段，达到同当时的生产方式和交换方式发生冲突的阶段。"① 他认为生产和交换"这两种职能在每一瞬间都互相制约，并且互相影响，以致它们可以叫做经济曲线的横坐标和纵坐标"②。这就是说生产方式与交换方式是不能分离的。恩格斯明确地说："唯物主义历史观从下述原理出发：生产以及随生产而来的产品交换是一切社会制度的基础"③ 这就丰富了历史唯物论的内涵。在这个经济系统中，起基础作用的是生产方式和交换方式，生产方式又是最基础的，它们之间相互作用。

今天，我们总结历史经验，全面坚持历史唯物论，必须实事求是地承认和确立社会主义的"交换方式"范畴，把它单独划分出来；如果把它包含在更广义的生产方式之中，则应当称之为"经济方式"。这正是社会主义市场经济的理论基础。

至此，我们可以作一个简单定义：交换方式就是指同生产方式相伴生而又相对独立的产品交换与在此基础上形成的一系列的复杂交换关系和形式。它依附于一定的生产方式，又反作用于生产方式，具有自然与社会两重属性，具有联系和配置资源的功能。不同的社会化生产力水平有不同发育水平的交换方式，市场经济便是交换方式之一，而市场经济自然也有一个日趋完善、提升的进程。

从这里我们还可以深化前面提到的社会基本矛盾的认识。诚然，一切社会形态的基本矛盾都是生产力与生产关系、经济基础与上层建筑的矛盾。但是，当进入社会化大生产以后（以资本主义社会为明显标志），渗透到这个基本矛盾之中还有一个生产方式与交换方式的矛盾。恩格斯认为，在资本主义危机中"生产方式起来反对交换方式，生产力起来反对已经被它超过的生产方式"。具体表现为："商品流通暂时停顿下来；流通手段即货币成为流通的障碍；商品生产和商品流通的一切规律都颠倒过来了。"④ 后来，恩格斯称之为"头足倒置"现象，即原本作为基础的生产过程却受流通过程（贸易）所左右，而

---

① 《马克思恩格斯选集》第三卷，人民出版社1995年版，第489、491页。
② 同上书，第489页。
③ 同上书，第740页。
④ 同上书，第627、750页。

原本作为本源的贸易却又为金融所支配，工业危机有时从属于金融危机①。这表明，交换方式已成为独立于生产方式以外的力量，并以强大的力度反作用于生产方式。毛泽东对社会主义社会的基本矛盾作了精辟的概括："在社会主义社会中，基本的矛盾仍然是生产关系与生产力之间的矛盾，上层建筑和经济基础之间的矛盾。"② 但其性质与旧社会不同。在下面的论述中，他提到："在各经济部门中的生产和交换的相互关系，还在按照社会主义的原则逐步建立，逐步找寻比较适当的形式。"③ 但他没有把交换方式的问题同社会基本矛盾联系起来，后来的毛病还是出在忽视交换方式上。现在用生产方式与交换方式相互关系的观点来观察社会主义的基本矛盾，也应当加上交换方式的内容，即为社会化生产力与社会化生产关系，以及生产方式与交换方式的矛盾、经济基础和上层建筑的矛盾。生产方式与交换方式的对立统一是基本矛盾不可缺少的一个关键环节。当然，如何更好地发挥交换方式的中介作用，还要在完善社会主义市场经济进程中勇于探索。

二、市场经济的一般基础是生产社会化

市场经济的根基是什么呢？应当说，它是生产力的社会化，所以它能够与不同的生产方式相结合。历史唯物论的基本原理规定，生产关系一定要适应生产力的状况，这是社会发展的基本规律。历史一再表明，这一原理是正确的。不过，随着生产力的自身质的飞跃，它同生产关系的结合条件、形式也逐步复杂化，如果仅仅用一个简单的公式去处理，那会在理论上和实践上出现一些意料不到的漏洞，乃至导致重大的失误。为此，我们不但要研究一般结合中的普遍矛盾，更要研究具体结合中的特殊矛盾。以往多重视生产规律，而忽视甚至丢弃了交换规律，尤其不能从生产和交换的交互作用上研究问题。现在必须重新认识这个结合。

纵观历史，生产力发展就其组织特征说，经历了两个大的类型：一是封闭、孤立、分散的个体小生产；二是社会大生产。与此相应的工具和技术特

---

① 《马克思恩格斯选集》第四卷，人民出版社1995年版，第699~701页。
② 《毛泽东文集》第七卷，人民出版社1999年版，第214页。
③ 同上书，第215页。

点，前者是手工工具和手工劳动，后者是以机器为主体的大工业集体协作和自动化程度愈来愈高的现代技术。在此基础上形成的社会联系特点，适应前者的是既无精细的社会分工，又无密切的社会联系，至少不占主导地位。适应后者的是社会分工精细、社会联系密切的经济。再从同所有制关系发展阶段的联系上看，原始社会是纯粹的自然经济（解体时才萌生小商品经济）；奴隶社会和封建社会主体是自然经济、小商品经济和小市场仅为经济生活的附庸；而资本主义制度和初级社会主义制度则同自然经济不相容，主体是愈来愈发达的大商品经济，即市场经济。从上述几个角度的分析，揭示出一个正相关的联系：凡是建立在非社会化生产基础上的社会形态，商品经济（实际上是小商品经济）都未直接地大量地渗透到生产力和生产关系的结合系统中；凡是以社会化生产为基础的社会形态，商品经济（确切地说是大商品经济即市场经济）都普遍而直接地渗透到生产力和生产关系的结合系统中。资本主义从一开始就是一种商品生产，它的一切经济关系都同商品、货币、市场关系"化合"在一起。离开了发达的经济，资本所有制关系就不可能同社会化生产力结合。正是由于商品经济介于生产方式中的这一结合，资本主义才创造了远远超过以前历史总和的近现代生产力（尔后，矛盾也由此产生）。社会主义初级阶段所有制关系同社会化生产力结合，是否需要大商品经济即市场经济这一中介呢？前面我们简要地叙述了历史，铁一般的事实说明，没有这一中介，就等于人为地造成一个"隔离层"，不能正常地适应社会化生产的要求，从而不利于生产力的发展。

由此可见，当生产力经过飞跃，社会化生产占主导地位的时候，一定的生产关系（主要是生产资料所有制关系）同它结合便不能完全再像从前那样单向地直接结合，而必须同时有商品经济充当中介，来参与、联结、强化、调节这种结合。于是，形成了三个层次的多相结合、两大"方式"的互补互约。三个层次是：（1）社会化的生产力；（2）以交换为基础的大商品经济，它是交换职能和交换关系的有机统一；（3）以生产资料所有制关系为主体的生产关系，包括分配关系。两大"方式"即：生产方式和交换方式。

为什么以社会化生产为基础的社会，其基本矛盾的结合较为复杂化？这是因为，生产力本身的结构愈来愈精细，社会联系愈来愈广泛，联系程度愈来愈密切，联系的方式愈来愈多样，从而使得生产和为生产服务（包括交换—流通）的组织形式也愈来愈灵活多变，经济关系和经济过程日趋复杂多元化。生产关系要适合生产力的复杂特性，便不能像以往生产力较为简单粗陋的那种情况，仅仅有某一种单一的联系形式即可结合了。恰如由手推车变为机动车、再变为磁悬浮列车一样，必须更换、增设各种装置，提高技术含量，甚至进行脱胎换骨的改造。马克思曾经把生产力比做武器，把生产关系比做军队的组织和队形，实际上现代战争包括的不仅有直接使用杀伤武器的部队（只占小部分），而且还有大量的多种多样的通讯、运输、远距离侦察（如卫星）、技术指导、后勤服务等各个部分，比之以往大刀长矛时代要复杂得多了。在进入社会主义不久的初级阶段，假如将建立在复杂的社会化生产基础上的公有制，视为原始社会组织形态在高级水平上的重现，直接生产、直接分配、直接经营管理，整个社会像一个"大工厂"，那么，此阶段的管理水平是无法适应现代化生产力要求的。我们应当有实事求是的精神，研究这种"结合"巨系统的复杂现象。

列宁说，一切事物"都是经过中介，连成一体，通过过渡而联系的"①。现阶段，商品经济之所以能够而且必须充当"结合"的中介，是由它同社会化生产有着有机联系及由此派生的二重性、过渡性所决定的。第一，通过它的中介，使得公有制的组织形式符合社会化生产"分联结合"的要求，即不能采取只统不分的"大工厂"模式，而要在社会分工的基础上采取现代企业及其交换、联系（市场）的结构形式。这和经典作家设想的取消企业的"直接的社会生产"（"桶式结构"）就有所不同。第二，通过它的沟通，承担不同社会分工的公有制企业之间的经济联系，既符合社会化生产的要求，又体现各类劳动者之间平等协作的共同利益，特别是工人和农民的经济联系，避免统一调拨的弊端。第三，通过它的联结，使得劳动社会化与以社会劳动为尺度的消费品分配统一起来，使得按劳分配超出以个别劳动为标准的实物分配的狭小范围，并把共同利益与分层利益统一起来。第四，通过价值规律的作用，使得社会生产所要求价值核算（效用与费用的比较）同利益层次（利益群体）统一于企业这种形式中，并使企业之间在协作与竞争的矛盾统一中推动社会化的进程。第五，通过市场连接，形成公有制基础上适应社会化要求的宏观调控机

———————

① 《列宁全集》第55卷，人民出版社1990年版，第85页。

制，形成资源配置的新基础，使计划与市场的有机结合达到最优化。第六，通过市场配置资源的基础性作用，它还可使公有制选择有效的实现形式，如与资本市场沟通的股份制形式，况且在一定阶段还可与多种所有制形式结合，使之共同发展。第七，社会主义制度与市场结合，沟通了财富分配关系与资源配置的辩证统一，既能防止平均主义，也能消除两极分化，利益上体现共同富裕及其差异的统一。第八，在资源配置上，可以把市场调节和国家调节"两只手"更好地相匹配，体现公有经济主导下的整体与个体的辩证统一。

总之，社会化生产力运行中的自然体系同社会化生产关系中的经济体系之间的结合，基本上都要通过市场经济的运行来实现，并且通过它的调节、渗透不断更新这一结合的具体形式。善于利用此种中介的作用，是完善此种复杂结合的必由之路，也是使公有经济优化自身实现形式和经营机制，更能发挥劳动者、企业、社会整体各个层次的积极性，释放出更大的活力。打个比方说，以交换为基础的市场经济恰似人体的血液循环系统，没有它的联系和周转有机体就会死亡，而它的畅通则是生命力之所在。由此可见，市场经济与社会主义不是不相容的，它们之间并不存在根本矛盾。我们可称之为社会主义制度与市场经济必然结合的规律。

三、市场经济与私有制最终不可兼容

传统的观点认为，市场经济的基础只能是私有制。应当说，这个观点不完全，也不符合历史事实。早在原始社会末期商品产生时就存在两种交换关系，一种是两个氏族或两个部落之间的交换，另一种是个人之间的交换。后来，私有制占据了主导地位。即使那样，在各个社会形态中仍然存在着或多或少形式多样的某些"公有"、"共有"、国家所有制之间的交换；在发达市场经济中股份制企业也不同于一般"私人生产"，而是各种性质不同的社会集资的"社会资本"；现代许多国家还有为数可观的国有企业。可见，市场经济下并非都是纯粹私有制形式之间的交换。既然市场是交换关系的总和，那为什么公有企业（或公有制经济为主体的企业）不能成为交换的主体之一而参与公平竞争呢？邓小平并不是按照西方经济学的假定而提出"社会主义也可以搞市场经济"的，他认为这里"是全民所有制之间的关系，当然也有同集体所有制之间的关系，也有同外国资本主义的关系，但是归根到底是社会主义的，是社会主义社会的。"①。按照邓小平的看法，从改革开放起我们就开始转向社会主义市场经济了②，而这三十多年中 GDP 年均 9.5% 上下的高速增长，这里国有企业起了引擎作用，即"第一主体"的作用。这怎么能说只有私有制和民营化才能搞市场经济呢？怎么能说国有制一定要在市场竞争中被淘汰呢？

邓小平早就指出："说市场经济只存在于资本主义社会，只有资本主义的市场经济，这肯定是不正确的。社会主义为什么不可以搞市场经济，这个不能说是资本主义。我们是计划经济为主，也结合市场经济，但这是社会主义的市场经济。虽然方法上基本上和资本主义社会的相似，但也有不同，是全民所有制之间的关系，当然也有同集体所有制之间的关系，也有同外国资本主义的关系，但是归根到底是社会主义的，是社会主义社会的。市场经济不能说只是资本主义的。市场经济，在封建社会时期就有了萌芽。社会主义也可以搞市场经济。同样地，学习资本主义国家的某些好东西，包括经营管理方法，也不等于实行资本主义。这是社会主义利用这种方法来发展社会生产力把这当作方法，不会影响整个社会主义，不会重新回到资本主义。"③这就告诉我们，市场经济和资本主义不能画等号，应当区分社会主义市场经济和资本主义市场经济两种类型。在社会主义市场经济条件下，公有制不但能够同市场经济融合，而且能够获得更大的发展空间，发挥更大的优势。

四、国有企业是社会主义市场经济的第一主体

1993 年，《中共中央关于建立社会主义市场经济体制若干问题的决定》中明确指出："社会主义市场经济体制是同社会主义基本制度结合在一起的。建立社会主义市场经济体制，就是要使市场在国家宏观调控下对资源配置起基础性作用。为实现这个目标，必须坚持以公有制为主体、多种经济成份共同发展的方针""以公有制为主体的现代企业制度是社会主义市场经济体制的

①③　《邓小平文选》第二卷，人民出版社 1994 年版，第 236 页。
②　《邓小平年谱 1975～1997》（下），中央文献出版社 2004 年版，第 1347 页。

基础。"①

现在，我国处在社会主义初级阶段，基本制度为公有制为主体、多种成分共同发展。在公有制主体地位中，社会主义国有企业有起主导作用，在多种成分发展中它是"老大"，用通俗的话说就是共和国的"长子"。马克思主义辩证法认为，起主导作用的成分决定事物的性质。在社会主义市场经济中，国有企业的主导作用规定了我国社会主义市场经济的性质，正如资本主义市场经济中私人大资本企业规定它的性质一样，所以两种市场经济中都必须有一个"第一主体"。

在最近十几年内，新自由主义思潮在我国大肆泛滥，其手法就是这样混淆概念的：一是用笼统的现代市场经济或好的市场经济取代社会主义市场经济，实际上是主张滑向资本主义市场经济；二是用西方的资本主义国有企业混同于中国社会主义国有企业，让国有企业退出市场。这两点都是要改变我国的基本经济制度和市场经济的性质。鉴此，进一步明确我国国有企业是社会主义市场经济的第一主体，具有决定性意义。

国有企业有无资格充当社会主义市场经济的"第一主体"，这不取决于人们的主观臆断，而是要看它的条件。第一，国有企业的性质是全民所有制，就是说它要承担整个国家和社会的利益，而不是像私人企业那样追逐私利的最大化。这就决定了它能够体现社会主义市场基本主体的要求，把握市场经济的发展方向。这一点已经由我国六十多年的事实所证明。第二，国有企业拥有雄厚的资源，包括 40 万亿元资产②和国家委托予它的自然资源，这是其他成分所不具备的。比如，最重要的战略资源石油、煤矿、主要矿产、基本交通设施、国防产品生产，以及最大的流通渠道及储备设施。所以，它在所有的经济成分中占有举足轻重的地位。第三，企业质量高于其他成分的企业。一是块头大，2010 年在世界 500 强中中国有 38 家都是国有企业，现在的世界是大企业主导国际市场的世界，在国内更起主导作用。2011 年中国的 500 强企业，国有企

---

① 《中共中央关于建立社会主义市场经济体制若干问题的决定》，发表于《人民日报》，1993 年 11 月 17 日。

② 胡红伟：《国有资产超 40 万亿　专家建议变卖补充社保资金》，发表于《新京报》，2010 年 12 月 06 日。

业占 63.2%①。用吴敬琏的话说："仅两家最大的中央国企中移动和中石油的净利润就超过了中国民营企业 500 强的利润总和。"② 二是科技创新能力强，技术设备好。中国重大的工程都是由国有企业来承担，创新的专利也最多。由此它引领着经济发展方式的方向。三是控制着国民经济命脉，好像维持国家经济安全的铜墙铁壁。四是政治素质高，有坚强的党组织领导和政治思想工作的传统，绝大多数国企都能够抵制住市场的各种诱惑，坚持社会主义方向（个别的例外）。

国有企业作为中国社会主义市场经济的第一主体，在以下几个方面发挥主导作用。第一，决定中国社会主义市场经济的发展方向。发挥公有制的优势，按照社会主义要求发展生产力，促进共同富裕。坚持以人为本，履行社会责任。第二，保障国家经济安全。近年来，中国不仅安全渡过国际金融危机冲击，而且成为拉动世界经济增长的重要力量，一个重要原因就是国有企业具有较强的抗风险能力。目前，国外跨国公司力图控制中国的重要产业，想成为一些产业的龙头老大，而只有强大的国有企业才能与之抗衡。国有企业是保障中国经济安全的重要力量。第三，提高国民经济素质和质量。国有企业技术装备水平高，具有规模经济效应，分布于国民经济重要产业和关键领域，能够率先实现集约化、集团化和跨国经营，以产业规模和素质优势成为现代化建设的领头雁。第四，维护市场经济秩序，促进社会和谐。国有企业遵守法纪，全心全意依靠工人阶级，认真履行社会责任，在维护职工权益、社会救助、节约资源、保护环境等方面作表率，在促进科学发展、和谐发展中具有示范和引导作用。第五，实行按劳分配，促进社会公平。马克思主义告诉我们，分配形式是由所有制形式决定的。公有制经济是实行按劳分配的基础，是消除两极分化、实现共同富裕的基础。当然，在公有制经济特别是国有企业内部更要贯彻落实按劳分配原则，完善收入分配制度，防止员工之间收入差距悬殊。第六，为人民政权和共产党执政提供重要物质基础。强大的国有企业是发挥政治优势的主要物质基础。正如江泽民同志指出的，"没有国有经济为核心的公有制经济，

① 中国企业联合会：《2011 中国企业 500 强分析报告选编 规模与效益攀升》，发表于《中国企业报》，2011 年 9 月 7 日。
② 吴敬琏：《不改革国有经济无法实现共同富裕目标》，发表于《经济参考报》，2011 年 9 月 26 日。

就没有社会主义的经济基础，也就没有我们共产党执政以及整个社会主义上层建筑的经济基础和强大物质手段。"①

五、探索公有制与市场经济兼容的具体形式

大体上说，我国国有企业与社会主义市场经济融合，推进体制改革中大体经历了三个阶段：（1）1978～1992 年小改小革阶段，主要是减税让利、利改税、实行各种形式的承包制，要求自主经营、自我发展、自负盈亏、自我约束；（2）1992～2002 年，进入以产权为中心的改革，抓大放小，探索以混合型（股份制）为主的实现形式的阶段，可以说经历了最大的阵痛，要求产权清晰、权责明确、政企分开、管理科学；（3）2003～2011 年，进入国有资产管理与国有企业经营分开、企业间进行大整合的阶段，建立归属清晰、权责明确、保护严格、流转顺畅的现代企业制度。企业数量减少了 80%，但综合效益获得飞跃性的提高。从 2011 年起，又进入经济转型升级、更广泛深入地参与国际竞争，即进一步综合完善阶段。

这里侧重谈谈其实现形式。公有制经济与市场经济如何兼容，需要在实践中还要探索具体的实现形式。过去，之所以认为公有制与市场经济不相容，一个重要方面是基于它的实现形式不能适合于市场的要求。我们在实践中已经探索出具体路子。

早在 100 多年前恩格斯就说过，对于未来"我所在的党并没有任何一劳永逸的现成方案。"② 对于社会主义公有制如何发挥更好的作用，也是如此，这只能在实践中探索。从公有制存在的历史看，对优化公有制已经积累了丰富的正反两方面的丰富经验，特别是我国改革开放 30 多年的成功经验为我们廓清了基本路子。我们可以做一些理论概括。

全面地看，社会主义公有制产生和长期生长于计划经济体制下，在历史上曾经发挥过积极作用，对于奠定我国独立的工业体系有着不可磨灭的功绩（在论述国有经济时将详加论述），但是确存在着许多弊端，主要是机制不活、

---

① 《江泽民文选》第三卷，人民出版社 2006 年版，第 71 页。
② 《马克思恩格斯选集》第四卷，人民出版社 1995 年版，第 676 页。

平均主义、用人过多、效率较低、组合较难、同市场接轨障碍较多。我国已进行三十多年的改革，看来不能采取一个模式，需要从多层次入手整体加以优化，重点在于转换经营机制。大体上可分三个基本层次展开，组成一个金字塔形的阵式（见图1-1）。

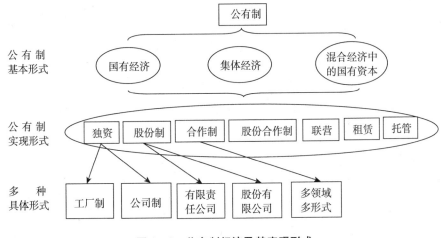

图1-1 公有制经济及其实现形式

图1-1中的三个层次既不能完全混淆，也不能截然分开，而是在相互联系中从企业实际出发有重点地展开。

第一个层次，公有制的根本属性不能改。除非有些企业改变所有制性质而变为非公有经济，凡涉及生产资料归属关系和社会经济功能的不能改变，但可以组合，如从战略布局和结构调整上、吸引其他成分的投资者等。

第二个层次，属于归属关系的量的差异或部分质的差异，可称之为亚种。国有制（全民所有制）和集体所有制是以往延续下来的，都归劳动者所有：一种为全体人民共有（国家为代表）和部分劳动者群经营（利益共同体）；另一种是部分劳动者所有并经营（集体经济）。同时，在社会主义市场经济中通过组合还有一些新的形式，即公私混合经济中的公有成分（公有资本）。

第三个层次，是介于归属关系与经营形式之间的层次，称之为实现形式，即经营运作中存在的形式。这就比较复杂多样。为与市场接轨，目前多采取公司制形式，但公司制又分为多种类型：独资公司属于所有制未变，由国家或集体一家所有，但其运作则采取公司或工厂制模式；股份制有两种类型即股份有限公司和有限责任公司，这里主要是国家或集体控股的，同时吸收了其他成分的投资，按股份公司的模式运作；当然，国有资本或集体资本作为一种公有财富的"流体"形式也可以对其他所有制控股的公司参股，虽然整体上不能称为公有企业，但有公有成分。合作制有一定的自身规律，多属于集体经济的实现形式，而它同股份制结合，就变成了混合型的组织，即股份合作制（后面再论）。承包制、租赁制都是在所有制不变的前提下，以使用权交给别人经营（例如国有民营）。当然也不排除特殊行业的工厂制，这也属于经营形式。

此外，公有制经济的企业管理任务十分重，它属于具体管理方式，应当是一企一策，不能照搬一个模式。需要注意的是管理具有生产力和生产关系二重性，强化和改进管理都必须与企业内部的各项改革相结合，涉及干部制度、劳动制度、分配制度。从这个意义上说，管理也是改革。这个方面对于微观经济运行来说很重要，但往往被忽视。大量的事实表明，企业管理创新是增强企业活力的关键，也是优化公有制的关键。

如上所说，优化公有制是一个系统工程，几个层次互相联系，深化改革和强化管理必须紧密结合。而在这些层次中贯穿一条主线，就是公有资本人格化，涉及干部制度和干部管理。

目前，以国有企业为例，主要采取股份制的实现形式，也是一种以公有制成分占主导地位的混合经济。为什么股份制能够成为公有制的主要实现形式？历史地看，股份制并不是资本主义所特有的，它是商品经济发展到一定阶段的产物。早在古罗马时期就出现了股份制的原始形态。随着商品经济和社会生产力的发展，在 15 世纪末的资本原始积累时期，在海外掠夺性贸易中，开始产生了较规范的股份公司。17 世纪末，股份经济获得广泛迅速的发展，成为企业的重要组织形式。到 20 世纪中期，与现代市场经济发展的要求相适应，产生了现代股份制，并成为资本主义国家主要的企业组织形式。如目前美国《财富》杂志所列世界 500 家最大工业企业中，绝大多数是上市公司。股份制之所以能够在资本主义条件下迅速发展，并成为主要的企业组织形式，就在于股份制是实现社会化大生产和市场经济与不同所有制有效结合的较好形式。这表现在：

第一，股份制能够通过投资入股的形式把分散的由不同所有者（在资本主义条件下主要是私有者）占有的资本和生产资料等很快地集中起来，迅速扩大生产规模；并且实行股份制有利于所有权和经营权的分离，提高企业和资本的运作效率。这就在一定程度上克服了私人资本的局限性，适应了社会化大生产和市场经济的要求。

第二，股份制是以明晰的产权关系为前提的，它通行的是谁投资、谁所有、谁受益的原则，并且股份制企业治理结构比较合理，既有利于保证经营者拥有充分的经营自主权，又有利于保证所有者对经营者实行有效监督，保证所有者的利益不受侵害。因此，在资本主义条件下，股份制不仅不会改变原财产所有制的属性（主要是资本主义私有制），而且更有利于实现原财产所有者（主要是资本家）利益，尤其是控股者可以通过控股更好地实现自己的利益。尤其是到了垄断资本主义阶段，金融资产集团利用股份制这种组织形式，母公司对子公司、子公司对孙公司层层控制，可以支配比本身大几倍甚至几十倍的资本，股份制成为金融寡头实行垄断统治的重要形式。

正因为股份制既适应了社会化大生产和市场经济的要求，又没有从根本上改变资本主义私有制，并且有利于资本主义私有制的实现，所以股份制在资本主义条件下迅速发展并成为资本主义企业的重要组织形式。

社会主义要发展市场经济，坚持以公有制为主体、多种所有制经济共同发展的基本经济制度。因此，作为市场经济与不同所有制有效结合形式的股份制，资本主义可以用，社会主义也可以利用。我国改革开放以来不同类型的企业（尤其是国有企业）推行股份制的实践已经证明，股份制也可以成为社会主义公有制及其与市场经济结合的有效实现形式。

股份制也是许多所有制的实现形式，它的性质取决于由谁来控股，包括绝对控股（拥有51%以上的股份）和相对控股（即具有决策意义的最大股东）。所以，不能笼统地说一切股份制企业都是公有制的实现形式。如果公有经济不能控股，只是一般参股的大股东或小股东，那就不能算公有制的实现形式，但可以说具有公有制的成分。

除股份制形式外，公有经济还可以采取机构法人所有制形式，即由机构投资者占有生产资料的公有制形式，如由国家控股的社会保障基金（养老、医疗保险、失业保险等）、非银行金融机构（投资银行、共同基金等）、诸多公有类型的公共基金（儿童福利、残疾人、大学、科研等）。这种实现形式多属非生产领域、非营利机构，是社会化程度不断提高的产物，对实现共同富裕有重要作用。

第四节　引导与管理：非公经济的良性发展

我国社会主义初级阶段的基本经济制度规定，在坚持公有制为主体的同时，要大力发展和积极引导非公有经济，在国内主要指个体经济和私营经济及其混合形式。按照以往的社会主义政治经济学，这是不可思议的。我们不是要消灭私有制和剥削吗？现在为什么还要发展？怎样处理坚持主体和共同发展的关系呢？回答这些问题，是本节的任务。

一、非公有经济的发展

在论述之前，有必要澄清"民营经济"这个含糊的概念。从广义到狭义而言，它包含四个层次：第一层是国有经济以外的成分，即外资、私企、个体和集体经济；第二层是指第一层次中除外资以外的内资民营经济和股份制企业（很容易交叉）；第三层是指第二个层次中除集体经济以外的成分，即个体和私营企业；第四层是私营企业。从一般意义看，准确地说应当是非公有制经济。我国现阶段的非公有制经济主要包括个体经济、私营经济和外资经济等。

个体经济是指劳动者在个人占有生产资料的基础上，从事个体劳动和个体经营的一种私有制经济。个体经济的显著特点是：生产资料所有者既是私有者，又是劳动者；劳动者与自己所有的生产资料直接结合，劳动产品归自己所有。因而不正式雇工的个体经济不剥削他人劳动，不具有剥削的性质。个体经济是一种有着漫长发展历史的经济形式，它存在于各种社会经济形态中，并有着较强的生命力。这是因为：第一，个体经济以简单工具和手工劳动为基础，同社会化程度较低的生产水平相适应，只要经济发展还不足以在社会范围内完全淘汰这样的生产水平，个体经济的存在和发展就有其客观必然性。到目前为止，世界上没有一个国家生产力水平发达到消灭个体经济的程度。我国生产力社会化程度不高，具有多层次性，个体经济更有发挥作用的广阔天地。第二，个体经济的生产经营活动具有分散、灵活、多样化的特点，这就决定了个体经济在满足社会和群众日常生活需要方面有着广泛的适应性和独特的优势。在我国社会主义改造基本完成以后，由于我们过快消灭个体经济，便产生了两个方面的严重后果：一方面大量个体经济被取缔了，而国有经济和集体经济却不能完全取代它们，这就给人民生活带来不便，当时在饮食服务业中最为明显。另一方面取缔个体经济，杜绝了劳动者自谋职业的门路，这样就只能采取"统包统配"，三个人的活儿五个人干的办法来解决就业问题。从表面上看，似乎劳动者都已经就业，实际上，不论城市还是农村，国有经济还是集体经济，都存在着大量的剩余劳动力（或称隐性失业），成为低劳动生产率和低收入的一个重要原因。改革开放初期，人们就认识到，必须允许个体经济的存在和发展，以缓解当时已相当突出的就业压力，并能活跃市场，方便人民生活，发挥"拾遗补缺""有益补充"的作用。随着社会主义市场经济体制改革目标和以公有制为主体多种所有制经济共同发展的基本经济制度的建立，个体经济也从配角升为社会主义市场经济的重要组成部分。一般说，个体经济没有剥削，也没有更大的负面影响。过去把小生产者的消极面看得过大，认为是随时产生资本主义的基础。实事求是地估计，它的影响并无如此之大，各国资本主义发展也并不是从小生产发展而来的。现在应当充分认识和利用个体经济的积极作用。今后个体经济还将长期存在和发展。

私营经济是一种建立在雇佣劳动基础上的私有制经济。我国对私营经济的认识有一个不断深化的过程。在很长的一段时间里，我们在理论上总认为，私营经济不能在社会主义条件下存在和发展。在这样的认识指导下，私营经营一度在我国社会主义经济中几近消亡。改革开放以后，私营经济最早出现在1980年东南沿海地区的农村，是在个体经济基础上成长出来的，标准是雇工8人以上的企业。当时叫"雇工大户"或"经营大户"。后来，一些私营企业为了抵御外来的种种责难，有的戴上集体经济的"红帽子"，有的戴上"股份合作经济"的帽子。直到1987年中央5号文件中，才明确允许私人企业的存在，但对其方针却还是："允许存在，加强管理，兴利抑弊，逐步引导"。到了中共十三大文件中，就不仅允许私营经济发展，而且要鼓励其发展了，但也只是"一定程度的发展"。以后是1998年4月全国七届人大通过的《宪法修正案》，增加了有关私营经济一条，规定"国家允许私营企业在法律的范围内存在和发展"。从此以后，私营经济在全国范围内更为迅速地发展起来。尤其是1992年邓小平南方谈话后，私营经济一直以每年

15% 以上的速度增长。党的十五大指出：非公有制经济是我国社会主义市场经济的重要组成部分。对个体、私营等非公有经济要继续鼓励、引导，使之健康发展。这对满足人们多样化的需要，增加就业，促进国民经济的发展有重要作用。党的十六大提出两个"毫不动摇"，指出：充分发挥个体、私营等非公有制经济在促进经济增长、扩大就业和活跃市场等方面的重要作用。放宽国内民间资本的市场准入领域，在投融资、税收、土地使用和对外贸易等方面采取措施，实现公平竞争。依法加强监督和管理，促进非公有制经济健康发展。完善保护私人财产的法律制度。

实际上，我国现阶段私营经济的发展有其客观必然性，个体经济的存在和发展，必然不断产生私营经济。允许个体经济的存在和发展，就必须允许私营经济的存在和发展。

在非公有制经济中，还有一大块是外资经济，外资经济主要是私人性质的外国资本、港澳台资本和华侨资本（包括公司、其他经济组织和个人等）在我国境内投资的一种形式，具体可采取中外合资企业、中外合作经营企业和外商在华独资企业等方式。

目前非公有制经济已成为促进我国国内生产总值的重要力量，并表现出明显的特点。

一是发展迅速，实力增强。表 1-1 的资料表明，私营企业资本扩张的倍数（343.7 倍）大大高于就业人数的增长速度（28.4 倍），后者仅等于前者的 1/12。可见财富悬殊分化进度远远高于其扩大就业的功能。

表 1-1 　　　　　　　　1992~2006 年中国私营企业情况

指　　标	1992 年	2006 年	增长倍数	年均增长率（%）
户　　数	13.9 万户	498.1 万户	35.8	29.1
注册资本	221.2 亿元	76028.5 亿元	343.7	51.8
从业人员	231.9 万人	6586.4 万人	28.4	27.0

资料来源：中共中央统战部、全国工商联、中国民（私）营经济研究会：《中国私营企业调查报告》（2006~2007），社会科学文献出版社 2007 年版，第 73 页。

二是经营领域不断扩大。非公有制经济不仅投资和经营第一产业和第二产业，而且延伸到第三产业中的广告、旅游、学校、医院、教育等领域，并正在进入金融、基础设施、公用事业等领域。

三是对外依存度日益提高。2000 年非公有制经济进出口额占总进出口额的 0.8%，2005 年达到 11.7%，其中出口额由占 1% 提高到 14.6%。一些非公有制企业不仅引进外资进口商品和设备，而且向海外投资设厂，利用海外人才、技术和设备。

四是非公有制企业投资者和高管人员素质不断提高。例如，文化水平，20 世纪 90 年代以前高中以上的只占 50%，而现在已达到 80%，其中有研究生学历的已占 4.6%。①

二、非公有经济存在和发展的积极作用

前面我们已经讲到，非公有经济的存在和发展是由生产力的发展水平及其多层性所决定的，同时也是市场经济需求的多样性及其经营形式的选择有关。一种所有制的先进与落后是以它们对生产发展的作用为准。当年列宁站在"现存的各种经济结构的总和"的高度来认识，在生产力发展水平较低而又不平衡的条件下，"同中世纪制度、同小生产、同小生产引起的涣散性引起的官僚主义比较，资本主义则是幸福"，应当把利用资本主义"作为提高生产力的手段、途径、方法和方式"，并且"有可能通过私人资本主义（更不用说国家资本主义）来促进社会主义"②。我国现阶段仍然是如此。从下述非公有经济所发挥的作用看，它的存在和发展带有一定的积极作用。

第一，促进国民经济的快速增长。改革开放三十多年，我国国民经济以年均 9.8% 的速度增长，而个体、私营经济的年均增速达到了 30% 以上，成为支撑整个国民经济快速发展的一个重要因素③。由于个体、私营经济的高速发展，他们对国内生产总值的贡献率已从 1979 年的不到 1% 增长到 2005 年的 33%。部分沿海地区，非公有制经济已成为经济增长的关键性因素。如浙江省 2002 年非公有制经济增加值、纳税额和出口总额分别占全省的 47%、40.6%

①③ 中共中央统战部、全国工商联、中国民（私）营经济研究会：《中国私营企业调查报告》（2006~2007），社会科学文献出版社 2007 年版。

② 《列宁选集》第四卷，人民出版社 1995 年版，第 510、514 页。

和79%。广东省私营企业出口额 2002 年超过 36 亿美元，较 2001 年增长了 257%。

第二，逐渐成为新增就业岗位的主渠道。据全国工商联统计，1992 年以来，个体、私营企业年均净增约 500 万个工作岗位，提供的就业岗位占全社会新增就业岗位的 4/5。据劳动和社会保障部 2002 年底对全国 66 个城市劳动力就业状况调查显示，目前国有企业下岗失业人员中有 65.2% 在个体、私营企业中实现了再就业。[①] 非公有制经济的发展还促进了农村富余劳动力的转移，加快了我国工业化城市化进程。一般估计，未来工业化、城市化过程中从农村转移出来的上亿劳动力主要将通过发展个体、私营等非公有制经济来吸收他们就业。

第三，民营科技企业迅速发展。民营科技企业大多数由科技人员创办，实行"资金自筹、自愿结合、自主经营，自负盈亏"，不受行政管理体制束缚，以市场为导向，按市场原则运行，主要从事技术开发、技术转让、技术咨询、技术服务和科技成果产业化活动。改革开放特别是 1992 年以来，民营科技企业实现技工贸总收入和上缴税金年平均以 30% 多的速度增长。我国民营科技企业目前已达约 15 万家，在 53 个国家级高新技术开发区企业中，民营科技企业占 70% 以上，取得的科技成果占高新区的 70% 以上。中国专利申请中，私营企业申请量占 41%，明显高于其他经济形式，全国有 7 个省的私营企业专利申请比例超过 50%，有 6 个省的私营企业发明专利申请超了 50%。[②]

第四，推进所有制结构的调整。个体、私营等非公有制经济的发展，改变了公有制一统天下、整个国民经济缺少活力的局面，促进了各种所有制经济的共同发展，促进了混合所有制经济的发展。非公有制经济的发展，为社会主义市场经济创造了一个多元市场主体互相竞争、充满活力的体制环境，并且成为产业结构调整和提高竞争力的直接动力，也促进了国有和集体经济的资产重组和企业机制转换。根据全国工商联 2002 年对全国私营企业的调查，分别有8% 和 13.9% 的私营企业已经和准备兼并收购国有企业，有 25.7% 的私营企业

---

① 中共中央统战部、全国工商联、中国民（私）营经济研究会：《中国私营企业调查报告》(2006～2007)，社会科学文献出版社 2004 年版，第 124～125 页。

② 同上书，第 3 页。

是由原来的国有或集体企业改制而成的。① 非公有制经济的发展有力地促进了基本经济制度的逐步完善。个体、私营经济活跃的地方，商品、劳动力、资本、技术等市场发育较快，促进了市场竞争的开展、市场规则的建立和市场体系的发展。

三、关于私营经济的属性分析

目前有人对非公有制经济的发展仍存在诸多困惑和疑虑，尤其是对私营经济的属性及其是否存在剥削问题、私营企业家群体的崛起是否会形成新的资产阶级问题等还有不同的看法，对此要做如下分析。

研究经济成分的性质，主要应把握两点：一是任何一种经济成分的性质，首先由其内部生产资料所有制及其生产资料与劳动者结合的方式这个最基本的条件决定的。从这种意义上讲，我国现阶段的私营经济，就其一般性质而言，具有私有性、雇佣性、增殖性、占有性等特征，与资本主义条件下的私人经济没有什么本质区别。二是并不是任何一种经济成分的性质都能决定社会经济的性质，在多种经济成分并存的社会里，决定社会经济性质的是居主体地位或统治地位的经济成分，这种居主体或统治地位的经济成分不仅决定该社会经济的性质，而且对其他经济有巨大的影响和制约作用。正如资本主义条件下的国有经济不同于社会主义条件下的国有经济，其实质仍然是为资产阶级整体利益服务，社会主义条件下的私营经济（包括外资经济）也不同于资本主义条件下的私营经济。如在私营企业中，雇主与雇工在生产中所处的地位虽然不同，但在政治上享有平等的权利，都是社会的主人，并受到国家法律的保护。目前，私营企业中正在建立党的组织，在政治上帮助企业主坚持为社会主义服务的方向。总体上说，在社会主义公有制占主体地位的条件下，私营经济的存在和发展，其实质是要为社会主义经济服务的，符合"三个有利于"，因而它构成社会主义初级阶段基本经济制度和社会主义市场经济的组成部分。

私营企业主收入主要来自剥削，但并非全是剥削。首先，生产要素按贡献

---

① 中共中央统战部、全国工商联、中国民（私）营经济研究会：《中国私营企业调查报告》(2006~2007)，社会科学文献出版社2004年版，第3页。

参与收入分配是市场经济的重要原则，私营企业主收入中的一部分属于生产要素所有权在经济上的实现。其次，私营企业主如果直接参加生产经营管理，那么企业主收入中一部分属于管理劳动的报酬。这种分析并不违背马克思的劳动价值论和剩余价值论。

作者大致估算，1993～2007年的15年间，我国GDP约172万亿元，私营经济的累计贡献约20亿元，贡献率为12%，它耗去的社会自然成本约15万亿元，占总贡献的75%上下（低于GDP的社会自然总成本率80%）。而作为经营者，其狭义的经济成本不到60%，其中使用廉价劳动所获得利润占50%以上。所以应当肯定，私营经济是存在着剥削的，在当前生产力水平下还需要这种剥削，需要充分利用其推动生产力发展和扩大就业的作用，力图更好地为社会主义服务。全面地看，在充分肯定私营经济积极作用的同时，也应实事求是地看到它的负面影响，以采取扬利抑弊的正确政策。

四、支持和监管的辩证统一

总体上说，私营经济具有两重性，既有经济剥削的一面，又有为社会主义服务的一面；既有唯利是图的一面，又有承担社会责任的一面。可视为社会主义初级阶段的一个特殊阶层。与新中国成立初期的民族资本和苏联新经济政策的"耐普曼"有许多相似之处。对于非公有制经济特别是私营企业，我们的方针是"毫不动摇地鼓励、支持和引导非公有制经济的发展"，既要支持，同时还要加强引导。这二者是辩证地统一，而不可偏废。

目前，尽管非公有制经济在国民经济中已占较大比重，在社会主义市场经济中的地位越来越重要，但现实中非公有制经济发展仍存在一些问题，主要是体制性、政策性等因素的制约。为促进非公有制经济发展，必须着力做好以下工作。

（一）依法保护私有财产，使非公有制企业权益得到保障

保护私有财产就是保护非公有制经济并促进其发展，因为非公有制经济就是建立在私有财产的基础上的，没有私有财产和不保护私有财产就根本谈不上发展非公有制经济。因此，进一步完善保护私人财产的法律制度，健全法律体

系（包括建立法制化的财产保护体系、税收体系和其他经济活动规范体系，及其与此相适应的诉讼、判决、执行体系等），依法保护各类企业的合法权益，促进他们公平竞争，并依法对他们进行监督管理，必将推动公有制经济的进一步健康发展。

（二）消除歧视政策，形成公平的竞争环境

放宽市场准入，使非公有制企业享有与其他企业同等的投资机会。要切实解决非公有制企业市场进入难的问题。原则上，凡是我国政府已向外资开放或承诺开放的投资领域，都应鼓励和允许民间资本进入；凡是国家法律法规没有禁止进入的包括基础设施、公用事业在内的一切行业和领域，都应允许非公有资本进入。如在继续保持国有经济在关系国民经济命脉的关键领域处于支配地位的同时，可以让非公有制经济在电力、冶金、化工、机械装备制造、汽车零部件等资本密集型领域发挥更大作用，从而尽快提高我国制造业的整体竞争力；部分高新技术产业（如信息网络产品开发、应用软件、生物制药、新材料应用等大量的分散的高新技术应用开发领域），非公有制科技企业具有现实优势和潜在优势，可以进入；非公有制经济可以参与城市化建设，以拉动投资需求；引导非公有制经济进入营利性医院、社会力量办学、文化实体、中小股份制银行、电影制作等投资领域，发挥其特定优势和作用，促进新型服务业成为整个国民经济的增长点。结合国有经济布局的战略调整，允许非公有制企业参与国有企业的股份制改造和资产重组，支持非公有制经济与国有经济之间交叉持股、相互融合，支持非公有制经济参与国有经济的产权交易，从而推进多元投资主体的有效融合，使股份制投资成为未来社会投资的主要实现形式。同时，改革复杂繁琐的审批制度。要结合当前正在深入进行的审批制度的改革，改善政府部门对非公有制企业注册、经营增项、转业等各个环节的审批限制，减少审批环节，降低行政性收费。创造各类市场主体平等使用生产要素的环境，使非公有制企业在投融资、税收、土地使用、人才招聘、对外贸易等方面享受应有的待遇。

（三）切实转变政府职能

政府对非公有制企业，首先要做好服务，同时依法进行监管。要进一步改

善政策服务环境，逐步做到把银行贴息如国债贴息改造、风险基金使用、改制上市等支持公有制企业发展的政策同样运用于非公有制企业。鼓励和支持非公有制企业通过与其他企业合资、合作，以及兼并、收购等方式做强做大，形成若干个有自主知识产权、品牌国际竞争力强的大公司、大企业集团。建立面向中小微企业的直接融资渠道。通过宣传教育，引导非公有制企业爱国、敬业、诚信、守法。引导非公有制企业在产业结构调整、西部大开发、城市化以及开拓国际市场等方面积极发挥作用。引导、支持非公有制企业加大科技投入，加快技术改造，大力支持建立研发机构等。

需要注意的是，政府在对非公有制企业鼓励、支持的时候必须强化"引导"。所谓引导，就是要使它的发展坚持社会主义方向，克服消极面，为社会主义的总体目标服务。不可否认，私有经济有它的负面作用，其主要经营宗旨是追求自身利益的最大化，或称之为唯利是图，必定与整个社会主义实现共同富裕的宗旨不吻合，对职工是剥削关系，对于社会责任也往往忽视（"外部性"），尤其是超富阶层，加剧了社会分配不公，助长了两极分化。因此，忽视对它的引导也是违背社会主义原则的。所谓积极引导，就是要采取有力措施纳入社会主义轨道，克服离心倾向。

第一，加强社会主义教育，提高自身政治素质。要使个体经营者和私营业主明确自己的定位和方向，通晓社会发展的规律与自身同社会的关系，要为社会主义共同富裕的宗旨服务，懂得先富带后富的道理，区分社会主义下的私有经济同资本主义制度下私有制的界限，自觉服从党的宏观调控和相关政策。

第二，加强法制管理。依法纳税，依法承担保护生态和节约资源的责任，依法保护职工的合法权益，特别是遵守和执行劳动法，还要致力保护消费者利益。对于违法者要依法处置，把教育、表彰与惩处密切结合起来，坚决杜绝行贿、霸市和钱权勾结的行为。

第三，促进企业管理升级。非公有企业一般规模小、管理差，多半是家庭式企业。应当在发展中提高企业素质和品位，向现代管理转变，尤其是较大型科技企业尤应在提高产品质量上下工夫，转变经济增长方式。其中民主管理、人性化管理、现代企业文化是应当提倡的，特别是要处理好业主与工会的关系，业主与职工的关系，逐步变剥削关系向利益共同体转变。

第四，鼓励积极参与公益事业，倡导奉献精神。这是私人经济融入社会主义事业的重要渠道，应当积极鼓励参与。被称为"第三次分配"的慈善事业是私营企业主回报社会、奉献社会的重要领域，应当实行精神鼓励与政策优惠相结合的方式积极加以引导，有助调节社会收入分配。目前中国参与慈善事业捐助的私营企业只有1%左右，表明它们没有承担起应负的社会责任。对于积极奉献社会，具有共产主义觉悟，达到共产党员标准的私营业主，可以谨慎地发展为共产党员，树立榜样。

第五，自愿探索通向公有经济的形式。现在已有不少私有企业的业主逐步认识自己与社会的关系，自愿把财产奉献给群众（主要是农村），有的采取赠送股权，把企业改变为股份制企业。还可以参照国际经验，鼓励职工持股，全面实现按要素产权关系分配。这些做法要积极探索，主要是基于自愿，而不同于新中国成立初期的社会主义改造。这是未来的发展方向。

五、公有经济与私有经济的相互关系

党的十六大、十七大和十八大都提出"两个毫不动摇"，即毫不动摇巩固和发展公有制经济；毫不动摇鼓励、支持、引导非公有制经济发展。这是在总结我国改革开放实践经验的基础上，对并存于我国的公有制与非公有制经济关系的新表述。在对待公有制和非公有制经济的关系的问题上，一直存在着两种对立的理论和观点：一种是把非公有制经济排斥在社会主义初级阶段的基本经济制度之外，把发展非公有制经济看做是权宜之计。另一种是公开提倡私有化或民营化，主张公有经济或国有经济压缩至西方国家占10%~20%的水平上。在实践中，有的地方规划在几年内国有股减持到零，或者以不再保留公有制经济为近中期目标。认为私营企业效率高，主张它要成为社会的经济主体（所谓"民本经济"），掀起一股私有化的暗流。这两种理论和观点都有失偏颇，后一种观点更具普遍性和危险性。改革开放的实践已证明，在社会主义市场经济中，公有制经济与非公有制经济各有其存在和发展的依据，都可以发挥各自的优势。它们完全可以而且应该在长期并存中优势互补、相互促进、共同发展。

具体地说，非公有制经济与公有制经济的关系主要表现为：一是平等保护物，不得违法互相鲸吞与蚕食。二是公平竞争的关系。公平竞争是市场经济的要义，也是市场主体壮大的基本条件。没有公平竞争的环境，即使处于优势地位的企业，也不可能持续健康成长。非公有制经济与公有制经济在"归属清晰、权责明确、保护严格、流转顺畅的现代产权制度"基础上的公平竞争，是社会主义市场经济体制不断完善、社会主义市场经济不断发展的必要条件。三是互相渗透的关系。现代市场经济既不是单一的公有制经济，也不是单一的非公有制经济，而是各种所有制经济互相渗透、互相融合的混合所有制经济，股份制就是这种渗透和融合的典型形式。公有制经济与非公有制经济在共同发展、平等竞争过程中必然会通过股份制等形式相互渗透，在企业内部实现结合，这不仅实现了公有制经济和非公有制经济在企业内部的优势互补，提高了企业竞争力，而且有利于企业建立完善的法人治理结构，实现所有权和经营权分割，形成企业内部的制衡机制和科学的决策机制。四是共生相长、合作共济的关系。非公有制经济和公有制经济同处于社会主义国家的行政管理和宏观调控下，根据统一的市场规则运行。作为市场主体，两者处于竞争相长的过程中，你中有我、我中有你。国有经济控制国民经济命脉，充当国民经济的稳定器、调节器，为非公有制经济发展创造平台；非公有制经济的发展，使市场主体多元化，形成了多元竞争格局，这不仅对国有企业形成了加快改革和发展的压力，而且为国有企业的改革建立了一个"参照系"，有利于加快国有企业的改革进程。并且，没有非公有制经济的发展，国有企业的减员增效就没有了依托。

同时，必须清醒地看到，非公有制经济（主要是属于资本主义范畴的私营经济）同公有经济是有矛盾的，蚕食和反蚕食的斗争是长期的。特别是近几年一味颂扬私营经济、支持它蚕食公有经济的思潮迅速蔓延和政策的空隙，形成一个官商勾结、牟取暴利的暴富阶层（如房地产、采矿业、地下钱庄等），并以权钱交易手段在官员中寻找保护伞，甚至有的地方同黑恶势力勾结形成一个"黑三角"（黑老板、黑贪官、黑社会），独霸一方，作恶多端。另外，还形成了一些制售假冒伪劣产品的窝点，破坏市场秩序和社会秩序，使得许多腐朽生活方式大肆蔓延。长此下去，不仅危及公有制的主导地位和国有经济的主导作用，而且会削弱和掏空共产党执政的经济基础，使广大劳动人民遭受剥削之苦。对此，我们应当保持警觉，通过坚持改革的正确方向健全和完善基本经济制度。

任何事物的性质都有一个数量界限，超过了一定的度，矛盾的主要方面换了位，性质就会起变化。例如，国有经济占 GDP 的比重已经到了临界点（2005 年下半年降到 35% 以下，国有经济每年下降 1.5 个百分点），公有制降到 40% 以下，国有经济还会下降，集体经济下降更快，而私营经济加上境外投资已经大大超过了国有经济。由于社会主义初级阶段的漫长，加上国际资本主义势力的西化、分化，以私有化为主旨的新自由主义思潮就会长期泛滥。我们只有认识到这种悄悄私有化的危险性，才能使中国不变"颜色"。这是能否坚持基本制度的重大问题。

展望未来，只要我们坚持党的基本路线不动摇，坚持改革的正确方向，以公有制为主体、多种所有制经济共同发展的基本制度便会日臻完善。从不同所有制经济的相互关系来看，随着改革的深入和经济社会化、市场化的不断发展，各种所有制经济将通过股份制、股份合作制等形式，相互渗透、混合生产、成为一种内生性的混合所有制经济。混合所有制经济突破了单一公有制和单一私有制的局限，兼有各种所有制经济的优势，并互补其缺陷有利于内部制衡，使企业动力强，活力旺。改革开放的实践已经显示出，非公有制企业，特别是私营企业逐步走向股份制或股份合作制企业，这也是这些企业逐步改变长时期沿袭的家庭式管理，走向现代企业制度的明智选择。传统的集体所有制企业和国有企业逐步改造成为股份制或股份合作制企业，股份制将成为公有制的主要形式。因此，混合所有制经济将成为我国市场经济发展的主要实现形式，成为各所有制经济发展的共同趋势。在这种条件下，从整个社会来看，公有制经济特别是国有经济通过控股、参股所支配和影响的社会资本的作用要保持优势，国内外私营资本控股、参股的经济也会达到较大规模，但其中也会有国有资本和集体所有的资本发挥作用。此外还有广泛的职工持股、股份合作、居民持股，以及城乡个体经济等。由此，整个国家经济将成为一种以多元化产权为基础，以资本为纽带的全社会的经济联合体。待生产力高度发展和各种条件成熟之后，我们将稳步进入更加美好的社会主义发达阶段。

六、探索用中国特色社会主义规范的私营经济模式

在中国社会主义初级阶段中要发展私营经济，在一定时期、一定范围内还

要大发展，并且把它作为发展生产力、扩大就业、增强国力和提高人民生活水平的一支重要力量。这里存在着一定的矛盾，不仅在发展中要把鼓励和监督、引导有机结合起来，还要探索符合社会主义要求的规范的私营经济模式。

可供借鉴的经验，最早有列宁新经济政策的模式。他针对当时的"耐普曼"（原意是新经济政策的人，即当时的私营企业主）说："做生意吧，发财吧！我们允许你这样做，但是我们将加倍严格地要求你做老实人，呈送真实准确的报表，不仅要认真对待我们共产主义法律的条文，而且要认真对待它的精神，不得有一丝一毫违背我们的法律，——这些就应当是司法人民委员部在新经济政策方面的基本准则。"他要求当时的私营企业主一方面大胆发财，另一方面要做"训练有素""循规蹈矩"的资本主义[1]。并曾经认为，在苏维埃政权下，国家资本主义可以变成"3/4 的社会主义，因为我们可以使国家资本主义企业的组织者成为我们的助手"。[2] 它与以前的资本主义成分不同，"不是资本主义下有过的那一种，而是新的概念，因为是新的现象。国家 = 工人阶级，它的先锋队，它凝结成的组织力量和文化力量"。[3] 就是说，关键在于国家性质及其对它的引导、监督和限制的政策，使之老老实实地遵守社会主义法规。

再者，就是毛泽东在 20 世纪 50 年代的论述，通过规范的办法使资本主义成分为社会主义服务。当时把这个矛盾视为限制与反限制的斗争。现在看来，当时对资本主义工商业改造的步子急了一些，管得死了一些，后来由加工订货、包购、包销过快地走向公私合营。当然，我们不能把那时的政策搬过来，更不能有一种对私人资本进行社会主义改造的印象。但是，也还有今天可以吸取的经验，就是在发展中加强引导、监督，让他们按照人民政权"劳资两利"总要求的轨道经营和发展。

对于私营企业雇工问题，邓小平一直采取慎重的态度。20 世纪 80 年代中期，他多次强调"看几年"的态度："那个能影响到我们的大局吗？如果你一动，群众就说政策变了，人心就不安了。让'傻子瓜子'（指安徽省芜湖市的一家个体户，他雇工经营，制作和销售瓜子，称为'傻子瓜子'——引者注）

---

① 《列宁选集》第四卷，人民出版社 1995 年版，第 635 页。
② 《列宁全集》第 34 卷，人民出版社 1985 年版，第 237～238 页。
③ 《列宁全集》第 43 卷，人民出版社 1987 年版，第 398 页。

经营一段，怕什么？伤害了社会主义吗？"① 他要求稳定政策。1987 年 4 月 16
日，他明确回答："为什么允许雇工？因为我们搞的是具有中国特色的社会主
义。这些雇工和过去的雇工不同。重要的是，鼓励大家动脑筋想办法发展我们
的经济，有开拓的精神，而不要去损害这种积极性，损害了对我们不利"。②
对于私营经济的贡献，可用邓小平对中外合资企业的算账作为参考。他说：
"同外国人合资经营，也有一半是社会主义的。合资经营的实际收益，大半是
我们拿过来。不要怕，得益处的大头是国家，是人民，不会是资本主义。"③
私营企业的收益也应逐步实现大头归国家和人民。

2001 年 3 月，江泽民同志在《积极引导非公有经济健康发展》中做了详
细的论述："在国家政策指引下，进行诚实劳动和合法经营的非公有制经济人
士，为建设有中国特色社会主义事业贡献了力量，对他们为经济发展作出的贡
献应该充分肯定。同时，也不能忽视他们中间存在的一些问题。对非公有制经
济人士，要坚持团结、帮助、引导、教育的方针，既要鼓励支持，又要帮助教
育，以利促进非公有制经济健康发展。

"第一，要引导他们把自身企业的发展与国家的发展结合起来。非公有制
经济的发展，要为社会主义现代化建设服务。社会主义现代化建设的发展，又
会为非公有制经济的发展提供更有利的条件。非公有制经济人士应该爱国、敬
业、守法，诚实劳动、合法经营，多为国家和社会作贡献。

"第二，要引导他们把个人富裕与全体人民共同富裕结合起来。允许和鼓
励一部分地区、一部分人先富起来，通过先富带后富、先富帮后富，逐步达到
全体人民共同富裕，是我们党和国家为推进经济社会发展而实施的一项大政
策。要注意教育和引导先富起来的非公有制经济人士，不忘共同富裕这个社会
主义的大目标，不要只满足于一己之富，而应该致富思源、富而思进，报效祖
国，奉献社会。这样做，有利于国家和人民，也有利于非公有制经济持续
发展。

"第三，要引导他们把遵循市场法则与发扬社会主义道德结合起来。发展
经济，当然要按市场法则办事。非公有制经济人士从事经济活动，追求利润，

① 《邓小平年谱 1975～1997》（下），中央文献出版社 2004 年版，第 1008 页。
② 同上书，第 1178 页。
③ 《邓小平文选》第三卷，人民出版社 1993 年版，第 91 页。

发展自己的经济利益，这是无可厚非的。但是，我们希望非公有制经济人士既有经济利益追求也有思想道德追求，既重视经济效益也重视社会效益。中国自古就提倡'饱而知人之饥，温而知人之寒'，主张义利兼顾，反对为富不仁。近年来，由一些非公有制经济人士倡导并积极实施的光彩事业，利用民间力量参与国家扶贫开发，为支持一些贫困地区的发展做了不少实事，赢得了社会赞誉。这是很好的。希望更多非公有制经济人士投身到这项事业中来，把它做得越来越好。"[①] 不久，他又提出包括私营企业主在内的新的社会阶层要按"中国特色社会主义建设者"的要求塑造自身。

从我国的实际情况看，1992 年以后，私营经济得以迅速发展，特别是浙江等沿海地区，私营经济已经占主体地位，各地还在鼓励大发展。这就迫切需要研究如何按照上述思想和社会主义初级阶段基本制度的要求进一步规范的问题。

简要概括一下，从实际情况出发，中国特色社会主义中规范化的私营经济应当是：（1）立志为社会主义和人民利益服务，依法纳税，为国家扩大就业做贡献；（2）严格执法，正当经营，遵守和维护市场秩序，对消费者负责；（3）尊重劳动者合法权益，提高职工应有的待遇，正确处理劳资关系，让职工参与管理，严守信用，提高信誉度，建立资信评估机制；（4）企业内部建立健全党组织，发挥工会作用，诚心接受他们的监督；（5）贯彻落实科学发展观，爱护国家资源和自然环境，发展先进生产力；（6）多层社会责任，支持帮助弱势贫困群体，为建设和完善中国特色社会主义的慈善事业作出更大的贡献；（7）以社会主义道德和"八荣八耻"的荣辱观自律，按照中国特色社会主义建设者的要求塑造自己；（8）洁身自好，不追求奢靡生活，不搞行贿，支持政府廉政建设；（9）支持社会主义共同富裕，当人民和国家需要时能够奉献自己的财富。现在已经涌现了相当一批这种先进楷模。然而，这个要求不是自发形成的，必须有一定的政策和教育措施。对此，国家应当做一个全面规划，铺起私营企业规范化的轨道。既不能卡得过死，执行过"左"的政策，也不能放任自流、吹捧有加，更不能沆瀣一气、助长邪气。同时，在全国经营资产总量上还是应当有个科学合适的比例。这是中国特色社会主义改革发展稳

---

① 《江泽民文选》第三卷，人民出版社 2006 年版，第 206～207 页。

定中的一件大事。

七、高效合理地引进外资

当前，我们要借鉴国际上吸收外资的通行做法，适应跨国资本投资的新趋势和新特点，不断开拓利用外资的新形式。（1）积极通过收购、兼并和投资基金、证券投资等多种方式利用外商中长期投资；（2）逐步扩大证券投资的领域和渠道，既要允许外商投资企业在国内证券市场上市，又要鼓励国内企业到境外上市，特别是要选择有条件的国有企业直接对外融资，并鼓励国内中小企业采取多种形式对外合资、合作；既要鼓励外商以 BOT、项目融资、基础设施经营权转让等方式投资，又要探索采用风险投资、投资基金等方式引进外资的新途径。

改革开放三十多年来，中国在扩大与世界各国的经济合作方面成长迅速，取得了举世瞩目的成就。目前，中国已同世界上 200 多个国家和地区建立了经济合作关系，逐步开展了对外承包工程和劳务进出口、技术进出口、援助以及同联合国专门机构和其他国际经济组织的多边合作等活动。实践证明，国际经济合作这一密切国际经济联系的有效机制，已成为中国"引进来"的重要形式。

我们吸收和利用外资的目的，就是发挥中国市场、资源和劳动力的比较优势，提高资源和资金的利用效率和效益。吸引外来资金和技术，形成我们的产业优势，促进中国社会生产力的发展，提高中国经济增长的质量和效益。从这样的目的出发，必须明确一个原则，就是利用外资的主动权一定要始终掌握在我们自己手里。

在我们这样的社会主义大国搞现代化建设，必须处理好扩大对外开放和坚持自力更生的关系，把立足点放在依靠自己力量的基础上。要引进先进技术，但必须把引进和开发、创新结合起来，形成自己的优势；要利用国外资金，但同时更要重视运用自己的积累。要始终注意维护国家的主权和经济社会安全，注意防范和化解国际风险的冲击；要加强监管，抓紧完善相关法律法规，始终保持对关键行业、关键领域的控制力。此外，在外资日趋大举来华的形势下，对引进外资不可过度，不要饥不择食、不讲成本。要注重贯彻自己的产业政策，提高引资的效率，保护民族产业。当然，讲独立自主、自力更生，绝不是要闭关锁国、关起门来搞建设，而是要把对外开放提高到一个新的更高水平，最终还是增强自己的实力。

这里要特别注意防止和纠正一种偏向：认为引进外资越多对地方发展越好（实现所谓"洋跃进"），有的向外商低价出卖国有企业，有的不惜工本给外商提供无限优惠，有的饥不择食竟然引进一些别国淘汰的污染性产业等。这种偏向之所以屡屡发生（特别是中西部地区），在于他们对国际经济斗争的认识偏颇，以为只要来中国投资都是善意的，甚至把他们视为慈善家。实质上这是一种幼稚病。当今的国际经济仍然是垄断资本主义占主导地位的经济，一些跨国公司施展恶意并购，设法扼杀、控制中国的民族工业，占领中国的市场。比如，有的跨国公司提出：一定要并购中国重要行业的龙头企业，占领中国30%的市场份额，获取15%以上的回报。有些国际垄断资本收购中国拥有原始创新知识产权的企业，然后加以封杀，目的在于垄断技术。对此，我国应当有警惕性和抵制措施。必须明确，国际经济领域仍然存在阶级斗争，我们应当学会既联合又斗争、既利用又防范的斗争艺术，掌握引进外资的主动权，把外资的作用控制在一定的范围内，使之符合我国的产业政策，有利于增强自己的国力，而决不能让外资以"斩首"方式吞噬我国的国有企业和其他民族工业，更不能成为发达资本主义国家的新殖民地。这是一条根本的原则。

在外资企业发展方面，2003～2011年，我国共计批准设立外商投资企业31.4万家，实际使用外资金额7192.2亿美元。2011年与2003年相比，实际利用外资增长了116.8%。截至2011年底，中国累计设立外商投资企业超过73.8万家，实际利用外资1.2万亿美元，已20年居发展中国家首位。目前，外商在华设立的地区总部、研发中心等功能性机构呈现出良好的发展态势，其中外资研发中心已达1600多家，从事先进技术研究的近50%，60%以上的研发中心将全球市场作为其主要服务目标。一些外商认为，近年来中国的市场环境和法治环境在不断完善，中国巨大的内需潜力和广阔的市场空间将是对外资企业巨大的"诱惑"。"我们将一如既往发展在华业务。"[1]

---

① 何宗渝、王希：《国有经济实力显著增强 多种所有制经济共同发展》，发表于《光明日报》，2012年7月10日。

第五节　协调与共进：坚持两个
毫不动摇地发展

坚持公有制为主体、多种成分共同发展的基本经济制度，是我国根据长期处理社会主义初级阶段的实际提出来的，是几十年经济历史经验的科学总结，也是对科学社会主义理论的发展。为了全面坚持这个制度，党的十六大、十七大和十八大都提出"两个坚持"的观点。应当看到，公有制为主体和多种所有制的共同发展，既有统一的一面，也有矛盾的一面，正确认识他们之间的相互关系，既是理论问题，也是实践问题。

一、两个毫不动摇的提出及其内涵

党的十六大的表述是："坚持和完善基本经济制度，深化国有资产管理体制改革。根据解放和发展生产力的要求，坚持和完善公有制为主体、多种所有制经济共同发展的基本经济制度。第一，必须毫不动摇地巩固和发展公有制经济。发展壮大国有经济，国有经济控制国民经济命脉，对于发挥社会主义制度的优越性，增强我国的经济实力、国防实力和民族凝聚力，具有关键性作用。集体经济是公有制经济的重要组成部分，对实现共同富裕具有重要作用。第二，必须毫不动摇地鼓励、支持和引导非公有制经济发展。个体、私营等各种形式的非公有制经济是社会主义市场经济的重要组成部分，对充分调动社会各方面的积极性、加快生产力发展具有重要作用。第三，坚持公有制为主体，促进非公有制经济发展，统一于社会主义现代化建设的进程中，不能把这两者对立起来。各种所有制经济完全可以在市场竞争中发挥各自优势，相互促进，共同发展。"①

党的十七大重申并深化了这个观点："完善基本经济制度，健全现代市场体系。坚持和完善公有制为主体、多种所有制经济共同发展的基本经济制度，

①　《江泽民文选》第三卷，人民出版社 2006 年版，第 547 页。

毫不动摇地巩固和发展公有制经济，毫不动摇地鼓励、支持、引导非公有制经济发展，坚持平等保护物权，形成各种所有制经济平等竞争、相互促进新格局。深化国有企业公司制股份制改革，健全现代企业制度，优化国有经济布局和结构，增强国有经济活力、控制力、影响力。深化垄断行业改革，引入竞争机制，加强政府监管和社会监督。加快建设国有资本经营预算制度。完善各类国有资产管理体制和制度。推进集体企业改革，发展多种形式的集体经济、合作经济。推进公平准入，改善融资条件，破除体制障碍，促进个体、私营经济和中小企业发展。以现代产权制度为基础，发展混合所有制经济。加快形成统一开放竞争有序的现代市场体系，发展各类生产要素市场，完善反映市场供求关系、资源稀缺程度、环境损害成本的生产要素和资源价格形成机制，规范发展行业协会和市场中介组织，健全社会信用体系。"①

党的十八大再次强调："要毫不动摇巩固和发展公有制经济，推行公有制多种实现形式，推动国有资本更多投向关系国家安全和国民经济命脉的重要行业和关键领域，不断增强国有经济活力、控制力、影响力。毫不动摇鼓励、支持、引导非公有制经济发展，保证各种所有制经济依法平等使用生产要素、公平参与市场竞争、同等受到法律保护。"②

对于这两个"毫不动摇"，应该全面理解，而不应该只强调某一个方面。但是，在现实经济生活中，可以看到，目前出现的一种倾向是比较强调后一个"毫不动摇"，而淡化前一个"毫不动摇"。因此，很有必要对这两个"毫不动摇"的关系进行一番研讨。我们认为，党中央提出两个"毫不动摇"，是为了进一步巩固和完善社会主义基本经济制度。因此，我们在经济实践中落实两个"毫不动摇"，是服务于以公有制为主体、多种所有制经济共同发展的。这就是说，后一个"毫不动摇"是以前一个"毫不动摇"为前提的；如果公有制的主体地位动摇了，后一个"毫不动摇"就失去了中国特色社会主义赋予的规定性。当然，前一个"毫不动摇"也不可能孤军奋进，必须借助于后一个"毫不动摇"。说到底，是深化对两个"毫不动摇"辩证关系的认识。

一方面，应当充分认识两个"毫不动摇"之间的依赖性。要认识公有制

---

①② 胡锦涛：《高举中国特色社会主义伟大旗帜　为夺取全面建设小康社会新胜利而奋斗》，发表于《人民日报》，2007 年 10 月 25 日。

经济的巩固和发展需要同时发展非公有制经济。因为，（1）这是充分调动社会潜在经济资源的要求。公有制经济为了集中力量办大事和收紧拳头提高国际竞争力，在结构调整中势必留下空当；这就需要利用非公有制经济的形式调动社会的闲置资金和劳动力资源，这样才能搞活流通、繁荣市场、促进国民经济经济全面增长。（2）这是公有制经济在市场经济运行中发展自身的需要。私营经济的存在和发展，在许多方面可以为社会主义公有制经济提供有利条件：从生产领域来看，投资量较小的非公有制经济可以成为生产一般零部件，或者进行局部组装的中小企业，而有助于国有大中型企业充分利用社会分工，抓住核心技术，实行专业化生产；公有制经济可以借助于私营经济扩大自身，可以通过控股、兼并等方式，及时吸纳私人资本或外国资本，扩大生产规模；当公有制企业积存一定的尚不足以独立投资或控股投资的闲置资金时，可以把它们作为参股资本，投入经营较好又急需扩大经营规模的私营经济，这就能使闲置资金成为增值的资本，使公有制经济获得利益。从流通领域来看，公有制经济可以充分利用非公有制经济布局灵活、大小零售点延伸广泛等特点，将公有制的大型批发业和私营小型批发、零售业结合起来，形成适应市场需求的销售链，加快公有资本的循环与周转，在经济运行中增强自身增值能力。

也要充分认识，非公有制经济的健康生存和发展，不能不依赖于占主体地位的公有制经济。这是因为：（1）面对外国资本的竞争，非公有制经济必须借助于国有经济的强大，才能作为民族经济的组成部分得以生存和发展。（2）非公有制经济的发展需要国有经济提供支撑。经过六十多年的艰苦奋斗，国有经济已经控制着社会再生产所需要的矿产品、能源等主要原材料，粮食、棉花等战略性物资，以及交通、信息和金融等市场经济的基础设施，非公有制经济正是依靠公有制经济才获得了雄厚的物质支撑。（3）非公有制经济需要从公有制经济吸取营养，克服自身弊病。私有制决定了私营经济内部管理的专制性；家族制的经营方式，更会对科学管理造成人为制约；而公有制经济则具有遵纪守法的组织约束力、思想政治教育的凝聚力、内部管理的民主性、自觉调节和完善管理体制的主动性等优点。私营经济需要从公有制经济中吸取这些营养，才能适应社会主义市场经济的要求。（4）非公有制经济需要公有制经济发挥主体、主导作用，自身才有稳定发展的外部环境。公有制是社会主义市场经济避免发生经济危机的基础；非公有制经济依靠公有制经济，才有良好的经济环境。(5)从历史发展的长期趋势看,私营经济发展的最终出路是转向社会主义公有制经济。当然,这只能由社会生产力发展的客观要求来决定。改革开放以来的事实表明,中国私营经济的发展正是依赖于公有制经济的支持、鼓励和引导下才发展起来的。从这个角度来看,支持、鼓励和引导非公有制经济发展,丝毫也不意味着要削弱公有制经济尤其是国有经济,相反,私营经济的健康发展,在中国是离不开公有制经济的巩固和发展的。

另一方面,也绝不能忽视两个"毫不动摇"之间的矛盾。即使撇开个体、私营经济时有发生的经营假冒伪劣、偷税漏税、行贿欺诈等情况,也必须充分认识公私两种经济之间客观存在的矛盾关系。主要是:经济资源和市场占有上有竞争,尤其是专业技术人才的竞争;私营企业主的高收入对公有制经济管理层人员会形成诱惑,对公有制经济稳定管理队伍带来不利;国有、集体经济同私营经济并存,为一些人假公济私提供了便利;在股份制合资企业,可能出现私人资本排斥公有资本等。存在这些矛盾的根本原因,是因为两种生产关系的性质存在对立性。只有正视和正确处理这些矛盾,才能促进两者相互促进,共同发展。

总而言之,在社会主义初级阶段,看不到公有制经济同非公有制经济两者统一的方面,或者回避两者对立的方面,都会给公有制经济带来不利或损失,都会阻碍整个中国民族经济的发展。必须明白,在社会主义基本经济制度限度内的私营经济,具有国家资本主义性质,它从属于公有制经济,是有利于人民的;但是,如果盲目地搞私有化,那就势必动摇公有制经济的主体地位,势必使私营经济作为社会主义市场经济组成部分的性质发生蜕变,从而使社会主义基本经济制度发生蜕变,这是绝不可等闲视之的。

二、平等竞争、共同发展、公私共进

在社会主义市场经济中,国有企业是第一主体,其次是集体经济,而不是非公有经济(包括私营企业、外资企业,都是它的组成部分)。它们之间应当是平等竞争、共同发展、互相促进,而不是"国退民进"的趋势。从现实来看,凡是国有经济退出的领域,均被外资经济占据上风或基本控制。

对中国经济来说,未来将是改革开放以来国内外经济环境较为严峻的时期。如果欧盟的单一财政紧缩政策不能化解其成员国的主权债务危机，美国的扩张性经济政策不能使其经济回归正轨并妥善处理其隐性的主权债务危机；如果中国不能控制住当前资产与商品复合型的通货膨胀并保持一定的经济增长速度，则今后将成为经济发展的转折点或拐点。转折的各种现实可能性皆取决于我们当下的行动，特别是取决于国企与民企、政府与市场、开放与自主之间的互动状态和不同政策思路。

国企与民企应合作共进，夺回弱势产业阵地。早在19世纪末，马克思就为农业国提出了一条开放型的社会主义发展道路：以公有制为社会主义发展的起点，保持与资本主义生产统治的世界市场的联系，从而利用资本主义制度所取得的"一切肯定成果"。改革开放时期的社会主义实践，实际上是循着马克思的农业国社会主义发展道路进行的，只是所处的历史环境不同。基于中国目前所处的发展阶段，面对美国的经济霸权和发达国家的垄断资本，要完善和提升社会主义市场经济体制功效，首先必须借助于国家整体经济力量和政府的科学调控来回应美国的经济霸权和国际垄断资本。只要我们逐步放弃国家和国有经济的必要作用，完全基于自由市场原则竞争，则无论是国有企业，还是民营企业，都不是西方垄断企业的对手。20世纪末拉美国家实行新自由主义改革时期，就出现过这一恶性状态。这也类似于当英国企业称霸世界时，美国的企业不是其竞争对手，因而美国政府推行保护主义措施近百年。而在美国的企业处于强势时期，其政府则推行各种贸易自由主义政策，并为本国企业清除进入他国市场的障碍。

正是我国实行以公有制为主体、多种所有制共同发展的社会主义初级阶段基本经济制度，在维护和巩固国有经济的主导地位的同时发展民营企业，并采取某些合法的措施有效利用外国垄断资本，我国才能在改革开放时期总体上既坚持了经济上的独立自主，又有效地利用了资本主义制度所取得的"一切肯定成果"。因此，在平衡国企与民企、政府与市场的作用上，我们必须基于数百年来市场经济的历史观和正反两方面的经验教训，保持清醒的头脑。

还应该看到，在市场经济条件下一国的经济实力归根到底取决于企业。拥有自己的核心技术、品牌和全球生产和销售网络的企业群，是一国强大经济实力的唯一源泉，是一个不受制于人的"有为政府"的微观基础，是市场基础性作用的重要体现。但迄今为止，我国还很缺少这样的企业群，而且在轻工、化工、医药、机械、电子等21个国民经济最重要的行业中，跨国公司的子公司已占据国内 1/3 以上的市场份额，部分行业接近半壁江山，在产业中拥有绝对控制权。显而易见，无论是国企还是民企，它们所面对的最大既得利益者和最大垄断者是外资企业。新一轮改革的首要任务就是要改变这种局面，而绝不是国有企业的私有股份化。这是因为，在目前的外企、国企和民企的格局下，许多"自然垄断"行业的进入性投资巨大，"国退"以后，能真正大量进入和逐步起支配作用的往往是外国跨国公司，而很难是民营企业。这样说并不意味着我们会像美国那样鼓吹"买本国货"或以安全为名将外资企业拒之于国门之外，而是强调外资企业不应继续享受客观上歧视中资企业的"超国民待遇"，强调社会主义市场取向的改革目的是要在中国造就一个拥有自己的核心技术、品牌和全球生产和销售网络的企业群，而绝不应是仅为外资企业进入中国重要经济领域随意开启方便之门。

国企与民企之间确实存在某些竞争和利益问题，但解决两者间的问题一定要有赖于从根本上扭转上述格局。如果把国企的做强做优视为阻碍民企的发展，甚至主张民企与外企联合起来共同进一步缩减和遏制国企的发展，主张"国退民进""国退洋进"等，那便没有认清当前经济的总体格局，没有认清社会主义初级阶段基本经济制度的极端重要性。

国企与民企应分工分层次参与高端产业竞争。在当前发达国家主导国际产业的格局下，我国仅靠企业层面的创新是难以进入国内外高端竞争领域的。因为在西方跨国企业垄断了现有产业的技术标准、核心技术、品牌以及全球生产与销售网络的情况下，企业层面的创新难以撼动西方跨国公司控制下的全球产业链。主要的出路还应是从产业创新的层面寻找突破口，才能实现国民经济的跨越式科学发展，推进经济发展方式的转变和产业结构的合理化与高级化。

历史地看，中国在以人力和畜力为能源的基础上，将传统的农业发展到世界领先的水平，在公元 500～1400 年，成为当时世界上经济实力最强的国家。英国在以化石燃料（煤）为能源的基础上，实现了产业创新或产业革命，形成了现代工业，从而继中国之后成为世界上经济实力最强的国家，并称霸全球。随后，美国也在以化石燃料（石油）为能源的基础上，实现了产业创新，形成了汽车等新兴的制造业，成为世界上经济实力最强的国家，取代了大英帝国的世界霸主地位。这些足以表明，强弱国家之间经济实力的消长，主要源于产业层面的创新。一般来说，产业层面的创新往往会导致新兴产业中的所有企业实现普遍的和全面的企业层面的创新。并且，产业创新会形成"溢出效应"，即带动传统产业的创新，如现代工业带动了传统农业的现代化。因此，产业创新往往是后发国家借鉴和超越先发国家的有效途径。

必须强调的是，不能片面否定外商直接投资在我国经济发展中的历史作用，现在和未来还会需要外商直接投资于我国的某些经济领域。但应清醒地认识到，历经三十多年发展，我国的现代制造业如果仍依赖于外商直接投资，那么，外商直接投资就会成为我国制造业的精神"鸦片"——只要能引进外商直接投资，就无须承担核心技术、品牌和销售网络创新的风险，而成为世界的制造中心。这必将消解我国的自主创新精神，从而影响国企和民企共同需要的自主发展。国企和民企要提高参与国际分工的层次和国内外高端竞争，肯定绕不过产业创新。

一些舆论会认为产业创新离我们太远，远水难救近火。其实不然，中国高铁的"合作发展模式"就是在产业创新层面上实现了突破。世界上掌握成熟的高铁设计和制造技术的企业是德国西门子、法国阿尔斯通、日本川崎重工和加拿大庞巴迪。这几家企业都希望利用在华合资公司分食中国高铁蛋糕。但中国高铁产业既没有继续走外资主导型的出口导向的发展道路，也没有回到过去的被动型的进口替代的发展道路，而是以国内企业为主体，基于"三必须"原则（外方关键技术必须转让；价格必须优惠；必须使用中国的品牌），引进国外企业联合制造。通过技术引进、吸收和创新，中国高铁产业在短短的 6 年时间里，形成了高于国外原创的自主核心技术并成为相应标准的制定者。然后凭自己的竞争优势不仅主导了国内市场，而且有能力组织国内有关企业开拓境外铁路工程承包和装备出口市场，使得包括美国在内的一些国家都愿意购买中国的高铁产品，而不是将其拒之门外。2010 年底，美国通用电气与中国南车集团合资在美国生产高速动车组达成协议。

中国高铁走的是一条实实在在的自主型进口替代与出口导向相互协调的发展道路。尽管国内对高铁模式仍有某些争议，在发展高铁的过程中确也存在一些值得改进的问题，但必须从转变对外对内经济发展方式的战略高度，从我国核心利益和长远利益的国计民生高度，来实事求是地评价和解决高铁产业在发展过程中出现的问题。一个不争的事实是：与中国汽车产业的"合资发展模式"导致外资对我国汽车工业的控制度高达95%以上相比，中国作为国有经济高铁的"合作发展模式"的成功之处，就在于拥有自己的核心技术、品牌和国内外生产与销售网络。

国企在高铁领域的产业创新，为民企的发展提供了发展的空间。通过政府协调，国企与民企在该领域基于市场原则的分工与合作，是完全能够实现"国进民进，协调发展"的。同理，如果民企在新能源汽车领域实现了产业创新，则为国企的发展提供了发展的空间。国企与民企在该领域的分工与合作，是完全可以改变外资控制中国汽车工业的局面的。

马克思在《共产党宣言》中曾明确指出：共产党人可以用一句话把自己的理论概括起来：消灭私有制。但马克思非常强调在实践其理论的过程中，"一切取决于具体的历史环境"。近百年的世界社会主义实践的经验教训使我们认识到，私有制的消灭并不取决于人们的意愿，而是取决于社会生产力的发展水平。社会生产力要达到实现全社会成员的公有制，需要经历一个漫长的历史过程，因而私有制的消灭也就需要经历一个漫长的历史过程。由此，决定了我们在社会主义初级阶段发展公有制经济为主体的同时，还必须发展私有制经济，这就是历史的辩证法。其实，在资本主义社会，即使是为了少数富人的利益，也会在发展私有制经济的同时发展国有制经济。不过，两种社会形态的区别在于，社会主义及其混合经济体制要以公有制经济为主体，发展私有制经济是为公有制经济服务的；资本主义及其混合经济体制则以私有制经济为主体，发展国有经济是为私有经济服务的。

总而言之，面对目前严峻的国内外经济形势和实现现代化的重任，国企与民企更要同舟共济、共存共荣，共同应对西方跨国垄断公司在国内外的高端竞争。

三、划清正确发展非公有经济和私有化的界限

我国坚持公有制为主体、多种成分共同发展的基本经济制度，坚持两个"毫不动摇"，绝非像西方所要求的那样，实现私有化。然而，在执行中也确有混淆私有化与正确发展私有经济的界限。西方的资本主义势力和国内的宣传主张私有化的人，都希望模糊这个界限，实现私有化或民营化。这里一个非常重要的界限，就在于是否坚持公有制主体地位这个问题上。坚持公有制主体地位的前提下发展私营经济，是对的；而以发展私营经济否定公有制主体地位，

这必然走向私有化。美国前总统尼克松早就坦率直言："在经济方面，中国朝自由市场制度前进的过程已经走了一半。现在，它的两种经济——一种私有，一种公有——正在进行殊死的竞争"，而且"战斗还远远没有结束"。只要美国"继续介入中国的经济，就能在帮助私营经济逐步销蚀国营经济方面扮演重要的角色。"① 其宗旨就是借助发展私有经济消灭公有制。

毛泽东说过："任何质量都表现为一定的数量，没有数量也就没有质量。"② 目前，非公有企业发展已经超过 GDP 的 65%，国有经济只有 20% 多一点。但国内外有些人还嫌国有经济太多，要求降到 10% 以下，并且照搬西方国有经济的模式，改变国有企业的性质。这里必须明确，第一，国有企业的性质是由国家的性质决定的，我国是社会主义国家，国有企业是全民所有制，它是公有制的主导成分；国有企业必须有足够的数量，才能表现它的质量，强调国有企业的质量而不讲数量，那等于取消它的主导地位。试想，国有企业只有 10%，再高的质量，也不可能起主导作用。现在应当把质量和数量统一起来，既提高质量，增强竞争力、影响力和控制力，又适当增多它的数量。这样，才能立于不败之地。在这个问题上，我们必须防止借大力发展私营经济而走向私有化，削弱和取消公有经济的主体地位。邓小平一再强调社会主义本质特征，一是公有制为主体，二是实现共同富裕。没有一定的数量，这样一个特点就会消失。第二，当然也不能反过来，因为强化公有制的主体地位而不要多种成分的共同发展。它应该统一在巩固壮大公有制主体地位的前提下，正确引导和发展多种成分。

党的十八大报告强调："我们坚定不移高举中国特色社会主义伟大旗帜，既不走封闭僵化的老路、也不走改旗易帜的邪路。"③ 这是圆满实现"中国梦"的必经之路！

---

① 尼克松：《透视新世界》，中国言实出版社 2000 年版，第 162、163、171 页。
② 《毛泽东选集》第四卷，人民出版社 1991 年版，第 1442 页。
③ 胡锦涛：《高举中国特色社会主义伟大旗帜　为夺取全面建设小康社会新胜利而奋斗》，发表于《人民日报》，2007 年 10 月 25 日。

第二章

劳动主体型的多要素分配制度

消费品的分配直接关系到广大人民群众的切身物质利益，是我国社会主义共同富裕本质最直接的体现，也是生产力发展的重要动力。而分配的原则和方式最根本取决于所有制关系，社会主义初级阶段的基本经济制度决定了我国现阶段分配原则为按劳分配为主、多种分配方式并存，可称为基本分配制度。这个重要观点和政策丰富了马克思主义的分配思想，同时也廓清了基本分配制度与社会主义市场经济的相互关系，是中国特色社会主义理论体系的一大创新。邓小平晚年十分重视分配制度的改革，这应当成为我国深化改革、促进发展的重要内容和指导思想。

第一节　艰辛的探索：劳动主体型多要素分配制度的形成

为了全面认识中国现阶段的分配制度和分配形式，必须了解以往的社会主义分配理论及其在九十多年实践的经验和教训，以便掌握它的来龙去脉，进一步揭示分配客观经济规律与长远发展的趋势。

一、分配制度在生产关系中的地位和作用

社会经济关系的根本点在于经济利益，而分配是直接实现利益关系的具体途径。所谓分配，广义的包括生产要素（特别是生产工具）与产品在社会成员和经济群体之间的配置；狭义的分配是指消费品的分配。由于生产要素的分配属于社会再生产过程和生产资料所有制范畴，这里主要论述消费资料的分

配，但也会涉及前一种分配。在消费品分配中，大体有两个层次：最基本的是初次分配，即在生产经营单位中的直接分配；再分配，即政府通过税收和转移支付进行的分配，包括福利、救济、补贴等。有的论著把个人捐助慈善事业等称为"第三次分配"。此外，市场价格涨落也影响着分配关系。

分配关系主要取决于两大因素：生产力水平、生产资料和流通资料所有制形式。生产力水平决定的是可供分配的产品数量。例如，原始社会民族公社生产力水平极为低下，只能采用仅仅维持成员生命的平均分配；而在生产力有了一定剩余之后，就要根据人们在社会经济中的地位不同拉开分配差距；一旦产品大大丰富了，才有可能实行"各尽其能、按需分配"（共产主义）。作为生产关系基础的所有制关系，是决定分配形式的最直接的决定因素。例如，奴隶主所有制的分配形式为奴隶主享用奴隶生产的一切剩余产品，奴隶只能享有维持其生存的最低消费，甚至连生存需要有时也难以保证；封建所有制关系的分配表现为地主占用农奴或农民的大部分剩余产品，其主要形式为地租，受剥削的农民（农奴）只能享用交纳地租后的剩余；资本主义所有制以资本家占有工人阶级剩余价值的形式，形成工资、利润、地租三种收益形态，受剥削的工人只能得其劳动力的价值；而在社会主义社会，在消灭了剥削的公有制中则实行排除占有他人剩余劳动的按劳分配；到共产主义才能实现按需分配的制度。由于生产力和生产关系的复杂性，在一种社会形态中往往存在多种分配形式，但总是有一种形式为主要分配形式。

由分配关系直接体现社会成员的经济利益，它对生产力和生产关系又产生极大的反作用，直接影响着各类劳动和经营者的积极性。分配关系合理、分配方法恰当，能推动社会财富的创造和生产关系的完善；反之，则会阻碍生产力发展、影响生产关系的完善。正如恩格斯所说："分配并不仅仅是生产和交换的消极的产物；它反过来也影响生产和交换。"[①] 所以，在所有制关系及其实现形式确定之后，必然选择与之相适应的分配方式，而分配的具体形式也有相对独立性，有许多性质不同的所有制关系也可互相借用相近的分配形式，为之服务。所以，往往分配领域的改革还需要单独进行。

---

① 《马克思恩格斯选集》第三卷，人民出版社1995年版，第491页。

二、社会主义按劳分配理论的提出

按照马克思、恩格斯的设想，共产主义社会的分配制度是按需分配。而按劳分配是马克思在《哥达纲领批判》（1871 年）中进一步对共产主义第一阶段分配制度的设想。再追溯早一点，"按能力计报酬，按工效定能力"的主张，在早期空想社会主义就已有萌芽。马克思运用历史唯物主义吸取了空想社会主义中有价值的成分，提出了在公有制基础上实行按劳分配的基本原则，而"按劳分配"的概念则是后来由列宁概括的。按劳分配核心的含义，是指在公有制基础上将劳动付出和劳动成果相联系起来的一种分配制度，有着丰富的理论内涵，大体有如下几个要点。

一是基础是社会主义公有制。生产资料的公有制废除了在资本主义私有制条件下所实行的凭借生产资料所有制榨取劳动者剩余价值的权利，不承认任何阶级差别，因为每一个人都像其他人一样只是劳动者。

二是劳动者完成生产后，先做各种扣除，包括用于简单再生产、扩大再生产、企业集体福利和发展社会公益事业等所做的各种扣除。

三是按每个劳动者所提供的劳动量（当时设想的是按劳动时间计量）进行分配，收入分配有差别，即等量劳动交换，多劳多得，少劳少得，不劳动者不得食。按劳分配的产品只限于个人消费资料。

四是按劳分配的主体是社会，消灭了商品，劳动也表现为产品的价值，在全社会按统一标准直接进行分配。劳动者只要付出的劳动是等量的，就可分配到等量的消费品，和具体所属的工作单位无关。

同时，马克思又指出，按劳分配的平等权利"仍然是资产阶级权利"，只有到共产主义才能完全摆脱"迫使个人奴隶般地服从分工的情形"[1]。

恩格斯赞同马克思关于按劳动量分配的观点，在其晚年又做了补充。当19 世纪 90 年代初人们在辩论未来社会中产品是按劳动量分配还是用其他方式分配时，恩格斯尖锐地指出：奇怪的是这些人"谁也没有想到，分配方式本质上毕竟要取决于有多少产品可供分配，而这当然随着生产和社会组织的进步

---

① 《马克思恩格斯选集》第三卷，人民出版社 1995 年版，第 305 页。

而改变，从而分配方式也应当改变。但是，在所有参加辩论的人看来，'社会主义社会'并不是不断改变、不断进步的东西，而是稳定的、一成不变的东西，所以它应当也有个一成不变的分配方式。但是，合理的想法只能是：（1）设法发现将来由以开始的分配方式，（2）尽力找出进一步的发展将循以进行的总趋向。"① 其基本思想是，实行按劳分配也有一个过程，并且可以根据具体情况采取多种具体形式。后来，恩格斯的这一重要思想被长期忽视了，出现了一些脱离实际的过急做法。

三、社会主义分配关系上的历史经验

马克思提出按劳动量分配原则之后，第一个实践的国家是苏联。列宁曾把生产资料公有制和按劳分配视为社会主义特征（后来斯大林加上了计划经济），在苏联进行全面贯彻。新经济政策时期，列宁提出"同个人利益结合和个人负责原则"，探索了多种报酬形式，并辅之一些非按劳分配的形式（如股金、利息、农民和私营经济的经营收入等）。后来，斯大林在实行农业集体化和消灭私营经济之后，实行了比较纯粹的按劳分配原则，由国家统一工资标准，注意了脑力劳动和体力劳动的差别，并根据劳动贡献和条件发给劳动者奖金和必要的补贴。以后虽经过一些细微的变化，但分配政策没有大的变化。总体看，对发展生产力和巩固当时的公有制曾起到积极作用。但与市场经济条件下的按劳分配相比，主要有以下几个问题。

第一，无论在理论或者在实践中都没有解决按劳分配与商品经济之间的关系问题，认为二者是不相容的，主要工资形式由国家统一制定。这是与计划经济体制一致的，因此带来分配方式的单调性。

第二，由于清一色的"按劳分配"，始终没有解决非按劳分配与非劳动收入的地位问题，虽然在理论界也多次讨论过。

第三，由于统一分配和集体农庄的束缚，加上国家规定的工农业产品价格"剪刀差"政策，在分配上形成较大的工农收入之间的差别。

第四，工资标准由国家统一规定，存在着一定的平均主义倾向，不利于激

---

① 《马克思恩格斯选集》第四卷，人民出版社1995年版，第691页。

励企业的积极性。

第五，在一个时期内没有处理好物质鼓励和思想教育的关系。

新中国成立后的二十多年，实行的是计划经济体制，基本上是沿用苏联模式的分配方式。（1）理论上的摇摆。毛泽东曾明确地讲："按劳分配和等价交换这样两个原则，是在建设社会主义阶段内人们决不能不严格地遵守的马克思列宁主义的两个基本原则。""我们的提法是既反对平均主义，也反对过分悬殊。"① 但未贯彻到底。（2）平均主义倾向没有完全克服。由解放区延续下来的供给制，新中国成立初期延续下来的低工资高就业政策，加上国家统管工资标准（如工厂八级工资制），使得工资多年不变，总水平偏低，农村大集体的工分制收入则更低，束缚了广大劳动者的积极性。（3）由于急于向共产主义过渡，在 1958 年后强调增加共产主义成分，主要是农村供给制和福利部分比例过大。（4）与上述问题相关，更没有弄清分配与市场经济的关系。

由于分配问题上的失误，挫伤了群众的积极性。历史经验告诉我们，所有制结构不能脱离生产力发展水平，分配方式也不能脱离与生产力水平相适应的所有制关系，这也是带有规律性的历史经验。

四、邓小平的分配理论与"先富"带"共富"大政策

20 世纪 70 年代末，邓小平总结了国内和国际的经验教训，从中国实际出发，实现分配理论创新。继之，我党又进一步丰富完善，开创了中国特色社会主义分配制度。大体上说可分三个阶段（互相有所交叉）：（1）在十一届三中全会前后，重点是克服平均主义，恢复和贯彻按劳分配的理论和制度，探索商品经济条件下的分配方式，澄清在相关问题上的模糊认识。（2）十一届三中全会到 90 年代初，重点是让一部分人、一部分地区先富起来，带动共同富裕，为社会主义初级阶段的分配制度提供理论依据，进而促进生产力的发展。（3）1992 年以后，重点又强调调节分配问题，提出 20 世纪末着手解决收入差距过大和某些两极分化问题，并在分配理论上有新的建树。

这里侧重对"先富"带"共富"的大政策做一点论述。社会主义本质要

---

① 《毛泽东著作专题摘编》（上），中央文献出版社 2003 年版，第 986、988 页。

求是实现共同富裕。但是，在社会主义初级阶段和社会主义市场经济下，各个地区、各个企业、各个成员的发展都是不平衡的，不可能齐步走。如果实行平均主义就会扼杀、抑制人们创业致富的积极性，到头来造成"摽着穷"。要发展生产力，为人们开辟发挥创造力的天地，必须掌握发展不平衡规律。这就是邓小平"先富"带"共富"的理论基础。早在1978年9月，他在强调克服平均主义时就说过："毛主席讲过先让一部分人富裕起来"。① 在《解放思想，实事求是，团结一致向前看》这篇纲领性讲话中做了详尽的阐发："在经济政策上，我认为要允许一部分地区、一部分企业、一部分工人农民，由于辛勤努力成绩大而收入先多一些，生活先好起来。一部分人生活先好起来，就必然产生极大的示范力量，影响左邻右舍，带动其他地区、其他单位的人们向他们学习。这样，就会使整个国民经济不断地波浪式地向前发展，使全国各族人民都能比较快地富裕起来……这是一个大政策，一个能够影响和带动整个国民经济的政策"。②

邓小平之所以将此称为大政策，就是出于这是发展生产力、最终实现共同富裕最有效的途径。他说："我的一贯主张是，让一部分人、一部分地区先富起来，大原则是共同富裕。一部分地区发展快一点，带动大部分地区，这是加速发展、达到共同富裕的捷径。"③ 他所依据的是社会主义市场经济的发展不平衡规律、竞争规律和主体成分与非主体成分合理配置的规律。他强调："要承认不平衡，搞平均主义没有希望。一部分地区先富起来，国家才有余力帮助落后地区。不仅全国，一个省、一个社、一个队也是这样。百分之二十先富起来，会把其他的带动起来。"④ 在谈到克服平均主义"大锅饭"现象时，他特别肯定了竞争优胜劣汰的作用："各个企业、各个生产单位必须有比较多的自主权，并且要有相互竞争，才能促进生产力的发展，促进改革，促进技术和管理水平的提高……通过改革，克服吃大锅饭的弊端。吃大锅饭，就是干不干一个样，干得好干得不好一个样。没有比较，哪有什么积极性？现在一比较、一

---

① 《邓小平年谱1975~1997》（上），中央文献出版社2004年版，第387页。
② 《邓小平文选》第二卷，人民出版社1983年版，第152页。
③ 《邓小平年谱1975~1997》（下），中央文献出版社2004年版，第1130页。
④ 《邓小平年谱1975~1997》（上），中央文献出版社2004年版，第657页。

竞争，就必然要淘汰一些落后部门。"①

"先富"带"后富"的"大政策"扩大了分配的外延，提升了分配的内涵。从外延上说，它涵盖的不只是单位之间、个人之间，而且扩展到地区之间，鼓励有条件的地区先发展起来，然后再通过国家的再分配支持落后地区。"如果广东、福建两省八千万人先富起来，没有什么坏处"②。从内涵上说，它囊括的不仅是按劳分配，而且包含多种分配形式，这同社会主义初级阶段的所有制结构是联系在一起的。"吸收外资也好，允许个体经济的存在和发展也好，归根到底，是要更有力地发展生产力，加强公有制经济。只要我国经济中公有制占主体地位，就可以避免两极分化。当然，一部分地区、一部分人可以先富起来，带动和帮助其他地区、其他的人，逐步达到共同富裕。"③ 而且他还肯定了允许一部分人雇工的政策。这个"大政策"丰富了列宁在新经济政策时期提出的"同个人利益结合"的思想，进一步体现构建一个与公有制为主体、多种成分并存的所有制结构相适应的分配结构，即按劳分配为主、多种分配形式并存，从而形成了我国社会主义初级阶段的分配制度。

五、党的十三大以来分配理论的发展

继邓小平提出分配大政策之后，历次党代会进一步发展了邓小平的分配理论，扩展了分配的形式。

1987年党的十三大第一次提出："社会主义初级阶段的分配方式不可能是单一的。我们必须坚持的原则是，以按劳分配为主体，其他分配方式为补充。"④ 所谓其他分配方式一般主要是指生产要素的收益，包括资金利息、股份分红、雇工收入、风险收入等。党的十四大报告指出："在分配制度上，以按劳分配为主体，其他分配方式为补充，兼顾效率与公平。"⑤ 在我国社

---

① 《邓小平年谱1975～1997》（上），中央文献出版社2004年版，第673页。

② 同上书，第506页。

③ 《邓小平年谱1975～1997》（下），中央文献出版社2004年版，第1091页。

④ 江泽民：《沿着有中国特色的社会主义道路前进（单行本）》，人民出版社1987年版，第16页。

⑤ 江泽民：《加快改革开放和现代化建设步伐，夺取有中国特色社会主义事业的伟大胜利（单行本）》，人民出版社1992年版。

会主义初级阶段，实行按劳分配为主体、多种分配方式并存的制度，既坚持了社会主义的基本分配原则，有效地防止两极分化，最终实现共同富裕，又可以为多种所有制的共同发展提供动力机制和适应市场机制，增强经济活力和提高经济效益。只有坚持按劳分配的主体地位，其他分配方式才能得到应有的发展；而只有发展其他分配方式，也才能促进按劳分配方式的完善和发展。

党的十五大（1997 年）提出："坚持按劳分配为主体、多种分配方式并存的制度。把按劳分配和按生产要素分配结合起来，坚持效率优先、兼顾公平，有利于优化资源配置，促进经济发展，保持社会稳定。依法保护合法收入，允许和鼓励一部分人通过诚实劳动和合法经营先富起来，允许和鼓励资本、技术等生产要素参与收益分配。取缔非法收入，对侵吞公有财产和用偷税逃税、权钱交易等非法手段牟取利益的，坚决依法惩处。整顿不合理收入，对凭借行业垄断和某些特殊条件获得个人额外收入的，必须纠正。调节过高收入，完善个人所得税制，开征遗产税等新税种。规范收入分配，使收入差距趋向合理，防止两极分化。"[①]

党的十六大（2002 年）进一步重申和阐发了十六大的观点："深化分配制度改革，健全社会保障体系。理顺分配关系，事关广大群众的切身利益和积极性的发挥。调整和规范国家、企业和个人的分配关系。确立劳动、资本、技术和管理等生产要素按贡献参与分配的原则，完善按劳分配为主体、多种分配方式并存的分配制度。坚持效率优先、兼顾公平，既要提倡奉献精神，又要落实分配政策，既要反对平均主义，又要防止收入悬殊。初次分配注重效率，发挥市场的作用，鼓励一部分人通过诚实劳动、合法经营先富起来。再分配注重公平，加强政府对收入分配的调节职能，调节差距过大的收入。规范分配秩序，合理调节少数垄断性行业的过高收入，取缔非法收入。以共同富裕为目标，扩大中等收入者比重，提高低收入者收入水平。"[②]

党的十七大（2007 年）把分配制度改革作为"加快推进以改善民生为重点的社会建设"的重要内容，突出了分配改革的重点："深化收入分配制度改

---

① 《江泽民文选》第二卷，人民出版社 2006 年版，第 22 页。
② 《江泽民文选》第三卷，人民出版社 2006 年版，第 550 页。

革，增加城乡居民收入。合理的收入分配制度是社会公平的重要体现。要坚持和完善按劳分配为主体、多种分配方式并存的分配制度，健全劳动、资本、技术、管理等生产要素按贡献参与分配的制度，初次分配和再分配都要处理好效率和公平的关系，再分配更加注重公平。逐步提高居民收入在国民收入分配中的比重，提高劳动报酬在初次分配中的比重。着力提高低收入者收入，逐步提高扶贫标准和最低工资标准，建立企业职工工资正常增长机制和支付保障机制。创造条件让更多群众拥有财产性收入。保护合法收入，调节过高收入，取缔非法收入。扩大转移支付，强化税收调节，打破经营垄断，创造机会公平，整顿分配秩序，逐步扭转收入分配差距扩大趋势。"①

党的十八大（2012 年）又强调："要千方百计增加居民收入。实现发展成果由人民共享，必须深化收入分配制度改革，努力实现居民收入增长和经济发展同步、劳动报酬增长和劳动生产率提高同步，提高居民收入在国民收入分配中的比重，提高劳动报酬在初次分配中的比重。初次分配和再分配都要兼顾效率和公平，再分配更加注重公平。多渠道增加居民财产性收入。规范收入分配秩序，保护合法收入，增加低收入者收入，调节过高收入，取缔非法收入。"②

基于经济的发展和基本分配制度的逐步贯彻，六十多年来中国人均 GDP 和城乡居民收入都有大幅度的提高。

表 2-1　　　　　　　　1952～2011 年人均 GDP 及城乡居民收入比较　　　　单位：元

指标	人均 GDP	城市居民人均收入	农村居民人均可支配收入
1952 年	119	156	44
2011 年	34999	21810	6977
2011 年为 1952 年的倍数	294	139.8	158.6

注：未扣除物价因素。如扣除之，则估计会减去 1/3。

资料来源：根据《中国统计年鉴》各年卷及相关统计资料计算。

---

① ② 胡锦涛：《高举中国特色社会主义伟大旗帜 为夺取全面建设小康社会新胜利而奋斗》，发表于《人民日报》，2007 年 10 月 25 日。

第二节　主体与多样：按劳分配与按生产要素分配的结合

　　随着我国经济体制改革的不断深入，特别是随着社会主义市场经济体制逐渐建立和完善，党中央在总结近百年来社会主义经济建设经验教训的基础上，提出了按劳分配和按要素分配相结合的分配理论，它表现了公有制为主体、多种成分共同发展的基本经济制度的分配特征。按劳分配的所有制基础是公有制，按要素分配的所有制基础则是多种成分，即个体经济、私营经济、外资经济，其中主要是按资分配。诚然，某种所有制企业内部的分配也会有混合交叉方式。

　　这一理论是在社会主义初级阶段和社会主义市场经济条件下分配理论的突破和创新。

一、生产要素分配理论

　　所谓生产要素，是指构成生产过程的各种因素。最简单、最基本的生产要素，就是生产劳动和生产资料。马克思指出："劳动过程的简单要素是：有目的的活动或劳动本身，劳动对象和劳动资料。"[1] "如果整个过程从其结果的角度，从产品的角度加以考察，那么劳动资料和劳动对象表现为生产资料，劳动本身则表现为生产劳动。"[2] 从这种角度来看的生产要素，也就是创造物质财富的要素。作为主观因素的劳动必须同作为客观因素的生产资料结合起来，才能形成现实的生产过程，生产出物质财富。马克思批判了那种在物质财富创造中，只看到劳动的作用，而忽视物质生产条件作用的错误观念。他强调指出："劳动并不是它所生产的使用价值即物质财富的唯一源泉。"[3] 马克思充分肯定了英国古典政治经济学鼻祖威廉·配第的名言："劳动是财富之父，土地是财

---

[1]　《马克思恩格斯全集》第 23 卷，人民出版社 1972 年版，第 202 页。
[2]　同上书，第 205 页。
[3]　同上书，第 57 页。

富之母。"现代的社会化生产过程十分复杂，生产要素包括有管理劳动、科技劳动等复杂劳动在内各种劳动者的劳动、劳动组织结构、应用生产中的科学技术、工艺流程、各种生产设备和工具、原材料、土地和生产所处自然环境等，但是仍然可以归结为主观因素和客观因素两个基本方面。

18 世纪末 19 世纪初的法国经济学家让·巴蒂斯特·萨伊认为："所谓生产，不是创造物质，而是创造效用。"生产有三个要素：劳动、资本、自然（特别是土地）。"这三者是创造产品所不可缺少的因素"，一切生产都是这三个要素的协同活动来创造效用以满足人们的各种需要的过程。① 萨伊根据自己对生产概念的理解，认为一切生产有形产品和无形产品的劳动都是生产劳动，工匠的劳动是生产劳动，科学家、医生、音乐家、诗人、画家的劳动也是生产劳动，冒险家、厂商的劳动也是生产劳动，舞女、妓女、赌徒的活动也是生产劳动。总之，凡是对产品有贡献，对创造效用有贡献的活动都是生产性劳动。②

萨伊的分配论是以他的生产论和价值论为基础的。萨伊认为生产有三个要素：劳动、资本、自然（主要是土地），这三个要素在生产中协同工作，各自都提供了生产性服务，共同创造了产品以及产品的效用即价值。因此每个生产要素理所当然地应该得到各自的报酬。如果这三个要素都是借来的，那么对借用劳动力所付的代价叫做工资，对借用资本所付的代价叫做利息，对借用土地所付的代价叫做地租。如果三要素同属一个人所有，那么，地主、资本家和工人所得到的收入全归他一个人独享。马克思把萨伊的这种观点概括为三位一体公式，劳动—工资，资本—利息，土地—地租。萨伊在分配问题上的具体论述就是从这个基本公式出发的。

不难看出，萨伊的生产理论是极其庸俗和错误的。第一，歪曲了社会生产的实质。生产总是在一定社会生产关系下进行的生产。在社会生产中，人们不仅同自然发生关系，而且人与人之间必然要发生关系。只有在一定的社会关系范围内，人们才能与自然发生关系，才能进行生产。但萨伊的生产理论则完全抽掉了人与人的关系，只留下了人与自然、人与物的关系，这就歪曲了生产的

---

① 萨伊：《政治经济学概论》，商务印书馆 1982 年版，第 59、75、77 页。
② 同上书，第 86、126~131 页。

实质，把社会生产变成孤立进行的一般生产。第二，否定了生产的基础是物质资料的生产。政治经济学上的生产是指人们利用生产工具和自然力来改造自然、征服自然、创造具有某种使用价值即效用的物质资料的活动。在这里，使用价值（效用）总是同一定的物质相联系的。没有离开物质的效用。萨伊把效用与物质割裂开来是非常错误的。第三，否定了资本主义生产关系的历史性。萨伊所研究的是资本主义生产，但他故意混淆视听，说任何生产都有三个要素：劳动、资本、自然。这就把资本主义生产变成一般生产变成永恒的东西。从而也就否定了资本主义生产的历史性和特殊性。第四，掩盖了资本主义生产的剥削性质。资本主义生产就是剩余价值的生产，就是资本家依靠他们占有的生产资料剥削工人阶级所创造的剩余价值的生产。但在萨伊的笔下，资本、劳动和自然这三个要素在自己职能范围内协同进行生产、创造价值。这就完全掩盖了资本主义生产的剥削性质。第五，歪曲了资本家管理活动的性质。在资本主义生产中，不少资本家是参与企业管理活动的，这种活动的目的完全是为了榨取更多的剩余价值，本质上是一种剥削活动。但萨伊却把资本家的管理活动也描述为创造价值的劳动，把资本家这个剥削者描写成劳动者。显然，这就歪曲了资本家活动的性质。

萨伊的分配理论在西方经济学史上产生了很大的影响。19世纪末和20世纪初的英国经济学家阿尔弗雷德·马歇尔认为，生产中的生产要素不仅包括土地、劳动和资本，还包括企业家才能，这四种生产要素共同创造国民收入，与此相应，国民收入就应分为地租、工资、利息和利润。19世纪90年代的美国经济学家约翰·克拉克认为，分配与收入取决于劳动、资本和土地各自对生产的实际贡献，这实际上都是萨伊分配理论的翻版。

二、生产要素分配理论产生的历史必要性

生产要素分配理论的基本观点，就是认为各种要素在生产中为生产做出了贡献，理所应当得到它们各自的报酬，而报酬的大小则取决于其贡献。

在马克思主义看来，按生产要素分配是事物的表象，其事物本质或全称应是按生产要素产权分配，否则，便会滑向西方庸俗经济学的按生产要素贡献分配的教条和窠臼。和世界上的其他任何事物一样，按生产要素产权或产权贡献

分配（了解这一科学道理之后，本书以下均用按生产要素分配这一简称）存在都有一定的合理性和必要性。这种合理性和必要性来源于它存在的条件。一定的事物只有在一定的条件下才能产生，也只有在一定的条件下才能存在和发展，并且随着它由以产生、存在和发展的条件的消失而消亡。然而，按生产要素分配作为一种分配方式存在于几千年，它仍然发挥着它的功能和作用。

（一）资源配置的需要

人类社会自产生之日起，就面临最基本的矛盾，即人类需要的无限性和满足需要的手段——资源稀缺性之间的矛盾。如何利用稀缺的资源来满足人们的需要，是任何社会都必须关注的基本经济问题，唯一可能解决的是实现资源的最佳配置。这就要求根据社会需要按比例分配社会资源。但由于社会资源的多种用途和生产方法的多样性，生产一种产品在使用何种社会资源和采用何种生产方法问题上，便存在多种替代关系和选择。于是，必须确立一个选择标准，这个标准就是各种生产要素的使用效率和生产要素的价格。然而，在现实经济生活中，对于社会资源即生产要素和生产方法上的选择往往是不自觉的。要使这种选择由不自觉到自觉，就必须把选择行为与生产者的利益联系起来，而把这种选择行为与生产者物质利益联系起来的杠杆，在市场经济下就是生产要素价格，即运用不同的和一定数量的生产要素支付一定的费用。生产要素的使用费用实质就是生产要素以其投入价格参与收入分配的一种形式。

（二）资源节约的需要

除了对资源合理配置以外，还必须在社会再生产中减少资源浪费，实现资源节约，即以同量资源投入获得较大产出，或为获得同量产出而消耗较少资源，或以最小资源投入获得最大产出，以提高资源利用效率。然而在社会再生产中，生产者对提高资源利用率和对资源节约急迫性的认识并不那么深刻，因而必须采取相应措施，对生产者的资源消费行为加以干预和引导，实行资源使用付费制度或允许生产要素所有者以其投入的生产要素价格参与收入分配。

（三）调动闲置资源的需要

在社会再生产过程中，尤其是在社会化大生产条件下，经营工商业的职能资本，在循环和周转中，总有一部分货币资本暂时处于闲置状态，同时，社会各阶层居民手中也会出现一定量的闲置货币。这部分闲置的货币资本，无论对企业、居民个人还是整个社会都是效益的损失。为了把这部分闲置资源调动起来用于社会再生产，就有必要按生产要素的投入价格进行收入分配。

（四） 生产资料所有制形式的要求

一定生产资料所有制形式的存在，决定了与之相适应的分配方式的存在。一定生产资料所有制形式的灭亡，与之相适应的分配方式也就随之消失。因此，就按生产要素分配这一命题来说，在单一的生产资料社会公有的条件下，由于人们除了自己的劳动之外，不能向社会提供任何生产要素，因而，这时产品的分配方式，就不能按生产要素分配。但是在私有制或多种所有制形式并存的条件下，生产要素属不同的所有者所有，生产要素的所有者必然要以自己对社会生产的投入从社会产品中取得一部分收益。因而社会再生产过程对所需生产要素的征用和投入，就不能是无偿的，而必须以适当形式对上述生产要素所有者支付一定报酬，即实行按生产要素分配。

（五） 生产要素所有权的要求

产权是由所有权、占有权、支配权、使用权和收益权等各方面的权利组成的。在这组权利中，所有权是其他各项权利的前提和基础。所有权的存在，决定着其他各项权利的存在，当然也决定收益权的存在；所有权的灭亡，与其相适应的其他各项权利也随之消失。既然生产要素的所有者掌握生产要素的所有权，那么，他就必须要求拥有相应的收益权。

总之，按生产要素分配是人类社会发展到一定历史阶段的产物，它的存在和所发挥的作用是由一定的生产力水平、一定的所有制性质和一定的法权关系决定的，是不以人的意志为转移的。那些否定这一分配方式的存在，或超脱现实经济条件幻想早日废除这一分配方式的观点和做法，都是天真幼稚的。

三、中国现阶段存在按生产要素分配的必要性

马克思在论证判断人类社会经济形态演进及其变革时代的依据时曾经指

出:"无论哪一个社会形态,在它所能容纳的全部生产力发挥出来以前,是决不会灭亡的"① 按生产要素分配作为特定的社会生产关系的重要组成部分,在一个较长的历史时期中,曾以自己独特的优势,推动着社会生产力的发展,具有社会必然性。这种分配方式对推动我国社会经济的发展,具有一定积极作用。因而,它在我国现阶段的存在仍有一定的必要性。

(一) 实行按生产要素分配,能够抑制资源的过度消耗,缓解我国经济发展目标与资源相对短缺的矛盾

我国并非是自然资源丰裕的国家,不少资源的人均占有量都大大低于世界平均水平。但长期以来,我国粗放型的经济增长对有限资源的掠夺式开发和低效率的使用,造成了资源的过度消耗和严重浪费。对资源的过度消耗虽然带来了国家经济的发展,但自然资源往往是不可再生的,一旦消耗完,不仅以后的持续发展成为问题,而且危及子孙后代的生存。实行按生产要素分配,能够产生一种物质动力,使资源所有者理智地选择投资方向,把资源投到社会最需要而又能产生最大收益的生产部门中去,同时也能促使资源使用者即生产企业为降低生产成本,获得最大收益,权衡利弊得失,进行生产要素和生产方法选择,从而实现生产资源的最佳配置和最佳使用效率,最终体现出资源节约原则。这样既能实现经济目标,又能使经济发展具有可持续性。

(二) 能够化消费基金为投资基金,缓解经济发展与资金不足的矛盾

我国是一个发展中国家,是在一穷二白的基础上开始社会主义建设的。尽管我们依靠社会主义制度的优越性取得了巨大发展,但和发达国家相比,一方面,我国生产力水平和人均收入水平还很低,很难筹集现代化建设所需的全部资金,因而,在一个较长的时期,我们将面临资金短缺的现实;另一方面,由于我国城乡居民市场观念落后,投资意识不强,广大居民把现金存入银行,进行延期消费,不愿意投资,结果又出现了资金闲置的问题。要想转变居民消费和储蓄观念,把闲置资金调动起来,由消费基金转化为投资基金,用于国家建设,最直接有效的办法就是从物质利益方面给予驱动,实行按生产要素分配。

---

① 《马克思恩格斯选集》第二卷,人民出版社 1995 年版,第 33 页。

（三）可为缩小地区经济差异，促进地区经济合理布局、协调发展的有力杠杆

自改革开放以来，我国经济持续的快速增长，经济成就举世瞩目。但与此同时，地区经济发展的不平衡加剧，地区经济差别随之扩大。国家已经加大对中西部的开发力度，但要使国内投资者到中西部地区投资，就必须运用收入分配方面的激励机制，协调其中的物质利益关系，而按生产要素分配则是这种激励和协调机制的有力杠杆之一。

（四）有利于巩固公有制经济的主体地位

目前来说，公有制经济不仅包括国有经济和集体经济，还包括混合所有制经济中的国有成分和集体成分，这就需要正确处理不同所有制经济之间的物质利益关系，巩固发展社会主义初级阶段多元化的所有制结构，增强公有制经济的影响力，巩固公有制的主体地位。依据国内外经济运行和发展的经验，结合我国投资主体多元化的特点，实行按生产要素分配。

总之，按生产要素分配是我国现阶段社会生产力发展的客观要求，是我国社会主义生产关系在改革开放中不断完善和发展的结果。在社会主义初级阶段的今天，仍将继续存在并发挥它的功能和作用。

四、按劳分配与按要素分配相结合

在传统的政治经济学理论中，按劳分配一向被看做是社会主义唯一的分配原则，它是建立在生产资料公有制基础上的，是公有制在分配关系上的实现，体现着劳动人民当家做主和消灭剥削关系的新型分配制度。而按生产要素分配则一向被看做是资本主义的分配原则，它是建立在生产资料私有制的基础之上的，体现着资本家和雇佣劳动者之间剥削与被剥削的关系。而随着资本等非劳动生产要素在我国分配领域中所占比重迅速上升，理论上要对按生产要素分配予以解释。在这一背景下，党的十五大报告指出："完善分配结构和分配方式。坚持按劳分配为主体、多种分配方式并存的制度。把按劳分配和按生产要

素分配结合起来，允许和鼓励资本、技术等生产要素参与收益分配"。① 这是我国改革决策层对转型期收入分配理论的一次创新，是我国改革开放以来在理论上第一次提出要建立按劳分配与按生产要素分配相结合的分配制度，明确肯定了资本等非劳动要素参与收益分配的必要性和合法性，彻底突破了过去单一的、纯粹的、排除非劳动生产要素参与分配的传统分配制度。接着，党的十六大报告明确提出，确立劳动、资本、技术和管理等生产要素按贡献参与分配的原则，党的十七大报告指出，深化收入分配制度改革，要健全劳动、资本、技术、管理等生产要素按贡献参与分配的制度。真正领会其中的深刻含义，对于我国从理论和实践的结合上正确把握深化收入分配制度改革的方向、自觉推动改革实践具有指导意义。

（一）健全劳动、资本、技术、管理等生产要素按贡献参与分配的制度，是对社会主义市场经济条件下分配原则的不断完善

人类社会的任何生产活动都离不开劳动、资本、土地和技术等生产要素。在市场经济条件下，使用这些要素不是无偿的，对每一种要素都必须支付一定的报酬，这种报酬就形成了各要素提供者的初次分配收入。所以，生产要素参与分配是市场经济的内在要求。1992 年党的十四大确立了建立社会主义市场经济体制的改革方向，公有制为主体、多种所有制并存决定了在分配上也必须把按劳分配与按生产要素分配结合起来。在党的十四大提出收入分配要"以按劳分配为主体，其他分配方式为补充"的基础上；党的十四届三中全会进一步明确，"允许属于个人的资本等生产要素参与收益分配"。② 党的十五大提出"允许和鼓励资本、技术等生产要素参与收入分配"。③ 党的十六大强调，要"确立劳动、资本、技术和管理等生产要素按贡献参与分配的原则，完善按劳分配为主体、多种分配方式并存的分配制度"。④ 党的十七大报告提出"健全劳动、资本、技术、管理等生产要素按贡献参与分配的制度"，⑤ 这样就把各类生产要素按贡献参与分配由确立原则上升为健全制度，是对社会主义市

① 《十五大以来重要文献选编》（上），人民出版社 2000 年版，第 24 页。
② 《十四大以来重要文献选编》（上），人民出版社 1996 年版，第 19、535 页。
③ 《十六大以来重要文献选编》（中），中央文献出版社 2006 年版，第 90 页。
④ 《十六大以来重要文献选编》（上），中央文献出版社 2005 年版，第 21 页。
⑤ 《十七大以来重要文献选编》（上），中央文献出版社 2009 年版，第 30 页。

场经济条件下的收入分配制度的完善，是经济领域深入贯彻落实科学发展观、促进国民经济又好又快发展的客观要求。

（二）健全劳动、资本、技术、管理等生产要素按贡献参与分配的制度，是完善社会主义市场经济体制的客观要求

党的十四大明确建立社会主义市场经济体制改革方向以来，随着所有制结构的变化，各类生产要素逐步开始以不同形式参与了分配。这些都从分配制度、分配方式上为充分发挥各类生产要素持有者发展生产力和创造社会财富的巨大作用提供了体制条件，客观上也提高了市场配置资源的效率。党的十七大报告在完善社会主义市场经济体制总的部署中，提出了要从制度上更好地发挥市场在资源配置中的基础性作用的要求。因此，大力发展各类生产要素市场，完善市场机制决定生产要素价格的制度，使生产要素按贡献参与分配的成熟做法进一步规范化，增强稳定性，在各个领域广泛应用，就会使推动资源配置效率最大化成为完善社会主义市场经济体制的重要基础，焕发出社会主义市场经济的强大生机和活力。

（三）健全劳动、资本、技术、管理等生产要素按贡献参与分配的制度，是充分发挥科学技术作为第一生产力的作用、增强综合国力的必然要求

进入新世纪新阶段，如何应对新的科技革命的挑战是我国必须应对的重大课题。增强自主创新能力、推进科技进步已成为我国经济发展战略的核心。体制创新是科技创新的基础，必须从体制上特别是分配体制上为创新活动提供有利的激励机制，生产要素尤其是技术和管理等要素按贡献参与分配的制度化就是其中的重要举措。

（四）健全劳动、资本、技术、管理等生产要素按贡献参与分配的制度，是逐步形成合理的收入分配格局的客观要求

形成中等收入者占多数的收入分配格局，是理顺分配关系、促进社会稳定的需要，也是全面建设小康社会的重要目标。扩大中等收入者比重，关键是要完善劳动、资本、技术、管理按贡献参与分配的制度，使劳动付出的多少、资本配置效率的高低、技术的先进程度、管理的优劣，能够根据统一市场经济规则，按照对价值形成的贡献大小，获得相应的收益分配。这样，那些劳动付出更多特别是掌握复杂劳动能力的人，掌握一定的资本和先进技术、先进管理经验的人，就会逐步进入中等收入行列，壮大中等收入者队伍，他们创造的社会财富也会大量增加，社会的稳定性也会进一步增强。

五、按劳分配和按生产要素分配相结合的基础

按劳分配以马克思的劳动价值理论为基础，按要素分配则以要素的边际生产力理论为基础，二者存在明显的不相容性。但如果从隐藏在按劳分配理论和按要素分配理论背后的理论逻辑来分析，我们可以清楚地发现：无论是按劳分配还是按要素分配，社会化大生产是它们共同的基础，货币价格是它们共同的实现形式。

（一）社会化大生产是按劳分配和按要素分配的公用平台

任何社会的分配都是以一定的生产为基础，生产决定分配，不仅产品的分配决定于生产，劳动的分配也取决于生产。因为生产为分配提供对象，生产产品和劳务的数量、质量和种类决定了分配的水平和结构，同时生产的形式和性质也决定了分配的形式和性质。总之，社会产品的分配总是与一定的社会生产联系在一起，有什么样的生产就有什么样的分配。

在马克思主义理论中有两个基本事实，一个事实是马克思运用历史唯物主义和辩证唯物主义的方法说明了在生产力落后的自然生产中，劳动生产率非常低下，几乎没有什么剩余，产品的分配不能根据任何要素或劳动，而只能采用近乎平均主义的方式，因为只有这样才能维持劳动力的简单再生产，从而维持社会的生产发展和人类的进步。另一个事实是马克思分析了资本主义的社会化大生产条件下的按资本分配和按劳动力分配，解释了剩余价值的分配和再分配，同时还通过分析资本主义的生产资料私人所有制与社会化大生产的内在矛盾，说明了社会化大生产必然要求生产资料的占有社会化，生产资料的资本主义私有制必然为社会主义公有制所取代，而生产资料公有制客观要求并决定了实行按劳分配。马克思主义理论的这两个基本事实告诉我们，按劳分配和按要素分配都是以社会化大生产为分配前提的。

在西方经济学理论中，社会化大生产是以分工协作为基本特征的，这种分工协作既包括各个劳动力要素的分工和协作关系，还包括其他生产要素的分工和协作。对于资本而言，不仅全社会的各部门、各企业之间存在不同用途资本的分工和协作，而且每个企业内也存在资本的不同用途和作用，只有实行分工和协作才能进行生产。尤其值得重视的是，土地、劳动、资本、管理、技术、信息、知识等多种多样的要素，在现代社会生产中的分工和协作，使得整个社会生产过程成为各个生产要素得以生产产品或劳务的过程，实际上就是把生产过程看做是投入要素向最终产品转化的过程。在这个投入产出过程中，生产过程实际是多种生产要素按一定比例组合起来生产出产品或劳务的过程。社会化大生产中的各种要素组合，典型地体现在迂回生产过程之中。在这个过程中，人们并不是直接生产最终产品，而是先产出各种资本，发明各种技术，然后利用资本和技术来生产最终产品的过程。在这个生产过程中，各个要素共同发挥作用，但作用又有大有小，所有各个要素所有者都应该参与产品和劳务的分配，当然所得份额依照产权关系或贡献有大有小。

（二）要素产权上的贡献是按劳分配和按要素分配的共同标准

如果说直接的要素产权决定了直接的收入分配权，那么要素产权贡献的大小则是决定各要素的收入分配份额的基本因素，即是说各要素究竟获得多少收入取决于要素产权贡献的大小。按照马克思按劳分配理论，在进行必要的扣除之后，劳动者应得到与其提供的劳动相对应的报酬。也就是说，劳动贡献的大小决定劳动报酬的多少。马克思分析了资本主义的极大不公平。一方面，他认为在资本主义社会中，生产资料的占有是极端不公平的。另一方面，资本家凭借对其生产资料的占有，不劳而获，剥削占有工人的劳动。也就是说，资本家没有付出劳动而无偿占有了工人阶级劳动创造的剩余价值，从而占有了社会产品和社会财富的大部分。这也是极大不公平的。从这方面讲，马克思的公平观就是在生产资料公平占有基础上按劳动贡献大小来公平分配社会产品和财富。马克思对社会主义阶段分配制度和分配形式的构想，正是建立在对资本主义不公平的分配制度的反思的基础上的。因此，社会主义的分配制度必须体现这一公平原则。按照这个原则，没有提供劳动或没有劳动贡献的人是不应该直接参与分配的，劳动贡献小的人也不能比劳动贡献大的人直接分配更多的社会产品，而劳动贡献多的人应该比劳动贡献少的人获得更多的产品份额。从马克思对资本主义的效率和公平的评价，我们知道，马克思设想的社会主义社会是一个高效率和高公平的社会，按劳动贡献的大小分配产品符合马克思对社会主义构想的基本原则。可见，无论是按劳分配，还是按生产要素分配，在分配标准上均是根据各生产要素所有者在生产中实际贡献产权量的大小。

（三）财富是按劳分配和按生产要素分配共同的分配对象

消费是生产、交换的目的，也是分配的目的。满足人们消费的或是物质产品，或是服务，而不是货币本身，因而也不能是价值或收入本身，但是在商品经济条件下，获得物质产品或服务是通过商品与货币之间的交换来完成的，马克思在政治经济学理论中指出，虽然商品价值的形式只是抽象劳动，但是商品使用价值的产生却离不开具体劳动。具体劳动是人们在特定时间、特定空间、特定背景下，使用特定的劳动资料和劳动对象进行的劳动。换句话说，具体劳动也就是劳动要素与其他生产要素相结合的使用过程。可见，各种生产要素都是商品本身形成的重要源泉。因此，各种要素参与分配最终就是对社会产出的分配。

马克思设想在社会主义实行按劳分配的背景条件：一是不存在商品经济，因而也就不可能存在马克思认为的商品经济所独有的范畴——商品价值和货币；二是不存在货币工资收入，劳动者只是凭劳动券领取所需生活资料。在一个既不存在价值，也不存在货币的条件下，按劳分配不可能是对收入或价值的分配，而是典型的对使用价值或最终产品本身的分配。

西方经济学中，各生产要素的报酬——工资、利息、租金和利润的总和就是国民收入，而国民收入只不过是社会按市场价格计算的最终产品。就是说，各生产要素的分配所得只不过是在一定时期生产的最终产品和劳务。要素报酬取决于边际生产力，也就是要素的边际产品。因此，工资只不过是增加单位劳动要素所增加的产品量，租金是增加单位土地要素所增加的产品量，利息是增加单个资本要素所增加的产品量，而利润只不过是增加企业管理所增加的产品量。以此类推，随着科技的发展，信息社会或认知社会的到来，技术要素的报酬只不过是技术在生产中对产品量的贡献的反映，信息要素的报酬也只不过是信息在生产中的产品贡献的反映而已。

分配是对社会产出的分配，这一点不仅可以从马克思对按劳分配的构想中认识到，还可以从西方经济学中的要素分配中认识到。

（四）货币价格是按劳分配与按生产要素分配的共同实现形式

在现实的分配中，各生产要素获得的生产报酬，并不是它们生产的产品和服务，而是产品或服务的价格，即工资、租金、利息和利润等。因此，要素价格构成按生产要素分配的实现形式。

首先，社会化大生产条件下，任何一个要素所有者提供的生产要素，在生产中生产的产品或服务，与该生产要素所有者消费所需的产品或服务是存在差异的。也就是说，自己拥有生产要素所生产的物品，并不一定是自己所需要的物品。而自己所需之物通常由其他人所拥有的生产要素来生产和提供。从这个意义上讲，要素分配不会采用直接的实物分配的形式。

其次，要素分配采用实物形式存在很多不方便和不经济。设想各种生产要素获得与自身贡献相应的物品量，由于大量实物自然单位的不可分割性，使得物品分配效率低下，甚至于根本不可行。即使是可行的，但是因为需要的实物与分得的实物在量上是不一致的，在结构上不恰当，要素所有者必须把分配到的实物换成自己所需要的实物。如果是物质交换，那么双方需要的双重巧合使直接物质交换效率低下。分配实物会增加交易费用，存在明显的不经济。

最后，从马克思设想的按劳分配来看，劳动者获得劳动券，凭劳动券去领取产品。显然，劳动券本身并不是劳动产品，劳动券只是一种可以用来换取一定数量的产品的信用凭证。劳动券作为一种信用凭证，即使不是真正意义上的货币，至少也是一种货币近似物，因而它是劳动价格的一种形式。

西方经济学认为，要素所有者凭借对要素的所有权享受收益分配权，其所得报酬的多少实际上就是要素价格。与产品价格决定一样，要素价格也是由要素的市场供求所决定的。要素的需求取决于该生产要素的边际生产力，即生产要素增加一单位所带来的产量的增量，生产要素的供给则是由该生产要素的边际生产成本决定的。当生产要素的需要价格与供给价格一定时，就决定了生产要素的价格水平。生产要素的价格形式就是工资、利息、租金和利润等。

综上所述，社会化大生产是按劳分配与按生产要素分配的共有平台，生产要素的产权贡献大小是按劳分配与按生产要素分配的共同标准，社会财富构成按劳分配与按生产要素分配的真实对象，而要素的货币价格是按劳分配与按生产要素分配的共同实现形式。因此，社会化大生产、明晰的产权、要素产权贡献、社会财富和要素价格为按劳分配与按生产要素分配的结合奠定了共同的基础。

第三节　原则与转型：市场经济条件下按劳分配的实现机制

我国现阶段的分配制度还有一个突破，这就是在市场经济条件下实现按劳分配。换句话说，社会主义市场经济不仅包含公有制与市场经济有机结合，而且表现了按劳分配与市场经济的有机结合。当年马克思设想的是在消灭商品经济的前提下实行按劳动时间分配，因而中外许多论著认为在市场经济不能实行按劳分配。这一难题恰恰是中国特色社会主义理论体系解决了。

一、市场经济影响分配而不是分配方式的决定因素

在论述按劳分配与市场经济结合之前，要辨析一个带根本性的流行观点，即初次分配不是由市场决定的。

这里需要首先廓清初次分配与再分配的关系及其作用限度。所谓初次分配，就是在生产经营活动中企业作为主体的分配，不仅处理国家、企业、个人之间的分配关系，而且对企业成员进行消费资料分配。所谓再分配，就是政府通过财政转移支付的分配，即在初次分配的基础上进行的种种生活补贴等，以调节初次分配中所没有解决的不公平问题。无论从国外的事实或者从国内的现状看，初次分配都是人们利益关系的根本，它占居民收入的80%～90%，再分配只占居民收入的10%～20%（如美国为12.5%）[1]，即使在高福利国家的

---

[1]　根据萨缪尔森《经济学》（第12版）第935页提供的数据计算。

分配中，再分配充其量超出不了30%。假如不解决初次分配不公平，单靠再分配，贫困人口是富不起来的，更不可能使中等收入者占多数。现在我国收入分配呈金字塔形结构，高收入者不到10%，中等收入者占20%，低收入和中低收入者占70%以上。假如仅用2453亿元的个人所得税（2006）均分到每个人口头上，按10亿人计算，一年只有200多元，每月不到20元，可谓杯水车薪。

初次分配是消费品分配的基础。按照马克思主义的基本原理，是所有制关系决定分配关系和分配方式。对分配的数量和形式，市场经济有一定的影响，但不会改变所有制决定分配的关系。在一般市场经济下，初次分配由市场机制形成，生产要素价格决定分配这一说法，是不符合事实的。《资本论》中所做的科学分析，正是资本主义市场经济中私人资本所有制决定的分配关系，现代资本主义虽然有很大变化，但私人资本所有制依然决定初次分配的分配关系和分配方式。很显然，市场经济的主体是企业，初次分配的主体也在企业，不管市场经济如何复杂多变，但初次分配仍在企业之中进行，而企业的分配最根本的依然取决于它的所有制性质，分配关系乃是所有制关系的实现。在我国，公有制企业内实行的是按劳分配；私人企业是完全按生产要素分配，主要是按资分配；混合所有制企业则要看谁来控股，私人控股是以按资分配为主（按股分红），公有经济控股则是以按劳分配为主体，辅之以按资（股）分配。总体观察，市场经济作为交换关系的总体，虽然对配置资源起基础性作用，但不是生产关系的核心，不能从根本上决定分配制度。优化配置资源（提高效率）不等于分配公平。应当正视，近几年我国的初次分配的秩序是相当混乱的。

那么，市场机制有没有分配职能呢？有，但不起最终的决定作用。恩格斯说过生产方式和交换方式结合起来决定分配方式①，但交换方式又是由生产方式决定的。全面地看，客观上市场会带来利益与竞争主体多元性、供求关系的多变性，以及由此引起的价格起伏性、市场经营的风险性与经济发展的周期性、市场经济的国际性带来经济风险的连锁性等，这就影响分配关系稳定性，形成参与分配的多因素性和形式的多样性，并且由生产领域扩展到分配领域。其中价格对分配影响最大的有三个方面。

———————

① 《马克思恩格斯选集》第三卷，人民出版社1995年版，第490页。

第一，资本及各种生产要素价格影响的是企业的投资效率和经营状况，以及产业、企业的组合与资本的流动，只能够间接地影响职工收入的数量和形式，并不能从根本上改变分配关系的性质。资本家的企业并未因生产要素价格升降而改变按资分配及其对工人的剥削，没有改变追求"利润最大化"的宗旨（甚至以降低劳动力价格为代价）。

第二，市场价格影响劳动力流动，但并不能自发地实现分配公平。在劳动力市场供大于求、资本占强势地位的情况下，单靠劳动市场上的自由流动提高劳动力价格、实现收入公平，是不可能的。

第三，对于消费者来说，生产要素的价格变化有两个方面作用：一是由于价格上升或下降影响企业内部职工收入的数量及由此引起的人员结构的变化（包括减增人员）；二是因价格变动的连锁反应传导到购买力上，特别是通货膨胀会实际降低占人口多数的劳动者的购买力，生活水平随之下降，但对富人影响不大，甚至有的富人趁机大发横财。至于流通领域中商人对消费者的盘剥和居民少量资产性经营（如炒股）的盈亏，确实受价格因素影响较大，但属于分配关系的旁支，不是基本的分配制度，且不只是生产要素价格的影响，更多的是消费品价格的作用及商人经营行为。例如，房地产价格、食品价格的确影响了广大居民的生活水平，需要认真加以解决。从这个维度上说，市场确有分配职能，但不起决定作用，与按劳分配、按要素分配不属于同一个范畴，而属于健全市场秩序问题。

可见，价格三个方面的影响都不会改变基本的所有制关系及由此决定的分配制度。无论在资本主义社会还是在社会主义市场经济中，都是如此。美国算是市场经济最完善的了，生产要素价格也许最合理，但并未实现初次分配的公平，那里有着一个庞大的贫困阶层，基尼系数为0.408，贫富两极分化相当严重，以致造成1%人与99%人之间的冲突，"占领华尔街"及其国际运动波及80个国家和地区。可见，不能把分配制度主要归咎于市场机制及要素价格。

更深层的是，按所谓要素价格决定分配关系的理论，还会出现一个跳不出循环逻辑的怪圈：价格由什么决定？由供求关系；供求关系中起决定作用的有效需求由什么决定？由最终消费力；最终消费力由什么决定？由大多数人的收入分配水平。于是出现一个逻辑循环：分配—价格—供求—分配。鸡生蛋，蛋生鸡，到底哪个决定哪个？说不清了。这个观点是从西方新古典经济学派那里抄来的，以完全市场机制掩盖所有制关系和分配关系的庸俗分配论，掩盖了最终决定价格的价值到底是谁创造的，掩盖了所有制关系对分配关系的决定作用，掩盖了资本家对工人的剥削。西方的许多其他学派也批判了这种观点。事实上，正是资本主义市场经济的机制催生和加剧了两极分化，资本的积累规律形成了贫富两极，恶性竞争和在此基础上产生的垄断资本造就了亿万富翁和无家可归的贫民，乃至国际金融资本主义把许多国家推入饥饿的困境，那算是什么公平的初次分配？

再进一步说，任何市场经济都不能脱开它的所有制基础。资本主义市场经济是以资本主义所有制为主体支撑，社会主义市场经济是以公有制经济为主体支撑，现在我国的市场经济是以我们基本经济制度为基础的。所有制关系不仅决定分配关系，而且决定市场经济的性质。这才是中国特色社会主义理论体系的一个基本观点。

二、沟通按劳分配与社会主义市场经济的联系

如果公有制同市场经济全面结合是前无古人的伟大创造，那么与之相联的按劳分配同市场经济结合也是一个理论上的突破，是前人所没有解决的（列宁仅有某些朦胧的思想萌芽）。这是中国特色社会主义分配理论的一大贡献，也是一大特色。中国把按劳分配制度与市场经济相结合，首先是在实践中解决的，然后逐渐上升为理论。在改革开放前夕和起始阶段，邓小平在研究放开市场、实行社会主义市场经济同时，强调贯彻按劳分配原则及其形式的多样化。他多次讲社会主义和市场经济不存在根本矛盾的原理时，就自然包含了按劳分配的内容。早在1975年，他就明确提出："坚持按劳分配原则，这在社会主义建设中始终是一个很大的问题"[1]。1987年，他指出："在我们的发展过程中不会产生资产阶级，因为我们的分配原则是按劳分配。"[2] 1992年6月12日，他表示赞成党的十四大文件使用"社会主义市场体制"的提法，并说："实际上我们是在这样做，深圳就是社会主义市场经济"[3]。就是说，在这个改革开放

---

[1] 《邓小平文选》第二卷，人民出版社1983年版，第30页。

[2] 同上书，第255页。

[3] 《邓小平年谱1975～1997》（下），中央文献出版社2004年版，第1347页。

全过程中实际上是朝着发展社会主义市场经济这个方向走的，包括在这个进程中继续贯彻按劳分配原则。1997 年 9 月党的十五大报告所阐发的"建设中国特色社会主义经济"纲领中，规定所有制结构、分配制度、市场经济和对外开放四位一体，就是明确地确定按劳分配与社会主义市场经济的统一性。在实践中，已经使工资制度、多种分配方式与市场经济融为一体。一句话，这个前人未解决的矛盾，在我国的实践中已经解决了。

在理论上如何沟通按劳分配与社会主义市场经济的结合呢？首先是把握按劳分配的实质。对于按劳分配这个命题，曾有多样的解释。比较流行的机械理解，认为只有给足马克思设定的一切条件，才是真正的按劳分配。比如，只有取消商品和市场关系、在全社会统一的直接分配才能实现按劳分配，而在存在商品、市场的条件下则不可能实现。与此相关，有的学者把按劳分配仅限于社会对个人直接分配（两个层次），而与生产经营单位无关；如果再加上一个中层（三个层次），就违背了按劳分配原则。从分配程序上说，必须把全部劳动产品先归入一个社会总产品中，或至少归入一个生产经营单位总量中，然后再分配到个人。这是按劳分配的正常程序；如果在归入这个总量之前，先做几项扣除，属于个人这部分留到劳动者手中，则不符合程序（如家庭联产承包制流行的三句话："交给国家的、留足集体的、剩下的是个人的"），认为不属于按劳分配。此外，苏联还存在着是否按劳分配之前，加上一个各尽其能的前提，也存在歧见，认为只有到共产主义才能实现各尽所能。所有这些，都把按劳分配限制在一个狭小的框框之内。

从实践上看，正确全面地理解，不应在具体条件和具体程序上看问题，而应把握它的实质。按劳分配的实质是什么？按照马克思的说法，就是"劳动尺度"："生产者的权利是同他们提供的劳动成比例的；平等就在于以同一尺度——劳动——来计量。""他给予社会的，就是他个人的劳动量"，在各项公共扣除之后"领得一份耗费同等劳动量的消费资料"。[①] 这就是他的基本思想，即等量劳动交换，而不去无偿占有别人的劳动，即劳动获得权的平等。虽然马克思当时认为，与高级的共产主义相比，还属资产阶级权利，但是"权利决

---

① 《马克思恩格斯选集》第三卷，人民出版社 1995 年版，第 304 页。

不能超出社会的经济结构以及由经济结构制约的社会的文化发展"①。社会的实践是复杂的，我们不可能完全照搬150年前纯粹计划经济条件下设想的框架，关键在于掌握这个最重要的尺度，即等量劳动取得等量报酬。

既然按劳分配实质上是等量交换劳动和等价交换的关系，那就应当说马克思已经涉及一定的交换关系，尽管他认为存在商品生产和货币交换的社会不应划为社会主义社会，但在《哥达纲领批判》中有这样的表述："显然，这里通行的是调节商品交换（就它是等价的交换而言）的同一原则。内容和形式都改变了，因为在改变了的情况下，除了自己的劳动，谁都不能提供其他任何东西，另一方面，除了个人的消费资料，没有任何东西可以转为个人的财产。至于消费资料在各个生产者中间的分配，那么这里通行的是商品等价物的交换中通行的同一原则，即一种形式的一定量劳动同另一种形式的同量劳动相交换。"②

等量劳动相交换、等价商品相交换和等量劳动取得等量报酬，都是以尊重劳动者的劳动利益为基础，二者为什么不可以统一和联系起来呢？列宁曾试图突破二者不能统一和联系的观念，提出把国家的商品卖给职工以换取其货币报酬和收费制要与工资制相适应的观点，把等量劳动交换扩大到全社会范围，中间加上货币这个媒介物。就是说，劳动者不是拿着"专项"的"劳动券"（如"戏票"那样）到"社会库存"中"领取"，而是凭着"万能的"货币到市场上去自由地购买，并且以基本上稳定的物价为前提（物价上涨给予补贴）。这就和恩格斯所设想的社会主义社会不同，又要请"著名的'价值'插手其间"了。我们今天实践大大超过列宁的实践。这是否违背等量劳动相交换的原则？一点也不违反，因为在市场经济条件下，决定价值的是社会必要劳动量，所谓等量劳动也只能是指社会劳动，而不是指个别劳动。付给劳动者的劳动报酬以价值的形式出现，基本上与劳动者的劳动相当，所以仍然符合等量的原则。这样看来，按劳分配和商品交换不是互相排斥，而是互为因果，互相制约的。其中，有三个东西把二者联系和统一起来：以价值为交换尺度，以货币为支付手段，以消费资料的个人所有权（个人物质利益）为基础。

等量劳动交换与等价产品交换互为表里，由货币（价值尺度）表现出来，

①②　《马克思恩格斯选集》第三卷，人民出版社1995年版，第305、304页。

可用图 2 – 1 说明。

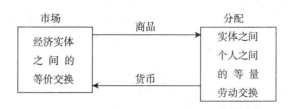

图 2 – 1　商品等价交换与劳动等量交换的关系

　　这里还涉及劳动力商品化问题。在资本主义市场经济中，劳动力成为一种商品。在社会主义条件下，劳动力也可借用这种形式。就是说，在市场交换过程中，商品的所有者将自己的商品通过市场交换，获得了以商品价格所表现的货币收入。由于货币发挥着一般等价物的作用，可以购买任何商品，所以，货币收入就成了在商品交换过程中由市场分配给不同商品所有者经济利益的手段和媒介。不同商品所有者交换商品所获得的货币收入，就是市场根据这一商品以货币为媒介而分配给他们的相应的经济利益。市场经济中的收入分配，只是在商品的市场交换过程中才发生的经济关系。劳动力商品的市场价格，与其他商品的市场价格一样，也是由生产和再生产它所需要的社会必要劳动时间决定的。劳动力的生产和再生产就是劳动者通过消费生活资料来不断地生产出劳动能力。因此，生产和再生产劳动力所需要的社会必要劳动时间，就是劳动者购买这些生活资料的费用，就是劳动力的价值。由于劳动力的生产和再生产必须与社会再生产的客观需要和社会的发展相适应，因此，劳动力价值的决定就不只是维持劳动者生存的费用，还包括各种专门技能的教育培训和个人才能提高的费用。在市场经济条件下，企业职工工资都是劳动力价值或价格的转化形式。如果是私有制企业，职工工资则是被剥削的一种形式；如果是公有制企业，职工工资则是劳动者按自己劳动力商品的市场价格获得收入，就是对劳动者的按劳分配。市场化的按劳分配模式，必须有市场化的按劳分配实现形式与之相适应。这种实现形式就是我们早已实行的货币工资形式。

　　当然，市场的变动为分配关系和分配形式带来了复杂性。劳动的成果表现为价值，价值表现为价格，价格受供求关系的拉动经常波动，除表现劳动创造的价值之外，还有机会收入和风险变化的影响，应当把等量劳动交换理解为相对的而不是绝对的等价交换（市场上其他商品的等价交换也是相对的）。同时，市场的多层次性也带来了按劳分配的多层次性、分配形式的多样化以及分配渠道的多元化。但是，公有制经济总原则仍然是按劳分配，包括技术、管理等智力劳动。这是相对公平，而不是绝对公平，绝对公平也是不存在的。

三、明确不同的利益主体

如上节所述，以往的观点认定私有制才是市场经济的基础，因为私有制方可明晰产权，而把按劳分配与市场经济视为水火不容的立足点也在于此。历史事实证明，苏联和我国改革前什么时候也没有绝对消灭商品经济或市场经济因素，只是以计划经济为主体而已。这就使得人们从深层上反思：市场经济的根基并非只有私有制，而只要存在不同的利益主体，不同的分工载体之间就可以存在和发展交换关系，就可独立地进行分配过程。按劳分配的等量劳动交换变为价值形态即成为等价交换，其前提就是存在不同利益主体，即公有制和国有制企业之间，其不同的生产经营单位也有各自的利益，形成一定的不同利益关系，否则企业就无法进行完全独立经营和独立核算。正是公有制内部存在不同的利益主体（相对的产权即经营权、使用权、分配权），按劳分配单元在全社会和个人之间多了市场型企业这个层次，并能够同其他的按生产要素分配形式相结合，使得一个人可能享用多种分配收入。所以，在社会主义市场经济下需要划清利益主体，明晰产权关系，即国有企业要在国有最终产权不变的前提下明晰使用权、经营权、分配权，而在混合所有制企业中，则要依据各自提供的生产要素廓清产权及其派生的收益分配权。

经济利益主体，就是能支配经济利益的生产、决定经济利益的分配、能主动获得经济利益的人或人群。马克思曾深刻指出："人们为之奋斗的一切，都同他们的利益有关。"[①] 所以，利益是社会科学的一个重要概念，而经济利益是经济学的基本概念之一。唯物史观认为，不能离开社会历史条件抽象地谈论人的利益。即使是个人利益，也不是由其个人的意志来决定，正如马克思在批判资产阶级经济学的利益观时所说，"私人利益本身已经是社会所决定的利

---

① 《马克思恩格斯全集》第 1 卷，人民出版社 1995 年版，第 187 页。

益，而且只有在社会所创造的条件下并使用社会所提供的手段，才能达到；也就是说，私人利益是与这些条件和手段的再生产相联系的。这是私人利益；但它的内容以及实现的形式和手段则是由不以任何人为转移的社会条件决定的"。① 那么，决定个人利益的社会条件是什么呢？那就是一定历史阶段的社会生产力水平以及由它决定的生产资料所有制经济关系。社会生产力的发展水平决定了利益的物质内容及其达到的程度，生产资料所有制经济关系则决定了生产的物质成果的分配关系，从而决定了利益分配的所属。人们是按照自己在这种关系中的地位和作用获取一定利益的。

不同的所有制经济是由不同的利益主体来支配和控制的。生产资料所有制的性质不同，其利益主体的社会性质也就不同。在同时并存于社会主义经济制度之内的多元利益主体中，主要分为两大类，一类是社会主义公有制经济的利益主体，一类是个体、私营等各种形式的私有制经济利益主体。不同的所有制和利益主体，其分配性质和状况是不尽一致的。

（一）公有制经济利益主体

社会主义经济制度的基础是生产资料的社会主义公有制。在公有制经济与非公有制经济的关系中，最基本的就是，公有制经济与其他经济成分相比，必须在国民经济中占主体地位。社会主义公有制经济在生产资料所有制关系上，不仅包括国有经济（即全民所有制经济）和集体经济（即劳动群众集体所有制经济），还包括混合所有制经济（如股份制、股份合作制等形式的经济）中的国有成分和集体成分。

社会主义初级阶段的公有制经济，有全民所有制经济和集体所有制经济，他们是社会主义公有产权及其经济价值的承担者。作为联合起来的劳动者，以总体劳动者的资格，共同享有他们联合占有的生产资料所赋予他们的物质利益。他们生产经营的动机是联合劳动者的共同富裕。他们依法凭借共同占有生产条件，从事各类经营活动，以实现整体利益和每个劳动者个人利益的统一提高为目的。他们通过民主决策程序，支配和控制属于联合劳动者的生产力，支配和决定生产及其成果的交换和分配。

---

① 《马克思恩格斯全集》第46卷（上），人民出版社1979年版，第102页。

社会主义公有制经济中构成利益主体的联合劳动者内部，存在经济民主和共同利益，所以，只要他们在现存较高社会生产力的基础上，依靠自己掌握的生产资料，形成高于私有制经济的生产力，就必定能够吸引更多的劳动者，实现劳动者的按劳取酬和共同富裕。公有企业的劳动者必须确立社会主义公有制利益主体的意识。

（二）非公有制经济利益主体

非公有制经济是指在公有制经济以外的各种所有制经济，即在性质上不是由自主的联合劳动者共同占有生产资料从事生产，实行非按劳分配原则的经济。非公有制经济有多种所有制经济的类型。

1. 个体经济

个体经济的基本特征是，生产资料归城乡个体劳动者所有，并以个人或家庭独立生产和经营为主，自己劳动、自己分配和消费。如个体餐饮业、个体手工制造业、个体零售商或小型批发商业、个体修理业、个体理发服务业、个体运输业、个体旅馆业等等。这些个体经济遍布全国城乡各地，成为社会主义市场经济的重要组成部分。个体经济以其分布的广泛性、经营的灵活性、对消费者的适应性、提供产品的独特性，能够为满足人民群众的日常生活需要，提供难以替代的方便，增强经济生活的丰富性和多样性，也通过投入少、规模小、组织简单等特点，起到充分利用社会中各种潜在的人力资源和经济资源的作用。个体经济的特征和作用，决定了它们将长期存在。

2. 私营经济

私营经济的特征是，私人投入资本，占有需要社会化生产的生产资料，使用并支配一定量的雇佣劳动者，以私人资本增值为经营目的，存在按资分配和剥削剩余价值的关系。私营经济有私人企业主决策投资经营，需要投入较多的资本和雇佣较多劳动者，实行社会化生产，市场风险由私人承担，盈利在依法纳税之后归私人占有。虽然从企业内部来看，私人企业主与其雇佣的劳动者之间存在经济剥削的对立关系，但是从社会的角度来看，在公有资本总量不能满足社会生产力发展需要的条件下，私人经济的存在和发展能增加全社会的投资，也是有利于人民群众扩大就业、增加收入。在市场经济条件下，规模不大的私营经济有主动适应市场需求、灵活经营的特点，这对挖掘社会经济资源的潜力，将社会闲置资金转化为生产性资本，满足市场需求多样化，都有重要的促进作用。必须充分认识到，当代中国的私营经济，已与旧中国的资本主义经济有所不同，具有国家资本主义性质。

3. 外资经济

私人外资经济本质上也是私有经济，但是这种私有经济的资本所有权归外国投资者，不属于中国民族经济范畴。外国投资者要把在中国赚取的利润汇往母国，属于外国国民收入的范畴；而国内私营经济即使到外国投资，其资本利润也属于中国国民收入范畴。合理的利用外资，不但能够增加可利用资本的数量，更重要的是可以通过合理利用发达资本主义国家的资本，引进学习先进的经营方式、管理经营和现代科学技术，加快中国经济管理和科技人才的培养。

4. 混合型非公有制经济

主要是指由私人资本控制经营的私人合伙制和股份制。按照经济发展规律，个体经济和私营经济的生产经营只要规模在继续扩大，终将要扬弃私有制固有的那种私有者自己投资、自己管理的经济形式。在社会主义初级阶段，有种扬弃是转向公有制经济，如公有制经济对私人资本进行赎买，个体经济转向具有过渡性质的股份合作制经济等，另一种是采取私人合伙制和私人控股的股份制形式，从而突破私人资本独立经营的狭小规模和突破资本私有者直接经营在管理能力上的局限。私人控股的股份制经济，可以分为外资控股和中国私人资本控股两类。在混合型非公有制经济中，可以有公有资本参股。不过，即使有公有资本参股，由于是私人资本控股，这样的经济在性质上也仍然属于非公有制经济。

"私有制作为公共的、集体的所有制的对立物，只是在劳动资料和劳动的外部条件属于私人的地方才存在。但是私有制的性质，却依这些私人是劳动者还是非劳动者而有所不同。"[①] 私有制的利益主体是各种各样的，有奴隶主、封建地主、资本家、自己参加劳动同时又雇佣工人的小业主、个体小生产者等。他们有的是完全剥削者，有的既是剥削者又是劳动者，有的是自食其力的劳动者，性质有很大差异。社会主义初级阶段的私营、个体经济的利益主体，与旧社会的私有制经济利益主体相比，在性质上已有某些变化。私营、个体经

---

① 《马克思恩格斯全集》第23卷，人民出版社1972年版，第829页。

济是社会主义市场经济的组成部分，作为其利益主体的私营企业主和个体工商户，都要向社会主义国家依法纳税，必须维护职工合法权益，因此，他们已经成为有中国特色社会主义的建设者。在分配形式上也是多种多样的，有些企业以不同形式或多或少地与按劳分配相结合。

四、市场经济下工资形式和收入渠道的多样化

由于市场经济的多元性、多变性、多层次性和经营形式的灵活性，带来了工资和收入的多样性，打破了死板划一的僵化模式。

以工资而论，公有制企业和非公有制企业，职工的工资形式都出现了灵活多样的趋势，其基本立足点是工资与效益挂钩，更多地采取效益工资形式。如公有企业中岗位技术工资、工资加奖励、浮动工资、计件工资等等。它与非公企业职工工资的最大区别在于没有剥削成分，实质上都是按劳计酬。比较突出的是试行经营者的年薪制，使经营管理者提高了收入，与一般职工收入拉开距离，意味着强化了经营管理者的劳动收入。公务员与事业单位工资也在探索更好体现多劳多得的多种形式。为了鼓励科学技术人员对科技创新和提高产品科技含量的积极性，一般采取固定收入加按贡献浮动收入相结合的形式，同时也鼓励科技入股，以知识产权投入作为回报的依据。当然，这些形式还在探索中，以后还会更加多样灵活。对非公有企业的职工收入和企业主的收入问题，下面另作分析。

在职工和城乡居民收入中除工资收入（农民的工资收入已占其总收入的一半以上）外，还有财产性收入、经营性收入和市场机会收入，有的是几种收入的混合体。财产性收入中，有房产收入、其他资产出租收入等。经营性收入主要是个体户和私营企业主，这种收入的形式越来越多样化，收益也日益增多。市场机会性收入主要是合法的市场运作收入，如股票、债券、期货、银行存款利息等等。但也同时存在过度投机性炒作，有一些则是非法的，如放高利贷、权钱交易等。对于非法收入，政府要依法处置。

第四节　效率与公平：消除两极分化
实现共同富裕

效率和公平是社会追求的两大目标，二者是矛盾的统一体。效率高低关系着一国的经济增长，公平与否则关系到社会的稳定，关系到如何发展和发展成果如何共享的问题。效率与公平，体现在我国经济社会生活的方方面面，不仅是关系到能否实现社会公平与正义的问题，也是关系到能否顺利构建社会主义和谐社会的重大现实问题。市场经济所要求的效率，包括资源配置的效率和投入产出效率。就资源配置来说，同量资源由于配置得当而获得较大产出，则意味着效率提高；反之，则相反。就投入产出关系来看，同量投入获得较大产出，或同量产出所需投入较小，或以最小投入获得最大产出，都意味着效率提高；反之，则相反。公平是和分配相联系的概念，按照马克思主义的观点，生产条件的分配决定生产成果的分配，所以生产资料占有关系是能否实现公平分配的根本前提。作为分配范畴的公平，经济学认为，所谓公平的分配就是合理的分配。一般来说，公平的分配作为社会所认可的分配，适应生产力的客观要求，能够保护和促进生产力的发展和社会稳定；反之，不公平的分配作为社会多数人不认可不合理的分配，必然对生产力有阻碍作用，乃至成为社会动荡的根源。在我国社会主义条件下，效率与公平的统一，实质上就是实现共同富裕、消除两极分化的根本宗旨。党的十八大报告强调要把"必须坚持走共同富裕道路"，作为中国特色社会主义必须坚持的八项要求之一。

一、党的文件对效率与公平关系的提法演变

在改革开放中，党在效率与公平互相之间的关系上，从当时的情况出发，前后有一些变化，有的也不乏可吸取的教训。大体上说，可分为三个阶段：

第一，改革开放前主要突出公平，以基尼系数表示为 0.16，带有一定平均主义倾向。

第二，改革开放初期主要鼓励提高效率，提出让一部分人先富起来，再带

动共同富裕。党的十五大提出："坚持效率优先，兼顾公平，有利于优化资源配置，促进经济发展，保持社会稳定。"① 党的十六大具体化，提出："初次分配注重效率，发挥市场的作用，鼓励一部分人通过诚实劳动、合法经营先富起来。再分配注重公平，加强政府对收入分配的调节职能，调节差距过大的收入。"② 后来引起一场关于效率与公平相互关系的争论。

第三，在完善社会主义市场经济中提法有新的变化。党的十七大提出："初次分配和再分配都要处理好效率和公平的关系，再分配更加注重公平。"③ 党的十八大又重申："初次分配和再分配都要兼顾效率和公平，再分配更加注重公平。"④ 这是从实际情况出发，对以前的提法的一个修正，但目前仍然未解决邓小平提出的两极分化自然出现的问题。因为在近十几年内，财富和收入差距拉开得过大，基尼系数达到 0.49，有些阶层出现贫富两极分化的严峻趋势。这是值得从深层次上研究的大问题。

二、邓小平晚年对分配公平的关切

"实现共同富裕"和"消除两极分化"像一条红线贯穿于邓小平的改革开放思想之中，联系实际，可以说两极分化是现实和今后深层次矛盾的主要根源，"实现共同富裕则"是破解这一切矛盾的总钥匙。

邓小平说："社会主义的本质是解放生产力，发展生产力，消灭剥削，消除两极分化，最终达到共同富裕。"⑤ 这里体现了两个统一，一是生产力和生产关系的统一，再一个是实现共同富裕和消除两极分化、消灭阶级的统一。对此，邓小平在晚年做了三次精辟论述：

1990 年 7 月 3 日，他讲道："作为制度来说，没有社会主义这个前提，改革开放就会走向资本主义，比如说两极分化。中国有十一亿人口，如果十分之一富裕，就是一亿多人富裕，相应地有九亿多人摆脱不了贫困，就不能不革命

---

① 《江泽民文选》第二卷，人民出版社 2006 年版，第 24 页。
② 《江泽民文选》第三卷，人民出版社 2006 年版，第 550 页。
③ 《十七大以来重要文献选编》（上），中央文献出版社 2009 年版，第 30 页。
④ 胡锦涛：《高举中国特色社会主义伟大旗帜 为夺取全面建设小康社会新胜利而奋斗》，发表于《人民日报》，2007 年 10 月 25 日。
⑤ 《邓小平文选》第三卷，人民出版社 1993 年版，第 373 页。

啊！九亿多人就要革命。所以，中国只能搞社会主义，不能搞两极分化。现在有些地区，允许早一点、快一点发展起来，但是到一定程度，国内也好，地区也好，集体也好，就要调节分配，调节税要管这个。"①

1992年12月18日，他指出："中国发展到一定的程度后，一定要考虑分配问题。也就是说，要考虑落后地区和发达地区的差距问题。不同地区总会有一定的差距。这种差距太小不行，太大也不行。如果仅仅是少数人富有，那就会落到资本主义去了。要研究提出分配这个问题和它的意义。到本世纪末就应该考虑这个问题了。我们的政策应该是既不能鼓励懒汉，又不能造成打'内仗'。"②

1993年9月16日，他又做了这样的论述："十二亿人口怎样实现富裕，富裕起来以后财富怎样分配，这都是大问题。题目已经出来了，解决这个问题比解决发展起来的问题还困难。分配的问题大得很。我们讲要防止两极分化，实际上两极分化自然出现。要利用各种手段、各种方法、各种方案来解决这些问题。……少部分人获得那么多财富，大多数人没有，这样发展下去总有一天会出问题。分配不公，会导致两极分化，到一定时候问题就会出来。这个问题要解决。过去我们讲先发展起来。现在看，发展起来以后的问题不比不发展时少。"③

我们领会邓小平这一科学的洞察和战略性的预警，应当研究以下几点：

第一，在社会主义初级阶段，两极分化会自然出现。这是因为多种成分大量存在，市场经济会助长贫富差别，一部分人先富起来将会产生一定的"马太效应"。对此，我们必须保持高度的警觉。从许多发展中国家的教训来看，他们不走社会主义道路，让私人资本放手发展，结果加剧了两极分化，有的国家的贫困人口达到了50%以上。我们国家不能走他们走过的那条资本主义道路，发展多种成分决不能忘记和削弱公有制的主体地位。否则，就会走上邪路。

第二，分配问题比发展问题更难。就是因为出现了两极分化，势必产生拥有雄厚资本的利益集团，他们构成公平分配的阻力。正如邓小平所讲的"所

---

① 《邓小平年谱1975～1997》（下），中央文献出版社2004年版，第1317页。
② 同上书，第1356～1357页。
③ 同上书，第1364页。

谓两极分化就是出现新资产阶级"①，改革就会走上邪路。这实际上关系到能不能坚持社会主义共同富裕的大方向。我们在科学发展中必须正视这个阻力，从一定程度上说可能是矛盾的主要方面。这几年我们已经感受到许多人在替富人说话，千方百计地抹黑公有制经济，这也表明，他们不想代表广大劳动人民利益，甚至在许多经济政策上敢于和政府抗膀子，房地产领域就是明显的例证。有的地方搞邪门歪道，拿着资金在市场上炒作，先是造假，然后炒房地产，再后侵占矿业、大发其财。这些领域不行了，又去放高利贷。他们当然不会赞成公平分配。一旦形成公平分配的阻力，解决起来就会比较难。我们国家讲公平分配已经多年，但至今还未拿出实现公平分配的具体方案，以致国家对大量私有企业还不能实行有效管理，有的年年拖欠民工的工资。对此，我们也应当像邓小平说的那样，每走一步都要回头看，认真分析阻力来自何处。

第三，认识分配制度改革和又好又快发展的关系。邓小平所谓发展起来以后实际上是指发展到一定阶段，就会遇到分配不公的障碍。如果产生两极分化，便会影响发展。像邓小平所说："共同致富，我们从改革一开始就讲，将来总有一天要成为中心课题。社会主义不是少数人富起来、大多数人穷，不是那个样子。社会主义最大的优越性就是共同富裕，这是体现社会主义本质的一个东西。如果搞两极分化，情况就不同了，民族矛盾、区域间矛盾、阶级矛盾都会发展，相应地中央和地方的矛盾也会发展，就可能出乱子。"② 这样，就很难出现稳定的社会秩序，不能保证经济的发展。比如，转变经济发展方式的关键是扩大内需，但分配不公，大多数人购买力不强，又怎么会扩大消费呢？有人把做大蛋糕和分配好蛋糕对立起来，这是片面的、有害的。分配公平是一种动力，是社会主义的优越性，我们必须正视和克服实现公平分配的主要障碍。

第四，要用各种手段、各种方法、各种方案来解决这个问题。就是说实现分配公平、进行分配改革是一个系统工程，要考虑到各个方面，首要的是初次分配，其次是再分配，再次是社会保障和其他措施。人们只重视再分配，而忽视初次分配，就是丢了西瓜拾了芝麻。初次分配占人民收入的80%以上，再

① 《邓小平年谱1975~1997》（下），中央文献出版社2004年版，第1014页。
② 同上书，第1324页。

分配占大约百分之十，其他形式分配占的比重就更小。如果不抓住主要的，那也就不可能解决分配问题。当然，分配问题涉及的面很宽，包括阶层之间的差距、地区之间的差距、城乡之间的差距、行业之间的差距等等，但必须抓住重点，抓住最难解决的问题，并且在改革中统筹协调、注重配套。这种深层次改革既不能一蹴而就，又不能久拖不决，拖得越久，就越难解决。必须从全局考虑，抓住重点，统筹兼顾，攻克难关。

第五，提出分配的一个基本原则。就是"既不要搞平均主义，又不要打'内仗'"。这同毛泽东所讲的"我们的提法是既反对平均主义，也反对过分悬殊"[1] 是一脉相承的。我们应当坚持这个原则。中央一再明确，我国的基本经济制度是以公有制为主体、多种成分共同发展，与此相适应，我们的基本分配制度是按劳分配为主体、多种分配形式并存。按照毛泽东和邓小平的观点，必须强化按劳分配的主体地位，其他分配形式作为辅助形式。如果不坚持这个原则，那就偏离了社会主义方向，不能调动最广大群众的积极性。而分配制度是所有制关系的表现形式，要贯彻按劳分配为主、多种分配形式共存的政策，必须强化我们的基本经济制度，巩固和扩大邓小平一再强调的公有制主体地位。

三、实现共同富裕、防止两极分化

当前，迫切需要深刻分析不断变化的国内外经济形势，科学总结党的十一届三中全会以来改革开放和现代化建设的基本实践和发展规律，以马列主义及其中国化理论为指导，针对改革开放出现的严峻问题，来调整、充实和完善社会主义市场经济体制和政策，以便在党的十八大以后进一步推进中国特色社会主义的理论、制度和道路三方面的发展。其中，在经济领域坚持公有制经济为主体与促进共同富裕最为紧迫和重要。

（一）邓小平关于实现共同富裕的构想

20 年前，邓小平在南方谈话中，对我国实现共同富裕的时机、路径就提出了战略构想。我们可以看到，南方谈话所提出的某些重大问题还没有得到解

---

[1] 《毛泽东文集》第八卷，人民出版社 1999 年版，第 130 页。

决，特别是财富和收入分配的贫富分化趋势仍然存在，继续偏离共同富裕的目标。邓小平讲，社会主义的本质，是解放生产力，发展生产力，消灭剥削，消除两极分化，最终达到共同富裕。走社会主义道路，就是要逐步实现共同富裕。他提出实现共同富裕的途径，就是通过一部分地区有条件先发展起来，先发展起来的地区带动后发展的地区，最终达到共同富裕。他认为避免两极分化的办法之一，就是先富起来的地区多交点利税，支持贫困地区的发展。关于解决两极分化的时机，他认为，太早这样办也不行，太早了会削弱发达地区的活力，还会鼓励吃"大锅饭"。他设想，在 20 世纪末达到小康水平的时候，就要突出地提出和解决这个问题。到那个时候，发达地区要继续发展，并通过多交利税和技术转让等方式大力支持不发达地区。他坚信，中国一定能够逐步顺利解决沿海同内地贫富差距的问题。不发达地区又大都是拥有丰富资源的地区，发展潜力是很大的。

邓小平的实现共同富裕的思想，在中国特色社会主义理论体系中具有重要地位。他把消除两极分化，最终达到共同富裕看成社会主义的本质属性，把是否实现这一目标当成判断改革开放成败的标准。他讲，"社会主义的目的就是要全国人民共同富裕，不是两极分化。如果我们的政策导致两极分化，我们就失败了；如果产生了什么新的资产阶级，那我们就真是走了邪路了。我们提倡一部分地区先富裕起来，是为了激励和带动其他地区也富裕起来，……提倡人民中有一部分人先富裕起来，也是同样的道理。"[1] 邓小平鼓励一部分人、一些地区先富起来，是为了让他们帮忙、带动、激励其他人、其他地区也富起来，最终实现共同富裕。改革开放，就是要把社会主义经济这块"蛋糕"做大，但提高经济效率，做大"蛋糕"只是手段而绝不是目的，把做大后的"蛋糕"分配好才是我们最终的目的。分配"蛋糕"与做大"蛋糕"之间有着紧密的联系，分配的方式、分配的根据和分配的结果都会影响"蛋糕"的进一步做大。过去，主要强调按照生产要素在生产中贡献的大小来分配"蛋糕"，认为这样有利于做大"蛋糕"。当"蛋糕"不足以满足大多数人的需要时，这确实激励了人们做"蛋糕"的热情，提高了做大"蛋糕"的效率。但当"蛋糕"做得比较大的时候，分配"蛋糕"的结果对做大"蛋糕"的影响

---

[1] 《邓小平文选》第三卷，人民出版社 1993 年版，第 110 页。

就会大大显现出来。这是因为，此时分配的方式和结果的不当，就会造成贫富分化类型的分配不公，影响做下一个"蛋糕"的绩效。进入 21 世纪以来，我们已经到了要强调分配方式和结果对做大"蛋糕"影响的阶段了，应当强调在分好"蛋糕"的同时继续做大"蛋糕"（2011 年 2 月人民网问卷各阶层 2 万人中，有 98% 的人赞成这一提法而不赞成只提"继续做大'蛋糕'"）。这也说明科学发展观强调改革成果要为广大人民所分享，是非常正确和及时的。

一个时期以来，我国劳动所得占 GDP 的比重持续下降，甚至低于发达资本主义国家，这导致我国消费对拉动经济增长的作用不断下滑。在消费、投资和净出口这三个拉动经济增长的动力中，对于一个经济大国来讲，消费是最主要、最稳定的动力。如果直接关系到民生的消费性内需难以启动，中国经济要想实现长期、快速增长是难以持续的。而消费性内需难以启动的主要原因，就是目前我国的收入差距过大造成的。所以，目前我国已经到了邓小平所说的要"突出和提出"解决贫富分化和共同富裕这个中心问题的时候了。

（二）我国所有制结构的变化是导致贫富分化的主因

现阶段我国的经济实力和国际影响力都大大增强了。2010 年国民经济规模达到近 40 万亿元，已超过日本，成为世界第二。但是，人均 GDP 不到日本的 1/10，按国际货币基金组织统计，2010 年列世界第 95 位，与发达国家的差距还是非常大。与此同时，我国收入分配中的贫富分化现象严重，有的指标甚至超过西方资本主义发达国家。我国人民生活水平总体上比过去有很大提高，部分人群、一些地区已经很富。据估计，2009 年我国百万美元以上的富豪人数已达 67 万户，居世界第三位；资产超十亿美元的富翁人数仅次于美国，名列全球第二位。不过，大部分国民确实富得不够，甚至较穷。于是，一方面内需不足，消费率低且很多年持续下降，另一方面奢侈品市场热销，居世界第二位。一方面大款大腕不断涌现，文物、艺术品收藏风风火火，另一方面城乡贫困人群生存艰难，缺乏体面生活。反映贫富差距之一的基尼系数，"改革开放前为 0.25，1992 年突破了 0.4 的国际警戒线；世界银行估计，2010 年已达 0.48，如果加上灰色收入、隐性收入、漏计的高收入，估计现在已大大超过

0.5，远远超出资本主义的发达国家和许多发展中国家"①。基尼系数为 0.5 是一个什么概念呢？这意味着最穷的 50% 的人只占有总收入的 12.5%，最穷的 57.7% 的人收入在平均水平以下，最富的 10% 的人占有总收入的 27.1%。收入分配的不公，必然导致财富占有上的更大不公。收入上的累积效应加上财富的累积效应，使得中国当前的财富占有上出现极大不公平，"世界银行报告显示，美国是 5% 的人口掌握了 60% 的财富，而中国则是 1% 的家庭掌握了全国 41.4% 的财富。"② 倘若这些统计资料是准确的话，那么，表明中国的财富集中度已远远超过了美国，成为全球两极分化严重的国家。

造成财富和收入分配中贫富分化趋势也越来越严重的原因很多。这些原因包括城乡差距扩大、地区发展不平衡加剧、公共产品供应不均、再分配调节不力、腐败泛滥、地下经济涌现等等。这些因素都加剧了财富和收入分配的分化，我们必须采取措施综合应对。但这些原因并不是最主要的。造成财富和收入分配不公的最根本原因，是所有制结构发生了的根本性变化。著名经济学家刘国光教授讲得对："收入分配不公主要源于初次分配。初次分配中影响最大的核心问题是劳动与资本的关系。按照马克思主义观点，所有制决定了分配制；财产关系决定分配关系。财产占有上的差别，才是收入差别最大的影响因素。改革开放以来，我国贫富差距的扩大，除了前述原因外，所有制结构上和财产关系中的'公'降'私'升和化公为私，财富积累日益集中于少数私人，才是最根本的。"③

三十多年来，我国所有制结构发生了重大变化，大致可分为三个阶段。第一阶段（1978~1991 年）：由单一公有制的计划经济向以公有制主体，多种所有制经济共同发展的社会主义市场经济转化，公有制经济（特别是国有经济）比重逐渐下降，非公有制经济比重不断上升，迅速发展。1978 年我国的所有制结构是单一公有制，几乎是一统天下的局面。1991 年工业总产值 26625 亿元，其中国有 14955 亿元，集体 8783 亿元，城乡个体工业 1287 亿元，它们的

① 刘国光：《是"国富优先"转向"民富优先"，还是"一部分人先富起来"转向"共同富裕"》，载于《探索》，2011 年第 4 期。

② 夏业良：《中国财富集中度超过美国》，发表于《财经国家周刊》，2010 年 6 月 21 日。

③ 刘国光：《谈谈国富与民富、先富与共富的一些问题》，发表于《中国社会科学报》，2011 年 10 月 25 日。

占比分别为 56.17%、32.99%、4.83%。这一阶段，公有制经济仍然占据绝对主导地位，国有企业和集体企业的工业产值合计占工业总产值的 89.16%。第二阶段（1992~2000 年）：非公有制经济迅猛发展，公有制经济比重大幅下降，主要集中到关系国计民生的重要经济领域。1992 年春邓小平在视察南方后，包括三资企业在内的私有制经济掀起了一个新的发展高潮。经过近 10 年的发展，非公有制经济比重超过了公有制经济，国有经济丧失了绝对主导地位。以工业领域为例，1992 年工业总产值 34599 亿元，其中国有经济、集体经济、私有经济分别占工业总产值的 51.52%、35.07%、5.80%。而 2000 年85673.66 亿元的工业总产值中，国有经济和集体经济，分别只占 23.53%、13.90%，二者加起来占比为 37.43%。而与此同时，非公有制经济的占比达到了 62.57%。以上统计数据表明，在这一时期，公有制经济（特别是国有经济）比重不断下降，非公有制经济（特别是私有经济）比重不断上升，迅速发展。第三阶段（2001~2010 年）：随着国有企业改制和国有经济战略布局的调整，国有经济在整个国民经济中所占的比重大幅下滑，这一比重已经和西方发达国家中的国有经济的比重相近。2001 年工业总产值为 95448.98 亿元，其中国有企业工业产值、集体企业工业产值分别占 18.05%、10.53%，二者加起来占比为 28.58%。此后，国有和集体企业的工业产值占比逐年下降。2009年全国规模以上工业企业中，公有制企业（包括国有企业和集体企业）的工业总产值为 5.52 万亿元，占到规模以上工业企业总产值的 10.07%。城镇就业人员中，公有制企业就业人员为 7038 万人（国有企业中 6420 万人，集体企业中 618 万人），占城镇就业人员的 22.62%。[①] 单从数量来看，非公经济已在我国国民经济中占有主导地位，绝大多数人也主要是在非公企业中就业。

以上这样一种所有制结构和就业结构必然决定财富和收入分配中劳动所得份额越来越少，而资本所得份额越来越多。工资收入对于绝大多数劳动者来说，是最主要的收入，财产性收入对于他们来说是微乎其微（在股市、楼市不景气的情况下，甚至是负的）。2009 年底共有 3197.4 万家个体户和 740.2万家私营企业，也就是说有大约 3937.6 万家家庭除了劳动所得外，还有很大一部分的非劳动所得，这样的家庭只占到全国约 3.88 亿家庭中的 10.1%。个

---

① 根据《中国统计年鉴 2010 年》相关数据计算所得。

体户主要以家庭为单位，通过使用自有生产资料从事生产经营活动，他们的所得中劳动所得实际所占比重较大，与社会平均收入水平差距不是太大。而私营企业主的总收入中，资本所得所占比重较大，这样的家庭只占到全国总家庭数中的 1.9%，这些家庭的总收入水平是大大高于社会平均水平的。除此之外，还有其他一些类型的非公企业的大股东，以及高管人员的总收入，也是大大高出社会平均水平很多。我国 90% 多以上的家庭收入的来源主要是劳动收入，这样一种格局今后也不可能有大的改变。

劳动所得不断下降，资本所得不断上升是导致收入分配两极分化的主要原因。1997~2007 年，中国劳动者报酬占 GDP 的比重从 53.4% 下降到 39.74%；企业盈余占 GDP 比重从 21.23% 上升到 31.29%，而在发达国家，由于劳动人民的不断斗争，劳动者报酬占 GDP 的比重大多在 50% 以上。"二战"以后，西方发达资本主义国家劳动收入份额经历了一个上升过程。1952 年，美国的劳动收入份额只有 61%，20 世纪 70 年代末上升到了 68%，之后虽有所下降，但一直都维持在 65% 左右。1955 年日本的劳动收入份额只有 40%，此后不断上升，从 20 世纪 70 年代中期到 90 年代末期一直维持在 55%。[1] 中国劳动收入份额的持续下降，是内需难以启动的最主要的原因，继续发展下去会严重制约中国经济增长。

（三）完善社会主义基本经济制度才能促进共同富裕

既然我国贫富差距的扩大和两极分化趋势的形成，主因是由于所有制结构上发生了质的变化，那么，要改变当前的现状，必须重视公有制经济的地位和作用，不断壮大国有经济，振兴集体经济，实行公私经济共进，改变"劳穷资富"，才能从根本上加以遏制。同时，也必须运用社会主义市场经济制度中的财政政策、税收政策、货币政策、财富和收入分配政策等手段，以及教育、医疗、养老、保险等制度安排，对财富和收入分配进行国家综合调节，才能逐步推进全体人民的共同富裕。

1. 国有经济在促进共同富裕中承担重要职能

早在 1993 年 9 月，邓小平在关于分配问题见于记载的最后一次谈话中，

---

① 程恩富：《面对各种挑战，继续坚持和完善社会主义经济体制和机制》，载于《国外理论动态》，2011 年第 12 期。

就非常坦诚而语重心长地指出："十二亿人口怎样实现富裕，富裕起来以后财富怎样分配，这都是大问题。题目已经出来了，解决这个问题比解决发展起来的问题还困难。分配的问题大得很。我们讲要防止两极分化，实际上两极分化自然出现。"如何防止两极分化呢？小平同志强调，"只要我国经济中公有制占主体地位，就可以避免两极分化"。① 公有制经济在防止两极分化中承担重要职能，只要我们保持公有制和按劳分配为主体，贫富差距就不会恶性发展到两极分化太严重的程度，可以控制在合理的限度以内，最终向共同富裕的目标前进。否则，两极分化、社会分裂是不可避免的。

为什么公有制经济为主体就能够防止两极分化呢？我们认为有这样几个理由：第一，由于公有制企业中，生产资料不是对劳动者进行剥削的手段。劳动者主要根据在生产过程中劳动贡献的大小来参与分配，他们所得到的报酬的差距就比较小。同时和非公有制企业相比，没有了生产资料所有权的经济剥削，他们可以得到比私有制企业中的劳动者更高的收入。从统计数据显示，国有企业中员工的工资普遍高于其他类型企业员工的工资水平。第二，公有制企业中的利润不是被个人所占有，而是集体或国家所公有，这样有利于集体或全体社会成员来分享经济发展的成果。对于国有企业来说，除了用于扩大再生产之外，上交的利润使得国家有更大的能力提供更多的公共产品和服务，有更大的能力进行转移支付来帮助低收入群体，有更大的能力调控经济（如稳定物价，这对于低收入群体来说更重要）。对集体企业来说，他们的利润为集体共有，除了用于扩大再生产之外，可以直接改善本集体成员的住房、交通、医疗、教育等物质和文化生活，提高集体中全体成员的生活质量。第三，公有制经济为主体的产权结构决定了以按劳分配为主体的分配结构。按劳分配的性质和方式比按资分配的性质和方式，更有利于维护财富和收入分配上的公平正义。这是由于，虽然劳动的能力、质量和绩效会有一定的差距，但这种差距是在一定的范围之内的，劳动者所得差距也一般在几倍范围之内，而对资本的占有所造成的差距却可能成百十倍，从非公企业的内部和国民收入的初次分配中便形成了贫富两极分化。第四，公有制经济的存在对私有经济起到了一定的限制和制约作用，防止了财富和收入的过度集中。在国家调节有序的条件下，公有制企业

---

① 《邓小平文选》第三卷，人民出版社 1993 年版，第 149 页。

使得市场竞争比较理性，市场价格比较平稳，避免暴利行业的长期存在。公有制企业的高工资也具有一定的示范效应，进而增加非公有制企业员工在工资谈判中的能力。

当下有一种错误观点很值得我们警惕。个别自由派知名经济学家撰文认为，不改革国有经济的性质便无法实现共同富裕目标。其逻辑是这样的：国有企业效率差，国有经济会滋生腐败和产生垄断，因而国有经济的存在影响了法治市场经济制度的建立，而法治市场经济制度是有利于实现共同富裕的。接此逻辑，就应该对国有经济进行撒切尔首相叶利钦总统式的私有股份化的改制，就应该让国有经济所占比重越小越好，因为这样越有利于市场竞争、越有利于市场经济制度中"法"的精神——保护私有者的利益，一个完善的法治的市场经济制度就建立了，人们的共同富裕的梦想就实现了。这里，令人感到可笑、可悲、可叹的是，一个被无数经济学文献所承认，甚至资产阶级经济学家都不否认的事实，即私有化市场经济制度会产生两极分化，却被某些社会主义国家中的经济学家所颠覆和"创新"，胡诌什么私有制市场经济制度有利于实现共同富裕目标。这些言行打着通过"非国有化"或"民营化"或"市场化"实现共同富裕的幌子，恰恰正在背弃广大劳动人民的利益，正在把中国引向严重两极分化的境遇，正在把中国推向社会动荡的灾难局面。

为了实现共同富裕，我们必须坚持党的十五大以来明确提出的"坚持公有制为主体，多种所有制共同发展"的社会主义初级阶段基本经济制度，必须毫不动摇地发展和壮大国有经济。国有经济要控制国民经济命脉，在能源、交通、通信、金融、军工等关系经济命脉和高盈利的关键行业领域中，国有经济应该有"绝对的控制力""较强的控制力"，要不断增强国有经济的控制力、影响力和竞争力，这样才能发挥社会主义经济制度的优越性，促进全社会的共同富裕。

2. 集体经济在农村促进共同富裕中起着决定性作用

集体经济是公有制经济的重要组成部分，对实现共同富裕具有重要作用，特别是在农村地区起到了决定性作用。集体经济能促进共同富裕实现的机理，前面已有论述，这里不再赘述。下面主要就一些实际事例，来谈一下集体经济和合作经济在发展农村经济，实现农村居民生活水平提高中的作用。在今天的中国，有几个村庄很引人注目，它们是河南的南街村和刘庄、北京的韩河村、黑龙江的兴十四村等，这些村都很富，但令人深思的是，这里富裕的不是少数人、不是几个能人和村干部，而是全体村民、所有家庭。这些村庄何以能快速发展起来，何以能实现家家富裕、人人幸福的现代新型和谐农村社会呢？答案就是，这些村庄所具有的共性——一个好的带头人，一个坚强的基层党政班子，一个不断壮大的纯粹集体经济体制。

农村共同富裕的实现程度与村里的集体经济的壮大息息相关。在山西等地的调研发现，凡是村里有集体企业，村庄的整体面貌就比较好，居民的生活水平普遍较高，村里的健身、医疗、学校、文化等设施比较健全，人们的精神状态也非常饱满；凡是没有集体企业的，村里的生活差距比较大，少数人生活得很富裕，而大多数家庭生活水平却提高很慢，还有少数家庭生活极度困难。有个例子对比鲜明，在山西长治县有两个相邻的村庄，两个村都有小煤矿，一个村在 20 年前就把煤矿承包给了一个江苏的老板，另一个村并没有把煤矿承包给个人，而一直由村里集体来经营。20 年后，把煤矿承包给江苏老板的村庄变化不大。煤矿给村里带来的收益很有限，除了上交的一小部分利润外，村里基本上得不到什么好处，煤矿上也基本不雇本地人，因为江苏老板担心煤矿出事后，本地人要闹事，所以煤矿上雇的人都是外地人，本村的人只好都外出打工。而那个由集体经营煤矿的村庄却发生了天翻地覆的变化。村里硬件设施全部更新，道路宽了，路灯安了，建了新的学校、新的公园、新的文化健身设施，还为每个家庭盖了两层小楼。该村还建立了各项福利制度，孩子上中小学的钱全免、上大学的学费村里负责出，60 岁以上的老人每月 100 元的养老金，每年定期给全体村民进行体检，每年的五一节、中秋节、元旦、春节都要按人头发放米、面、油、肉等食品。这个村的居民幸福感很高，对村干部很满意，对党的政策很拥护，真正过上了全面小康的生活。因此，要落实邓小平关于农村和农业的社会主义改革和发展"两次飞跃论"的方针，应积极发展农村集体经济和集约经济，加强农村集体层的经营和管理，组织农民走共同富裕的新路子。[①]

3. 注重提高劳动收入份额是促进共同富裕的重要举措

劳动收入是 90% 以上家庭最主要的收入来源，这在西方资本主义市场经

---

① 徐惠平：《社会主义新农村集体经济和合作经济模式》，载于《海派经济学》（季刊），2006 年总第 13 辑。

济下已是如此，在社会主义市场经济下更是如此。因此，要提高居民的收入，特别是中下收入居民的收入就必须从提高居民的劳动收入入手。目前，我国的劳动收入只占到 GDP 的 40% 左右，大大低于西方发达资本主义国家，这表明我国劳动收入份额还有很大的提升空间。过低的劳动收入份额也意味着需求不足、生产过剩，所以，提高劳动收入份额具有非常大的迫切性。那种认为提高工资，会降低中国产品出口竞争力，因而反对提高工资的观点是错误的。只要我国的工资增长率不高于劳动生产率的增长率，便不会对成本产生大的影响，不会影响我国的产品出口竞争力，实际上长期以来，我国普通职工尤其是私有企业职工的工资增长率是明显低于劳动生产率的增长率和国民生产总值增长率的。社会主义国家的出口竞争力主要应依赖自主创新和自主知识产权，而不应主要依赖劳动者收入长期不正常提高来实现低工资类型的低成本竞争。

要提高我国劳动收入份额，必须发挥政府的主导作用和工会的辅助作用，严格实施最低工资制度和 8 小时工作制，建立合理的工资增长机制。政府要积极维护劳动者的权益，通过立法、建立维权机构、甚至对侵犯职工利益的行为起诉的手段来保障劳动者的权益。要加强工会在劳资谈判中的作用，建立工资形成的劳资共决机制。关键在于要立法，让职工工资增长实现指数化，实行"四挂钩"机制，即职工收入增长同当地物价、企业劳动生产率、利润率和高层管理人员收入增长同步挂钩。

实现劳动收入份额的提高，长期来看，必须提高经济效率。要提高我国的经济效率，必须转变经济增长方式。传统的经济增长方式是高积累、高投资，这必然导致新增价值分配中资本收入份额较高，而劳动收入份额较低。因此，我国应逐渐转向高附加值的产品和产业，促进产业结构升级，从而实现劳动收入份额的提高。今后，我国要把提高劳动收入份额上升到一个经济发展战略和构建和谐社会的高度来认识，以确保我国经济持续健康发展，不断推动共同富裕的实现程度。

4. 发挥好国家在收入分配中的调节作用

社会主义基本经济制度决定社会主义国家调节包括分配在内的调节体系要比西方国家重要。解决收入分配的两极分化问题，是一个系统工程，需要国家采取多种手段，运用多种政策，建立多种制度，持续进行有利于提高劳动者收入提升的调整和改革。

近十年来，我国开始强调民生，强调发展成果要与人民共享，这就是解决贫富分化问题的一个好开端。国家发挥收入分配的调节作用可以从两个方面来做，增加劳动者的收入和减少劳动者的支出。要增加劳动者收入，我们可以从几方面入手。首先，要改革收入分配制度，规范收入分配秩序，增加劳动所得，控制资本所得，不但强调二次分配的公平，更要强调一次分配的公平。其次，加大转移支出的力度，特别是对低收入者、困难群体要给予更多支持；同时也要加大东部地区向中西部地区的扶持力度，也要加强对边疆地区、民族地区、革命老区的转移支付；加强城市对农村的支持、工业对农业的反哺。再次，加强立法和执法，保护农民工等体力劳动者的利益，确保最低工资法和加班加薪等保护劳动者利益的法律得到落实。最后，制定就业优先的政策，积极发展微小企业，鼓励企业多雇用员工。就业是民生之本、收入之源，增加就业就是增加收入，就是为社会贡献。减少劳动者的支出，主要就是要构建更加完善的社会保障体系，增大社会保障范围和力度，增加对医疗、养老、教育、住房等民生方面的补助。简言之，国家要运用财政政策、税收政策、货币政策、分配政策等手段，对财富和收入分配进行综合调节。

四、坚持效率与公平相兼顾的基本原则

效率与公平问题的争论，在我国不能脱离社会主义原则和科学发展，陷入西方抽象的片面论道。

在效率与公平的关系上，西方经济学家由于各自对公平的标准和内涵的理解不同，对二者关系的看法也有很大差别，大体说来主要有两种不同理解：第一，收入均等化的公平论者认为，效率与公平存在互替关系，效率的提高必然要以牺牲公平为代价。其代表人物是美国经济学家阿瑟·奥肯。他曾说："对效率的追求，必然造就不平等"，同时他又认为，一味追求经济上的"平等"，抑富济贫，势必损伤人们追求效率的积极性，从而有损于经济的发展。因此，在公平与效率之间有种互为代价的"替换关系"，所以，为了提高效率而牺牲公平，或者为了增进公平而牺牲效率，二者难以两全其美。第二，机会均等的公平论者认为，效率和公平是统一的。因为，人人在参与市场竞争中的机会愈是均等，愈能充分发挥市场机制调节经济的作用，从而愈能使社会资源获得有

效配置，提高效率。反之，则相反。可见，效率与公平是完全统一的，不存在任何矛盾的问题。

在解决公平与效率的矛盾问题上，西方大体说来有三种不同意见：第一，效率优先。代表人物是哈耶克。在他看来，由于效率与公平存在互替关系，不可能既强调效率优先而又不牺牲公平。所以，哈耶克所主张的效率优先，实际上就是放弃公平，只要效率。如果这种主张被付诸实践，必然带来整个社会收入悬殊，从而引起社会动荡，甚至威胁到资本主义的统治。因而此种观点遭到很多资产阶级经济学家的反对。第二，公平优先。新剑桥学派、新制度主义者、现代社会契约论者约翰·罗尔斯均持此种观点。他们认为，公平是人们的天赋权利，竞争引起收入差距，而收入差距的扩大又会进一步刺激竞争，竞争可能带来了效率，但也扩大了收入差距，加剧了不公平。因此，他们主张要使"公平优先"[1]，只有通过国家干预来实现收入均等化。第三，兼顾公平与效率。代表人物是美国经济学家阿瑟·奥肯。他认为，效率与公平存在互替关系。他说："因为平等和经济效率之间的冲突是不可避免的，在这种意义上说，资本主义和民主实在是一种最不可能有的混合物，或许这就是它们互相需要的原因——把某些合理性放进平等里，并把某种人性放进效率里。"[2] 又说："如果平等与效率这两大目标均有价值，而且无一是处于绝对优先地位，那么凡是二者发生冲突的地方，都应坚持调和。在这种情况下，有时会为了效率而牺牲一些平等，有时又会为平等而牺牲一些效率，但任何一种牺牲都必须作为增进另一方的必要手段，否则便没有理由这样做。"这就是说，在奥肯看来，效率与公平二者不仅是互替的，而且是相互兼顾的。例如，在发挥市场机制的作用的同时，还不能让市场机制过度膨胀，以防收入差距过大，所以必须采取一些收入均等化的措施。但是对市场机制限制也不能过分，其界限是：在公平与效率之间的选择必须是使一方之所失要以换取另一方之所得为补偿而有余，否则就不应在二者之间进行调整。这种二者兼顾的观点在西方70年代是相当流行的。

在公平与效率的关系问题上，由于认识上的错误，我国曾发生过两种错误

---

① 约翰·罗尔斯：《正义论》，哈佛大学出版社1971年版，第62页。

② 阿瑟·奥肯：《平等和效率：巨大的交替》，华盛顿出版社1978年版，第120页。

倾向，一是片面强调公平原则。在计划经济体制下，时常带有平均主义色彩的分配方法，往往挫伤了广大劳动者的积极性，影响了经济效率的提高；二是片面强调效率优先原则。在市场经济条件下，把按劳分配这一公平原则当成平均主义而加以反对，结果导致财富和收入分配差距过大，引起广大百姓的不满。现在看来，处理公平与效率之间的关系的正确态度应该是根据不同时期经济发展的不同情况，并且同坚持我国基本分配制度和深化分配制度改革结合起来。

目前，我国经济学界在公平与效率的关系问题上存在不同的观点。一些学者持效率优先观点。他们认为，"只有把效率放在优先地位，让生产要素供给者的主动性、积极性充分发挥出来，让每个生产要素供给者有更高的投入产出之比，公平才有实现的可能，丰富的产品和劳务供给是靠高效率形成的。效率低下，产品和劳务的供给不足，无论怎样在公平的实现方面做出努力，效果总是不理想的"① 但也有论者指出："效率优先，兼顾公平"的提法从理论上把公平等同于平等而割裂了公平与效率的关系；把效率看作发展的目的而颠倒了手段与目的的关系；把效率等同于生产力范畴把公平等同于生产关系范畴而混淆了生产力与生产关系的关系，在实践上导致了社会分配不公和影响社会安定等负面效应，从而与和谐社会、以人为本的理念以及加强政府的调节职能的观念相违背，所以"效率优先，兼顾公平"这一提法应该淡出，应更加突出强调公平的地位。② 有的学者提出，公平与效率具有正反同向的交促互补关系，当代公平与效率最优组合的载体是市场型按劳分配。按劳分配是一种在起点、机会、过程和结果等方面既有差别，又有平等的分配制度，对于按资分配是最公平的。③ 与此观点相反的人则认为，公平和效率如同"鱼和熊掌"一样二者不可兼得，如 1998 年 9 月 29 日《光明日报》曾载文说："经济效率与社会公平从来没有兼得过，重视经济效率必然牺牲社会公平，而解决公平问题又必然牺牲效率。"那么，公平与效率真的无法兼得吗？

公平与效率的关系问题，在生产资料私有制和按资分配的现代资本主义社会是无法做到二者兼得，以至于美国经济学家阿瑟·奥肯说："为了效率就要牺牲某些公平，并且为了平等就要牺牲某些效率。"但是，中国 60 多年来社会

---

① 厉以宁：《经济学的伦理问题》，生活·读书·新知三联书店 1995 年版，第 20 页。
② 徐秀红：《对"效率优先，兼顾公平"的反思》，载于《山东社会科学》，2006 年第 12 期。
③ 程恩富：《公平与效率：如何兼得》，发表于《文汇报》，2002 年 10 月 3 日。

主义经济建设的实践证明，市场型按劳分配可以实现公平与效率二者的兼顾，具体地：一是按劳分配市场化，也就是说，由劳动力市场形成的劳动力价格的转化形式——工资或者叫收入，是劳动者与企业在市场上通过双向选择签订劳动合同的基础，因而是实现按劳分配的前提条件和方式；二是按劳分配企业化，即等量劳动得到等量报酬的原则只能在一个公有企业的范围内实现，不同企业的劳动者消耗同量劳动，其报酬不一定相等。总体而言，只有认真贯彻按劳分配为主、多种分配形式共存的基本分配制度及其相应的配套措施，方可逐步实现效率与公平的统一，消除两极分化，实现共同富裕。

第五节 坚持与完善：深化分配制度改革发展成果惠及人民

《中共中央关于构建社会主义和谐社会若干重大问题的决定》开宗明义地提出"社会和谐是社会主义的本质属性"，强调"坚持基本路线、基本纲领、基本经验"，明确无误地告诉我们：构建社会主义和谐社会是更好地坚持和完善社会主义基本经济制度。这样，就在经济关系上形成这样一个逻辑序列：从依存上说，社会和谐的利益基础是基本分配制度，基本分配制度的基础是基本经济制度（即所有制结构）。从决定关系上说，所有制关系决定分配关系，分配关系又体现利益关系，构成社会和谐的基础性因素。这是一个客观逻辑和理论逻辑有机统一，环环相扣，不可割裂。在进行分配制度改革和系统治理收入分配不公的种种矛盾中，要处理好主因与次因、主体与非主体的关系。

一、坚持和完善劳动主体型多要素分配制度

由于现阶段我国存在的非法和非正常暴富、财富和收入差距过大等收入分配不公平现象，不利于调动全体人民的积极性、主动性和创造性，抑制了当前我国经济增长目标的实现，破坏了人们之间的和谐，严重威胁着当前我国的社会稳定，在一定程度上制约着全面建设小康社会奋斗目标的实现，同时也危害着社会主义和谐社会的构建。我们应该大力探讨各种具体原则和对策，积极采

取各种有效措施，大力增进我国劳动主体型多要素分配制度的有效性。

积极发展社会主义经济，为劳动主体型多要素分配制度运行提供雄厚的物质基础，生产力是社会发展的最终决定力量。科学发展才是硬道理，分配是社会再生产的一个环节。生产对分配起着重要的决定作用。从理论与实际结合的视阈考量，只有全面科学地贯彻按劳分配为主体的基本分配制度，才能实现效率与公平的统一。

第一，按劳分配的内涵体现经济效率。经济效率是一个经济学范畴，相对于经济公平概念而言。收入分配对生产有反作用，这种反作用主要通过收入分配的公平能否促进或阻碍经济效率的提高表现出来。收入分配公平，就能调动劳动者的积极性，进而促进效率的提高；收入分配不公，就会阻碍各方面的积极性，阻碍效率的提高。马克思主义认为，按劳分配的内容和要求包括两个不可分割的方面。其一，凡是有劳动能力的社会成员都必须参加劳动，尽自己的能力为社会工作；其二，社会在对社会总产品作了各项扣除之后，按照每个劳动者所提供的劳动数量和质量分配个人消费品。从第一个要求看，由于每个有劳动能力的社会成员都必须参加社会劳动，尽自己的能力而工作，这就在全社会范围内消除了劳动力的人为闲置，从外延方面增加了劳动投入，增加了产出，提高了效率。从第二个要求来看，由于个人消费品是按劳动者提供的劳动的数量和质量来决定，这又是与其劳动熟练程度、科学技术水平相联系的，这样，就调动了劳动者学习科学技术、提高劳动技能和勤奋劳动的积极性，从而在内涵方面提高了效率。

第二，市场型两级按劳分配促进效率。在社会主义市场经济中，按劳分配实行两级分配体制，即市场对企业的分配和企业对职工的分配。市场对企业的分配过程，就是企业在市场上出售产品或提供劳务获得经营收益的过程，同时也是市场根据企业在市场上实现了的经营成果对企业进行收入分配的过程。在这个过程中，市场通过对提供同类产品或劳务的各个企业个别劳动消耗的比较，将个别劳动转化为社会必要劳动。然后，利用个别劳动与社会必要劳动的差额所导致的企业经营收益的差别，刺激企业改进技术，改善经营管理，降低个别劳动消耗，提高效率。同时，市场还通过对提供不同产品或劳务的各个企业各自生产和提供的个别使用价值总量与社会需求总量的比较，将价格还原为价值，然后利用价格与价值的差额所导致的企业经营收益的差别，迫使企业按市场需求规模及其结构生产，减少资源浪费。这样，通过市场对企业的分配，就从微观和宏观两个方面都实现了资源优化配置，以最小投入获得最大产出，充分体现了市场经济所要求的效率原则。企业对职工的分配过程，就是企业把从市场上获得的经营收益在作了各项扣除之后，按照职工向企业提供的劳动的数量和质量对他们支付劳动报酬的过程。由于职工劳动报酬与他们向企业提供的劳动数量有关，这就促使他们充分利用工时，多劳动，多产出。由于职工劳动报酬与他们所使用的生产资料的利用效率有关，这就促使他们不断提高劳动熟练程度和劳动技能，千方百计降低能源原材料消耗，提高设备利用效率，争取以同量消耗，获得最大产出，或者以最小消耗获得最大产出。由于职工劳动报酬与他们生产的有用劳动成果有关，这就必然促使他们在生产过程中，不断革新技术，改进生产工艺和流程，提高产品质量和性能，使所生产的同量使用价值实现为最大社会效果。可见，企业对职工的分配，也能从外延和内涵方面，从微观和宏观方面，实现资源优化配置，以最小投入获得最大产出，体现市场经济所要求的效率原则。

第三，市场型劳动计量尺度提高效率。在社会主义市场经济中，由于企业经营管理水平、科学技术的吸纳和应用水平不同以及由此导致的劳动生产力水平不同，企业生产商品和提供一定劳务所需个别劳动时间不同，因而，市场对企业进行按劳分配的"劳"的计量尺度，就不能是企业个别劳动时间，而只能是通过市场竞争而形成的社会必要劳动时间。但是，社会必要劳动时间与企业个别劳动时间的差异对企业盛衰兴亡有决定意义，因此，以社会必要劳动时间为尺度评价企业生产经营成果，进而对企业进行收入分配，无疑会对企业形成一种压力和动力，鞭策企业不断采用先进技术，改进经营管理，降低个别劳动消耗，从各个方面提高效率。同样，把社会必要劳动时间作为企业对职工按劳分配中"劳"的计量尺度，也会收到同样的效果。企业为使自己的个别劳动时间与社会必要劳动时间相符合，以货币价值指标为工具，把社会必要劳动时间量化为生产成本，经过进一步分解，转化为各种劳动定额，或者通过对本企业生产经营的主客观条件的科学分析，参照社会必要劳动时间，制定出更为先进的劳动定额，然后下达到各车间、班组以至职工个人，作为各车间、班组和职工劳动贡献的考核和评价指标，并使之与职工收入挂钩，这必然形成一种激励机制，调动积极性，提高效率。

第四，市场型工资形成机制推进效率。市场化的工资形成机制是在劳动力市场充分发育的基础上，利用市场的力量，通过劳动力供求变动所引起的竞争，调节劳动收入与劳动投入关系的机制。市场化的工资形成机制，以工资为杠杆，推动劳动力在各生产部门和企业之间合理流动，把劳动力配置到社会生产最需要的环节中去，从而不仅在企业而且在整个社会实现资源优化配置；同时，它还在客观上形成一种趋势，缩小同类劳动者在不同行业、不同企业之间悬殊的收入差距，拉开同一行业、同一企业内部不同劳动者之间过小的收入差距，从而在全社会实现等量劳动领取等量报酬，贯彻按劳分配的客观要求，做到奖勤罚懒、奖优罚劣、鼓励先进、鞭策落后，调动积极性，提高劳动者的劳动效率。

二、规范按要素分配　促进效率与公平统一

如前所述，收入分配不公平的诸类因素中，主要在于私有企业不能认真维护劳动者的权益，这是系统工程中的重点。只强调放手发展和全面鼓励，放松了引导、监管和教育，这也是"一手硬、一手软"的重要表现。在"更加注重公平"中一定要使引导、监管和教育这一手硬起来。应当把他们引导到社会主义的科学发展轨道上来，构建中国特色社会主义中私营企业的规范模式（在全国这类典型有不少），一要树立社会主义意识；二要多为国家做贡献，认真纳税；三要尊重职工的权益，注重分配中的公平原则；四要尽可能多地承担社会责任。具体说，以下几个方面应当加强。（1）对于发展私营经济实行鼓励发展与积极引导、有效约束的辩证统一的政策。（2）认真学习贯彻《劳动法》等，建立健全党组织，充分发挥工会对员工的维权作用。（3）加大征收调节税的力度，并且鼓励为公益事业做贡献。（4）社会奖惩制度都要严明有力。（5）加强思想教育，关键是用社会主义核心价值体系和核心价值观引导企业主的觉悟提高，树立守法崇德的私企标杆，发挥正能量。

三、依法规范公正合理的分配秩序

党的十八大报告强调："规范收入分配秩序，保护合法收入，增加低收入

者收入，调节过高收入，取缔非法收入。"由于秩序不规范产生的这些问题，无疑加剧了收入差距。必须进一步健全法律法规，强化政府监管，加大执法力度，加快形成公开透明、公正合理的收入分配秩序。[①]

(一) 限制某些行业收入

"银行加证保（证券、保险），两电（电力、电信）加一草（烟草），石油加石化，看门也拿不少。"这种说法虽不尽准确，但反映出人们对这些行业高收入的不满。解决这一问题，就必须由各级政府主动调整国家和国有企业的分配关系，扩大国有资本经营预算实施范围、提高上交比例，更好地实现国有资本收益全民共享。特别是要对高管人员实行限薪，并严格控制其职务消费。

(二) 坚决取缔非法收入

人们对收入差距拉大有意见，其实并不是对合理、合法的收入有意见，主要是对通过违法违规行为获得的巨额财富强烈不满。必须坚决堵住国企改制、土地出让、矿产开发等领域的漏洞。深入治理商业贿赂，严打官商勾结、走私贩私、内幕交易、操纵股市、制假售假、骗贷骗汇等非法活动。

(三) 大力规范灰色收入

目前，对礼金、红包、回扣费、好处费及各种名目的"福利"等形式的灰色收入，监管存在不少漏洞。应该加大规范力度，清理规范国有企业和机关事业单位工资外收入、非货币性福利等。继续在党政机关、事业单位、社会团体和国有及国有控股企业深入开展"小金库"治理工作，切断产生灰色收入的渠道。

(四) 有效调节过高收入

"调高"，不是简单的"抽肥补瘦"，更不是"劫富济贫"，而是要通过税收等方式对过高收入进行有效调节，把社会成员收入差距控制在合理范围内。

---

① 中共中央宣传部理论局：《辩证看 务实办·理论热点面对面2012》，学习出版社、人民出版社2012年版，第5~8页。

应进一步发挥好个税的调节作用，根据居民工薪收入水平变化、物价影响、基本生活费开支等因素，适时进行合理调整。加大税收征管力度，严厉打击偷、逃、漏税等行为，特别是做好高收入者应税收入的管理和监控。

（五）促进收入信息公开透明

让收入透明化，是加强监管、促进分配公平的前提。应加快建立包括公民个人资料、收入、财产、住房等信息在内的收入信息数据库，建立个人支付结算体系，推进居民固定账号信用卡或支票结算制度，推动交易电子化。这样，每个人的收入及家庭负担情况都将"晒在阳光下"，灰色收入、非法收入将无所遁形，逃税漏税也将失去空间。

四、扩大国民收入中劳动分配的比例

近些年来，在收入分配过程中，资本、管理、技术的收益越来越得到较为充分的体现，相比之下，劳动报酬占比却持续下降。据统计，初次分配中劳动报酬占比从 1995 年的 51.4% 下降到 2007 年的 39.7%，近几年大体维持在这一比例上。国家尽管采取了一系列措施推动分配的天平向劳动倾斜，劳动报酬占比有所提升，但普通劳动者收入增长缓慢的状况仍未根本改变。党的十七大和十八大均强调，要提高劳动报酬在初次分配中的比重。"十二五"规划纲领和十八大报告要进一步提出"两个同步"的目标，即居民收入增长和经济发展同步、劳动报酬增长和劳动生产率提高同步。这都体现了尊重劳动、提高普通劳动者收入的鲜明政策导向。

（一）增加初次分配中劳动收入

1. 增加居民收入

应理顺政府、企业、居民之间的分配关系，把"蛋糕"更多地切给居民。为此，既要做"加法"也要做"减法"。"加法"就是要加大政府公共服务投入，让公共财政惠及于民。2012 年中央财政民生支出安排达 13848 亿元，比上年增长近 20%。"减法"就是要给居民和企业减负。如 2011 年提高个税起征点，实行结构性减税政策支持小微企业发展，都是国家让利于民的重要举措。尤其要促进农民增收。虽然近几年农民收入较快增加，但增收的基础还不稳固。应继续完善强农惠农政策，提高农业补贴和粮食收购价，加强农田水利等基础设施建设，大力发展现代农业，提高农业劳动生产率，增加农民务农收入。同时，努力增加农民非农收入，引导富余劳动力转移就业，把在城镇稳定就业和居住的农民工有序转变为城镇居民，逐步将城镇基本公共服务覆盖到农民工。

2. 提高劳动报酬

这几年，职工工资增长赶不上企业利润增长是一个普遍现象。应该形成合理的工资决定机制和正常增长机制，工资水平既要随劳动生产率提高而"水涨船高"，也不能脱离实际而盲目上涨。严格执行最低工资制度，适时调整最低工资标准，并确保工资按时足额发放。2012 年，北京、天津、陕西等地再次上调了最低工资标准，上调幅度大都在20% 左右。"十二五"期间，最低工资标准年均增长将达 13% 以上。

3. 推进集体协商

我国普通劳动者特别是在中小企业就业的进城务工人员，流动性大、组织化程度低，在工资议价中处于弱势地位。集体协商有助于增加职工发言权，改变工资由企业单方决定的状况。目前，全国工资集体合同覆盖职工已超过 1 亿人，下一步将通过经济、法律、信息手段以及必要行政手段，积极稳妥扩大覆盖范围，解决职工"不会谈"和企业"不愿谈"的问题，促进职工工资合理增长。全国总工会提出，2013 年集体协商覆盖率将达到 80% 。[①]

4. 扩大就业

扩大就业是增加居民收入的源泉，而就业的扩大又靠整个国民经济的发展。我国就业的基本方针是政府引导就业、市场扩大就业、劳动者自寻就业相结合。我国积极的就业政策体系是在总结各地成功的经验和借鉴世界各国行之有效的做法的基础上形成的，主要包括六个方面：一是持续稳定地发展经济和调整结构拉动就业；二是制定特殊扶持政策促进就业；三是强化就业服务和职业培训推动就业；四是加大政府资金投入保障就业；五是加强失业的宏观调控

---

① 中共中央宣传部理论局：《辩证看 务实办·理论热点面对面2012》，学习出版社、人民出版社 2012 年版，第 5~8 页。

平衡就业；六是完善社会保障体系稳定就业。我国实行的创业带动就业已见成效。

同时，通过财政转移支付、调节投资方向和扩大对外开放等措施，支持中西部地区的发展，特别是加快中西部大开发，倡导发达地区对欠发达地区的对口支援，加大国家对扶贫地区的支持，促进大区域间和大区域中的小区域间协调、和谐发展，缩小区域间收入差距。

（二）从宏观上扩大劳动收入在整个国民收入分配中的比重

我国在相当长的一段时期，对按劳分配制度有所削弱，有的人有意否定这一基本分配制度，主张把分配方式完全交给市场，实际上是主张按资分配为主体。表现在整个国民收入的分配上是劳动收入比重大大下降。近十年来，其占国民生产总值的比重十年下降11.66个百分点，这加剧了劳资关系的紧张，不利于和谐社会的建设。改革开放三十多年使群众得到了许多实惠，但总体上看，农民和城镇部分居民收入增长缓慢，而企业收入所占比重则上升很快。与此同时，部分社会成员之间财富和收入差距逐渐扩大，企业高管与低层普通劳动者、行业收入最高与最低的比例均在扩大，导致一部分群众的生活产生实际困难。在市场经济条件下居民收入比重的持续下降，一方面会导致居民消费能力下降；另一方面会影响民众对改革措施的判断和对改革的支持度。提高劳动报酬在初次分配中的比重，是贯彻社会主义共同富裕原则的重要尺度。劳动报酬在初次分配中的比重，既反映社会主义市场经济条件下劳动者的地位，更是人民群众享受改革发展成果的主要物质基础和直接的体现。提高劳动报酬在初次分配中的比重，有利于提高劳动者地位，有利于促进企业开展技术创新和改进管理，更能从根本上保证"共享改革发展成果"的实现；逐步提高居民收入比重，既有助于扩大内需和拉动就业，也有利于社会的稳定，促进我国经济可持续增长。对此应做深入分析。

1. 我国劳动收入份额提升的可能性

20世纪90年代以来我国劳动收入份额呈持续下降的趋势。我国劳动收入占国民收入的份额变化情况近年来引起了学术界的广泛关注，很多学者都进行了深入研究。李稻葵等人（2009）的研究表明，我国初次分配中劳动份额从1992年开始到1996年略有上升，然后逐步下降。1999年我国劳动收入份额比重约为 54%，但到 2006 年时已经下降到了 50% 以下。李稻葵认为，西方国家 GDP 中的劳动份额变动普遍经历了一个 U 形曲线过程，即劳动收入份额先下降后上升。我国劳动收入份额已经经历了十多年的下降阶段了，何时能转入上升阶段却面临很大不确定性。中国社科院社会蓝皮书（2008）披露的数据表明，2003 年以前我国的劳动者报酬一直在 50% 以上，2006 年降至 40.6%。企业利润占国民收入的比重，则由以前的 20% 左右上升到 30.6%。白重恩、钱震杰（2009）的研究表明，1978 年我国劳动收入份额约为 50%，此后 10 年略有上升，但自 1990 年以来缓慢下降，2004 年以来下降趋势尤为明显，2006 年这一数值已降至 47.31%。这些研究数据都表明，我国劳动收入份额已经下降到了历史最低水平。徐现祥、王海港（2008）的研究表明，1978～2002 年我国初次分配中的收入分布不断向右平移，资本所得普遍增长，劳动收入不断下降。李实（2005）的研究表明，1995～2002 年，不论是从城镇居民、农村居民，还是从全国居民数据来看，我国洛伦兹曲线都显著外移，说明我国收入差距在不断拉大。造成收入差距拉大的主要原因又在于资本收入份额的提高和劳动收入份额的下降。罗长远、张军（2009）的研究发现，1995～2004 年我国劳动报酬从 51.4% 下降到了 41.6%。卓永良（2007）的研究表明，改革开放初期我国的劳动收入份额在不断上升，从 1978 年的 42.1% 上升到 1983 年的 56.5%。但自 1984 年以来，我国劳动收入开始不断下滑。到 2005 年劳动收入份额已经下滑至 38.2%。另外龚刚（2010），李扬、殷剑峰（2007）的研究也同样发现，20 世纪 90 年代以来我国劳动收入份额正经历一个下降趋势。虽然众多学者对我国劳动报酬占 GDP 的绝对份额度量存在很大差异，但近年来我国劳动收入份额下降到历史最低水平却是个不争的事实。综合学者们对我国劳动收入份额的估计可以得知，2002～2006 年，我国劳动收入份额的乐观估计大概是 50%，悲观估计是在 40% 左右。

我国劳动收入份额与资本主义国家劳动收入份额有很大的差距。"二战"以后，西方资本主义国家劳动收入份额普遍经历了一个上升过程。1952 年，美国的劳动收入份额只有 61%，70 年代末上升到了 68%，之后虽有所下降，但一直都维持在 65% 左右。1955 年日本的劳动收入份额只有 40%，此后不断上升，从 70 年代中期到 90 年代末期一直维持在 55%。只是从 2003 年以来才下降到 50% 以下，这和日本经济近年来的衰退关系密切。如果考察更长历史范围的劳动收入份额变动，则可以发现，资本主义国家一百多年来劳动收入份额一直在不断提高，而不是经历了所谓的 U 形曲线。例如，英国在 1860 ~ 1869 年间的劳动收入份额只有 48.5%，一战以后该份额超过了 50%，30 年代超过了 60%，"二战"以后则超过了 70%。此后保持稳定。美国一百年来劳动收入份额也是从 50% 以下逐步上升到 65% 左右。学者们对美国 1929 年之前的劳动收入份额测算结果存在差异，一些学者测算结果为 50%，另一些人则认为更低。福格尔的研究表明，1870 年美国的劳动收入份额只有 1970 年的一半，也就是说略低于 40%。和美国、日本、英国等资本主义国家相比，我国劳动收入份额还有很大上升空间。如果中国的劳动份额能从目前的 40% 左右上升到 60%，劳动者收入将会有很大的提高，这对中国未来的经济增长将有很大的带动作用。

20 世纪 90 年代以来我国劳动收入份额的降低，主要是我国所有制结构调整所致。劳动收入份额反映了劳动者在收入分配中的经济社会地位。该份额越低，说明劳动者的经济社会地位越低。统计资料显示，在我国不同类型的所有制经济中，非公经济中劳动收入份额一般较低，并且工人的平均工资也低。在相同情况下，公有经济的劳动收入份额高，并且工人平均工资也高。在私有经济中，雇主为了追逐利润最大化，必然极力压低工资，使得劳动生产率提高的好处尽量为雇主和资本所得，从而随着劳动生产率的提高，劳动报酬占比必然越来越低。当前，中国在经济结构转型中强调更多地发展私有经济和对外招商引资，现存的国有和集体企业也大量被股份私有化，这会导致劳动报酬占比的下降。从目前披露的数据和收入与所有制的经济学规律来看，劳动报酬占比下降，是公有制的比重在中国经济中的比重下降、政府和工会未能在市场经济中充分发挥作用的客观结果。在其他条件不变的情况下，非公有制经济成分（含内资和外资）越大，劳动报酬占比往往越低。而在某些资本主义国家中，由于左翼力量和工会运动的程度和效果不同，不同国家的劳动收入份额与其经济发达程度并不具有直接的相关性。前苏联解体后，随着工会运动受到打击，西方发达国家的劳动收入份额也普遍下降了。我国的所有制变革也带来了工资形成机制的变革。在公有制经济内，工人通过职代会、工会等机构可以维护自己的权利，并且公有制经济的工资决定直接受政府管理，工人的社会保障和福利待遇比较完善。而在私营经济中，工资决定完全由资方决定。工人的发言权丧失，相应地社会保障待遇和福利待遇也被大大削减，而且私营经济部门没有合理的工资增长机制。这是我国劳动收入份额降低的主要原因。

2. 提高我国劳动收入份额的迫切性

目前我国劳动收入份额过低，已经严重威胁到我国经济发展的可持续性。威胁主要来自两个方面。

其一，过低的劳动收入份额导致收入差距拉大。劳动收入份额和收入差距存在密切的关系。资本收入增长过快，劳动收入增长缓慢是造成国民收入差距的主要原因。我国改革开放进程中劳动收入份额的下降和收入差距的扩大主要是因为农民工收入增长缓慢，以及城镇企业内部职工的收入增长滞后于管理人员的工资增长。改革开放以来，中国农民工数量越来越庞大，工资收入在农村居民家庭中的比重逐年提高。1984～1996 年，我国农民工工资收入占农村居民家庭纯收入的比重从 17.17% 提高到 23.59%。[①] 到 2008 年，这一比重又进一步上升到 37.42%。上海市的这一比例最高，高达 70%，东部沿海地区普遍都在 40% 以上。虽然外出打工收入占农民家庭纯收入的比重越来越高，但由于没有最低工资政策的保护，农民工的工资增长缓慢。用人单位对农民工实行歧视政策，农民工工资增长幅度往往低于城市职工平均工资增长幅度，农民工的工资增长只是略高于农村居民家庭的经营性收入增长。农民工工资增长缓慢，导致城乡收入差距不断拉大。2006 年，城乡收入差距已经从 1985 年的1.79 倍扩大到 2006 年的 3.28 倍。在企业内部，相比于企业管理人员，普通职工的劳动收入不断下降，企业内部工资差距不断拉大。根据全国总工会的调查，2002～2004 年我国企业职工工资低于当地社会平均工资的职工占 81.8%，低于社会平均工资一半的占 34.2%，低于当地最低工资标准的占 12.7%；相比于 1998～2001 年，低于当地社会平均工资一半的职工增加了 14.6 个百分点。这表明我国低收入劳动者比重扩大了。

其二，劳动收入份额过低，导致外贸依存度过高，内需相对不足。中国劳动收入份额低，和我国出口导向型的外贸战略有重要关系。在改革开放过程中，沿海地区的招商引资过于偏重对外加工产业。由于我国有大量的农村剩余劳动力，国外企业纷纷把附加值低的加工业转入中国。这些产业对劳动技能要

---

① 万广华：《经济发展与收入不均等：方法和证据》，上海三联书店 2006 年版，第 209 页。

求也低。中国企业利用我国廉价的劳动力，进行对外加工，创业风险小，获利容易，因此外向型加工企业迅速发展。在改革开放初期，发展低技术、低工资的加工业并没有错。但很多企业在发展过程中没有长远眼光，不重视技术更新，不重视人才培养，不重视品牌创新，迷恋于低技术、低成本带来的利润。这种发展模式导致中国加工企业在国际产业链中只占据了非常低的附加值份额。这种低附加值产业的发展造成我国劳动收入份额过低，进而导致国内消费需求对经济增长贡献率低。程恩富（2008）的研究表明，2004年我国消费率为53.6%，降到了1950年以来的最低水平。由于国内市场对经济增长贡献有限，我国企业不得不依赖对外贸易，这大大提高了我国的外贸依存度，增加了我国经济发展的国际风险。2003年，全球平均外贸依存度为0.45，发达国家均值为0.38，发展中国家均值为0.51，而我国2004年外贸依存度为0.68，远远高出世界平均水平。中国必须适当降低外贸依存度，扩大内需拉动经济增长。

3. 提高我国劳动收入份额的途径

鉴于近几年我国劳动收入份额逐渐下滑所带来的弊端，适时提高劳动收入份额有重要的意义：一是深入落实科学发展观，发展成果要合理分享的需要；二是刺激国内消费和拉动经济增长的需要；三是促进产业结构和外贸结构升级的需要。马克思曾经指出，由于工资太低，使用机器反而会使生产变贵，因而英国发明的机器曾经只能在北美使用。工资偏低同样是目前我国产品结构、技术结构、产业结构和外贸结构调整与提升不快的原因之一。李嘉图的比较优势学说理论也不支持低工资优势竞争论。李嘉图的比较优势学说主要与劳动效率有关。只要两个国家的两个不同产业具有不同的生产效率，这两个国家就都具有各自的比较优势。低劳动力成本有时也没有比较优势。随着中国劳动者报酬的提高，企业将升级产品结构、技术结构和产业结构，而在新的产业结构中，即使中国提高工资，相对于国际市场，仍然可能具有较低的所谓比较优势。我国涨工资的空间还很大，逐步提高劳动报酬同保持经济发展和出口比较优势并不存在尖锐的矛盾。

（1）发挥政府和工会两大经济主体的作用。首先，要构建国家主导型劳动者维权机制。构建国家主导型劳动者维权机制，是提高劳动收入份额的首要条件，也是获得广大劳动人民支持的重要保证。目前我国70%以上的劳动者在非公企业就业，加不加工资主要由老板说了算，政府干预的空间很小。西方政府是站在雇主阶级的立场上主要靠事后调节来协调劳资关系。作为人民政府而非"中性政府"的社会主义政府汲取西方的教训，应当站在雇员阶级的立场上主要在事前，通过主动、积极措施协调劳动关系或劳资关系。其次，要加强工会力量，实现劳资共决。要提高劳动收入份额必须加强工会在工资决定中的谈判作用。通过劳资谈判，可以建立工资形成的共决制度。工资共决可以抑制雇主对于工资的过分压低，可以在一定条件下改善劳动报酬在初次分配中的比重。中华总工会规定，企业改制及其收入福利总方案，必须经过职代会的批准。近年来，我国工会在维权中逐渐发挥了重要的作用。

（2）严格实施最低工资制度，建立合理的工资增长机制。首先，要严格实施最低工资制度。劳资冲突的核心是利益分配冲突，市场经济条件下要有效缓解劳资冲突，必须建立劳资政三方协调机制。西方国家经过一百多年的发展，初步已经建立劳、资、政三方协调机制，当然问题还不少。而这一机制在我国还处于建设和探索过程中。20世纪30年代以前，资本主义国家实行自由放任劳资关系模式，企业靠压低劳动成本进行竞争，劳动收入份额处于较低水平。20世纪上半叶，西方国家纷纷通过最低工资制度、劳动立法、集体谈判等措施，增强了劳工谈判能力，完全自由主义劳资关系模式被批判，政府、企业和工会三方协调劳资关系模式被迫采纳，从而在劳动阶级斗争胜利的情况下，实现了劳动收入份额的不断提高。在三方合作劳资关系模式中，最低工资制度在提高劳动收入份额中发挥着重要的作用。在中国目前的情况下，只有通过严格实施最低工资制度，才能改善劳资分配，缓解劳资矛盾。其次，要建立合理的工资增长机制。我国自改革开放以来，逐步建立了工资决定的市场机制。但政府对工资的调节机制并没有相应跟进。在当前劳动收入份额不断下滑的情况下，可以通过政府的工资调节机制矫正市场工资决定机制，使政府力量和市场力量相结合，形成合理的工资增长机制。

合理的工资增长机制包括两方面内容：一是职工工资增长的指数化。从劳动报酬的绝对量来看，劳动报酬应当使劳动者及其家庭维持一个不断进步的社会最低生活水平以上的收入量。要使劳动报酬增长与GDP增长大体同步，必须采用指数化工资，即每年参照GDP的增长率制定工资的增长率。二是高层管理人员薪酬增长和职工工资增长等指标挂钩。近年来我国劳动收入份额出现降低，但企业高层管理人员薪酬增长却很快。企业高层管理人员薪酬的快速增长，拉大了国民收入差距。政府应当严格限制高层管理人员的薪酬增长。政府可以出台法规，规定企业高管层薪酬（含变相收入即福利）和职工工资增长、企业劳动生产率、利润增长保持一定比例。

（3）转变经济增长方式，提高经济效率。借助政府和工会的力量在短期可以实现劳动收入份额的提高，但在长期，必须提高经济效率。要提高我国的经济效率，必须转变经济增长方式。我国的经济增长一直以来都是靠高积累、高投资推动。在计划经济年代，高积累、高投资的主体是国家；而在向社会主义市场经济转轨的过程中，高积累、高投资的主体既有国有、集体企业，也有民营企业。在市场经济条件下，高积累、高投资表现为新增价值分配中，资本收入份额较高，而劳动收入份额较低，这必然会降低劳动收入份额，压缩国内消费，不能发挥出国内居民消费对经济的贡献。

正因为我国长期实行高积累、高投资的发展战略，劳动收入份额在国民收入中的比重增长缓慢甚至下降，居民消费对经济增长的拉动作用有限。在我国的高积累、高投资的增长模式下，投资回报率很低，经济增长对人民群众的生活水平提高作用有限。如果我国现在严格实施最低工资制度，劳动收入份额就会逐步提高，高投资、低回报率的增长模式就会得到一定程度的转变。企业提高资本使用效率，逐渐转向高附加价值的产品和产业，可以实现劳动收入份额提高和产业结构升级相互促进、良性循环。这也是我国产业发展走出粗放型发展，进入集约化经营的重要条件。实现产业发展的这一转变有两方面的好处，一方面会提高内需对经济增长的带动作用；另一方面可以在很大程度上降低我国外贸依存度。当然，在这一过程中，政府必须推动教育的普及和劳动力质量的提高，为产业结构升级提供条件。

总之，只有充分发挥政府和工会两大经济主体的作用，通过严格实施最低工资制度，建立合理的收入增长机制，实现经济增长方式的转变，才能不断提高劳动者收入份额。这也是降低我国收入差距，扩大消费和内需，降低外贸依存度，实现产业结构升级的必然要求。

五、建立健全中国特色社会主义保障体系

由于中国社会保障的实践尚不充分，有许多棘手的问题还在深入研究中，

目前还不可能形成完备的理论体系。不过，应当在已有经验的基础上，吸取国外的经验教训，针对我国的实际，进行前瞻性探索，在实践中加以完善。

第一，研究中国建立健全社会保障体系面对的特殊问题。中国是一个发展中的社会主义大国，经济实力尚不充足，人口众多，城乡差别较大，人均 GDP 更低。在这个跨越式发展过程中如何实现健全社会保障体系的超前跨越，这是构建社会主义保障体系的一个重要历史课题。

第二，构建覆盖面更广的社会保障体系与实现社会主义本质要求的共同富裕、防止和消除两极分化有机联系起来。我们构建社会主义和谐社会面临的重大问题是社会收入差距过大，必须在发展中实现社会公平。这就要求构建和健全社会保障体系、商业保险体系与社会再分配结合起来，并且也必然涉及初次分配和称之为"三次分配"的社会慈善事业、社会捐助等。为此，要与社会主义初级阶段的基本经济制度联系起来，特别是非公有经济如何更深入地参与社会，需要进一步探索。

第三，中国农村人口众多，农村流动人口不断增加，人口老龄化的趋势日渐凸显。如何建立健全城乡一体化的社会保障体系和商业保险体系，是我国一大难题，重点又在农村。这件事必须与改变城乡二元经济结构、构建社会主义新农村紧密联系起来，也会涉及农村经济的第二次飞跃。据统计，我国老龄人口已经超过 1 亿人，人们称之为"未富先老"，这虽然是社会主义制度的优越性表现，但这为社保增加了难度，需要在改革发展中解决。

第四，筹资是健全和扩大两类保险的关键。目前，我国的创新是社会统筹和个人账户相结合，其最大特点在于建立国家、用人单位和个人分担养老责任机制，使社会互济与自我保护相结合，权利和义务相对应。这里既要考虑财政和企业增加投入，又要研究继续发挥家庭的活力。邓小平说过："欧洲发达国家的经验证明，没有家庭不行，家庭是个好东西。都搞集体性质的福利会带来社会问题，比如养老问题，可以让家庭消化。欧洲搞福利社会，由国家、社会承担，现在走不通了。老人多了，人口老化，国家承担不起，社会承担不起，问题就会越来越大。我们还要维持家庭。全国有多少老人，都是靠一家一户养活的。中国文化从孔夫子起，就提倡赡养老人。"[①] 在增加国力、企力的同时，

----

① 《邓小平年谱 1975～1997》（下），中央文献出版社 2004 年版，第 1338 页。

增强家庭的活力，是一个重要途径。商业保险也面临许多新的问题，需要创造更多的险种和保险形式。

第五，要研究如何运用好"两只手"，完善两类保险与扩大消费的关系。目前，扩大消费的重大障碍是预期消费保障资源不足，如城乡居民要瞻前顾后考虑养老、治病、子女教育以及失业问题，只得更多地储蓄，无形中限制了即期的有效需求。从宏观经济考察，必须把社会保障体系、商业保险与经济运行、长远持久的增长联系起来，作为整体良性循环的一个重要内容。这就需要逐步纳入税收体系，形成调节经济的一个重要举措。

六、强化税收对第二次分配的调节功能

政府财政调节收入分配是一个循环运动，即收缴了富人的税再去补穷人的生活。如果富人交税少，循环链条中断或中阻，那就既难以调节过高收入，也不能着力提高低收入者收入。不能只讲提高政府再分配功能，而不讲如何着力解决富人特别是私营企业的税收问题，更不能将矛头对着作为国家经济支柱的国有企业。如果取消了上交国家利税较多的国有企业，国家就没有较大的财力进行转移支付。现在正在完善个人所得税制度，增加财产税种税目，强化对富人的征税力度，更有效地促进分配公平。

七、通过各种渠道扩大中等收入群体

国内外的发展经验表明，中等收入群体是社会的"稳定器"。合理的收入分配格局，应该是高收入者和低收入者占少数、中等收入者占多数的"两头小、中间大"的橄榄型格局。深化分配制度改革、缩小收入差距，一个重要目标就是要扩大中等收入群体。党的十七大明确提出了到2020年中等收入者占多数的要求。对于中等收入者，目前还没有明确界定标准。按世界银行的标准换算，国家统计局将年收入在6万~50万元之间的家庭列入中等收入家庭范畴。据一些学者测算，目前我国中等收入者比重较低，距离占多数的目标还有不小距离。为此，要从多方面给力。

第一，提升劳动者技能。一般来讲，复杂劳动收入高于简单劳动，创造性

劳动收入高于重复性劳动。目前，我国大量劳动者从事的是知识和技术含量较低的简单劳动、重复劳动。必须通过教育提高劳动者素质和技能，增加劳动的知识含量和创造性，使劳动者增加收入，步入中等收入者行列。特别是适应加快转变经济发展方式、调整经济结构的需要，加强职业教育和技能培训，使低技能"蓝领"成为高技能人才。

第二，鼓励自主创业。创业是创造和积累财富的重要途径。改革开放以来先富起来的人，很多都是创业者。但总的看，我国目前自主创业人数少、比例偏低。应鼓励人们勤劳创业、实业致富，完善税收优惠、担保贷款、场地安排等扶持政策，改善创业环境，使更多劳动者成为创业者。

第三，适当增加财产性收入。财产性收入是衡量国民富裕程度的重要指标。2011年我国城镇居民收入中，财产性收入比重不到3%，主要是利息、出租房屋收入、股息与红利收入所得。应规范和发展资本市场，保护投资者特别是中小投资者的合法权益。加强公民财产权的保护，特别是在拆迁、征地等过程中确保财产权利不受侵犯，但也要防止漫天要价。

第四，完善社会保障。有人说，"一套房子压垮一个中产"。当前，在城市特别是大城市，住房、子女教育、医疗和养老等生活成本越来越高，使工薪阶层背负巨大生活压力，制约了中等收入群体的增长。应切实加强房价调控，深化教育、医药改革，完善社会保障，使人们从"住房难""看病贵"等困境中解脱出来。

第五，稳定物价，确保居民收入保值。物价波动对生产者和消费者影响都很大，通货膨胀等于减少收入，而有利于少数投机者牟取暴利。政府采取有力宏观调控措施保持物价稳定也是维护劳动者收入的重要举措。

此外，还应畅通社会流动渠道。对于扩大中等收入群体来说，促进合理和充分的社会流动，十分重要。应该深化户籍改革、打破身份壁垒，促进教育、就业公平，使低收入群体有平等的机会实现向上攀升的梦想。[1]

---

① 中共中央宣传部理论局：《辩证看　务实办·理论热点面对面2012》，学习出版社、人民出版社2012年版，第9~14页。

八、为贯彻基本分配制度而促进文化伦理建设

首先，进行全民性的共产主义价值观和社会主义核心价值观的教育。在我国现阶段，革命时期的大规模的群众性阶级斗争虽然已经结束，但阶级斗争仍将在一定范围内长期存在，无产阶级和资产阶级之间在意识形态领域里的阶级斗争，还是长期的、曲折的甚至是激烈的。在这一方面，我们必须毫不迟疑地开展全民性的共产主义人生观、价值观、道德观以及"八荣八耻"荣辱观的教育，批判一切剥削阶级的人生观、价值观、道德观，在全社会形成一个人人讲理想、人人讲奉献、人人守纪律、诚实劳动、按贡献取得报酬的良好风气，为坚持按劳分配为主体、多种分配方式并存的制度运行提供坚实的思想道德基础。在共产主义人生观、价值观、道德观的教育中，既要有长远的目标，又要有具体要求，要把长远目标和具体要求有机结合起来。

其次，进行社会公德和职业道德教育。自20世纪80年代以来，改革的浪潮和社会经济生活的变迁，冲击着人们的社会公德和职业道德，传统的社会舆论作为道德调控手段开始失灵。我们要结合社会上出现的各种不道德行为，有针对性地对广大群众进行教育，大力弘扬和宣传中华民族的传统美德，大力弘扬和宣传符合市场经济要求的职业道德，批评社会上的各种违法乱纪行为，维护社会正常秩序，促进社会主义市场经济的正常发展，为劳动主体型多要素分配制度提供和谐的、积极向上的文化氛围。

总之，坚持和完善劳动主体型多要素分配制度，是一个系统工程。不仅涉及社会主义的生产力，而且还涉及社会主义生产关系；不仅涉及社会主义的经济基础，而且还涉及社会主义的上层建筑；不仅涉及社会主义的政治上层建筑，而且还涉及社会主义意识形态上层建筑。要善于统筹兼顾，适当安排，努力实现能有所业、学有所教、劳有所得、病有所医、老有所养、住有所居的共同富裕、全面发展的目标，推进社会主义和谐社会日臻完善。

第三章

国家主导型的多结构市场制度

社会主义市场经济是中国特色社会主义经济学中非常重要的一个基本范畴，是一大显著特色。把社会主义与市场经济结合起来的理论，不但是马克思主义经济学说的新篇章，而且是在所有经济学中所没有的。这一理论是我国改革开放的重要理论基础。改革开放三十多年来，我国的经济体制发生了深刻变化，传统的计划经济体制逐渐被社会主义市场经济体制所代替，市场在资源配置中开始发挥基础性作用，与此同时，国家调节在宏观经济运行中的作用也越来越凸显。随着市场机制的不断建立和完善、国家调控体系的逐步成熟，国家主导型的多结构市场制度开始形成。在此制度下，中国经济在发挥市场调节资源配置基础作用的同时，注重发挥国家的计划手段和财政、货币政策的调节作用，维护宏观经济的稳定性、平衡性和持续性，以期实现全局利益的统一性和最大化。既用市场调节的优良功能去抑止"国家调节失灵"，又要用国家调节的优良功能来纠正"市场调节失灵"，实现一种"基础－主导"的双重调节机制，形成强市场和强政府的"双强"格局，表现出社会主义国家的经济调节职能和作用强于或大于资本主义国家。

第一节　市场与国家：双重调节制度的发展历程

实践是检验真理的唯一标准，马克思主义科学理论也是在实践中不断发展的。社会主义市场经济理论就是如此。

一、社会主义经济学的革命

要认识社会主义市场经济的真谛，必须通过马克思主义经济学说史和社会主义发展历史的分析，展示它的革命意义。

（一）消灭商品、市场的最初设想及其影响

从空想社会主义开始，都把商品、货币、市场当做罪恶的渊薮，温斯坦莱说："人类开始买卖之后，就会失去了自己的天真和纯洁"，"互相压迫和愚弄"，"货币成了一种最流行的欺诈工作"，"人类已经吃足苦头"。① 科学社会主义的创始人在思想上受到他们的某种影响，而当时又处于资本主义市场经济发展初期，看到的是大量尔虞我诈、两极分化的事实。那时还没有社会主义经济的实践，不可能得出社会主义同市场经济结合的结论。这就是马克思和恩格斯的一个历史局限性。他们正是在这样的理论推导中设想未来社会的："一旦社会占有了生产资料，商品生产就将被消除，而产品对生产的统治也将随之消除。社会生产内部的无政府状态将为有计划的自觉的组织所代替。个体生存斗争停止了。""直接的社会生产以及直接的分配排除一切商品交换""人们可以非常简单地处理这一切，而不需要著名的'价值'插手其间。"② 我们不应苛求前人。然而，必须实事求是地承认这样的事实：马克思和恩格斯关于建立公有制必须消灭商品经济的思想对后人影响甚大，以至有人认为这是社会主义经济学与资产阶级经济学的分水岭，并为此进行多次论战。这当然也与后人教条主义的思想方法有关。邓小平多次说过几十年没有弄清什么是社会主义和怎样建设社会主义，在一定意义上也与此有关。

（二）对社会主义市场经济螺旋式认识过程

大体从"十月革命"起，社会主义经由理论变为现实之后，经历了一个全面否定—朦胧肯定—主要否定—科学肯定的曲折过程。

---

① 《温斯坦莱文选》，商务印书馆 1965 年版，第 100～102 页；《欧文选集》（下），商务印书馆 1965 年版，第 30 页。

② 《马克思恩格斯选集》第三卷，人民出版社 1995 年版，第 757、660～661 页。

1. 否定：列宁在"十月革命"前到战时共产主义时期

列宁是 20 世纪第一个伟大的马克思主义者。他对社会主义与市场经济关系的认识是随着实践的变化而变化。他第一个提出商品经济（1893）和市场经济（1906）的概念。他坚持的基本公式为：社会主义 = 消灭商品经济。

1917 年"十月革命"后，列宁坚信："商品生产产生了资本主义，而资本主义又导致帝国主义。"[1] 特别是 1918 年国内战争的到来，这一认识将苏共的经济政策推向了极端，即史称战时共产主义，要求"坚定不移地继续在全国范围内用有计划有组织的产品分配来代替贸易"，"尽量迅速地实行最激进的措施，为消灭货币作好准备"[2]。这是历史上消灭商品经济和市场经济的第一次真正的尝试。

2. 适度肯定：新经济政策的转变

列宁作为彻底的唯物主义者，即使面对困难还是实行了新经济政策，利用商业、市场来恢复经济、稳定群众，特别是争取农民的支持。经过多次反思，在他的最后遗著中说："我们不得不承认对社会主义的整个看法根本改变了"。他回顾 1918 年春天：当时"我们知道，看到，说过：需要向'德国人''学习'，需要组织性、纪律性、提高劳动生产率。什么是我们所不知道的？这项工作的社会经济基础是什么？是以市场、商业为基础还是反对这个基础？"在其正式讲话中又说："当时根本没有提出我们的经济同市场、同商业的关系问题。"[3] 这表明，列宁经过反思已经提出了社会主义发展生产力同市场应当是什么关系的问题，他正在设法解开这个困惑。当时的苏联文件中（苏共十二大）提出"市场的经济形式"。[4] 当时对社会主义下的市场关系已有了初步认识，但比较朦胧，由于列宁去世过早，还没有十分明确的认识。但贵在有一个开端。

---

[1] 《列宁全集》第 34 卷，人民出版社 1985 年版，第 43 页。

[2] 《列宁选集》第三卷，人民出版社 1995 年版，第 48、729 页。

[3] 《列宁全集》第 42 卷，人民出版社 1987 年版，第 605、221 页。

[4] 《苏联共产党代表大会、代表会议和中央全会决议汇编》第二分册，人民出版社 1964 年版，第 167、260 页。

3. 否定：斯大林主张保留一定商品关系的计划经济

斯大林领导苏联达30年（1924~1953年）之久，苏联的工业化体系基本是在他那个时期建成的。应当说，他对苏联社会主义经济有历史性贡献。但是，正是这个时期形成了计划经济模式，以高度集中的指令性计划为标志：国家的根本任务是"按照一个全国性的计划把全国所有的经济活动最大限度地联结起来；使生产最大限度地集中起来"①。苏联《政治经济学教科书（社会主义部分）》明确肯定："国民经济的计划领导是社会主义国家的经济组织职能的最重要的特征"，"国民经济有计划按比例发展规律要求一切经济部门的发展服从统一的计划指导"。② 就是说，计划经济是资源配置的最基本的方式，价值规律只在一定范围内被利用。

应当说，斯大林主张"受严格限制的商品生产论"和"商品外壳论"（即生产资料不是商品，仅保持商品的外壳），批判"解放"市场，使市场"常态化"的"右倾机会主义"。斯大林逝世后，经过赫鲁晓夫时期（1953~1964年）、勃列日涅夫时期（1964~1981年），又从短暂的安德·罗波夫、契尔年柯到最后的戈尔巴乔夫（1985~1991年），在商品、市场关系上虽有一些微小的松动，但没有解决社会主义和市场经济的关系问题，而后来市场经济开始之日又是苏联灭亡之时，即从1991年苏联解体之后，俄罗斯进入转向资本主义市场经济体制的转型时期。

4. 肯定与否定的交叉：毛泽东对社会主义商品经济认识的反复性及其教训

新中国成立后，只有借鉴苏联的经验，经济建设受苏联计划经济模式和斯大林思想的影响很大，以毛泽东为代表的中国共产党人进行了积极的、多方面的探索，在对待商品、市场经济问题上是经过多次反复的，总体还是实行计划经济体制。

毛泽东对社会主义商品生产的认识有三点建树、三次曲折。（1）从新民主主义的论述到社会主义改造的基本完成。1947年12月，提出在新民主主义社会"要容许自由贸易，但国民经济由我们操纵"。1949年1月，又重申这个

---

① 《列宁全集》第36卷，人民出版社1985年版，第414页。
② 《政治经济学教科书（社会主义部分）》第三版中文版。

观点①。新中国成立之初，形成著名的"四面八方"政策，即"公私兼顾，劳资两利，城乡互助，内外交流"。（2）1956年提出了"新经济政策补课"，打算在生产资料所有制和社会主义改造基本完成后再来一个"经济政策"二十年左右的补课，提出"自由市场"与"国家市场成双成对"，作为新的市场结构特征。但1958年发动了"大跃进"和"人民公社"运动，消灭商品、货币市场，结果造成了一定的损失和饥荒。（3）暂时困难时期，反思社会主义下的商品生产和价值规律的作用，对轻视和消灭商品经济的倾向进行了批评，强调"商品生产不能与资本主义混为一谈"，认为生产资料也是商品，价值法则"是一个伟大的学校，只有利用它，才有可能教会我们的几千万干部和几万万人民，才有可能建设我们的社会主义和共产主义。否则一切都不可能。对群众不能解怨气。对干部，他们将被我们毁坏掉。有百害无一利"。② 然而，在提出这些重要观点之后，又出现了一次更大的反复，即为时十年之久的"文化大革命"，要对"商品制度""货币交换"等资产阶级法权"加以限制"，认为这些使得搞"资本主义制度很容易"③。

5. 逐步肯定：邓小平确立社会主义市场经济理论

邓小平总结了中国和其他社会主义国家的教训，又借鉴了世界各国主要是发达资本主义国家的有益经验，1979～1992年先后12次论述了社会主义与市场经济相结合的问题。他的基本观点是：（1）市场和计划不是区分社会主义和资本主义的标志，市场是手段，不涉及社会主义本质，在社会主义本质的规定性下面可以运用市场经济为之服务。（2）根本出发点在于市场经济有利于发展生产力和提高人民的生活水平。"我们发挥社会主义固有的特点，也采用资本主义的一些方法（是当做方法来用的），目的就是要加速发展生产力。在这个过程中出现了一些消极的东西，但更重要的是，搞这些改革，走这样的路，已经给我们带来了可喜的结果。中国不走这条路，就没别的路可走。只有这条路才是通往富裕和繁荣之路。"④ （3）社会主义应当吸取人类一切有益的成果，包括发达资本主义国家的经验，因为就发展社会化生产力方面，两种

① 《毛泽东文集》第五卷，人民出版社1996年版，第231页。
② 《毛泽东文集》第八卷，人民出版社1995年版，第34页。
③ 《毛泽东传（1949～1976）》，中央文献出版社2003年版，第1714页。
④ 《邓小平文选》第三卷，人民出版社1993年版，第149～150页。

制度的国家有着共同遵循的规律。（4）计划和市场都是手段，都可以用，既不能用计划排斥市场，也不能用市场排斥计划。（5）国内的社会主义经济可以有条件地与国际市场经济接轨，对外开放是社会主义市场经济的一个内容。（6）社会主义市场经济的特点和优点是"四个坚持"，即社会主义的经济基础和上层建筑结合，可以减少市场经济的负面影响。

毫不夸张地说，不断完善的社会主义市场经济理论是马克思主义经济学中的全新内容，是社会主义经济半个多世纪的历史经验总结，具有划时代的里程碑意义，同马克思的剩余价值学说、列宁的帝国主义论具有同等价值。它是我们今后深化改革、完善社会主义制度、实现社会主义现代化的强大理论武器和指导方针。

二、我国社会主义市场经济经历的三个阶段

（一）市场机制的探索及改革目标的确立（1978～1992年）

"以市场调节为基础，以国家调节为主导"的双重调节制度是和我国经济体制改革的目标紧密相连的，是在我国改革开放的实践中逐渐形成的。我国经济体制改革的目标经过了实践—认识—再实践—再认识的过程，才逐步得以确立。我们不妨简单回顾一下党和政府在改革进程中对经济体制提法的演变：1979年11月，邓小平在会见外宾时提出，"社会主义也可以搞市场经济"[①]；1981年《中共中央关于建国以来党的若干历史问题的决议》提出，要大力发展商品生产和商品交换；1982年党的十二大提出计划经济为主，市场调节为辅；1984年10月《中共中央关于经济体制改革的决定》提出，商品经济是社会经济发展不可逾越的阶段，我国社会主义商品经济是公有制基础上的有计划商品经济；1987年党的十三大提出，社会主义的计划商品经济体制应该是计划与市场内在统一的体制；1989年党的十三届五中全会提出，"改革的核心问题，在于逐步建立计划经济同市场调节相结合的经济运行机制。"[②]

---

① 《邓小平文选》第二卷，人民出版社1994年版，第231页。
② 《十三大以来重要文献选编》（中），人民出版社1991年版，第701页。

（二）明确建立社会主义市场经济体制（1992～2003年）

1992年年初，邓小平再次指出，"计划经济不等于社会主义，资本主义也有计划；市场经济不等于资本主义，社会主义也有市场。计划和市场都是经济手段。"[1] 根据邓小平的理论，1992年党的十四大明确指出，我国经济体制改革的目标是建立社会主义市场经济体制，以利于进一步解放和发展生产力。至此，我国的经济体制改革有了一个非常明确的目标，改革开放事业进入了一个新的历史阶段，"以市场调节为基础，以国家调节为主导"的双重调节制度开始逐渐形成。

十四大指出，我们要建立社会主义市场经济体制，就是要使市场在社会主义国家宏观调控下对资源配置起基础性作用，使经济活动遵循价值规律的要求，适应供求关系的变化；通过价格杠杆和竞争机制的功能，把资源配置到效益较好的环节中去，并给企业以压力和动力，实现优胜劣汰；运用市场对各种经济信号反应比较灵敏的优点，促进生产和需求的及时协调。同时也要看到市场有其自身的弱点和消极方面，必须加强和改善国家对经济的宏观调控。我们要大力发展全国的统一市场，进一步扩大市场的作用，并依据客观规律的要求，运用好经济政策、经济法规、计划指导和必要的行政管理，引导市场健康发展。

党的十四大报告还特别对宏观调控的作用作了说明，指出："在宏观调控上，我们社会主义国家能够把人民的当前利益与长远利益、局部利益与整体利益结合起来，更好地发挥计划和市场两种手段的长处。国家计划是宏观调控的重要手段之一。要更新计划观念，改进计划方法，重点是合理确定国民经济和社会发展的战略目标，搞好经济发展预测、总量调控、重大结构与生产力布局规划，集中必要的财力物力进行重点建设，综合运用经济杠杆，促进经济更好更快地发展。"[2]

（三）全面完善社会主义市场经济（2003年至今）

其标志是我国加入世界贸易组织后，党中央于2003年11月作出《中共中

---

[1]《邓小平文选》第三卷，1993年，第373页。

[2]《十四大以来重要文献选编》（上），人民出版社1996年版，第19页。

央关于完善社会主义市场经济若干问题的决定》，明确社会主义市场经济的改革方向，对于完善这一新体制做了全面部署，提出科学发展观。党的十八大报告又进一步明确了加快完善社会主义市场经济体制的总体方针。

三、宏观经济体制全面推进，双重调节机制逐渐形成

在三大阶段中，我国逐步形成双重调节机制，即在政府宏观调控下充分发挥市场配置资源基础作用的管理体制。1994 年年初，重点进行了财税、金融、外汇、外贸、计划和投资的配套改革，改善和加强宏观调控体制。1997 年中共十五大召开，改革沿着社会主义市场经济体制目标又有很大突破。"以市场调节为基础，以国家调节为主导"的双重调节制度开始逐渐形成。

（一）价格改革全面推进，市场价格机制和管理机制基本建立

1992 年邓小平南方谈话后，我国开始大力培育和发展市场体系，市场机制逐渐在资源配置中发挥基础作用。1992 年下半年起，除一些重要商品外，竞争性的商品价格大幅放开，价格管制大范围取消。在生产资料方面，放开了指导性煤炭、40 种化工产品、统配玻璃、机械基础件、部分钢材、部分成品油的价格，取消了原油、成品油、钢材、生铁等计划外生产资料最高出厂限价，"双轨制"改成单一的市场价格，继续由国家管理的商品缩减为 89 种。在消费品价格方面，放开了原来未放开的彩电、糖、花布、呢绒、毛线等的价格。在农产品方面，中央直接管理的商品减少到 10 种。[①] 到 1993 年，市场价格在社会商品零售总额中的比重，已经由 1991 年前的 50.3% 上升到 93.8%。我国初步建立了：（1）重要商品的价格调节基金制度和重要商品的储备制度；（2）价格宏观调控体制和调控机制，以及与其相适应的中观调控体系；（3）反映价格总水平变动的价格指数体系和价格预警系统；（4）居民基本生活必需品和服务价格的监审制度。建立了以《价格法》为核心，适应社会主义市场经济体制要求的一套完整的价格法律体系，进一步规范价格行为，维护公平、公开、公正的价格竞争秩序。

---

① 武力：《中华人民共和国经济史》（下），中国时代经济出版社 2010 年版，第 861 页。

（二）商品市场发展迅猛、要素市场稳步推进，市场体系基本建立

商品市场改革的目标是初步建立起以市场机制为基础、具有比较先进的管理水平和较完善的基础设施，建立开放、高效、畅通统一、可流通的新体系，形成大市场、大流通、大贸易的新格局。从1992年起，一是建立起工农业批发市场网络。该网络以中心城市为依托，以全国性批发市场为龙头，以区域性批发市场为骨干，辐射全国，交易集中、信息畅通，具有现代化水平和调控能力。其中，全国性与区域性批发市场及交易所有100多个，主要经营粮食、生猪、食糖、蔬菜、金属、木材、石油、化工、机电、煤炭等大宗商品。二是建立起若干期货交易市场。继郑州批发市场、深圳有色交易所后，又建立了上海金属交易所、苏州物资交易所等期货市场。三是城乡集贸市场发展进入高潮。1995年年底，全国共有集贸市场82892个，成交额11590亿元，是1990年的5倍多。一个包括生产资料和生活资料在内的批发和零售相结合、大中小相结合、有形市场与无形市场相结合、现货市场与期货市场相结合的多层次、多种运行方式并存的商品市场网络初步形成，为建立全国统一市场奠定了基础。

从1992年起，以金融、劳动力、房地产为重点的要素市场迅速发展。我国金融市场中货币市场发展最早，1986年进行短期资金融通的同业拆借市场和进行票据签发、承兑、贴现及再贴现的票据市场先后建立，外汇调剂公开市场也于1988年后逐步形成。1990年11月26日上海证券交易所成立，1991年7月3日深圳交易所正式成立，标志着我国股票市场开始正式运行。股票市场规模不断扩大，截至1997年9月，上市股份公司已达708家，市价总值16400多亿元，相当于国民生产总值的24%。劳动力市场逐步形成。劳动力市场的概念是十四届三中全会正式明确提出的。经过几年的培育和完善，改革劳动用工制度，全面实行劳动合同制，建立企业自主用工、职工自主择业的新型用工制度，劳动力市场发挥了重要作用。截至1997年，全国城镇企业有97%的职工签订了劳动合同。房地产市场也迅速兴起。1992年后，由于受"开发区热"和"房地产热"的影响，土地和房产交易空前活跃。同时针对房地产交易中存在的大量问题，从1993年起，国家一直着力规范和整顿房地产市场。经过整顿，房地产市场已逐步完善和规范。

（三）宏观经济体制改革取得重大进展，宏观调控体系基本建立

从 1994 年起，经过周密规划，财税、金融、外汇、计划、投资等方面的重大改革启动，同时配套出台实施，到 1997 年，适应社会主义市场经济的、以间接调控为主的宏观经济体制框架初步形成。

为了摆脱国家财政困境，加强中央宏观调控能力，财税体制开始了新的改革。这次财税体制改革，是改革开放后第二次重大改革。主要是建立以分税制为核心的财政体制和以增值税为主体的税收体制，同时实行税利分流，以调整整个财力的分配格局，并为企业创造平等的竞争环境。一是实行分税制，规范中央与地方的分配关系。改革的目标是要提高财政收入占国内生产总值的比重，以及中央财政收入占全国财政收入的比重。二是改革和完善税收制度，处理好国家与国有企业的分配关系。改革的目标是使所有企业都处于平等的竞争环境。三是建立政府公共预算与国有资产经营等其他预算分立的复式预算制度。通过这次改革，逐步增强了中央财政的宏观调控能力，又充分调动了地方增收节支的积极性，同时有力制止了各种地方擅自减免税收和外商避税现象。

金融改革迈出重要步伐，适应市场经济的金融体制逐步建立。改革主要包括以下内容：一是建立在国务院领导下独立执行货币政策的强有力的中央银行宏观调控体系。明确中国人民银行作为中央银行，是国家领导、管理金融业的职能部门，其主要职能是制定和实施货币政策，保持货币稳定；对金融机构实行严格的监管，保证金融体系安全、有效地运行。货币政策的最终目标是保持货币稳定，中介和操作目标是货币供应量、信用总量、同业拆借利率和银行备付率；执行货币政策手段从主要依靠信贷规模管理逐步转变为主要运用存款准备金率、中央银行贷款利率和公开市场业务等。二是政策性金融与商业性金融分离。三是不断引导非银行金融机构稳步发展。四是改革外汇管理体制。取消双重汇率，实行汇率并轨。取消外汇额度管理外汇留成上缴办法，实行银行结汇、售汇制。通过改革，中央银行的地位不断增强，宏观调控体系初步建立，调控方式有较大改进，调控货币和信贷的能力有较大提高。

计划体制改革加快，计划管理职能逐步改变。根据市场经济体制的要求，国家计划总体上应当是指导性的。为此，1993 年国家计委直接管理的产品计划指标开始大幅减少。1993 年指令性计划工业产值占全部工业产值的比重已

不足 7%。计划部门也积极转变职能，从偏重于用行政手段直接管理微观经济活动，转向研究发展战略、重大方针政策，制定中长期规划；从偏重于关心全民所有制经济活动和工业生产建设的管理，转向引导和调控全社会经济活动，重视生产、分配、流通、消费全过程，面向市场，调节供求。在年度计划实施中，加强了即期调控。针对经济运行中的突出矛盾和影响全局的问题，与财政、金融密切配合，运用各种经济手段、经济法规和必要的行政手段，改善和加强宏观调控。同时适应市场机制的作用特点，建立并逐步完善了宏观调控制度，包括 1993 年建立的国家订货制度，1995 年建立的粮食、棉花等 15 种重要商品中央与地方两级储备制度及风险调节基金、价格调节基金制度等。

经过三十多年的改革，我国以公有制为主体、多种经济成分共同发展的所有制结构已经建立，市场在资源配置中的基础性作用明显增强（已有约 80 个国家和地区，以及日益增多的国家承认中国的市场经济地位），宏观调控体系的框架初步建立，"以市场调节为基础，以国家调节为主导"的双重调节制度开始逐渐成形并日渐完善。尤其在 2008 年后抵御百年不遇的西方金融危机的冲击，强有力的、科学的国家调控发挥了决定性作用，保持了国民经济又好又快发展。

第二节　基础与主导：双重调节制度的内涵与特征

国家主导型的多结构市场制度，是指多结构地发展市场体系，发挥市场的基础性配置资源的作用，同时发挥国家调节的主导型作用的市场制度。中国确立和完善以各种商品和生产要素为交换对象的市场客体结构，以各种市场客体占有者或交换活动当事人为内涵的市场主体结构，以各种市场主体和客体活动地方和范围为基础的市场空间结构，以交换起、终点的持续性和顺序性为特征的市场时间结构，形成结构完整、层次合理、机制灵活和偏向买方的市场体系。中国经济在保持发挥市场调节资源配置基础作用的同时，注重发挥国家的计划手段和财政、货币政策的调节作用，维护宏观经济的稳定性、平衡性和持续性，以期全局利益的统一性和最大化。在廉洁、廉价、民主和高效的前提下，确立"小而强的政府"的主导地位或首脑地位。既要用市场调节的优良功能去抑制"国家调节失灵"，又要用国家调节的优良功能来纠正"市场调节失灵"，实现一种"基础－主导"的双重调节机制，形成强市场和强政府的"双强"格局，国家的经济调节职能和作用要远远大于资本主义国家，体现出中国特色社会主义的本质要求。

一、国家调节与市场调节相互耦合的机理

邓小平所说的"计划和市场都是经济手段"，是相对于社会主义本质而言的，但不是一般的可有可无的手段，不是"表层关系"，而是与社会主义制度存在着内生联系，计划（可理解为国家调节的简称）与市场又是配置资源相辅相成的"两只手"。

社会主义制度、市场经济（狭义的市场调节）、国家调节或宏观调控（计划），这三者统一于生产社会化规律，都是根植于生产社会化的客观要求，而不是孤立存在的东西。大家熟知，资本主义社会的基本矛盾是生产社会化与生产资料私人占有的矛盾，生产社会化的客观规律必然冲破大资本私有制的束缚，实现生产力社会化与生产关系社会化的辩证统一。这就是社会主义必然代替资本主义的客观规律性。而市场经济与宏观调控（计划）则是生产社会化规律所要求的资源配置的一种不可或缺的手段。三者统一起来，才能形成强大的发展活力。

毛泽东精辟地指出："计划是意识形态。意识是实际的反映，又对实际起反作用。"[1] 就是说，它是第二性的。它所反映与反作用的客观实际平台主要是商品市场关系，是第一性的。

如果说"看不见的手"是市场机制的主干，那么"看得见的手"（计划）则是它不可或缺的"神经"，是强化与协调"社会联系"的必然要求，在一定领域、一定时段还可能起着主导作用。由于社会化程度的提高，这只"手"的作用还在加大。这也体现了社会化规律的规律性。随着社会化程度空前提升和人类文明的发达，公共事业日益扩大，可持续发展成为人类关注的热点，"看得见的手"已经形成体现计划性的日臻完备的庞大系统。从发达国家市场

---

① 《毛泽东文集》第八卷，人民出版社1999年版，第119页。

经济的运行情况看，目前已初现轮廓的有六个体系：（1）以经济、法制、行政手段相配套的庞大的宏观调控体系，发挥经济运行的调度功能；（2）以税收政策为主要手段的收入调节体系，发挥效率与公平的制衡功能；（3）以社会保障为主体的后备补给体系，发挥社会经济的稳定功能；（4）以自律和他律相结合的社会信用体系，发挥健全市场秩序的导向与规范功能；（5）以各类公共事业组成的社会公益体系，发挥为社会服务与管理功能；（6）以环境保护、节约资源、节制人口为职责的生态监管体系，发挥可持续发展、人与自然和谐的维系功能。它们是市场经济正常运行的必备条件，市场经济愈发达，六大系统愈健全，是社会化扩展和提升的内在要求使然。但这六个体系都是狭义的市场调节所不能涵盖的。以公有制为主体、共同富裕为宗旨的社会主义市场经济，更要进一步健全、充实宏观经济，优化宏观调控（计划）机制。

有人把市场的本质说成是单纯的"自由化"，同计划手段绝对对立起来，这是一种肤浅的、片面的认识，是为新自由主义所歪曲的观点。历史地看，市场经济作为社会化的一种交换方式，其调节配置功能随着社会化程度的提高已形成三种梯级（简单商品经济除外）：第一种，以私有资本主义制度为平台，主要靠自发调节，犹如生物界单细胞生物的个体性自我调节，属于低级的、原始的经济调节和资源配置；第二种，以大资本所有制为主宰，以个体自发调节为主，加上一定力度的宏观调控体系，犹如生物界的多细胞生物，既有细胞层的调节，又增添了体液调节，但不能从根源上克服自发性的残畸，属于中级层次，现代垄断资本主义市场经济就是如此；第三种，在国家总体调节下充分发挥微观调节功能，把市场和计划两种配置资源的方式结合起来形成合力，犹如生物界的高等动物，除了细胞、体液的调节之外，还须增添神经系统的总指挥，属于高级层次。事实表明，市场经济高级层次必须排除私有经济特别是大垄断资本对社会化运行的干扰，体现社会化生产力和社会化生产关系的辩证统一，依托公有制为主体的制度平台和政府的主导作用健全"神经系统"。市场调节和宏观调控都是社会主义市场经济的组成部分，都是生产社会化规律的客观要求，二者之间也是矛盾的统一[①]。全面地看，目前我国经济社会积累的矛

[①] 刘国光学部委员对此已做过科学的论证。参见刘国光：《有计划，是社会主义市场经济的强板》，发表于《光明日报》，2009 年 3 月 17 日。

盾不可忽视，有的相当尖锐，需要用科学发展观澄清和排除西方"市场原教旨主义"的干扰，统领社会主义市场经济继续优化，引导这个"高级形态"的"神经器官"不断完善与优化。

从运行系统考察，发达市场经济有它自身的金字塔形运行结构。所谓市场经济运行结构，是指市场经济运行大系统的构成要素及各种要素的功能和相互关系。市场作为交换关系的总和是生产社会化的产物，体现社会分工与社会联系的矛盾统一，并以价格信号作为资源的基础性配置动力，同时要求多种形式的宏观调控组织手段相匹配。这样，市场经济运行中构成三个基本层次：（1）市场基础主体，即承担社会分工职能的生产经营主体企业与最终需求主体消费者；（2）市场枢纽主体，即交换（交易）的体系与场所；（3）宏观调控主体，即以政府为核心的、行使协调和计划职能的组织及其拥有的手段。这三个基本层次是任何发达市场经济所不可或缺的。金融则处于第三层次和第二层次之间，是一个特殊的准层次（如图3-1所示）。

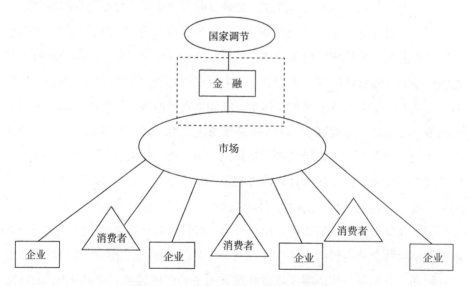

图3-1 市场经济运行结构及金融的地位

金融之所以处在第二、第三层之间，是因为它是价值形态的独立组织，具有两重属性，既承担宏观调控的职能，又是从事金融贸易（包括作为经营货币的企业银行和各种证券及衍生品交易）的主体。前者属于调控功能，后者属于企业活动，它本身也需要宏观管理。列宁曾把金融视为"旧资本主义的上层建筑"①，它凌驾于整个经济之上，并起一定的支配作用。社会主义市场经济运行结构的特殊性在于以公有企业为主要基础，其上层建筑代表人民的利益，统筹协调功能有力。

综上所述，用市场经济表现生产社会化的观点看，市场调节是基础性的资源配置机制。按照马克思的说法："市场是流通领域本身的总表现。"② 这是一切经济关系的总结合部，集中了下述几个基本关系：生产与消费（即供给与需求）的关系、生产企业与消费者的关系、各种生产要素（资金、技术、信息、劳务及一切生产资料）重新配置的关系。由于价格机制功能也会在一定程度上表征分配关系，包括积累和消费比例及其相应的物质形态（生产资料和生活资料）的关系、劳动者消费资料的分配关系，以及社会消费、团体消费与个人消费之间的关系等。这些关系集中地表现为总供给和总需求的关系及供需双方结构关系，而供需中的诸类关系又以价格的变动反映出来，并进行一定限度的自发调节，成为一种波动中的自然制衡机制。这种"无形的手"表现了供求规律、价值规律和竞争规律的合力。可见，市场天然地承担着三种职能——联结生产、消费及分配的总枢纽，反映各种经济关系变动的温度计，调整各种比例关系的调节器。市场处于商品经济的枢纽部位，是商品经济的基本范畴。任何以社会化生产为基础的社会经济体制如果完全离开市场调节，就必然脱离实际、脱离基础，犹如神经系统脱离有机体，自然没有存在的依托和载体。

然而，市场调节的自发性又有很大的缺陷，会造成很大负面效应，特别是经济危机，必须用计划性加以弥补和制约。计划性也是生产社会化的要求，市场经济愈发达愈要求社会化，从而也就愈要求计划来调节。社会主义市场经济因其建立在生产资料公有制为主体的基础上，可以消除资本主义私有制造成的弊端，扫除私人集团为实行统一计划造成的障碍，能够在更大范围内实行自觉的调节，实现"全国一盘棋""集中力量办大的好事"。这种"自觉"主要表现在对市场调节的利用、疏导、节制、协调和必要的弥补上，具体手段是有目

① 《列宁全集》第 36 卷，人民出版社 1985 年版，第 140 页。
② 《马克思恩格斯全集》第 49 卷，人民出版社 1982 年版，第 309 页。

的地利用经济杠杆、法律手段和必要的行政手段统筹协调，形成强有力的、完整的宏观调控体系。当然，从某种意义上说，计划作为上层建筑和意识形态，它所反映的不只是市场实际，而且还包括市场以外的自然、社会、科技的实际，不是仅靠市场自发配置资源。

可见，宏观调控或计划不是社会主义市场经济外在之物，而是其内在机制，即主要是市场调节和调节市场的双导向运动。也就是说，自发的市场调节与自觉的调节市场之间形成互相制约、互相转化的关系和有序的循环运动流程。市场调节是调节市场的基础、出发点和归宿；调节市场是市场调节的升华、方向盘和调度室。调节市场不是随意性的调节，而主要是根据市场的运动规律、反映出来的各种指数和信号制定决策与计划，然后主要利用经济手段自觉地利用市场机制对整个经济运行进行调节，其过程为：市场—计划（控制、协调）—市场。从市场中来，到市场中去，把市场机制自觉化，再通过市场调节整个国民经济，调节企业的行为、供求关系的变化、消费者的行为、扩大再生产的方向和规模等（当然还体现市场关系以外的许多内容），这就是"科学计划论"的基础内涵。

如何实现"市场调节、调节市场"双导向运动呢？依据六十多年的历史经验证明，关键的环节是利用科学技术，特别是信息理论和信息技术，形成一个反馈—调控的运动。以金融为例，有学者指出："信息流和资金流已成为当代资本市场的两大基本要素"，"如果说金融是经济的血液，那么信息就是金融的经脉。"[①] 信息流在市场经济的宏观调控已成为神经网络。

按照市场经济的运行特点和运行结构，使社会生产运行"大循环"与企业扩大再生产运行"小循环"的有机结合，经济控制系统有最高点和最低点两极：最高点是调节社会经济的总枢纽机关（中枢），最低点是商品生产经营者（企业）和消费者。两极之间隔着一个广阔的"中间地带"——市场体系。它集中了商品所有者之间、生产经营者与消费者之间的全部经济关系，也是微观经济与宏观经济的结合部，既能通过供求关系、价格变动反映各种比例关系，又能依靠规律自发地调节这些关系。两极都要及时掌握市场信息，又能在

---

① 鲁炜：《信息传播不客观、不公正、不全面是造成金融危机的重要原因》，发表于《经济参考报》，2009 年 5 月 25 日。

市场中力图自觉地利用各种机制和手段调节经济关系。形象地说，宏观控制信息反馈系统就是给市场调节这只"无形的手"装上"神经器官"，在这个自然的大调节器上装设电脑，使自发调节联结自觉调节。所谓信息政府、电子政府，就属于这一类型。这一反馈系统的基本框架就是在中枢—市场—企业三者之间装配信息反馈和控制的子系统及各种职能机构，形成输入—处理—输出的循环运动，在这个大系统中，按功能分为六个子系统：（1）输入系统；（2）处理系统；（3）输出系统；（4）商调系统；（5）中协系统；（6）微调系统。如图3-2所示。

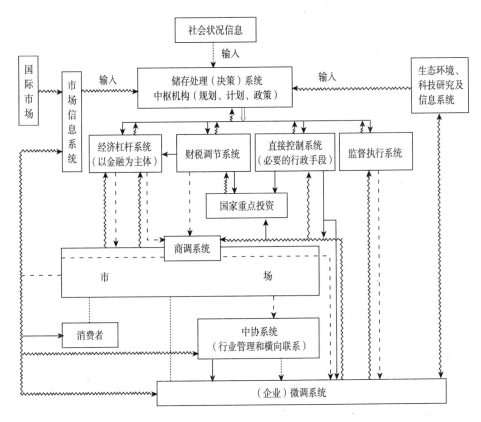

注：〜〜〜 信息反馈；⟹ 信息输出；- - - - 间接控制；—— 直接控制；……… 市场调节。

图3-2 宏观控制信息反馈系统框架

二、以市场调节为基础，以国家调节为主导

在经济体制改革中应当逐步建立一种以市场调节为基础、以国家调节为主导的新型调节机制，以适应现阶段社会主义市场经济发展的客观需要。

（一）"以市场调节为基础"的基本含义

市场调节是价值规律通过市场对经济运行和经济行为的调节，表现为价格、供求和竞争等市场机制要素之间互相作用而产生的协调效应或调适效应。所谓"以市场调节为基础"，其基本含义就是指着重发挥主要直接调节企业和劳动者个人的市场机制的短期配置功能、微观均衡功能、信号传递功能、技术创新功能和利益驱动功能。然而，市场调节的功能强点并不能掩盖其固有的功能弱点。对此，可以扼要地概括为四点。

其一，市场调节目标偏差。在实现国民经济整体运行的目标时，由于市场调节中没有宏观经济决策的主体，单受市场引导的企业是不可能事先洞察国民经济发展目标和方向的，因而极易在追求利润极大化的过程中偏离这些目标，使宏观计划落空。

其二，市场调节程度有限。在有外部性的部门，尤其是交通运输等基础设施和水、邮电、环卫等公用事业，以及在稀缺资源的产品生产和盈利率低、投资周期长的基础工业方面，市场调节的程度不是很深。即使加大价格与价值的背离度和刺激竞争，也无法使这些产品和劳务短期内迅速增长。而在非营利性的教育、卫生、基础研究、国防等领域，接受市场调节的可能性更微弱。

其三，市场调节速度缓慢。市场调节天然存有事后调节的滞后性，在引诱产业结构演变高级化进程中速度较为迟缓。这是因为：市场供求不平衡—价格变动—企业调整经营决策—市场供求暂时平衡，这一连锁反应需要较长的时间。况且，市场信息并非完全透明，既有已知的"白色信息"，也有未知的"黑色信息"和半知的"灰色信息"，加上市场体系和市场机制不可能尽善尽美，生产经营者往往只能在市场能见度较低的条件下，根据现期价格和供求的状况规划下期行动。这样，企业的经营抉择不免带有相当的近视性或盲目性，又被技术频繁转换的困难束缚，从而不利于社会产业结构的优化。

其四，市场调节成本昂贵。市场调节的目标偏误、时间延滞、摩擦损失等因素的客观存在，使得在收集市场信息、均衡经济波动、静态和动态的负外部效应、防止过度垄断、缓解高失业和高通胀、消除畸形分配和非理性消费选择等一系列问题上，社会必然要投入较多的劳动，这就间接或直接地增大了市场调节的成本。以实证的眼光观察，这些调节费用的相当部分纯属资源虚耗。

总之，市场调节的优势功能确立了它在社会主义经济调节体系中的基础性地位。同时，其固有的功能欠缺又导致国家调节的必然出现。

（二）"以国家调节为主导"的基本含义

国家调节是指国家运用经济、法律、行政、劝导等手段，自觉地按照经济发展总体目标分配社会总劳动，调节整个经济行为。国家调节的精髓是计划调节。完整的国家计划调节由计划指标、经济政策和经济杠杆构成。只有把这"三位一体"中互相关联的三因素耦合成为系统的功能，才能充分释放其隐含的能量。所谓"以国家调节为主导"，其基本含义是指着重发挥主要调节宏观经济的国家机制的宏观制衡功能、结构协调功能、竞争保护功能、效益优化功能和收入重分功能。如同市场调节一样，国家调节在整个宏观经济和某些微观经济领域中具有一些劣势。已有的社会主义实践表明，国家调节容易患有下列四种功能性痼疾：

其一，国家调节偏好主观。政府系统和人大系统是国家调节的两大主体。我国包括中国人民银行和国家统计部门等在内的所有经济管理组织均隶属于政府，而各级政府和主管经济部门又都不同程度地存在急于求建政绩，甚至奇迹的非理性短期行为。在政府与人大机构之间互相制约的机制尚未健全的情况下，一旦国家偏好背离现有生产力和有计划商品经济内生的强烈要求时，这种不科学的国家调节就不免带有唯意志论和片面性，形成功能性障碍。

其二，国家调节转换迟钝。由于国家宏观调控决策可能缺乏可靠的信息、决策程序可能过于复杂、决策时间可能较长、决策成本可能太大等若干因素的存在，即使发现国家调节有误，或根据新情况亟须转换调节形式和内容，但也常常陷于呆滞状态，不能及时灵活地进行调节变换，造成一种与"市场调节失灵"相对应的"国家调节失灵"现象。

其三，国家调节政策的内耗。当国家运用财政、金融、价格、收入、税收、汇率、消费等各种经济政策调节市场体系和企业行为时，倘若国家政策体系内部不能配组协调，甚至作用相反，就会导致"政策内耗"，即各项政策功能抵消。当然，在国家决策机制较为健全的条件下，政策功能内耗的现象会少些，但也不会完全消失。

其四，国家调节动力匮乏。国家调节要通过国家工作人员积极主动地制定和组织实施各种目标、步骤及具体方法来实现，可是有关工作人员经常出于个人、本地区、本部门或本阶层的狭隘利益考虑，不愿意自觉适时地调解经济发展中已暴露出来的矛盾和问题。尤其是在众多企业和个人的"下有对策"面前，国家调控的"反对策"往往显得苍白无力。其结果，要么是集权僵化，要么是分权紊乱，使国家调节常常陷于官僚式的动力机制不足的局面。

总之，国家调节的良性功能确立了它在社会主义经济调节体系中的主导地位。同时，其不可完全避免的功能弱点，又决定了它必然要以市场调节为基础。

三、双重调节机制的特征及其表现形态

（一）双重调节机制的基本特征

1. 国家调控以市场机制为基础

在社会主义市场经济体制下，国家对国民经济的宏观调控是以市场为中介的。与计划产品经济体制不同，市场是国民经济运行中配置资源的基本方式，国家的宏观调控必须结合市场配置方式。因此，国家制定国民经济计划和经济社会发展战略目标以及宏观调控体系都建立在价值规律作用的基础上。国家宏观调控既要弥补市场调节的缺陷，又需要通过市场机制发挥作用。也就是说，资源配置的基础仍然是市场机制，宏观调控仍然要建立在市场机制的基础之上。

计划这一经济手段发挥着重要作用，但运用的方式有重大的改变。在现在的社会经济发展阶段，要实现完全的计划经济体制，对经济进行完全自觉的计划调控是不现实的。社会主义市场经济仍然应该以市场机制为基础进行资源配置，这已经是无可争议的了。但社会主义市场经济体制并不否定计划经济手段

本身，只是对其运用的方式有重大的改变。国家计划主要是规划国民经济的发展方向和重大战略。计划是通过咨询、比较、论证等科学程序制定的，既定性又定量，具有宏观性、战略性、政策性。国家对微观经济基本上采用指导性计划，主要是通过产业发展政策、市场准入政策、经济法规、有关经济信息披露等，发挥国家计划对企业决策的影响作用。

国家宏观调控以间接方式为主。国家不再像处于计划产品经济体制下那样，既要管整个经济的总量和结构，又要管企业的人、财、物等生产要素的调度，而是对企业实行间接调控。就是说，国家不再直接干预企业的微观活动，而是综合运用各种宏观政策和经济杠杆对市场进行调节，让市场引导企业按宏观调节的方向活动；调控的内容主要是协调社会总供给和总需求的矛盾；调控的手段以经济手段为主，但是不排斥运用必要的行政手段来保证经济手段的实施。

2. 国家宏观调控的目标是促进生产力发展和实现共同富裕

社会主义市场经济与现代资本主义市场经济都存在宏观经济调控，都以市场为中介运用宏观调控手段，在计划调节手段与市场调节手段上也具有许多共同特点，但是，由于两者的所有制基础不同，国家代表的统治阶级的社会性质根本不同，它们的宏观经济调控必然存在原则区别。现代资本主义国家是国家垄断资本主义，国家代表总资本家并主要代表垄断资本家阶级的利益，国家的宏观调控必然服务于他们的利益。社会主义市场经济的宏观调控是为巩固社会主义经济基础，为广大人民的利益服务的。宏观调控的目标、政策必须满足解放与发展生产力，消灭剥削和两极分化，最终实现共同富裕这个社会主义的本质要求。

中国特色社会主义经济发展道路强调生产力发展与共同富裕，强调以人为本和全面协调可持续的科学发展，都是构建中国经济宏观体系必须遵循的目的和方向。中国特色宏观调控体系的目标确定、职能设置及其方式、手段的选择，也应该服务于经济发展的根本目的和要求。按照这样的要求构建的宏观调控体系，必然会具有自己鲜明的特色。社会主义经济发展目标和经济社会实现科学发展的总体要求，为我国的宏观调控提供了科学的指导思想和新的方法论，开阔了我们的视野和思路，使我们不必局限于总量调节，不必局限于需求管理，不必局限于财政、货币政策，从而使我们可以突破传统宏观经济理论的结论或西方发达国家的经验范式和条条框框，探索创建出更加符合中国这样一个要实现赶超型发展的后发现代化国家和实现共同富裕的社会主义国家现实的宏观调控模式。

从生产力发展的角度看，宏观调控目标的重点，不仅要保持总供给和总需求的平衡，不只是保持经济稳定，更要注重经济发展和共同富裕。我国经济发展的历史位置决定了实现中国生产力的赶超型的历史性大发展是经济发展的根本任务，在经济社会全局稳定的基础上追求经济快速发展，是基本目标之一。宏观调控的内容不仅仅是经济总量的平衡和增长，而更重要的是结构的优化与升级，是经济增长方式和发展方式的改变与提升，是经济质量的提升和区域经济的协调，是生产力布局的合理化和经济与社会的协调发展。把最优经济增长建立在资源环境可承受范围内，将经济增长放到经济社会发展的大背景和大系统之中，从超宏观的视角来观察、思考宏观经济管理问题，将短期的经济增长与长远的经济发展统一起来，将与短期增长和稳定相关的宏观调控与长期发展相关的体制改革、对外开放、技术进步、制度变迁、文化传承等结合起来。

从生产关系和社会发展的角度看，宏观调控目标要充分体现社会主义生产目的和经济社会发展战略目标的要求。按照科学发展观的要求，从经济发展与社会事业发展、社会进步等的不协调，以及牺牲资源环境、单纯依靠高投入来拉动的粗放式经济增长方式的不可持续性等方面来认识，把宏观调控放在落实科学发展观、走新型工业化道路以及建设和谐社会等战略目标框架下来把握，提高了全国上下落实科学发展观、进行宏观调控的认识。[①]

总之，国家调节的总目的是要在经济持续发展和效益不断提高的基础上，不断提高人民生活水平，改善生活质量，按照兼顾国家、集体、个人利益的原则，在实现效率和公平有效结合的基础上更加注重社会公平，调整国民收入分配的基本格局，形成合理的社会各阶层的利益关系，防止两极分化，朝着最终实现消灭剥削、实现共同富裕的目标前进。在社会分工不断深化和经济结构调整升级的基础上，不断扩大就业领域，控制失业率和人口增长，搞好环境保护，保持生态平衡，实现可持续发展。

---

① 陈东琪等：《改革开放 30 年宏观调控的经验问题和理论探索》，发表于《中国经济时报》，2008 年 4 月 10 日。

3. 国家宏观调控的力度更大、范围更广、方式更多

国家宏观调控手段会受到不同社会生产目的的制约，会有不同的运用方式或对某些手段运用的程度不同。社会主义市场经济的宏观调控目标，是要促进生产力的发展和实现共同富裕，这就决定了我国宏观调控方式和手段的确定及选择，要在一般市场经济要求的方式和手段的基础上有所扩展和提高。宏观调控的方式要实现事后的间接调控与事前的直接引导相结合。宏观调控的方式不仅仅是间接调控，即通过制定诱导性的经济政策，主要是财政政策和货币政策等来调节经济。中国经济宏观调控体系要把"规划方式"放在重要的位置上。国家规划是由国家统一制定的国民经济和社会发展规划，是国家从宏观上调控经济运行的基本依据，是宏观调控的基本手段。社会主义市场经济中的国家规划不能像计划经济体制下那样，不是指令性的、实物指标为主的、直接下达到企业的、高度集中的计划，而是引导性、战略性、参考性的，主要内容是确立发展目标、重点、措施和基本方针政策。同时，国有经济担负着实现国家宏观调控目标的重任，它是国家干预经济活动的一个重要手段。市场调节和国家调控都是社会主义市场经济的组成部分，都是生产社会化规律的客观要求，二者之间也是矛盾的统一。

承认市场机制的自发调节作用，承认这种调节作用是基础性的，但也要认识到，市场经济的自发调节已经越来越明显地暴露出自身难以克服的弊端。对于这个问题，不少西方经济学家已经予以确认，指出市场并非万能，现实的资本主义市场经济存在"市场失灵"或称"市场失败"现象。现代社会化复杂性很高的经济系统已经提出了对经济运行进行自觉调节的客观要求，但由于私有制造成的利益分割和对立，使得实行自觉的事前宏观规划和调控缺乏公共利益的基础，并不能真正充分地实现。

自觉调控功能和规划机制的真正实现与不断提高，是需要一定社会经济条件的。在社会主义市场经济中，市场经济与公有制的结合已经为经济运行和发展的"规划性"与"自觉性"的真正实现及提高提供了客观条件，消除对抗性的利益分割对实行自觉的宏观规划造成的抑制和障碍，实行在更大范围内及更高程度上的自觉调节，实现"全国一盘棋""集中力量办大好事"。由于公有制为主体，因而国家对市场的调控具有较雄厚的物质基础，又有牢固的政治基础和广泛的群众基础，所以能够把人民的当前利益与长远利益、局部利益和

集体利益结合起来，发挥规划与市场两个手段的长处，把市场调节和宏观调控结合起来。社会主义国家的性质，社会主义公有制经济的主体地位，以及社会主义社会实行统一规划的客观可能性与集中资源力量办大事的优越性等，决定了我们要加强国家的宏观调控和政府调节。以公有制为主体、以共同富裕为宗旨的社会主义市场经济，更要进一步健全、充实宏观经济，优化国家调控机制和其他社会公益事业。

因此，国家调节的各项功能是社会主义市场经济的内在机制，这种机制主要是市场调节和调节市场的双导向运动，即自发的市场调节与自觉的调节市场之间形成互相制约、互相转化的关系和有序的循环运动流程。从市场中来，到市场中去，把市场机制自觉化，再通过市场调节整个国民经济，调节企业的行为、供求关系的变化、消费者的行为、扩大再生产的方向和规模，以及各种社会问题、生态环境的协调等。社会主义宏观经济调控体系中的不断发展的计划功能是其主要特征，是中国经济宏观调控体系特色的主要表现。

党的十七大提出"发挥国家规划、计划、产业政策在宏观调控中的导向作用，综合运用财政、货币政策，提高宏观调控水平。"[1] 十七大明确提出这个多年没有强调的国家计划的导向性问题，具有纠正一度在认识和实践中出现的偏颇的重要作用和意义，社会主义市场经济应该是"有计划"的。国家规划和计划导向下的宏观调控和微观规制，是中国特色社会主义市场经济所必备的内涵，社会主义市场经济应该实现自觉的、科学的国家调节或有效的宏观调控与价值规律及市场机制的"自发"调节的结合。正确认识社会主义市场经济中的"计划性"问题，应该是一个关系到社会主义市场经济运行机制总体特征的问题。[2]

国家调节是社会主义市场经济体系的重要组成部分，将贯穿社会主义市场经济发展的全过程。根据我国国情，按照社会主义市场经济的要求和科学发展观理念，深入探索有中国特色的宏观调控理论是一项长期的任务。今后相当长的一段时期，我国仍将是一个新兴市场经济国家和一个处于体制转型中的发展中国家，更重要的是，其目标和性质是社会主义的市场经济国家。这就决定了

---

① 《改革开放三十年重要文献选编》（下），中央文献出版社 2008 年版，第 1726 页。

② 刘国光先生对此已做过科学的论证。参见刘国光：《有计划，是社会主义市场经济的强板》，发表于《光明日报》，2009 年 3 月 17 日。

我国宏观调控与微观规制不仅仍将面临较为复杂的经济背景，而且还面临更高的经济和社会目标，要在一个时期内完成多重任务，既要实现总量平衡目标，又要同时推进改革开放和结构调整升级，还要实现以人为本、让全体人民共享改革和发展成果的目标。总之，我国以宏观调节为主的体系将在这个过程中不断完善和发展。

（二）市场调节与国家调节的结合性

市场调节与国家调节存在着对立统一的辩证关系，其结合性可从下述三方面去认识。

一是功能互补性。它们的互补至少可以概括为：在层次均衡上的微观与宏观互补；在资源配置上的短期与长期的互补；在利益调整上的个体与整体的互补；在效益变动上的内部与外部的互补，在收入分配上的高收入与低收入的互补；等等。市场调节和国家调节的功能互补，既有侧重点，又有渗透性。一般说来，在单个经济单位的活动、普通资源的短期配置、收入和利益的日常调整以及一般的经济行为方面，市场调节的功能明显强于国家调节，但也要求注入计划机制因素，实行国家导示，在产业结构、国民经济总量、社会的所有制结构、重大工程、最主要的产品、重要资源的长期配置以及收入和利益的较大调整方面，国家调节的功能又明显强于市场调节，但也要求注入市场机制因素，发挥市场对国家计划的反馈和制约作用。可见，市场调节和国家调节的功能性结合与互补，深刻地表明现阶段经济调节的新机制有着本质上的统一面。

二是效应协同性。开放性经济运行系统在一定的外部条件下，其内部市场调节系统和国家调节系统之间通过非线性相互作用而必然产生协同效应。若逐渐扩大两大调节系统的机制背反性，则协同效应可能为负，造成经济运行系统走向混乱或无序；若逐渐发挥两大调节系统的功能互补性，则协同效应可能为正，有利于形成经济上高度稳定有序的组织，即耗散结构。详细一点讲，市场调节与国家调节的正协同效应体现在以下几方面：首先是协同范围。市场与国家计划都要涵盖全社会。其中，市场关系（或商品货币关系）将成为整个社会经济活动的普遍联系形式，等价交换是它的基本准则；国家计划将成为整个社会经济活动的目标导向，规范和影响一切经济行为。二者非板块式的全社会规模的有机结合为正协同效应的产生奠定了基础。其次是协同方式。市场与国家计划可以达到双向相容，也就是说，市场中渗进计划机制，计划中吸纳市场机制。作为前馈的计划指导市场，作为后馈的市场制约计划，二者的融合建立起高效而又灵活的"前馈—反馈"调控机制。最后是协同走向。市场调节从微观向宏观，呈现为"企业—市场—国家"的经济循环流程，国家调节从宏观引向微观，现为"国家—市场—企业"的经济循环流程。市场与国家计划的这种对流式传导，沟通了微观层次与宏观层次的联系，提高了协同力。简言之，市场调节和国家调节的正协同效应，也有力地表明现阶段经济调节的新机制有着本质上的统一面。

三是机制的背叛性。当市场调节机制依据价值规律、供求规律和竞争规律发生作用时，价值目标有可能排斥社会急需的使用价值生产，甚至贩卖假货、以次充好、缺斤短两等，损害国家和公众的利益，市场波动会造成某些虚假的需求，其自发倾向有可能导致经济发展的盲目性；利益本位有可能冲击宏观经济效益和社会其他效益，形成各种垄断，妨碍近期利益和长期利益、局部利益和整体利益的有机结合。这些均同国家调节的目标及机制相悖。同样，当国家调节机制依据基本经济规律和有计划发展规律发生作用时，使用价值目标有可能排斥经济核算和等价交换，形成众多的"政治产品"，如"跃进钢""安定粮""政治菜"等，计划导向有可能不恰当地采用指令性计划和直接行政控制，造成集权僵化的局面；国家利益有可能被强调过度，损害企业和个人的利益，窒息劳动者的积极性和创造性。这些又均同市场调节的目标和机制相悖。因此，市场调节和国家调节的机制背叛性是一种客观现象，无法完全避免，这清楚地表明现阶段经济调节的新机制有着本质上的矛盾面。

（三）市场调节与国家调节的现实结合态

从理论上搞清楚市场调节与国家调节结合的特性，目的在于具体构造二者结合的状态时，防止调节系统的功能性错位，加强功能性互补，减少调节系统的负熵值，增强协同正效应，缩小调节系统的机制背叛性，扩展机制一致性。那么，我们依据什么来设计和组织二者的现实结合状态呢？这里简略地勾画出四个维度以阐明结合的基本原则和概貌。

第一是产品维。它（包括劳务在内）有三个内容：其一，产品的类型及其作用。要区分能源、交通运输、邮电通信等基础性设施的产品，关系到国计民生、科技革命和外贸的其他重要产品，较次要的以及一般的产品。其二，产品所属产业的类型和行业的层次及其作用。产品的类型决定该产品属于何种产业和行业，进而有必要区分不同的产业、产业和行业内部的层次。处于不同产业和行业的产品有着重要程度不一的作用。其三，产品所属领域和环节的类型及其作用。在上述两点基础上，还要区分该产品所处的领域和领域内部的环节。如分清生产领域、分配领域、交换领域、消费领域、物质经济领域与文化经济领域、军工经济领域与非军工经济领域、生产领域内部的初级产品环节与再加工产品环节、流通领域内部的批发环节与零售环节等，处于不同领域和环节的产品，其作用的内涵和重要性不尽一致。毋庸置疑，市场调节和国家调节首先要围绕产品维确定二者结合的程度、方式和范围。一般说来，属于主导产业、非竞争性行业及其他较为重要和特殊的产品，国家调节的力度强一些，方式直接一些，而市场调节的力度弱一些，甚至在极少数产品生产和交换的范围内没有更严格意义的市场调节。反之，对于其他较为次要的产品，情况正好相反。

第二是产权维。它含有三个内容：其一，产权性质不同的企业。全民所有制企业、集体所有制企业、合作所有制企业、私营企业、中外合资企业和合营企业、外商独资企业及各种混合性质的企业，它们的财产权利与国家的关联度不一样，这决定其接受市场调节和国家调节的特点。其二，同一产权性质的企业在所有权与经营权方面的分离度。比如国有企业，当它们分别采取承包、租赁、股份和直接经营等形式时，两权分离的差别是很大的，这又必然决定其接受市场调节和国家调节的特点。其三，由产权关系制约的企业规模。通常国营企业、股份企业和许多国有企业的规模较大，而私营企业、集体企业、合作企业和租赁企业的规模较小。规模相异的大、中、小企业客观上需要采取灵活多样的调节措施，这也必然决定其接受市场调节和国家调节的特点。毫无疑问，产权关系及由此制约的企业规模是社会主义经济调节的基石之一。就一般情况而言，对国有大型企业和部分中型企业，偏重于进行较"硬"的国家调节，而对非公有制企业、集体企业、合作企业和众多的国有中小型企业，偏重于实行较"软"的国家调节或不完的市场调节。

第三是地区维。它有两个内容：其一，城市地区与农村地区。像上海这样的工商业城市，武汉这样的重要中心城市，常州和无锡这样的较发达中等城市，江阴和阜阳这样的新兴小城市，它们在各省、各区域乃至全国的经济地位和作用均有颇大的差异。温州、泉州、苏南、苏北等广大农村地区经济发展也各具特色，极不平衡。在这些情况有天壤之别的城乡地区，实行市场调节和国家调节的方式与手段必须因地制宜。其二，开放地区与非开放地区。对深圳和海南等全开放的外向主体型地区、非开放的内向主体型地区以及处于两者之间的内外双向型地区，实行市场调节和国家调节的深度与广度必然有重大差别。此外，经济调节机制在我国东部、西部、中原等地区，或在老、少、边、穷地区与其他经济较发达地区，也肯定具有不同的特点和作用，但其状况可以部分地被上述两项内容所涵盖。无须赘言，地区维对于社会主义经济调节系统存在着重要意义。国家对经济区位（生产区位、市场区位等）活动的干预和调节，必须考虑该区位的资源、运输、贸易、规模、劳动力、科学技术、地域特点等经济因素以及政治、文化和民族等其他社会因素，利用差别税率、差别利率、差别价格、差别收入、地区财政支出这类经济政策及经济指标，推行中观经济层的区域调控。通常说来，农村地区、中小城市和沿海开放地带应较多地吸纳市场调节机制，大城市和非开放地带则应较多地吸纳国家调节机制。

第四是时间维。它主要包括两个内容：其一，经济松扩与经济紧缩。从短期分析，当经济处于松扩时期，相对说来，供给不足、市场繁荣、银根松弛，此时市场环境便于较多地发挥市场调节的作用，但又不能放弃国家调节；当经济处于紧缩时期，相对说来，供给充裕、市场疲软、银根收紧，此时市场环境需要适当强化国家调节的作用，但又不可偏废市场调节。其二，初级阶段与中级阶段。从长期分析，社会主义初级阶段实行含计划主导性的商品经济体制，市场调节必然逐渐成为基础性的调节，国家调节必然逐渐成为主导性的调节；而社会主义中级阶段也许实行含计划主体性的产品经济体制，市场调节将慢慢成为辅助性调节，国家调节将慢慢成为主体性的调节。由此看来，在探析市场调节和国家调节的实际结合态时，有必要以时间作为描述和表达二者关系的尺度。这无论是对新中国成立后经济史进行实证分析，或是对当前完善社会主义市场经济体制时期进行对策研究，还是对整个初级阶段和以后阶段进行目标选择，都是极为重要的。可以断言，只有纳入时间维，才能透彻地说明和科学地规定各个时期内市场调节和国家调节的不同结合关系。

以上阐述表明，产品维、产权维和地区维构成了市场调节和国家调节的

"三维立体结合态"，若加进时间坐标，便构成"四维空间型结合态"。只要我们确立时空定位观念，遵循四维的客观要求和基本内容，就能逐步正确地把握两种调节相结合的深浅程度、融离方式、广狭范围和强弱力度，并在实际操作上不断变换运用指令性计划调节、指导性计划调节和市场自发调节等，切实搞好各种具体形式的动态配组。

我国采取国家主导型的多结构市场制度，既发挥了市场在调节资源配置中的基础作用，又发挥了国家在调节资源配置中的主导作用。一个完善的多结构的市场体系形成的市场机制能使资源配置趋向优化，但"趋向优化"的过程伴随着资源浪费，因为市场机制调节资源配置是以价格变化为信号，但价格信号具有滞后性，当某行业资源配置过多，产品供过于求，价格下降时，该行业生产者才开始缩减生产，但此前由于商业信用和银行信用制造了大量虚假需求，生产者根据价格信号做出反应时该行业已经存在大量资源浪费。同时，在企业外部性、垄断、信息不对称、公共资源和公共产品等方面的市场失灵更会造成大量的资源浪费和严重的效率低下。要发挥市场机制能使资源配置趋向优化的优势，必须发挥市场在调节资源配置中的基础作用；要克服市场机制的上述缺陷，必须发挥国家在调节资源配置中的主导作用，我国进行社会主义市场经济体制改革以来的经济实践证明，国家运用计划、财政政策、货币政策等手段对国民经济进行调控，对修正市场机制的缺陷起到了立竿见影的作用。

第三节 构造与耦合：健全现代市场经济体系

市场体系的实质是市场的组成结构，即各个领域、各个方面、各个层次互相联系的市场有机构成。完善的市场体系是成熟的市场经济的标志之一。可以说没有完善成熟的市场体系就不可能形成全国统一的大市场，也不能建立起完善的社会主义经济体制。我们必须积极探索社会主义市场体系，把它作为市场建设的重要目标。

一、市场体系在资源配置中的作用

市场体系是由市场要素构成的市场客观有机统一体。它是由消费品和生产资料等商品市场，资本、劳动力、技术、信息、房地产市场等要素市场，以及期货、拍卖、产权等特种交易市场之间相互联系、互为条件的有机整体。现代市场经济条件下的市场体系，在社会资源的配置中发挥着巨大的基础性作用。

第一，市场体系为生产要素的充分流动提供了条件和场所，为资源的优化配置提供了重要的物质保证。在市场价格、供求、竞争等机制的作用下，商品生产者和消费者在追求利益最大化的驱使下，按照商品交换的平等法则，通过价值规律的作用和充分的市场竞争，使社会资源由配置效率低的部门流向经济效益好、配置效率高的地区、部门和行业，从而实现资源在全社会的合理配置和优化组合，使有限的社会资源得到充分合理的利用，防止社会资源的浪费。

第二，市场体系能够促使企业技术和管理的不断创新，提高生产力的发展水平，提高社会资源的利用效率。在优胜劣汰、适者生存的市场法则作用下，那些技术装备水平低、生产成本高、产品质量差的企业往往在市场上处于被动地位。市场体系是在商品生产中运用个别劳动时间与社会必要劳动时间不断磨合的载体，能够促使企业尽可能地提高劳动生产率、降低物化劳动和活劳动消耗，使个别劳动时间低于社会必要劳动时间而获取超额利润。劳动生产率的提高又促使企业在技术和管理上不断创新，而技术和管理上的创新又为降低物化劳动和活劳动消耗提供了可能，从而使生产要素得到合理充分利用。

第三，市场体系是沟通生产者与消费者的桥梁和纽带，通过市场机制的作用实现生产与消费、供给与需求的动态平衡，达到全社会资源共享、经济和谐发展的目标。生产与消费、供给与需求的不断变化又不断相互适应的过程，是社会再生产的动态平衡过程。无论是商品的供应者还是需求者都设法追求效益最大化，但二者都处于不断变动中，生产者不可能准确知道消费者的个人偏好，消费者也不可能准确知道生产者的生产趋势，解决二者信息互不对称的途径就是通过各类市场提供各种信号，如商品价格、工资、利率、租金等使人、财、物进行重新组合，以适应消费者不断变化的需要，同时消费者也受收入约束而自动调整自己的消费行为，以适应一定时期内商品供应状况。在市场体系完善的情况下，生产要素通过充分流动，完成供求间的动态平衡，从而达到社会资源在全社会的分配比例基本协调，实现全社会资源共享、经济和谐发展的目标。

第四，市场体系降低了交易成本，提高了资源配置效率。在市场经济条件下，各个市场主体，在价值规律推动的利益目标驱动下，以分散决策的方式，从事市场经济的交易活动。他们根据市场提供的供求、价格等各种信息，凭借自己掌握的经验和知识，对未来价格、利润率、利率等变量进行预测与计算，做出生产经营决策及消费决策。这种分散决策方式改变了计划产品经济条件下那种信息纵向收集和传输渠道过长的低效率状况，减少了信息的人为扭曲现象。决策主体可以从市场上直接收集到有关经济信息。在市场经济中信息是横向传递和反馈的，传递速度快，较少被扭曲。这就有助于经济运行效率的提高。在市场竞争中，利益和风险并存的情况使市场竞争环境更具约束力，有助于生产经营者在决策中减少随意性从而使生产经营更具效率。

二、市场体系的构成

现代市场体系是指由各种形态不同、功能各异的市场，根据市场经济运行的内在要求，相互联系、相互依存、相互制约，并按一定方式构成的有机整体，它是市场结构、市场机制和市场功能的有机统一。

（一）社会主义市场体系的含义和特点

要搞清市场体系，必须首先搞清市场的含义。因此，这里先剖析"市场"概念，后探讨市场体系的含义和符合现代市场经济规范的社会主义市场体系的特点。

1. 市场的四重规定①

我们知道，市场是社会生产力发展到一定历史阶段而产生的。它的形成和发展显示出鲜明的特性：由于市场产生于物质生产方式，与一定的物质生产力相联系，因而它具有客观物质性，又由于市场冲破自然分工束缚，与社会分工结缘，集中体现人与人之间的社会经济联系，因而它具有社会性；由于市场伴随着人类的历史发展从低级到高级逐渐演化，与一定的社会形态和社会发展阶段的历史相联系，因而它具有历史性；由于市场是在不同的文化氛围中发育成长的，受一定的道德、观念等精神文明的渗透和制约，因而它具有文明性。那

---

① 《程恩富选集》，中国社会科学出版社 2010 年版，第 649～654 页。

么，市场的准确含义是什么呢？按照马克思主义的理论启迪和经济现实，我们可以对"市场"范畴作含义宽窄不一的四重规定。

（1）市场是进行商品流通的机构和场所。有商品生产和商品交换，就必定存在市场。随着商品生产和商品交换的发展，作为商品流通载体意义的市场，其数量和规模会日益扩大。

（2）市场是商品生产经营者之间全部交换关系的总和，而不是商品交换关系的个别方面，或单个人同单个人的交换关系。

（3）市场是商品经济中的交换要素，它在社会再生产诸环节中处于媒介和中心地位。以商品交换为内容的市场，是连接生产、分配、消费的中心环节，具有不可替代的特殊地位。

（4）市场是一种调节机制和资源配置方式或运行方式。单就商品经济来说，其基本的调节机制和运行方式就是市场。这也是为什么市场和市场机制有时互相通用的缘故。

2. 市场体系的概念及主要特点

有一种观点认为，社会主义市场体系就是指与社会主义有计划商品经济发展相适应的、具有多层空间结构的完整的统一市场。其实，这样来界定社会主义市场体系是将市场体系等同于统一市场，是把这两个有联系又有区别的范畴给混淆起来了。"市场体系"这一范畴强调的是各类市场的有机组合，而"统一市场"这一范畴强调的市场不能被人为地分割，可以说，市场的统一性只是市场体系的重要内容之一，而不是全部。尽管社会主义市场体系可以从多角度来考察，但其一般含义应当是指互相联系、互相制约的社会主义各种市场有机组合的整体或系统。一个完美的社会主义市场体系必须具备下列特点。

（1）结构完整、层次合理。社会主义市场体系既要包括消费品市场和生产资料市场，也要包活金融市场、劳动力市场、地产市场、房产市场、技术市场、经济信息市场等。

（2）内外开放、机制完备。原则上，所有的市场对内部是开放的，不搞行政性垄断的市场，消除一切不必要的"部门分割"和"地方分割"，并同国际市场保持着日益密切的联系。国内市场的对外开放理应有选择、有步骤、有限度，与国外双向开放相结合。

在市场机制方面，竞争机制、供求机制、价格机制、风险机制、货币流通机制等比较健全，市场主体的能动性较大，对市场信号的变动具有灵敏的良好反应能力，作为市场变量的价格、利率、汇率和工资等市场信号具有相当的自动性，使价值规律的积极作用得到充分的发挥。我们既要防止资本主义国家市场"过度竞争"的种种不良现象，也要大力推动合法的市场竞争。对于经济垄断要作具体区分，必须反对完全垄断市场类型，即某种商品只有一个卖主的市场类型，而对既含有垄断因素，又存在激烈竞争的市场类型，则应视实际情况采取不同的对策，不应一概反对。原因在于，社会主义要搞的不是完全自由竞争式的古典市场经济和市场体系，而是要搞合乎生产社会化、国际化潮流的现代意义的市场经济和市场体系，适度垄断机制可以与竞争机制合力发生互补作用。现阶段，国内外反垄断主要是反企业的垄断经营行为，而不是反生产经营的集中度。

（3）计划渗透、略偏买方。社会主义市场体系以公有制经济为主体，并受国家以计划为主要内容的多种调控机制的制约，从而成为计划主导下的市场体系。在传统体制下，市场主权一直是偏向卖方的，总需求总是大于总供给，甚至屡次出现严重失衡。实践已深刻地表明，生产资料和消费品乱涨价、通货膨胀严重、商业服务质量不高、企业经济效益和技术创新水平低下等，均会给改革、发展和人民生活带来紧张和混乱。因此，在市场的发展态势上，要纠正供小于求的倾向，重创供略大于求的局面，构建市场主权偏向买方的现代市场体系。但是，目前多数领域产能普遍过剩，供给大大超过需求的局面，也必须纠正和调整。

（二）社会主义市场体系的内在结构

考察市场体系的内部构造可以有不同的视角和分类法，然而其基本要素仍是清晰的：存在被交换的对象，即市场客体；存在交换对象的占有者和交换活动的当事人，即市场空间；存在交换的起点和终点的发展过程，即市场时间。广义的市场体系主要是由这三大要素构成的，其中每一个要素本身又是开放性的市场大系统的子系统。

1. 市场的客体结构

从最广的意义上来说，市场交换的一切东西均可称作商品，但细究起来，这种广义商品本身还可具体区分。

（1）按市场客体在社会再生产中的作用划分，有一般商品市场和要素市场。一般商品市场指消费品市场和生产资料市场，生产要素市场指资金市场、生产资料市场、劳动市场、技术市场、土地市场等。两类市场存在交叉现象，如生产资料市场既属于一般商品市场，又属于生产要素市场。

（2）按市场客体之间的相关性划分，有强替代性市场和弱替代性市场。消费品市场、生产资料市场、劳动市场、技术市场等属于强替代性市场，每个市场内部的各种因素具有弹性很大替代关系。相比之下，土地市场、资金市场等则属于弱替代市场，其内部各种因素之间的选择余地小，特别是在我国市场发育不完全的情况下更是如此。

（3）按市场客体存在的形式划分，有普通有形商品市场、无形商品市场和特殊商品市场。普通有形商品市场主要是指实物形态的消费品市场和生产资料市场。无形商品市场主要是指旅游市场、运输市场、科技市场、信息市场、劳务市场等。特殊商品市场是指劳动市场、金融市场、土地等自然资源市场。

2. 市场的主体结构

市场主体是一切市场客体的占有者或市场交换的当事人。在商品经济条件下，人们经济活动的舞台就是市场，他们以不同的经济角色支配着市场客体，成为市场交换中最活跃、最革命的因素，并推动市场体系从低级向高级演进。对市场主体的结构可以进行多视角的考察。

（1）按经济活动的范围和规模不同，市场主体分为个人及其家庭、企业、国家（或政府）三个层次。在市场交换活动中，最小单位的当事人是个人及其家庭。他们以劳动力所有者的身份为社会提供劳动，取得相应的收入和消费品，或者以独立生产经营者和投资者的身份从事私人经营和证券交易，取得经营的收益。工业、商业、金融、服务、信息等企业是市场最主要的交换力量，起着举足轻重的作用。国家既是市场活动的当事人，遵循价值规律与其他主体进行平等的交往，同时又是市场活动协调者和管理者，负责建立和维护市场秩序，调整包括自身在内的各个市场主体内部及相互之间的利益关系。

（2）按在社会再生产中的作用不同，市场主体分为生产者、消费者、交换中介者和市场调查者。生产者代表市场供给，提供各种产品和劳务；消费者代表市场需求，以购买者面貌存在，由从事生产活动的消费者和单纯的消费者组成；交换中介者是买卖双方的中间联系人，以商人、经纪人、代理人的面貌出现。市场调节者是以国家和各级政府机制的面貌出现，起着组织协调、管理监督的作用，推动市场合理运转。

（3）按所有制的性质及两权分离的程度不同，市场主体分为国有经济单位、集体经济单位、合作经济单位、个体劳动者、私营业主、外商以及股份企业、租赁企业、承包企业等。这些不同类型的企业和个人在市场活动的目的、方式和行为方面都有区别，显示出市场主体之间的差异。

（4）按经济权利的过渡关系不同，市场主体分为所有权市场、占有权市场和使用权市场。所谓所有权市场，就是交换当事人对交换客体的占有、使用、收益和处分这四项能完整地让渡。所谓占有权市场，就是交换当事人保留交换客体的所有权，转移其占有权或使用权。

3. 市场的空间结构

市场的空间是市场主体和市场客体的活动地方和范围。社会主义市场的空间结构是以单体市场为基础，以多层次的地区市场为脉络，以全国市场为骨架，以国际市场为大环境的纵横网络，是含义宽泛的统一市场或一体化市场。

（1）单体市场是市场空间结构中的"细胞"，属于最基本的层次。倘若由供求双方的个人、家庭和企业的微观交易行为所构成的单体市场发育不全，那么，其他高层次的市场就难以壮大。目前，我国消费品和生产资料的市场相对较为发达，地产、房产、劳动力、信息、技术、资金等其他市场还需进一步完善。

（2）地区市场是商品和劳务交换以其特定地区为活动空间的市场。作为市场空间结构中间层次的地区市场，其本身至少显示出两种形式：一是行政性的地区市场，二是经济性的地区市场。行政性地区市场容易造成"地区封锁"，人为地阻止商品和劳务的自由流通。为了打破"画地为牢"的市场壁垒，必须在改革中采取强有力的措施，逐渐淡化行政性地区市场，强化经济性地区市场。诚然，各级地方政府不能完全放弃对所管辖地区的市场管理，而应顺应市场经济的客观要求，以建立市场经济新秩序和维护全国统一市场为目标，该管的认真管好，不该管的不要硬性干预。

（3）全国市场是交换客体以全国范围为活动空间的市场，是单体市场和地区市场在全社会的有机组合。全国性市场暗含全国政治统一这一前提，但某一商品或劳务之所以有必要在全国范围内流通，主要在于交换比较利益的存在，使它具有向全国各地扩散的内在动力。所以，从消费品、生产资料、信息等大类来说，需要建立全国市场，但对某一具体商品或劳务则要具体分析。

（4）国际市场是交换客体在世界范围内活动而形成的市场。国际市场通行着国际价值或国际生产价格的规律，其规模受国际分工和国际协作的制约。在大多数的情况下，一国商品不可能进入世界各国，而只能进入若干国家。尤其是像中国这样的发展中国家，重要商品即使打进国际市场，其市场覆盖率也是极低的。改变这种状况的主要途径是大力发展外向型企业集团。外向型企业的产品，既可以是在国内形成单体市场、地区市场、全国市场以后，再扩延至国际市场，也可以撇开国内市场，直接开拓国际市场。

4. 市场的时间结构

市场时间是市场主体交换市场客体过程的持续性和顺序性。在不同种类或相同种类的市场上，供求双方的买卖关系或借贷关系总有长短不一的间断性和连续性，从而显示出交换时间和方式上的差异。

例如，土地市场，若是土地所有权的完整转让，其交换时间和方式就和普通商品差不多，若是土地批租，其一次交换的全过程要取决于批租的日期长短，50年或60年等等。又如技术市场，技术专利的交换方式是多样的，假如采取技术转让费按应用后实际经济效益提取，它的交易时间就要比一般交易方式长些。再如金融市场，既有短期金融市场，即包括存款市场、放款市场、贴现市场和外汇市场在内，放款期限6～12个月以内借贷资金市场；又有长期金融市场，即包括长期放款市场和债券市场，放款期限在12个月以上的借贷资金市场。此外，劳动力市场的多种交换方式，也表现为不同的市场时间。

（三）市场结构的基本形态

市场结构是指市场体系内各类市场的组成状况及关系，可从不同角度进行分类。由于对市场关系本质认识的不同，赋予各种市场的概念也不同。现在，国内理论界普遍借鉴西方经济学对市场结构的分类，把市场从交易对象的角度，分为商品（包括服务）市场和要素市场；从市场竞争程度的角度，分为竞争性市场和垄断性市场；从市场交易的时序角度，分为现货市场和期货市场；从市场区域的角度，分为地方市场、全国市场和国际市场等。在市场体系中，每一类市场都有其特有的功能，各类市场相互交叉、相互依存，组成全方位、多层次的立体结构。值的强调的是，商品市场和要素市场是衍生所有其他市场结构的基础，或者说，所有其他市场结构都是商品市场和要素市场的发展促成的。商品市场和要素市场是市场结构的基本形态。

商品市场是由消费品（包括服务）和生产资料市场构成。消费品（服务）市场是连接生产者和消费者的中间媒介。完善的消费品市场一方面能使以劳动者为主体的消费者获得物质文化生活的各种需要；另一方面也是生产者经济利益和产品价值实现的途径。通过消费品市场上消费者的需求信号，生产者可以适时调整消费品生产的品种、数量和质量，增加消费品的有效供给，减少和消除无效供给。完善的消费品市场既包括初级市场，如集贸市场、小商品市场，也包括批发市场、专业市场、期货市场等中、高级市场。生产资料市场也即中间产品市场，是指生产资料作为商品所进行的一切交换活动，以及由此形成的各种交换关系的总和。生产资料市场是连接（卖方）生产者和（买方）生产者的媒介，一方面使（买方）生产者获得生产所需的原材料、机器设备、燃料、零部件等投入品；另一方面（卖方）生产者通过市场实现其产品价值，并从市场中得到对生产资料在品种、规格、型号、数量、质量等方面的需求信号，以便再生产出适销对路的产品。生产资料市场同消费品市场相比有不同的特点，生产资料供求批量大，专业性强，替代性小。

生产要素市场是指劳动力、资金、房地产、技术、信息等生产要素在交换关系中各自形成的市场。完整的市场体系离不开生产要素市场，生产要素市场的发展和完善是市场配置资源的前提和基础。劳动市场是劳动力供求双方通过市场相互选择、实现各自利益的劳动资源配置方式。劳动者（劳动力供给方）之间、企业（劳动力需求方）之间、劳动者和企业之间形成的市场竞争关系有利于不断提高劳动力素质，有利于劳动力资源的充分合理利用和降低劳动力成本，有利于形成竞争性的工资率和实现按劳分配。房地产市场是房产、地产借以实现其价值的交换场所及一系列交换关系的总和。房地产市场可以促进房地产产权的合理流动和房地产的开发，满足各类企业经济活动对房地产的需求，并促进房地产资源在社会范围的有效利用，并形成对国民经济发展有重要影响的房地产产业。技术市场是技术商品和科技成果转让、交换关系的总和。技术市场的交换关系包括技术开发、技术转让、技术咨询、技术服务等。技术市场在生产要素市场上起导向性作用，指示经济运行中产业结构、产品结构的调整方向，促进劳动力、资本等生产要素向着高新技术产业、产品流动。信息是经济活动中不可缺少的要素，信息产业已成为现代经济增长的支柱产业。信息市场对于正确进行经济决策、节约和充分利用经济资源、加速经济运行都具有重要意义。金融市场是体现货币关系和资本借贷关系的载体，是社会再生产和经济发展的必要前提。其基本功能是实现货币和资本的借贷融通，加速资金的流动。国际上主要是从借贷期限来划分金融市场，即把金融市场分为货币市场和资本市场。货币市场是信用期限在一年以内的短期资金融通市场，其功能是提供短期资金，以满足需求者对临时性生产或周转资金的需求。货币市场主要包括银行短期信贷、银行业拆借、贴现、承兑、大额定期存单流通等市场关系。资本市场是指信用期限在一年以上的长期资金融通市场。在资本市场上交易的主要对象是股票、公司债券和政府债券，资本市场又称证券市场。资本市场是闲置基金转化为投资的纽带和桥梁。成熟的资本市场能促进企业改善经营理念，提高企业经济效益。

三、建立完善的市场中介组织

市场中介组织一般是指介于政府与企业之间、商品生产者与经营者之间、个人与单位之间，为市场主体提供信息咨询、培训、经纪、评估评价、检验、仲裁等活动的机构或组织（如各类协会、事务所）。市场体系中的中介组织是宏观调控与市场调节相结合中不可缺少的环节，具有政府行政管理无法替代的作用。对充分发挥市场机制在资源配置中的基础作用，对推动经济和社会发展产生越来越大的影响。

（一）市场中介组织的特性

市场中介组织是市场经济体制的有机组成部分。改革开放后，随着我国从高度集中的计划经济向社会主义市场经济体制转变，各种市场中介组织开始出现，并随着我国经济体制改革的不断深化而逐渐发展壮大，在市场经济活动中发挥着重要作用。市场中介组织为提高市场运行效率而从事监督、公证、协调、沟通、代理、鉴证等服务活动的市场主体。这一界定至少包含了市场中介组织的三个基本属性：（1）居间性，这是市场中介组织的本质属性。（2）服务性，中介组织的服务性表现在，中介组织以向社会提供服务为宗旨，本身不从事商品生产和商品经营。中介组织的收入是所提供服务的过程中消耗的劳动的报酬，是被服务者从因接受中介服务而增加的收入或减少的支出中转让过来的部分价值。（3）经济性，市场中介组织的活动目的在于提高市场运行效率，是经济活动的组成部分之一；同时，它本身也是市场主体，具有市场主体的逐利性。

（二）市场中介组织的功能

作为在市场经济活动中连接政府和市场主体、公民的桥梁，市场中介组织的作用主要体现在对政府和市场主体、公民的服务上。目前，市场中介组织的功能主要表现在：

1. 提高市场运行效率，节约交易成本

我国的市场经济体制尚不是完善的市场经济体制，经济活动的无序状态及交换双方的信息不对称容易导致交易的低效率和高昂的交易成本。市场经济的建立和发展需要中介组织通过自身的专业技能和信息沟通来提供相应的服务，使各市场主体能够更加便捷、高效地参与经济活动。

2. 优化资源配置

首先，市场中介组织为资源的顺利流动提供专门的交易场所，在交易场所内，价格信号和需求信息引导着资源的流动方向。其次，市场中介组织为资源流动提供的鉴证、估价、咨询等服务使得资源流动更直接、更迅速。最后，市场中介组织为政府客观决策提供的信息咨询服务，有助于政府的政策更加准确、及时，从而促使资源配置更加高效、有序、合理。

3. 辅助政府改进对市场的监管，维护公平竞争的市场秩序

市场经济从本质上讲是法制经济，它要求健全的法制和严格的执法，保护市场主体的平等地位和合法权益。但是政府监督毕竟有一定的局限性和滞后性，中介组织配合政府部门，共同强化管理，就能更好地维护市场竞争秩序，提高市场管理水平。有了监督市场主体的中介组织，就能对任何一方的不规范行为随时随地地进行监督并予以纠正，从而避免市场主体的合法权益受到侵犯。

（三） 建立完善的市场中介组织

1. 为市场中介组织的发展创造良好的环境

制定市场中介组织的管理办法，对各市场中介组织的主体资格、活动范围、酬金标准、权利与义务、违法处理等问题作出明确的规定。各中介行业行政主管部门要将市场中介组织发展纳入发展规划，做好市场中介组织的宏观调控、指导、协调和服务。要完善市场中介组织的市场准入和退出机制，取消法律法规没有规定的市场准入门槛，为市场中介组织营造公平、公开、规范的市场环境。

2. 建立开放、竞争的中介市场体系

破除不必要的行业及部门垄断；清除市场壁垒。健全竞争机制，引导中介机构参与公平竞争。行政机关不得凭借职权限定当事人接受其指定的中介机构提供的服务。政府需中介机构提供的服务，应通过向市场购买服务的方式或者法律法规允许的方式进行。充分发挥市场在资源配置中的基础性作用，形成进出有序、充满活力的市场格局。

3. 加强市场中介组织行业协会建设和信用建设

加快中介机构行业协会建设，鼓励中介机构加入行业协会。行业协会应当制定本行业自律规范和惩戒规则，做好自律管理和监督，发挥行业自律作用，指导本行业中介服务业的发展。建立中介机构及其从业人员信用档案，协同政府职能部门抓好监管工作，在协会内及时通报行政管理部门对中介机构及其从业人员的奖励、惩戒、处罚等情况。按照市场经济的要求，加强社会中介机构的信用建设。建立中介机构信用警示制度和信用公示制度。积极倡导中介信用观念，引导中介机构加强信用管理。各中介机构要切实重视自身建设，强化自身监管，健全内部管理制度，提高从业人员素质和服务质量，严格依法执业，严守职业道德，强化社会责任，改善公众形象，提高社会诚信度。

4. 加强监管，规范市场中介组织执业行为

中介机构开展活动，应当遵守法律、法规、规章的规定，遵守职业道德，遵守业务规则，遵循自愿、公平、诚实信用的原则。对提供的信息、资料及出具的书面文件应当真实、合法，自觉对执业中知悉的商业秘密及其他秘密事项予以保密。完善市场中介监管法规制度，大力推进监管现代化，抓紧监管信息化建设，提高监管的适时性和有效性。政府有关部门要面向全社会，按照各自职责开展对中介服务业的业务指导和监督管理，建立失信行为的发现和惩戒机制，发挥惩戒机制的警示作用。建立市场中介机构长效监管体系，积极探索建立动态监管等新型管理模式，通过各种有效的监管方式，综合运用各种手段，以教育督促、引导为主，辅之以必要的处罚手段，多管齐下，标本兼治。

5. 加强中介从业人员队伍建设，提高中介机构的服务质量

实施人才兴业战略，培养一支服务诚信、专业过硬、社会形象良好的中介从业队伍。各业务主管部门和行业协会应积极组织各种业务知识培训，鼓励中介机构从业人员参加再教育，不断提高中介从业人员的业务水平和专业技能。严格资格审查和执业资格认证，各职能部门要按照法律、法规、规章的规定，对社会中介机构从业人员实行执业资格管理制度，健全中介执业资格考核制度。对严重违法的中介机构从业人员实行市场禁入制度。

第四节　手段与目标：新型国家调控体系

中国特色的社会主义市场经济体制，需要有中国特色、灵活高效的市场管理体制和国家调控体系。中国特色的国家调控体系的进一步构建与完善是深化改革的重要内容。改革开放三十多年，我国的国家调控体系走过了一个手段日益丰富、调控水平和调控艺术不断提高的历程。党的十一届三中全会以来，大胆的改革实践和艰辛的理论探索，逐步深化了人们对计划与市场问题的认识。总体来看，随着经济调控实践的不断深入，中国的国家调控越来越成熟，国家调控体系已经形成，逐步积累了一些宝贵的经验。特别是近年西方的金融与经济危机以来，中国在构建符合本国改革、开放和发展新形势需要的新型国家调控体系方面，进行了更深入的探索，对宏观调控的认识更加全面，宏观调控越来越成熟，效果也越来越好。但从建立符合社会主义市场经济性质和中国经济发展要求的国家调控体系目标来看，也存在不少值得认真总结的不足甚至教训，还存在一些难解的问题，需要在科学发展观的指导下，继续探索，以构建成熟完善的中国特色国家调控体系。

一、国家调节体系的基本特征与手段

（一）国家调节体系的基本特征

我国社会主义市场经济的国家调节体系，既不同于计划产品经济体制的行政计划管理，也与资本主义市场经济的调控有着根本区别。

1. 与计划产品经济体制行政计划管理的原则区别

在计划产品经济体制下，国家对国民经济的管理排斥市场机制的作用，实行由国家统一制定的计划价格制度；国民经济各层次都高度集中于中央政府，并通过指令性计划来实现；管理手段以垂直的行政组织领导为主，经济信息的横向沟通缺乏通道。这种行政计划管理方式集中过多，统得过死，难以适应经济规模不断扩大、经济结构不断复杂化、技术进步不断加快和人民生活需求不断提高的一系列要求的。在社会主义市场经济体制下，国家对国民经济的宏观调控以市场为中介，与计划产品经济体制相比，具有以下主要特点。

（1）宏观调控在市场调节的基础上进行。市场成为国民经济运行中资源配置的基本方式，国家的宏观调控必须结合市场配置方式。国家的宏观调控要尊重价值规律，通过市场机制来发挥作用。

（2）宏观调控以间接方式为主。国家不再像计划产品经济体制下那样，既要管整个经济的总量和结构，又要管企业的人、财、物等生产要素的调度，还要管企业的产、供、销等生产经营活动，而是对企业实行间接调控。国家主要进行宏观总量调控和结构调整，而不会直接干预企业的微观活动。国家调控的手段以经济手段为主，但不排斥运用必要的行政手段来保证经济手段的实施。

（3）计划经济手段的运用方式发生改变。社会主义市场经济体制下，指令性计划方式逐渐被取代。国家计划（规划）主要是规划国民经济的发展方向和重大战略。国家规划是由国家统一制定的国民经济和社会发展规划，是国家从宏观上调控经济运行的基本依据，是宏观调控的基本手段。社会主义市场经济中的国家规划，不能像计划经济体制下那样，是指令性的、实物指标为主的、直接下达到企业的、高度集中的计划，而是引导性、战略性、参考性的，主要内容是确立发展目标、重点、措施和基本方针政策。

2. 与资本主义宏观经济调控的根本区别

社会主义市场经济与现代资本主义市场经济的经济调控，都以市场为中介，运用宏观调控手段，但由于二者的经济制度不同，所有制基础不同，国家代表的统治阶级利益不同，它们的宏观经济调控必然存在着原则区别。

（1）宏观调控的价值目标根本不同。现代资本主义是国家垄断资本主义，国家代表总资本家并主要代表垄断资本家阶级的利益，国家的宏观调控必然服务于他们的利益，国家宏观调控的目标不可能是真正为了提高劳动人民的生活水平和实现共同富裕。社会主义市场经济的宏观调控则是为了促进社会生产力发展，满足广大人民群众的生产、生活需要。宏观调控的目标、政策必须满足解放与发展生产力，消灭剥削和两极分化，最终实现共同富裕这种社会主义的本质要求。

（2）宏观调控手段运用的方式和程度不同。发达资本主义国家的宏观调控，在使用何种手段时，首先考虑总资本家的资本运行效率（即利润率），在此前提下，才会为缓和社会对抗性的基本矛盾而考虑社会公平，这种公平是以满足资本运行效率为前提的，一旦影响了这种效率，有些促进公平的调控手段就会停止运用。中国作为社会主义国家的宏观调控，在使用调控手段时，是以维护人民的整体利益、长远利益为准绳，权衡利弊的，这就可以做到客观地选择和组合调控手段。例如，为了促进东中西部的协调发展，国家可以在宏观上对中西部采取倾斜的经济政策，在财政上给予重点支持。

（3）宏观调控手段依赖的经济基础不同。现代发达资本主义国家都是私有制经济，公有制经济（或国有经济）所占的比重很小，这就决定了他们的宏观调控手段会受到很大限制。难以想象，一个私人企业会为了国家宏观调控的需要而牺牲自己的利益，长期处于亏损状态。而中国作为社会主义国家，具有实现"全国一盘棋""集中力量办大事"的优势。在社会主义市场经济中，由于公有制为主体，因而国家对市场的调控具有较雄厚的物质基础，又有牢固的政治基础和广泛的群众基础，所以能够把人民的当前利益与长远利益、局部利益和集体利益结合起来，发挥规划与市场两个手段的长处，把市场调节和宏观调控结合起来。

（二）国家调节体系的手段

国家对宏观经济的调控是一个庞大的体系，需要综合运用法律手段、经济手段、计划手段、行政手段和文化伦理等多种手段。

1. 法律手段

法律手段是指国家宏观调控主体为规范各类主体的行为，对国家法规的借助和运用。经济法规包括一系列关于经济活动的法律、法令、规定等。法律手段的内容包括经济立法、经济司法和经济仲裁。

（1）经济立法。它是根据宏观经济调控主体的建议，由国家最高立法机构遵循国民经济稳定运行和持续健康发展的要求，制定的有关经济法规。如规范政府经济管理行为的《国民经济计划法》《统计法》等；用于规范市场主体行为的《经济合同法》《商业法》《价格管理法》等；规范财政金融领域经济关系的《财政法》《税法》《银行法》《外汇管理条例》等；用于保护自然资源和生态环境的《矿藏法》《土地法》《能源法》《森林法》《草原法》《环境保护法》；用于规范对外经济关系的《中外合资经营企业法》《中外合资企业所得税法》等。

（2）经济司法。它是指检察机关或法院依照经济法律规定，对经济案件进行检察和审理的活动。经济案件主要包括经济纠纷案件、涉外经济案件和经济犯罪案件。法律规定的制度、程序指检察、审理案件的范围，经济案件的诉讼程序、审判程序和审判制度。

（3）经济仲裁。它是指仲裁机关在经济活动中的双方当事人发生争执时，依法居中调解或裁决。我国经济仲裁制度分为国内经济仲裁和涉外经济仲裁，包括对我国一方同外商或外国的企业、组织之间的经济、贸易、运输海事等方面发生争议的仲裁。

法律手段具有强制性、约束性、规范性，它可以避免主观随意性，防止个人意志和不合理的行政干预，具有其他调控手段不可替代的作用。法律手段的运用，一方面可以调整国家机关、企事业单位、社会团体和公民之间的经济关系，维护各类经济主体的合法权益，促进形成法制化的统一市场体系；另一方面，可以有力地惩处各种经济犯罪行为，维持市场秩序，促进国民经济健康发展。这些都可以为宏观经济调控目标的实现创造条件。

2. 经济手段

经济手段主要包括两类，一类是经济政策手段，主要是财政政策、货币政策、产业政策和收入政策。它表现为由宏观调控主体机构颁布的有关条例、规定。经济政策是引导市场经济主体的经济行为，趋向宏观调控目标的指针。另一类是经济杠杆手段。经济杠杆是可以由宏观调控主体操作，影响市场总供给、总需求关系变动和相关经济总量变动的经济参数，如财政系统的税率、中央银行系统的存款准备金率、国际收支系统的汇率等。这些经济杠杆同社会各方面的经济利益密切关联，它们的变动会广泛影响市场主体的经济行为。在宏观调控的各种手段中，经济手段是国家实现宏观调控目标的主要手段，其中经济政策是实施经济杠杆的依据，对于市场主体行为的引导作用最为经常和广泛。宏观经济政策是由多种政策构成的，每项政策的实施方法各有特点，在调控目标上各有侧重，又互相制约。经济政策及其杠杆的应用需要合理搭配，综合运用，才能对宏观经济运行和发展产生总体积极效应。

3. 计划手段

计划手段是宏观调控主体从国民经济运行和发展的实际出发，制定的国民经济和社会发展规划及年度计划安排，一旦由全国人民代表大会通过就付诸实施，并以此作为引导和调控经济运行的基本依据。社会主义市场经济扬弃了行政性高度集中的计划管理，但是，这并不等于排斥计划手段，社会化大生产的各生产部门存在比例关系，要求在发展中形成动态的均衡，这就不能没有计划调节。只不过在市场经济条件下，计划调节不应当是指令性的，而应当主要是指导性的；不应当是直接管到企业的，而应当是粗线条的，具有总体规划性的；因而一般是中长期的，而不是短期的。宏观经济计划主要通过计划的编制、执行和检查三个环节来实施。编制规划或计划是计划调控的前提。它在全面、准确收集经济信息和进行综合分析的基础上，遵循经济规律，对未来经济发展趋势进行科学预测，在此基础上进行计划决策。计划决策主要对国民经济发展的规模、速度、结构、重大比例关系，以及重大项目建设、地区布局、产业结构调整和科技发展、人口、就业等方面提出指导性的计划目标。计划执行指计划编制后选择达到计划目标的措施和手段，并使之最终实现。计划执行需要配套运用经济手段、法律手段和行政手段等。计划检查是指有关职能机构对各方面执行计划过程中的情况，进行检查、监督和审计，并及时反馈信息，促进计划在实践中得到完善和实现。

4. 行政手段

行政手段是指国家宏观调控主体依靠行政机关，用政权的力量对国民经济运行直接进行干预。它采取发布命令、指示、条例等形式，按照行政系统、行政层次、行政区划直接引导和控制社会经济活动，具有权威性、垂直性和强制性。行政手段的运用属于纵向垂直管理，一般情况下，它与市场经济运行有矛盾。但是，当市场经济运行出现某种紊乱的先兆，或者出现某种异常因素干扰市场经济正常运行的情况时，宏观调控主体在准确把握症结的前提下，运用行政手段，可以较迅速地解决问题。尤其在特定的时期，例如国家安全受到威胁时，如果需要对国民经济运行做出重大调整，使用行政手段就可以更好地实现这一意志，统一指挥，迅速动员社会的人力、财力和物力，服从全局需要。所以，社会主义市场经济体制并不绝对地排斥行政手段，而把它作为经济手段的重要补充。因此，要科学地使用行政调控手段，必须正确划定它的运用条件和范围，防止滥用。

二、国家调节经济的目标体系

我国国家宏观调控的目标，是要在社会主义市场经济条件下，促进以公有制为主体的多种所有制经济所构成的整个国民经济，实现又好又快地良性循环和持续稳定地增长，促进实现社会主义的生产目的。这是总的目标，它是由若干相辅相成的子目标构成的。

（一）促进国民经济的稳定增长

从社会主义生产目的出发，宏观调控首先要促进国民经济的稳定增长，形成相对最优的增长幅度，相对稳定的发展速度。这就需要调节好总供给和总需求的动态平衡。如果总需求过大，会发生经济过热和物价过快上涨，甚至出现通货膨胀；如果总需求不足，会出现生产过剩，生产能力闲置，失业增多等状况。促进总供给和总需求在优化结构中的动态平衡，才能实现经济稳定增长。

（二） 促进经济结构优化

经济结构是指国民经济各领域、各环节的构成及相互制约的关系，主要是指所有制结构、产业结构、产品结构、需求结构、产业内部的企业结构等。宏观调控就是要不断地促进各层次经济结构的优化。经济结构的优化，是指它的各层结构的成分和相互关系朝着有利于科技进步、提高社会生产力水平和促进国民经济稳定增长、发展的方向变动，朝着有利于国民经济从粗放型向集约型转变的方向变动。我国国民经济还存在一些经济结构不合理的方面，如农业落后于工业，基础工业和基础设施落后于加工业，第三产业落后且内部结构不合理，加工业技术水平较低等。因此，加强和改善国家对经济结构的不断调整和优化就显得十分重要。

（三） 促进稳定物价

在发展社会生产力的基础上，不断提高人民的生活水平，这是社会主义经济的本质要求，而物价水平和社会再生产的稳定、人民生活质量的好坏紧密相关。宏观调控必须促进物价稳定。物价稳定是指从总体上相对地稳定一般商品和劳务的价格水平，不发生物价普遍地大起大落。在市场经济条件下，即使在经济结构的比例关系比较平衡的条件下，也会存在由复杂的市场因素造成的某种或某些商品供求关系的暂时变动，从而造成这些商品价格的波动，这是一种正常的状态。但是，如果出现因投资过热等因素造成的经济结构重大失衡、货币投放量失控，引起社会物价的总水平全面波动或者通货膨胀，这就不但会给人民生活带来危害，而且也会导致国民经济的运行紊乱。所以，必须调节总供给和总需求的平衡，促进价格总水平的相对稳定，尤其要避免较严重的通货膨胀或通货紧缩。

（四） 促进充分就业

就业是我国劳动者实现社会主义经济权益的要求。在社会主义市场经济条件下，一些劳动者因企业在市场竞争中裁员，或企业破产暂时失业，这是正常现象。但是，必须促进他们的再就业，使每个劳动力资源都能得到充分利用，每个劳动者都能各得其所，各尽其能。总体而言，社会主义国家的劳动者应当人人都能就业。国家的宏观调控要为社会主义的充分就业创造条件。我国作为世界第一人口大国，劳动力数量庞大，要实现充分就业这个目标，任务相当艰巨。

（五）促进分配公平

社会主义国家必须协调社会各方面的经济利益关系，促进财富和收入分配的社会公平。我国占主体地位的社会主义公有制决定了个人收入分配以按劳分配为主体，这也决定了国民收入初次分配的基本格局是社会主义公平关系占主导。但是，在市场经济条件下，由于东、中、西部地区差别和城乡差别，由于独立经营的企业生产主客体条件的差别，即使实行按劳分配原则，在收入分配上也仍然差别很大，这种差别中难免包含不合理的因素。尤其是本身就会产生个人财富和收入两极分化的私有制经济还在发展，所以，个人财富和收入差距的自发性拉大，难以避免。这就需要国家用宏观调控手段，促进先富带动、帮助后富，克服分配不公，防止出现阶层、地区、行业和城乡在分配上的贫富两极分化。

（六）促进生活水平和生活质量提高

科学发展观强调民生导向，把较快提高人民的生活水平、改善生活质量确定为政府宏观调节的目标之一，表明人类对社会成员生活水平和质量的提高与经济发展的关系已经有了较深刻的认识。我国作为发展中的社会主义大国，综合国力增强较快，在改善全体社会成员的生活和提高生活质量方面，也取得了巨大的实绩。政府除了在经济不断发展的基础上正确处理积累基金和消费基金的关系，增加消费基金部分，以保证社会成员生活水平的不断提高外，还要推动各项社会保障和福利制度的改革，切实控制好人口总量增长。其中，要不断完善包括社会保险、社会救济、社会福利、优抚安置和社会互助、个人储蓄积累保障的保障体系，协调好国家、单位和个人的利益关系。

（七）促进可持续发展

国民经济不但要稳定增长还要实现可持续发展。可持续发展是指在实现当前经济发展、满足当代人的需要和利益的同时，还要考虑长远经济的发展与子孙后代的需要和利益，以促进社会全面进步及与环境协调发展。经济可持续发展是以控制人口、节约资源、保持环境为主要条件，就是要正确处理好经济发展与人口、资源、环境之间的关系。自工业革命以来，西方资本主义社会在追求发展的道路上就进入了一个误区，即把经济增长理解为发展的全部内涵。片面地追求经济增长所带来的资源、环境压力使人们对经济增长等于发展的模式产生了怀疑，引发了对传统发展观念的反思。1980 年 3 月联合国向全世界呼吁：必须研究自然的、社会的、生态的、经济的以及利用自然资源过程中的基本关系，确保全球的可持续发展。1987 年世界环境与发展委员会发表的《我们共同的未来》首次系统地阐述了可持续发展的概念。1992 年在巴西里约热内卢召开的联合国环境与发展大会上，确立了可持续发展作为人类社会的共同战略。从此，可持续发展成为国际社会共同遵循和高度认同的重大战略。我国在大力发展经济，开展现代化建设，缩小与发达工业化国家经济差距的过程中，必须把实施可持续发展作为宏观调节的目标。

（八）促进国际收支平衡

国际收支平衡包括两方面的内容：一是资金流出与流入的平衡；二是物品进口与出口的平衡。随着我国社会主义市场经济体制的建立和发展，我国对外经济联系的不断扩大，国际收支平衡对社会总供求平衡的影响越来越大。能否保持国际收支平衡直接关系到我国经济整体的稳定与发展。例如，巨额顺差意味着外汇储备过多，造成资金闲置，导致对外汇价上涨，使出口处于不利的国际竞争地位；相反，持续的巨额逆差反映一国资本的流出或国际储备的减少，将会削弱一国的对外支付能力，甚至陷入债务危机。要保持国际收支平衡，就必须使外汇收支差额人偿债率保持在适当水平和限度内。这也是政府宏观调控的重要目标之一。[①]

三、财税体制及其调节

（一）我国的财税体制

财税体制是市场经济体制中一个重要部分。经过三十多年的探索和改革，

---

① 何干强：《当代中国社会主义经济》，中国经济出版社 2004 年版，第 407 页。

我国已建立了以增值税为主体、消费税与营业税为辅的流转税制调节体系；归并和统一了所得税；实行中央税与地方税分开征收，两条线垂直管理的体制。实行预算管理制度和支出管理制度的改革，包括改革国债发行方式，实现国债发行和交易市场化，加快了债务管理市场化进程；扩大推行政府采购制度，规范政府采购行为，实行公开、公平、公正的招标、投标办法；按照收支脱钩、收缴分离的原则，深化行政事业性收费和罚没收入"收支两条线"管理改革；推行编制部门预算，细化预算编制；改革和完善预算资金分配办法，逐步推行"零基预算"；实行国库集中支付制度。

（二）社会主义市场经济中财税政策的目标

中国特色社会主义财政模式，要更好地发挥财政在社会主义市场中宏观调控的杠杆作用。这是一个理论问题，也有一个经验积累的过程。我们在借鉴国外公共财政经验的同时，必须结合自己的实际，体现中国特色社会主义的特殊要求。

社会主义市场经济下的公共财政职能应包括弥补市场缺陷、直接配置公共资源、调节总需求和收入分配、稳定经济和规范财政行为，除此之外，还应实现以下目标。

1. 促进共同富裕和社会公平

从根本上说，中国的财政必须体现社会主义本质，即促进"解放生产力，发展生产力，消灭剥削，防止两极分化，最终实现共同富裕"。财政既要推动先进生产力的发展，又要调节收入分配，有力地推进社会公平的实现。其力度要大于西方的公共财政，应从收入上加大对高收入者的个人收入调节税、遗产税等的征收的力度，给社会慈善事业以政策优惠；从支出上加大反哺农业、扶贫助残的强度，支持弱势群体，补助社会保障经费，通过转移支付提升欠发达地区的造血功能等。总之要通过再分配的途径助推共同富裕，防止和消除两极分化。

2. 引导发展，充分发挥社会主义能够"集中力量办大好事"的优势

按照西方公共财政的理念，财政是不管发展的。中国特色社会主义财政不能照搬这种模式。尽管在社会主义市场经济下要克服过去财政包揽投资的方

式，但是财政决不能完全退出，那样做就不可能充分发挥集中力量办大事这一特有的优势。财政的建设投资占财政支出比例已从1978年的64.0%下降到2004年的27.9%，下降了36.1%，总额却增加了11倍多。在这方面财政的作用在于发挥"四两拨千斤"的功效，例如，以少量投资作引子，启动更多的社会投资；以贴息的方式帮助和促进企业扩大对固定资产、技术改造的投资；资助启动科技创新风险投资基金，等等。改革以来，我国实施的巨型工程建设，如三峡工程、小浪底工程、西气东输工程、青藏铁路工程、南水北调工程、西电东送工程等，都与财政的资助、引导分不开。那种让财政完全退出发展的观念，就等于一笔抹掉社会主义的优势。我国经济发展这样快速、持久，同财政的引导、支持和保证作用分不开。近几年，我国较快较好应对西方的金融与经济危机冲击的成功经验，便是发挥了财政的发展功能和国有经济的良好功能。

3. 支持科学技术的自主跨越式发展

从西方国家来看，19世纪西方政府和企业已在开发利用科学技术，但是处于自发、零散的早期发展阶段。20世纪，这种开发利用进入了规模和系统化的发展阶段。国家要行使推进国家科技发展的职能和制定科技政策，并采用财政投资和政府采购等手段加以支持。我国在这方面必须发挥集中力量办大事的优势，加大科技投入，制定更加有力的科技政策，建设"创新型中国"，实现跨越式发展。作为发展中国家，我国优化经济结构和转变经济增长方式的任务特别重大，科技创新是其中的中心环节。尤其在西方发达资本主义国家垄断技术的条件下，要冲破垄断资本主义的制约，实现整体经济的跨越式发展，就必须加快科学技术的发展，特别是基础研究和许多高新技术的研发，财政的大力支持不可或缺。包括支持风险基金，对高科技产品实行政府采购等。这是社会主义中国的必然选择，不能以公共财政束缚自己的手脚。目前的状况恰好是在这方面的财政投入不足，今后必须增加财政的有效供给，以保障实施创新驱动和创新型国家的建设。

4. 积极缩小地区间、城乡间的发展和收入差距

在社会主义市场经济中，要克服不平衡发展造成的发展和收入差异，财政的一般转移支付和专项转移支付政策在资助贫困地区发展方面要发挥重要作用，主要通过实施少取、多予的政策，以工补农，从而促进落后地区发展，实现共同富裕。正如党的十八大报告所强调的：要"加大对革命老区、民族地区、边疆地区、贫困地区扶持力度。"

（三）财政政策的分类及其调节机理

我国的财政其实质应当是社会主义的公共财政，必须从中国的实际出发，加大对经济建设合乎市场要求的支持，体现社会主义制度的制约性和选择性，在一定范围内扬弃建设性财政的某些特点，不可盲目崇拜西方市场原教旨主义，不可依样画葫芦地完全照搬西方的模式。

财政政策是国家在一定时期内，为了实现社会经济持续稳定发展，综合运用各种财政调节手段，对一定的经济总量进行调节的政策。财政政策主要由财政收入政策、财政支出政策和预算政策等组成。

财政收入政策主要是指调节税收渠道和税收量增减的政策。税收是财政收入的主要来源，宏观调控主体可以通过改变税率、起征点、增减税收项目、免税、退税等一系列政策措施，调节市场需求和供给状况，控制国民经济运行。一般说来，税收调节采取"逆经济周期规则"，即在"经济过热"时，政府增加税收，使个人与社会消费、投资及总需求水平得到控制；在经济发展势头趋弱时，减少税收，促进企业扩大投资和居民增加消费，使总需求水平上升。

财政支出政策主要是财政支出方向和增减财政支出数量方面的政策。宏观调控主体通过政府的财政支出，投资社会公共工程，购买商品和劳务，必要的转移支付以及举借国内外债务等手段，调节国民经济运行。一般说来，当经济运行过热、通货膨胀严重时，削减财政支出水平，减少转移支出，缩减公共工程，公共事业建设项目等，可以控制投资过热，减轻通货膨胀的压力；而当经济运行走向衰退时，则采取相反措施，扩大社会需求，推动经济增长。

财政预算政策则是宏观调控主体根据国民经济宏观调控的目标，对财政预算管理活动提出的行为准则。大体可分为三类：一是平衡预算，即财政收入与支出相抵，大体平衡，这是比较稳健的预算方式，有利于经济、社会的稳定；二是盈余预算，即收入大于支出，有所盈余，这是一种紧缩型财政预算，在经济高涨或过热时，这种预算可以增加税收或减少政府支出，起到调节的作用；三是赤字预算，即支出大于收入，出现财政赤字，这是一种扩张型预算，在经济发展缓慢时,这种预算可以减少税收或扩大政府开支,促进经济增长。

(四) 推进财政体制改革,发挥财政在宏观调控中的杠杆作用

1. 推进财政体制改革,发挥社会主义的优越性

三十多年来,我国财政体制已经发生了重大变化,但现在仍处于改革进程中。总体目标应当是:一方面完善与社会主义市场经济相适应的公共财政体制;另一方面要从中国的国情和科学发展的需要出发,致力创新,突出中国特色,更好地发挥社会主义优越性。

有中国特色的公共财政是与社会主义市场经济相适应的财政体制和运行机制,是政府履行职能的物质基础、体制保障和政策手段。今后必须继续服务改革发展稳定的大局,积极适应新形势对财政工作提出的新要求,进一步丰富和拓展公共财政的内涵和外延,以更好地发挥公共财政的职能作用。(1)在公共财政目标任务方面,要按照科学发展观的要求,既注重保障政权运转和支持经济建设,又注重促进全面协调可持续发展,由"一要吃饭,二要建设"的"两位一体",逐步走向"一要吃饭,二要建设,三要科学发展"的"三位一体"。(2)在公共财政覆盖领域方面,要按照"五个统筹"和逐步实现基本公共服务均等化的要求,既注重城市,也注重农村。同时,适应我国加入世界贸易组织和国际地位提高等新形势,积极主动应对经济全球化带来的机遇和挑战。(3)在公共财政宏观调控方面,要按照加强和改善宏观调控机制化的要求,通过多种财政政策手段,既注重促进经济的平稳较快增长,又注重促进经济结构的优化和经济增长方式的转变。在调控主体上,既要发挥中央财政的主导作用,又要结合省级财政实力不断增强的实际,研究探索充分发挥省级财政调控作用的课题。(4)在公共财政自身发展方面,要按照可持续发展的要求,牢固树立生财为本的科学理念,既注重健全财政收入稳定持续较快增长的机制,着力做大财政收入"蛋糕",又注重推动各级财政共同发展和可持续发展。(5)在公共财政用财理念方面,要按照完善社会主义市场经济体制和以人为本的要求,牢固树立服务大局、积极主动为民理财的意识,既注重保障政权运转的正常需要,又注重保障更广大人民群众共享改革发展成果。(6)在公共财政监督管理方面,要按照依法治国和建立节约型社会的要求,并适应绩效管理的新趋势,既注重提高财政管理的规范性和安全性,又注重提高财政管

理的有效性。

概括地说，就是要以科学发展观为统领，以公共化为取向，以国际化为视野，不断拓展和充分发挥财政调控、收入、支出、管理的重要职能作用，更好地为实现国家规划和全面建设小康社会、构建和谐社会服务。要按照社会主义原则逐步处理好经济发展与增加财政收入、完善社会主义市场经济与发挥财政职能、统一性与差异性（地区、部门、所有制等）、调节分配与各得其所、减轻企业负担与提高财政在 GDP 中的比重等一系列关系。

2. 善于运用财政在宏观调控中的杠杆作用

财政是实施宏观调控、弥补市场缺陷（如"外部性"）的重要经济手段。财政的特点带有强制性、无偿性、直进性，行政色彩较重，但见效快、力度大，导向作用显著。财政可以用来抵御重大经济风险，增加或控制有效需求，扭转市场局面。

财政的宏观调控主要是要调节供需总量和促进结构相对均衡。市场波动不断引发供给与需求之间总量失衡和结构失衡。如果单靠市场自发调节，便会使经济经历严重的周期性波动。财政是调节这一不均衡的重要手段。对于自然资源短缺造成的价格波动和不同行业间收益失衡，财政可用增发国债、减少支出、征收特别收益金、调整税率等方式，施加正激励机制或负激励机制和发布信息，进行有力的调控，稳定市场关系，进而促进经济增长方式转变和经济结构优化。

税收是财政收入最重要的支柱，也是直接调节经济结构的重要武器。财政的调控作用，有相当大的一部分依赖于税种、税目和税率。现在的任务在于，继续探索适合我国国情的高效税务机制。

经过改革我国税制虽然有很大变化，但同社会主义市场经济要求相比仍然有很大差距，需要继续完善，真正能够构建起有中国特色的社会主义的完善的税制。我们要按照社会主义市场经济的要求完善税种、税目、税率，加大执法力度。例如，完善消费税，改进个人所得税，改革和完善出口退税机制，有条件时开征物业税（房地产税）和遗产税，做到税种统一、结构优化、税负合理、税基稳固、政策透明、权限清晰、调控有力，科学界定中央和地方分税制。既要增强地方的活力，又要防止和克服地方保护主义。

总之，作为发展中的社会主义大国，我们的宏观调控应当更加自觉地运用财政杠杆调控经济运行，防止大起大落，保证健康、高速、可持续增长。在这方面也要防止进入新自由主义的陷阱。

四、金融体制及其调节

发达的社会主义市场经济要求构建发达的金融业和金融市场。金融自身既是高收益、高风险的实业，又是宏观调控的手段。从我国市场经济尚未充分发达的实际需要来看，金融市场必须发展，但又必须千方百计规避风险，同时又要充分发挥金融体制的宏观调控功能，使之更好地为社会主义市场经济服务。

（一）我国的金融体制及其调控机理

通过三十多年的金融体制改革，我国逐渐确立了以中国人民银行作为独立执行货币政策的中央银行的宏观调控体系；建立了以国有商业银行为主体、多种金融机构并存、政策性银行与商业银行分离的金融组织体系。中国人民银行的主要职能是：制定和实施货币政策，保持货币的稳定；对金融机构实行严格的监管，保证金融体系安全、有效地运行。中国人民银行是国家领导、管理金融业的职能部门。总行掌握货币发行权、基础货币管理权、信用总量调控权和基准利率调节权，保证全国统一货币政策的贯彻执行。人民银行总行一般只对全国性商业银行总行融通资金。中国人民银行作为中央银行，其货币政策的最终目标是保持货币的稳定，并以此促进经济增长；货币政策的中介目标和操作目标是货币供应量、信用总量、同业拆借利率和银行备付金率。中国人民银行实施货币政策的工具主要包括：法定存款准备金率、中央银行贷款、再贴现利率、公开市场操作、中央银行外汇操作、贷款限额、中央银行存贷款利率。中国人民银行根据宏观经济形势，灵活地、有选择地运用上述政策工具，调控货币供应量。

2000年后，我国金融体制改革又有了新的发展。成立货币政策委员会，加强对货币政策的科学决策。取消对国有商业银行贷款规模的限制，实行全面的资产负债管理；鼓励股份制银行上市融资，稳步推进以产权多元化为重点的商业银行改革；银行资产结构由生产信贷为主向生产信贷和消费信贷并重转变，个人贷款比重明显上升；住房抵押贷款证券化开始实施，金融资产证券化过程逐步加快；坚持分业经营和分业监管原则，成立中国证监会，出台《证券法》，规范和加强证券监督，推出证券投资基金；改革和规范保险市场，成立保监会，批准保险公司加入全国同业拆借市场，实行寿险与财险分开经营。稳步推进利率市场化改革进程，积极推进货币市场制度建设。推进个人信用制度建设，实行个人存款实名制。

货币政策是指宏观调控主体处理国民经济运行中稳定货币关系的管理方法和措施，它是中央银行行为核心——金融体系的行为准则。货币政策的手段是中央银行（中国人民银行）控制的法定准备金率、贴现率和公开市场业务。实施货币政策，就是中央银行依据宏观调控主体的意图，通过调整法定准备金率、贴现率和公开市场业务来稳定货币币值，调节货币流通量或供应量，影响社会的投资总量，稳定市场价格水平，促进社会总需求与总供给，实现均衡。在通货紧缩、总需求不足时，可以通过中央银行降低法定准备金率、调低贴现率、买进政府债券等，以增加货币供给，降低市场利率，增加银行贷款，从而刺激消费支出和投资增长，使社会总需求水平提高，促进经济加快增长。反之，当发生通货膨胀时，则需要中央银行提高法定准备金率以吸收储蓄；调高贴现率以减少消费和投资，使总需求下降；卖出政府债券以回笼货币，把抬高的物价水平降下来。货币政策也要"逆向而行"，交替采取扩张和紧缩货币政策。货币政策效应，往往涉及货币币值的稳定、劳动者的就业状况、经济增长的幅度和国际收支状况，因此，运用货币政策要考虑它对宏观调控目标的多方面影响。

（二）加强和改进金融调控和监管

健全金融调控机制是深化金融改革的一项重要任务。金融监管是指国家运用经济、法律和行政手段，调节市场变量，保证金融体系稳健运行，实现物价稳定和国际收支平衡，并以此促进经济发展和充分就业。其中重要的是价格机制。在市场经济下，价格机制是配置资源的基础，金融也不例外，利率就是资金或资本的价格，利率市场化是一个必然趋势，有利于金融资源的合理配置。不过，利率市场化不等于放任自流，即国家银行不能制定基准利率，不进行宏观调控。有一种观点主张利率完全放开，完全由市场决定，让其自由浮动，由银行特别是私人银行自己掌握。这是不符合金融运行规律的，美国也没有这样做。事实上，美联储对利率的管理非常严格。所谓利率市场化，只能在基准利率的框架内适当浮动，而不能违背国家宏观调控的大政策。

与此相关，要对投资行为进行引导、调整和监管。金融是宏观调控的基本手段之一，按产业政策控制贷款则是调整投资的最重要的闸门。在一般投资领域可由市场决定，而在重点调控领域金融投资行为必须服从宏观调控的指导方针。我们绝不能削弱金融宏观调控的功能，必须认真按照社会主义市场经济的要求进一步加强和改进。

同时，要强化金融监管。这里需要明确的是，建立和强化金融监管体系，是属于金融机构和金融市场的管理范畴，不涉及所有制的性质。金融腐败并不是银行公有制不可克服的弊端（私有银行中的丑闻也是屡见不鲜的，如美国的安然公司等），而主要是由于监管不力，特别是处于计划经济体制向市场经济的转轨时期，管理的漏洞非常多，权力与资本容易结合，在国有银行中利用贷款手段受贿的现象相当严重，必须通过严格的监管加以克服和防范。只要措施得力、体系健全，这个问题是可以解决的。与此相关，由于腐败现象的存在，本来风险很大的金融业就会进一步加大风险，现在国有商业银行实行的终身责任制也有利于克服这种现象。更重要的是金融监管的系统化，管风险、管法人、管内控，提高透明度、强化监管法规、改进监管方式和手段等。现在需要进一步实施，并且要建立对监管部门的特殊监督机制。只要强化这方面的管理，公有银行完全可以搞好，而且可以避免私有银行的弊端，特别是诚信度会更加增强。

目前，直接从事金融机构监管的部门主要是证监会、保监会和银监会，分别对证券业金融机构、保险业金融机构和银行业金融机构实施监管；同时，对部分金融机构或间接负有金融监管职责的部门，包括财政部、中国人民银行、审计署、国有重点金融机构监事会等。在证券、保险和银行分业监管，多部门同时实施金融监管，以及金融机构的业务交叉不断扩大的情况下，为防止出现监管真空和重复监管，有效配置监管资源，提高监管效率，迫切需要加强各监管部门的协调配合。

（三）正确地贯彻货币政策

从中国的实际出发，把社会主义优势同市场经济优势结合起来，充分而正确地运用货币政策，是管好金融市场的一把钥匙，也是国家实施宏观调控的最重要的工具之一。中国特色社会主义金融必须正确地制定、掌握、贯彻自己的货币政策。

所谓货币政策，是指国家为实现经济目标所采取的调节和控制货币供应量和信用量的指导方针与实施措施。它包括政策目标、政策手段和政策传导等内容。从另一个方面说，它包括信贷政策、利率政策和汇率政策。我国货币政策的制定和实施，是由作为中央银行的中国人民银行来承担的。货币政策要为实现国家宏观经济管理服务，以国家的宏观调控目标为自身的最终目标。就此而论，货币政策目标同财政政策目标是一致的。货币政策有自身的特殊性，它是从调节和控制货币供求量的角度来实现国家宏观经济目标的。《中华人民共和国中国人民银行法》第三条明确规定："货币政策的目标是保持货币币值的稳定，并以此促进经济增长。"货币币值的稳定，对内是指保持物价稳定，对外是指保持人民币汇率稳定。货币稳定对于经济运行来说具有重要意义：一是提供相对稳定的价值尺度和核算手段；二是为商品交易提供一个稳定的流通手段；三是提供一个有效的支付手段。

如何利用货币政策为经济健康运行服务呢？主要是从实际出发掌握市场波动和变化周期规律，围绕国家的产业政策，控制货币供应总量，适当调整利率和汇率，提高存款储备金率等。管住贷款这个总闸门，在发生或即将发生通货膨胀时减少货币供应量，降低利率。为避免经济大起大落，在一般情况下要有保有压，把通胀或紧缩抑制在萌芽状态。这需要与多种宏观政策相配套，及时掌握信息，使得货币政策自觉化。

我国社会主义市场经济正处在一个逐步完善的过程中，特别是金融市场还比较脆弱。为保持经济又好又快发展，必须把经济泡沫消灭在萌芽状态，尤其不能让它恶性膨胀，发展成为经济泡沫。近几年的房地产领域已经出现资产泡沫的苗头，少数人利用囤积土地、倒房炒房、抬高房价、降低质量等方式追求暴利，形成一个暴富阶层。其成因主要在于官商勾结、过度投机、恶意抬高房价，从根本上说，也是与国有经济退出房地产业有关。鉴于此，必须从严控制土地、调节金融信贷、规范市场秩序、根治腐败与打击恶性投机等几个方面进行综合治理。我们一定要充分利用社会主义市场经济的优势和宏观调控的有力手段，及时消除经济泡沫，坚决杜绝泡沫经济。在这方面要充分发挥社会主义金融的主导作用。

五、产业体制及其调节

(一) 我国的产业体制

党的十七大报告指出，我们要 "发展现代产业体系，大力推进信息化与工业化融合，促进工业由大变强，振兴装备制造业，淘汰落后生产能力；提升高新技术产业，发展信息、生物、新材料、航空航天、海洋等产业；发展现代服务业，提高服务业比重和水平；加强基础产业设施建设，加快发展现代能源产业和综合运输体系。"[①] 党的十八大报告又指出："坚持走中国特色新型工业化、信息化、城镇化、农业现代化道路，推动信息化和工业化深度融合、工业化和城镇化良性互动、城镇化和农业现代化相互协调，促进工业化、信息化、城镇化、农业现代化同步发展。" 要 "牢牢把握发展实体经济这一坚实基础，实行更加有利于实体经济发展的政策措施，推动战略性新兴产业、先进制造业健康发展，加快传统产业转型升级，推动服务业特别是现代服务业发展壮大，支持小微企业特别是科技型小微企业发展。"[②]

在工业化和现代化的发展过程中，经济总量的持续稳定增长是同产业结构的不断优化紧密联系的。总量的增长依赖于结构的优化转换。所谓优化产业结构，是指通过产业结构调整，使国民经济各产业在依靠科技进步、提高效益的基础上协调发展，并满足不断增长和变化的市场需求的过程。产业结构优化主要包括两方面内容。一是产业结构合理化。它是指产业结构由不合理向合理发展的过程，即要求在一定的经济发展阶段上，根据市场需求和资源条件，对初始不理想的产业结构进行变更、调整，促进资源在产业间合理配置、有效利用。合理的产业结构可以使一个国家和地区充分利用现有资源，提高有效供给能力，最大限度地满足社会需求，实现可持续发展。二是产业结构的高级化。它是指随着科技水平、社会生产力的提高和市场需求结

---

① 胡锦涛：《高举中国特色社会主义伟大旗帜 为夺取全面建设小康社会新胜利而奋斗》，选自《十七大以来重要文献选编》，中央文献出版社 2009 年版，第 18 页。

② 胡锦涛：《坚定不移沿着中国特色社会主义道路前进 为全面建成小康社会而奋斗——在中国共产党第十八次全国代表大会上的报告》，人民出版社 2012 年版，第 22 页。

构的变动，代表现代产业技术水平的高效率产业部门比重不断增大，朝阳产业不断增加，夕阳产业或被改善创新，这样一种产业结构向高一级演进的过程。主要标志是技术集约化、产品加工精密化和高附加值化。产业结构的合理化与高级化有着相辅相成的密切联系。合理化为高级化提供前提，而产业结构高级化则推动产业结构在更高层次上实现合理化。因此，在优化产业结构的过程中，要以产业结构合理化促进产业结构高级化，以产业结构高级化带动产业结构合理化。

（二）合理使用产业政策

产业政策是国家指示产业发展方向，规划产业发展目标，调节各个产业之间的相互关系及其结构变化的政策措施的总和。宏观调控主体通过产业政策可以改变资源在产业中的分配，调整社会供给结构和总量，协调需求结构与供给结构的关系，促进宏观经济良性运行。产业政策主要有：产业结构政策、产业组织政策、产业技术政策。产业结构政策是产业政策的核心，是根据当代产业结构的变化趋势，促进产业结构优化的一系列措施的总和。实施产业政策是为了确定、支持、鼓励哪些产业发展，限制哪些产业发展，调节资源在各部门的流向，协调第一、第二和第三产业之间，以及各产业内部各部门、行业之间的比例关系。根据全面建设小康社会宏伟目标的要求，我国产业结构的发展方向是，"形成以高新技术产业为先导、基础产业和制造业为支撑、服务业全面发展的产业格局"[①] 产业组织政策是规范企业的市场行为，调节企业规模经济发展，增强市场竞争活力所采取的各种措施的总和。产业组织政策的目标包括促进市场有效竞争、抑制垄断和防止过度竞争政策。产业技术政策是指导民族产业和企业依靠科技进步，推动科技研究、应用与开发的一系列措施。我国走以信息化带动工业化，工业化促进信息化的新型工业化道路，必须高度重视产业技术政策的运用，尤其要鼓励、支持自主研究和开发高新技术。

---

① 江泽民：《全面建设小康社会　开创中国特色社会主义事业新局面》，人民出版社 2002 年版，第 21~22 页。

第五节 挑战与机遇：在改革中
完善双重调节机制

经过三十多年的努力，社会主义市场经济体制的基本框架已经建立。中国经济的快速增长为深化改革提供了比较宽松的环境，综合国力的增强为解决改革进程中的各种问题提供了更加雄厚的物质基础。我国虽然需要应对来自国际、国内的巨大挑战，但同样面临着许多难得的发展机遇。"以市场调节为基础，以国家调节为主导"的双重调节机制，需要在应对挑战和分享机遇中不断优化，需要在改革和创新中不断完善。

一、放任市场造成的混乱

近几年来，由于市场原教旨主义即新自由主义泛滥，市场放松管理，在思想上和实际中造成极大混乱。如有人鼓吹市场本质是"无为而治"，造成我国部分市场秩序因"无为而治"而引致重大危害，是"深层次问题"的成因之一。市场机制正确的一面为我国带来巨大活力，放任的一面致使市场秩序紊乱，导致一系列严重灾难。这里将部分事实列举如下：（1）严重的食品和药品安全成了流行病（如瘦肉精、毒奶粉、地沟油、毒胶囊等事件）；（2）由于投机过度加剧通货膨胀和贫富分化；（3）管理松弛致使产品质量差；（4）市场无序加大社会财富浪费，如滥占土地、拆迁经济、矿产过度开采和商品过度包装等；（5）财富和收入的贫富差距拉大；（6）造成环境污染、物种减少和生态恶化；（7）生产安全事故较多；（8）助长腐败滋生和蔓延；（9）"孵化"欺行霸市的黑恶势力；（10）由商品拜物教扩散为金钱拜物教，一个"利"字使社会风气恶化（例如，"无钱不办事"的潜规则到处盛行）。可以说，包括经济发展方式粗放、产业结构畸形、产品升级换代迟缓等都与"无为而治"的市场理念有关。广东东莞的许多行业破落就是鲜明的例证。

实际上，一般市场经济的特点不是"无为而治"，而是最大化的趋利性。市场是商品交换关系，是商品生产和商品流通的总和，市场经济是在交换关系总的基础上为趋利而竞争的经济形态。它的本质属性是趋利（以钱为本），基本范畴是资本。所谓"无为而治"不过是"无形的手"（二者含义不同）的一种片面的表现。与此同时，还需要"有形的手"（"有为而治"）来帮助。这是任何一种市场经济的共性。

从理论上考察，对于市场经济应当首先如实地提到生产社会化规律高度来认识，揭示它深层的形成和运行基础与机制。市场经济不是真空，不是大气环流，而是人与人之间发生的多种商品交换关系。在市场经济中，既要个人表现，又要共同遵守的规则。市场经济存在和发展的本原是生产社会化的一种表现，即社会分工之上的一种经济联系形式，社会分工愈深化，愈需要这种经济联系。当然，经济联系还有其他形式。市场原始行为是自发的，但它从最初级的市场经济形态开始都同一定的管理相伴而行，哪怕是小小的集贸市场都要有人管理。当市场经济遍及整个社会，它就成了配置资源的一种形式。这种配置是通过竞争和价格信号展开的，其动力就是逐利。哪种配置方式能够赚钱多，就采用什么方式，资源就往哪里流动。然而，由于竞争不能总是处在过度竞争或垄断的无序状态，资源配置便需要宏观管理，这就是要发挥政府更大的作用。现在世界上任何一种市场，包括西方的所谓现代市场，都是"两只手"共同起作用。当然，市场的"无形之手"起基础作用，但是市场的宏观调控越来越强，而对市场的调控一旦大失灵，就会出现经济危机，这也是社会化规律的功能。以美国而言，"二战"后近70年间发生大大小小的经济危机或衰退近20次，最大的一次就是2008年以来的金融危机而引发的全面的世界性经济危机，其特点是多元叠加性和迁延连发性，至今还未完全过去，特别是债务危机与失业。新自由主义的主张和政策在西方乃至全世界都碰了壁，欧美国家转而加强政府的管制，这怎么能说市场的本质是"无为而治"呢？可以说，实行"无为而治"就等于助推经济危机。

从趋利的本质上说，市场经济并不可能像有人所讲的人人都可以公平自由地"参与市场竞争"。因为市场的本质是以钱为本，参与市场经济的自由权大小一定是由资本拥有者的资本数量多寡决定的。身无分文的穷人怎么能和亿万富翁在市场上自由竞争呢？真正在市场经济中拥有自由权的是那些大资本家，特别是金融资本，像美国金融大鳄索罗斯等。但就是他们也经常因为客观规律的作用而碰壁，如美欧债务危机，有的甚至陷于破产，如美国的雷曼兄弟。再如中国的温州炒房团，腰缠万贯，在房地产市场曾经一度风光，十分自由，但是由于群众的抵制（比如"用脚投票"），特别是政府的宏观调控政策使他们常常不能如愿，也有个别人血本无归。这些现象一再说明，市场经济的本质是赚钱，拼命地赚钱，而不是什么垄断资本家及其理论家鼓吹的"无治之手"在起作用，而是"无治之手"造成的乱象，却使少数人火中取栗。

再从市场的价格形成机制上说，也不完全归之于"无为而治"。常常听到这样一种说法："价格要听市场的。"应当说，这话只说对了一半。这里要甄别"真"市场价格与"伪"市场价格。"真"市场价格，即客观上由价值量和供求关系决定价格水平（所谓均衡价格），这是必须尊重的。但真市场价格也有一定的负面影响，要尽可能顺应价格规律加以弥补、矫正，设法减少震荡和损失。至于伪市场价格，那就是打着市场旗号制造高价或低价，欺诈者有之，垄断者有之，制造虚假需求者有之，利用巧妙的促销手段误导消费者更是屡见不鲜，实际是少数人图赚钱所为。目前伪市场价格比比皆是，动辄打出"听市场的"挡箭牌。为此，必须甄别真伪，该处置的要处置。还要说明，企业或经营者作为市场的主体，其定价不能完全与均衡价格画等号（如制造虚假成本信息）。这怎么能是"无为而治"呢？现在的通货膨胀最重要的原因还是放松对市场规导，"无为而治"的市场让"野虎"窜出"笼子"。

与此相关，还有一个"信息不对称"问题。有人也以此作为价格形成和机制运行的机会，并以此为理由排斥政府对价格一定的监管和疏导。从经济学创新的视角看，信息不对称可谓有所贡献，特别是对于纷杂多变的虚拟经济来说，的确有很大的应用价值。但是，必须明确，信息不对称不是客观规律，而是一种经营行为和价格现象，主要是人为因素，即卖方利用自己的强势地位垄断信息，有意加大营销中的不透明，误导交易对象，可称为"信息垄断"。从根本上它是违背等价交换和诚信交易原则的。一旦出现绝对强势的买方市场，这种信息泡沫立刻破灭，或者发生道德风险。加之金融等虚拟经济增大，催助了投机性、垄断性和信息不对称，使得泡沫纷扰，假象丛生。所以，不可迷信"信息不对称"不可改变和不可违反的神话，而恰好应当用公开信息的"阳光交易"矫正这种现象。这也不能靠"无为而治"。

进一步从市场经济的分配职能上说，"无为而治"非但不能减少两极分化，恰恰相反，它正是加剧两极分化的主因。的确，市场有一定的分配职能，主要是通过价格波动、各种竞争手段和信息不对称进行投机（所谓机会收入）造成的。应当说，消费品的制度分配首先是所有制关系决定的，即西方所说的产权决定分配。比如，按劳分配是以公有制为基础，按资分配或按要素分配则是以私有经济，特别是资本主义经济为基础。因为初次分配都是在企业内部，占个人收入的80%以上。而市场对分配起辅助的推动作用，主要是对产品、资产的拥有者之间以价格形式调整分配。不过，资本主义所有制关系与市场关系往往纠缠在一起，二者的结合更加剧了两极分化。比如，即使劳动者在初次分配中拿到一定的工资，但由于市场通货膨胀，它手里的货币就减少了购买力，这就影响了这些基本劳动者的实际收入。而那些大资本拥有者却可以利用通货膨胀大发其财，在短短十多年中涌出这么多的亿万富翁，在世界上也是少见的。这就进一步加剧了两极分化。所以说，市场经济的"无为而治"非但不能解决两极分化问题，"让财富流向百姓"，反而"最大化"地收入富人的腰包，产生和加剧两极分化；而且由此导致消费和内需不足，发展的内在动力减弱，更加依靠外需拉动，形成了外部通胀输入与内部购买力不足的矛盾现象，使得价格更加扭曲。

可以做出这样的经验结论：市场如无政策有力而合理的管理，就必然造成严重的灾难，这就是最大的挑战。

二、进一步完善市场体系，充分发挥市场机制的基础作用

进一步推进和深化经济改革，需要克服影响和阻碍改革、导致改革目标偏差的因素，利用好市场的"无形之手"。正如党的十八大报告所指出的："经济体制改革的核心问题是处理好政府和市场的关系，必须更加尊重市场规律，更好发挥政府作用。"

深化市场经济体制改革，需要健全各类市场，完善市场体系。完善市场体系的目的是提高资源配置效率。在市场经济条件下，资源配置效率一方面取决于市场的深度与广度，另一方面取决于价格机制的调节功能。从前者看，我国当前要素市场化改革迟缓，生产要素市场还不健全，要素市场的行政性垄断还没有根除。从后者看，我国还没有形成各类生产要素和资源的价格形成机制，

特别表现在矿产资源、土地资源和劳动力价格形成不合理。科学发展观要求进一步完善市场体系，就是要建立健全多层次、多品种的要素市场体系，完善市场价格调节机制，全面推进统一、开放、竞争、有序的现代市场体系建设。

科学发展观关于完善市场体系的论述，既有利于积极推进现代企业制度的建设，为规范市场竞争行为创造条件；也有利于加强市场制度建设，促进合理的要素价格的形成，避免部分地区、企业因要素价格不合理导致利益受损，避免劳动者权益受到侵害。同时，完善市场体系，还需要根据市场经济体制建设的要求，打破市场分割和行政垄断，让市场竞争机制充分发挥作用。

按照科学发展观的要求完善市场体系，需要重视市场竞争主体秩序、交易秩序、商品和要素市场秩序、社会信用秩序等。只有引导合理竞争，规范交易行为，发展民间与公共信用机构与服务中介，加快社会信用体系建设，市场经济体制的完善才能逐步深入，从而堵塞现有体制中存在的漏洞，使改革成为消除发展障碍的重要手段。

三、进一步健全宏观调控体系，充分发挥国家调节的主导作用

进一步健全宏观调控体系，是提高驾驭市场经济能力、实现科学发展的客观要求，也是弥补我国市场体制建设中的薄弱环节，纠正改革过程中可能出现的偏差的现实需要。

国家调控是社会主义市场经济体系的重要组成部分，将贯穿于社会主义市场经济发展的全过程。根据中国国情，按照社会主义市场经济的要求和科学发展观理念，深入探索有中国特色的宏观调控理论是一项长期的任务。今后相当长的一段时期，我国仍将是一个新兴市场经济国家和一个处于体制转型中的发展中国家，更重要的是，其目标和性质是社会主义的市场经济国家。这就决定了我国宏观调控不仅仍将面临较为复杂的经济背景，而且还面临更高的经济和社会目标，要在一个时期内完成多重任务，既要实现总量平衡目标，又要同时推进改革开放和结构调整升级，还要实现以人为本、让全体人民共享改革和发展成果的目标。

宏观调控与市场机制是社会主义市场经济体制不可或缺的重要组成部分，

必须有机地统一起来。但中国作为一个发展中的社会主义大国，要实现赶超型发展和全面共享发展成果，要实现经济的健康、持续、快速、协调发展，能否形成既符合现代市场经济的一般要求，又符合中国经济发展的特定目标的优于西方国家新型宏观调控体系，就是一个必须探索和解决的重大问题。

宏观调控体系功能和手段的选择当然是有客观制约性的。在现阶段，任何国家都不可能完全脱离市场机制这个基础，然而，在遵从市场经济的一般要求的基础上，宏观调控体系的构建还是有很大选择空间的。一个国家宏观调控体系的构建，既受交换方式性质（商品—市场经济）的制约，也受生产关系性质（私有制主体或公有制主体）的制约，同时也要考虑经济发展阶段（发达国家，还是发展中国家）的要求。可以看到，就是在发达资本主义市场经济国家，其运用宏观调控政策、手段和宏观调控职能的设置，也呈现出不同的特征和类型。比如，以英国、法国为代表的财政主导型，以德国为代表的金融主导型，以韩国为代表的计划主导型，以美国和日本为代表的混合型（美国是财政政策和货币政策并重；日本是财政、货币政策、产业政策和拟订计划综合协调）。

对中国特色社会主义市场经济的宏观调控体系的构建和完善，要全面总结自己和世界各国正反两方面的全部历史经验，从我国社会主义现代化发展的实际出发，着力研究社会主义市场经济宏观调控的新特点。因为我们考虑中国特色社会主义市场经济中的宏观调控问题，不能仅从一般市场经济和现代市场经济的要求考虑，而是要考虑到我国是一个后发现代化国家，存在着赶超型跨越式发展的艰巨任务；特别还要认识到，我国是以创建社会主义市场经济体制为目标和制度基础的，要实现以人为本、全民共创共享的全面协调可持续发展，就必须对经济调控系统进行符合中国实际的选择和创新，形成自己的鲜明特色。

中国特色社会主义经济发展道路和发展目的，决定了中国特色宏观调控体系是不同于西方资本主义国家宏观调控体系的。中国特色宏观调控体系的目标确定、职能设置及其方式、手段的选择，也应该服务于经济发展和共同富裕的根本目标。按照这样的要求构建的宏观调控体系，必然会具有自己鲜明的特色。社会主义经济发展和共同富裕的根本目标，为我国的宏观调控提供了科学的指导思想，使得我们不能局限于总量调节，不能局限于需求管理，不能局限于财政、货币政策,而要进行结构调节、地区调节、供给调节、分配调节,要使用财政、货币、计划、法律、行政、产业等政策和手段,从而使我们可以突破西方发达国家的经验范式和条条框框,探索创建出符合中国这样一个要实现跨越式发展的后发现代化国家和实现共同富裕的宏观调控模式。

通过坚持和完善国家宏观调控和微观规制,重点在经济持续发展和效益不断提高的基础上,较快提高人民生活水平,改善生活质量,调整国民收入分配的基本格局,形成合理的社会各阶层的利益关系,防止两极分化,朝着最终实现消灭剥削、实现共同富裕的目标前进。并重点在社会分工不断深化和经济结构调整升级的基础上,不断扩大就业领域,控制失业率和人口增长,搞好环境保护和修复,保持生态平衡,实现经济社会的全面可持续发展。

四、坚持公有制经济为主体,发挥国有经济的多重作用

改革开放以来,我国确立"以公有制为主体、多种所有制经济共同发展"的社会主义基本经济制度,建立了社会主义市场经济体制。这就决定了我国的宏观调控体系与西方发达资本主义国家的宏观调控有巨大的区别,决定了我国的国有经济会在国家调控中发挥重要作用。在社会主义市场经济中,国家不仅可以用财政、货币政策等经济手段进行宏观调控,还可以通过公有制企业直接提供商品或服务来对国民经济进行宏观调控,这大大增强了国家调控的力度、范围和广度。

社会主义市场经济应比一般的市场经济有更强的宏观调控能力。国家进行宏观调控最主要的经济手段是货币政策和财政政策。金融是现代经济的核心,是整个经济体系的"大动脉",是国家进行宏观调控的重要手段,不仅关系到整个国民经济运行的安全和稳定的局面,而且关系到国家的经济安全和经济主权的大局。因此,金融领域必须有一大批国有企业。国家要保持对国民经济整体的快速而有效的灵活调节,就需要掌握由中央银行、商业银行和政策性银行构成的银行系统及其他重要金融机构。同时,国家使用财政政策进行宏观调控时,也需要掌握一批重要的国有企业,才能在供需调节、价格调节、应对危机中,使调控更加及时、准确、有效。中国之所以较好地应对了2008年以来的世界金融和经济危机,就在于中国的国有企业发挥了中流砥柱的作用。

社会主义市场经济的特征最重要的是抓住两点：社会主义基本制度和市场机制结合，宏观调控的主导作用与市场经济配置资源的基础性作用结合。其中更根本的是基本经济制度。用马克思的话说："商品生产和商品流通是极不相同的生产方式都具有的现象，尽管它们在范围和作用方面各不相同。因此，只知道这些生产方式所共有的、抽象的商品流通的范畴，还是根本不能了解这些生产方式的本质区别，也不能对这些生产方式作出判断。"① 就是说，全面看，市场经济首先由公有制经济作为最重要的市场主体和基础，政府的调控和管理起主导作用，同时还包括上层建筑（党的领导、国家的作用和精神文明建设等）的保证作用，并组成一个共同发挥作用的完整体系。总体上说，社会基本制度整体决定市场经济的类型和特殊性质。

这里需要深化认识，资本主义市场经济和社会主义市场经济既有共性又有个性，而个性恰恰是决定市场经济性质的东西。正是这两性的矛盾统一，产生了通融性和排异性。

共性是两种市场的通融性基础，现阶段主要有五点：（1）机制大体相同；（2）手段工具大体相同；（3）存在大量私人资本（社会主义初级阶段）；（4）强大的国际市场影响力；（5）经济思想的某些融通。个性则是排异的基础：（1）制度优势的主导作用；（2）利益的抗衡力量（社会主义国家具有人民共同利益的强势）；（3）日益雄厚的物质基础，主要是公有经济的实力；（4）执政党和人民政权的坚强和主观能动性。二者的通融性往往是自发的，排异性则主要靠"自觉"的动力。目前通融性暂时占优势。如果中国的市场经济忘记了"社会主义"，就必然滑向资本主义市场经济。有些舆论往往大讲市场经济却不讲"社会主义"，不讲决定市场经济性质的那些因素，资本主义市场经济的因素就会无形中借机发酵，两类市场的相通性就会扩展资本主义个性吃掉社会主义个性，特别是世界传统的市场经济势力十分强劲，社会主义市场经济正如社会主义国家会"和平演变"一样，它也可能在一定条件下演变为资本主义市场经济。近几年的事实表明，有的地方、有的领域（上面举出的那些问题）正基于"无为而治"向资本主义市场经济滑去，这是很危险的。胡锦涛同志在纪念中国共产党成立90周年的讲话中特别强调，共产党人要受"市场

---

① 《资本论》第一卷，人民出版社2004年版，第136页。

经济的考验"，就是因为资本主义市场经济的一些消极因素会借机挥发，侵蚀我国的基本经济制度、基本政治制度和党的肌体，那是非常危险的，是"和平演变"的酵母。所以，我国决不能搞中国特色资本主义，不能把社会主义市场经济变成资本主义市场经济，而必须坚持中国特色社会主义制度，坚持特色鲜明的社会主义市场经济体制。这一点，决定中国未来的改革方向和历史命运。

但值得注意的是，现在社会各界流行一种说法，叫做现代市场经济是共有的，不应当区分社会主义和资本主义，而应当称之为"好的市场经济"或"坏的市场经济"等，赞赏所谓"社会公正＋市场经济"的欧美式资本主义的自由市场经济或社会市场经济。这就为社会主义市场经济滑向资本主义市场经济提供理论支持。有人提出，按照哈耶克要求架构新自由主义的市场经济，最典型的就是满足四个先决条件，即承认个人利益、给人们更多的经济自由、实行分散化决策、引领各类激励（包括市场）机制，从而很好地解决了信息和激励的问题。而闭口不讲我国的基本经济制度，闭口不谈市场经济与整体基本经济制度的关系、个人利益与人民整体利益兼顾的关系（实际上谁也没有不承认个人利益）。这恰恰是资本主义市场经济的特点，也表现了它的局限性：第一，私人利益主导，不要讲社会利益，即为利益的纯个体化；第二，否定政府的主导作用，实行经济自由化；第三，以分散化决策完全取代整个国家和社会的宏观决策与调控监管，即决策的局部化；第四，以各类的短期激励和短期行为取代长期和全局的谋划与长远性激励，造成激励的短暂化；第五，充分利用信息不对称来使少数人投机发财，加大信息的不对称化，使整个经济的信息紊乱，像西方那样让少数大资本家垄断信息的权利。资本主义市场经济的特有机制主要是两个：一是私有制为主体，大垄断企业（包括金融部门）支配和控制了市场，决定了市场作为手段主要是为这些垄断资本服务的；二是放任市场，而政府缺乏有力的引导，致使矛盾积累起来，产生经济波动，乃至经济危机。如果搞资本主义市场经济，也许能使经济一时吹起来，但不可能扎实、协调、持续。以新自由主义邪路来解决中国的所谓"深层次问题"，只能是饮鸩止渴、死路一条，比之拉丁美洲所遭受的灭顶之灾可能更甚。即使在发达或不发达的资本主义国家，也造成一次又一次的经济危机和制度危机，出现停滞、波动、衰退、环境污染、社会动乱，乃至发动大大小小的战争。

三十多年的改革发展实践证明，我们的社会主义市场经济体制正在完善中，已经显示出它的优越性。用短短几十年的时间就走过了西方一二百年的路程，成绩令世人瞩目，西方称之为"中国模式"或"北京共识"。中国的发展不仅得益于私营经济的迅速崛起，而且得益于国有经济的不断壮大。一方面要看到私营经济在活跃市场、增加就业、加速 GDP 的增长等方面有不可磨灭的贡献，今后还要发挥它的积极作用，但也要看到他们缺乏社会责任，需要大力规导；另一方面，国家的重大建设、战略性的举措，整个经济的稳定发展还是靠政府主导作用和国有经济主导地位，这就是说从宏观到微观的各个层次都必须将"看得见的手"和"看不见的手"有机结合，发挥公有经济主体功能，避免资本主义市场经济的一些弊端，这就是两种市场根本区别之一。应当强调，关系到国家经济命脉与国家安全的重大措施、重大工程都是公有制经济起作用，没有它们，私有经济也不可能有真正的发展条件和后劲。实际上等于公有企业特别是国有企业、人民政府以及广大工农劳动者，为私营企业付出巨大的社会成本，包括社会条件、劳动成本、矿产资源、生态环境，等等。如果继续走所谓"民进国退"或"私进公退"路子，非公企业挤占公有经济的主体地位，社会主义经济将一步一步走下坡路。从今后在重大战略机遇期和矛盾集中凸显期看，真正有抗风险、劲发展之能力的还是公有制经济，它是社会主义市场经济的基础，特别是国有经济，扮演社会主义市场经济第一主体的角色。没有这个主体，社会主义市场经济就势必改变性质，缺乏后劲。

当然，我们同时也要发展多种成分，各尽所能，各得其所，走共同步入社会主义市场经济的康庄大道，但绝不能以"市场经济"为名混淆主体与非主体的地位，以私人激励为名取消集体和全局的利益，以私企活力为名抹杀集中力量办大事的优越性。是否坚持市场经济与社会主义基本制度结合，坚持国家主导下的"两只手"耦合，正是两种市场经济的分水岭。中国的命运只能寄托于中国特色社会主义制度和社会主义市场经济的发展完善上，此乃历史的选择，为使中国沿着康庄大道大踏步前进，必须扫除新自由主义影响，也绝不能让西方承认我国"完全市场经济"地位所束缚，应加强国际经济博弈，回应西方的无端批评和攻击。

|第四章|

自力主导型的多方位开放制度

邓小平指出:"坚持改革开放是决定中国命运的一招。"① 对外开放是我国的一项基本国策,我们要逐步形成自立主导型的全方位开放制度。三十多年中国对外开放政策的实施使我国经济取得了令世人瞩目的巨大成就,同时也给我国的经济带来前所未有的挑战,中国经济面临诸多困境。党的十八大报告指出:"要全面提高开放型经济水平。适应经济全球化新形势,必须实行更加积极主动的开放战略,完善互利共赢、多元平衡、安全高效的开放型经济体系。要加快转变对外经济发展方式,推动开放朝着优化结构、拓展深度、提高效益方向转变。创新开放模式,坚持出口和进口并重,提高利用外资综合优势和总体效益,加快走出去步伐,统筹双边、多边、区域次区域开放合作,提高抵御国际经济风险能力。"当前,我们应当从客观经济规律的高度,科学总结对外开放的历史经验,探索规范的机制,洞察面临的困难,转变对外经济发展方式,继续完善具有中国特色的社会主义开放制度。

第一节　世情与国情：开放制度的形成和发展

中国特色社会主义制度的一个重要特征在于正确而充分的开放性,参与世界分工体系和世界市场竞争。这是适应生产社会化向全球扩展的表现和趋势。只有认识世界经济形成的规律和科学总结历史经验,方可理解社会主义国家对外开放的必然性。

---

① 《邓小平文选》第三卷,人民出版社 1993 年版,第 368 页。

一、对现代世界经济发展的科学判断

当今世界处于什么样的发展阶段？这是认识中国历史方位和实行对外开放的前提。纵观世界历史，在远古和中世纪，各国经济彼此是互相隔离的。随着商品经济和资本主义的发展才逐步形成世界经济。马克思在《共产党宣言》中做过这样的描述："资产阶级，由于开拓了世界市场，使一切国家的生产和消费都成为世界性的了。""资产阶级，由于一切生产工具的迅速改进，由于交通的极其便利，把一切民族甚至最野蛮的民族都卷到文明中来了。它的商品的低廉价格，是它用来摧毁一切万里长城、征服野蛮人最顽强的仇外心理的重炮。它迫使一切民族——如果它们不想灭亡的话——采用资产阶级的生产方式；它迫使它们在自己那里推行所谓的文明，即变成资产者。一句话，它按照自己的面貌为自己创造出一个世界。"① 到了帝国主义时代，"资本已经变成国际的和垄断的资本。"② "金融资本的密网可以说确实是布满了全世界"，"它布满全国，集中所有的资本和货币收入，把成千上万分散的经济变成一个统一的全国性的资本主义经济，并进而变成世界性的资本主义经济。"③

所谓世界经济，就是在世界范围内形成各国相互联系的经济整体。这是世界经济高度社会化和高度市场化的表现和成果。从生产力发展上看，生产社会化已经扩展到世界各个角落，形成国际的分工和联系，形成了世界范围的资源配置。从生产关系上说，资本主义的存在和发展离不开世界市场，它必须建立自己的殖民地体系（包括新殖民主义的种种形式），必然剥削全世界，占据各地的资源为之服务。从形成过程上看，资本主义大体分四个大阶段：（1）原始积累资本主义（前后大约 300 年），其生产力的技术基础是手工工场方式；（2）自由资本主义（18 世纪下半叶至 19 世纪 70 年代），其生产力基础是机器为中心的初级工业化即产业革命的扩展，金融经济初具规模；（3）金融与产业结合的垄断资本主义，包括私人垄断与国家垄断（19 世纪 80 年代至 20 世纪中叶），其生产力基础是以电气化、石油化为支撑的规模化的工业经

---

① 《马克思恩格斯选集》第一卷，人民出版社 1995 年版，第 276 页。
② 《列宁全集》第 26 卷，人民出版社 1988 年版，第 365 页。
③ 《列宁全集》第 27 卷，人民出版社 1990 年版，第 380、349 页。

济和工业化；（4）不断虚拟化走向泡沫化的国际金融垄断资本主义（20世纪中叶以后，已近70年），其生产力基础是以信息技术为中心的现代化手段，而与信息技术结合的金融资本同实体资本脱离得越来越远，美国主导的高度集中、超级虚拟化的垄断资本主义控制、剥削全世界，导致泡沫经济破裂酿成世界危机。

国际超级金融垄断资本带来了一系列经济、政治新的阶段特征，总体上概括为七点：（1）资本主义发展极端不平衡，形成了美国独霸世界的格局，成为资本主义世界的绝对领袖和国际宪兵，把它的所谓"国家利益"囊括到全世界，到处插手；（2）美国以无比强大的综合实力为后盾由美元霸权取代一般的国际货币关系，通过与实体经济相脱离的虚拟经济主导全球化，剥削广大发展中国家，表现了后殖民主义的新形式；（3）垄断最先进的技术和知识产权，并与虚拟资本紧密结合，强化金融的流动性与连锁性；（4）通过跨国公司组织推进实体产业转移，以新形式垄断国际商品市场与技术市场；（5）以虚拟经济支撑军事优势，利用核武器与空间技术等控制全球，军事力量布满世界各地，尤其抢占战略资源地域；（6）以新自由主义和"普世价值观"作为统治意识，成为"意识帝国"，并作为战略政策在全世界强力推行，竭力对所有的国家进行颠覆、渗透；（7）由超级的经济虚拟化导致整体泡沫化，由金融危机引发经济危机，并通过各种方式转嫁于世界各国。这其中最为核心的经济特征，乃是国际超级金融资本垄断，虚拟经济主导国内与世界经济。这七个特点是相辅相成、互为条件的。美国的虚拟经济达到 GDP 的 50 倍之多，银行债务 50 多万美元，它垄断了金融的走势和信用评估的话语权，控制或渗透各国的大银行和股市，乃至财政。就军事而言，它在全世界的军事霸权也是靠金融虚拟资本支持的。美国 2001～2007 年累计多支出的军事费用 15468 万亿美元恰好与同期其财政赤字累计数目基本相等；同期的军费总开支 36170 万亿美元相当于 2007 年国债增加额（比 2000 年）的 86.4%。这说明美国的军费实际依赖虚拟资本，进而推动了泡沫经济的扩展。近年又依赖滥发美元的货币宽松政策，刺激衰退的经济，掠夺别国，推行经济、政治、文化和军事霸权。

正是因为这样，"任何一个国家要发展，孤立起来，闭关自守是不可能的，不加强国际交往，不引进发达国家的先进经验、先进技术和资金，是不可能的。"① 同时，要善于应对各种矛盾和风险。

二、经济全球化是生产社会化的必然趋势

20 世纪 90 年代以来，以信息技术革命为中心的高新技术迅猛发展，不仅冲破了国界，而且缩小了各国与各地区之间的距离，使世界经济越来越融为整体，世界经济发展中的全球化趋势加强。一方面，在世界范围内各国、各地区的经济相互交织、相互影响、相互融合成一个整体，即形成全球统一市场；另一方面，在世界范围内建立了规范经济行为的全球规则，并以此为基础建立了经济运行的全球机制。在这个过程中，市场经济一统天下，生产要素在全球范围内自由流动和配置。经济全球化所带来的最大好处是实现了世界资源的最优配置。一国经济运行的效率无论多高，总要受到本国资源和市场的限制。只有全球资源和市场的一体化才能使一国经济发展在目前条件下最大限度地摆脱资源和市场的束缚。可以说，全球经济一体化有利于实现"以最有利的条件生产、在最有利的市场销售"这一世界经济发展的最优状态。总体看，经济全球化是社会化高度发展的必然趋势，它超出了国家界限，而现阶段的经济全球化潮流还是由发达资本主义国家主导。

正是因为如此，经济全球化是一把双刃剑。正如江泽民同志所说："经济全球化，由于发达国家主导，使各国各地区在全球发展中的地位和水平进一步出现差异。广大发展中国家面临许多新的挑战，发展更趋艰难，南北贫富差距进一步扩大。这不仅不利于全球经济的健康发展，也不利于地区和世界的和平与稳定。"② 它带来的负面影响不可忽视。它在推动全球生产力大发展，加速世界经济增长，为少数发展中国家追赶发达国家提供了一个难得的历史机遇的同时，也加剧了国际竞争，增加了国际风险，并对国家主权和发展中国家民族工业造成了严重冲击。在激烈程度达到极致的国际竞争中，任何一国缺乏竞争力的产业或企业总是避免不了最终被淘汰的命运。对于失败者而言，经济全球化则意味着伤害和痛苦。无论在发达国家还是发展中国家都存在反对经济全球

---

① 《邓小平文选》第三卷，人民出版社 1993 年版，第 117 页。
② 江泽民：《论社会主义市场经济》，中央文献出版社 2006 年版，第 542 页。

化的声音，原因便在于此。但是，无论你把经济全球化视为福音，还是看作灾难，经济全球化已经成为不可抗拒的客观现实。正如著名经济学家约翰·H·邓宁所言："除非有天灾人祸，经济活动的全球化不可逆转。这是技术进步的结果，而技术进步的趋势不可逆转。"① 世界贸易组织前总干事鲁杰罗也指出："阻止全球化无异于想阻止地球自转。"②

经济全球化已显示出其强大的生命力，并对世界各国经济、政治、社会、军事、文化等所有方面甚至包括思维方式等都造成了巨大冲击。任何一个国家都难以全面回避。唯一的办法是正确认识世界经济一体化发展规律，适应经济全球化发展趋势，积极参与经济全球化，在历史大潮中接受检验。而发展中国家也只有根据自己的实际情况，实行正确得当的政策，采取有力的措施，扬长避短，迎接挑战，才能变不利为有利，在参与经济全球化中求得本国利益最大化，从而实现现代化。世界经济一体化的发展趋势主要表现在以下几个方面。

趋势之一：国际贸易将有力地推动经济全球化和地区经济一体化。（1）近五十年来世界贸易的年均增长速度比世界 GDP 年均增长速度高一倍以上的趋势，在 21 世纪将继续延续下去。（2）贸易和投资相互促进，共同推动国际分工和各国产业结构的调整、升级。（3）国际贸易在 21 世纪将推动地区经济一体化组织的发展。

趋势之二：金融业在全球经济生活中起着举足轻重的作用。（1）证券市场对全球资源配置所起的支配作用将得到进一步加强。（2）金融业的全球化正在导致财富在全球的重新分配。（3）国际货币体系将走向多极化。

趋势之三：国际互联网络将极大地改变人类的生产和生活方式。（1）国际互联网络的普及提供了加强各国经济联系的新纽带。（2）国际互联网络将不断提高金融、贸易、企业全球经营的效率和质量。

趋势之四：经济全球化的政治社会影响不断加强。（1）经济全球化在 21 世纪的不断深化，将不断加深各国经济的相互依赖、相互渗透，使各国间的共同利益不断增加。（2）经济全球化使各国领导人和政府的政策选择余地缩小，这必然有利于形成国际关系的民主与合作气氛。（3）经济全球化对民族文化

---

① 约翰·H·邓宁：《全球化经济若干反论之调和》，载于《国际贸易问题》，1996 年第 3 期。
② 路透社 1997 年 2 月 18 日英文电文。

的冲击。

由于当今的经济全球化还是发达资本主义国家起主导作用，其经济过程仍然带有垄断和剥削的性质，特别是美国推行单边主义的霸权主义政策，它对于众多发展中国家和社会主义国家也会带来前所未有的挑战。例如，它们在世界范围内占有和掠夺自然资源（能源、矿产、海洋等），争夺市场，制造各种贸易壁垒，利用发展中国家的廉价劳动力生产低端产品，以不等价交换的形式利用技术垄断攫取超额利润，甚至利用军事、政治手段侵犯一些国家的主权、干预别国内政、制造各种动乱（如"颜色革命"），利用财力物力推行所谓"民主模式"，特别是形成对社会主义国家的战略包围，实施各种颠覆、渗透、分化、西化、和平演变的手段。另外，由于资本主义市场的自发性带有周期性，金融危机、商业危机往往波及世界各国，给各国的经济发展造成相应的危害。所以，经济全球化在给中国和其他发展中国家带来机遇的同时，也会带来种种严峻挑战。

三、社会主义国家参与世界经济活动的必然性

社会主义国家对外经济政策的理论，首先是列宁提出来的。它同马克思主义全部理论一样，是随着社会的发展逐步产生、形成和发展的。马克思、恩格斯在创立科学社会主义学说时，处于资本主义次发达商品经济时代，当时考虑问题的基点是社会主义在欧洲共同胜利，从而不可能论述社会主义国家同资本主义国家的经济关系问题。他们所论证的是资本主义世界贸易的理论，可以作为社会主义国家的借鉴，但还不是社会主义国家对外开放理论。到了帝国主义时代，特别是第一次世界大战爆发以后，列宁科学地发现了帝国主义经济、政治发展不平衡的规律，创造性地提出了社会主义可以首先在一国胜利的理论，并且领导俄国十月革命取得了胜利。列宁的"帝国主义论"和"一国胜利论"，乃是他关于社会主义国家对外政策一系列论述的理论前提。在实践上正是一国首先胜利后才出现了两种制度、两类国家并存的世界，也才产生了两类国家的政治、经济、文化诸多方面的关系问题。

自从 1917 年苏联建立第一个社会主义国家起，世界上总共建立了 15 个社会主义国家，分布于欧洲、亚洲、拉丁美洲。这标志着由马克思创立的科学社

会主义理论首先在一国、接着在数国取得了胜利。这一胜利从根本上改变了世界政治、经济、意识形态等格局，也在全世界范围内衍生出一种全新的关系：社会主义与资本主义的关系。这种关系成为整个 20 世纪世界关系的主体，并将长期存在。历史地看，以 1989～1991 年苏东剧变为标志，这种关系可分为三个时期：第一阶段为战争与革命（1917～1945 年）时期，主要是苏联反对帝国主义的入侵和包围，后参加反法西斯的世界大战，苏联对外经济交往不断增加；第二阶段（1945～1991 年），出现包括中国在内的社会主义国家反对帝国主义世界发动的冷战，冷战时期存在资本主义世界市场与社会主义世界市场，两个世界市场只有少量的积极交往；第三阶段为后冷战时期，主要是社会主义中国及越南、老挝、古巴、朝鲜与资本主义世界有着程度不同的经济交往。但以美国为首的发达国家非法制裁和封锁古巴和朝鲜，因而这两个国家同资本主义国家的经济交往极少。

早在苏联建国初期，列宁就多次论述了社会主义国家同资本主义国家经济交往和技术交往的客观必然性，批驳了闭关自守的狭隘的"爱国主义情绪"，强调社会主义国家应当善于利用这些交往和联系。20 世纪 80 年代，邓小平在总结历史经验的基础上就中国参与对外贸易问题做了进一步论述。他指出，关起门来搞建设是不行的，"我们吃过这个苦头，我们的老祖宗吃过这个苦头。……如果从明朝中叶算起，到鸦片战争，有三百多年的闭关自守，如果从康熙算起，也有近二百年。长期闭关自守，把中国搞得贫穷落后，愚昧无知。"[1] 中国要"实现四个现代化必须有一个正确的开放的对外政策。我们实现四个现代化主要依靠自己的努力，自己的资源，自己的基础。但是，离开了国际的合作是不可能的。应该充分利用世界的先进的成果，包括利用世界上可能提供的资金，来加速四个现代化的建设。"[2]

另外，在国际竞争日趋激烈的条件下，经济实力成为国家与国家之间，特别是社会主义与资本主义两种制度之间"较量"的关键。加速经济发展成为世界性"共识"。在发展经济方面，由于社会主义首先在经济文化落后的国家取得了胜利，而资本主义，尤其是发达资本主义国家则有着丰富的经验，社会

---

① 《邓小平文选》第三卷，人民出版社 1993 年版，第 90 页。
② 《邓小平文选》第二卷，人民出版社 1994 年版，第 233 页。

主义应该向资本主义学习。鉴此，学习、利用、借鉴资本主义发展经济的先进经验，汲取其失误和失败的教训，成为一定时期内社会主义与资本主义相互关系的一个重要方面。

归结起来，社会主义国家参与世界经济活动的必然性主要在于以下几个方面。

首先，参与世界经济活动是社会主义经济制度不断完善的必要借鉴。经过几百年的发展，资本主义在经济制度建设尤其是市场经济制度建设方面积累起了一套成熟的经验。作为发展经济的一种比较好的制度安排，市场经济既可以为资本主义利用，同样，也可以为社会主义利用。社会主义在摒弃传统计划经济体制，实行现代市场经济过程中，"闭门造车"同样是不足取的，这样只能延误社会主义经济发展的进程。明智的选择只能是学习、借鉴发达资本主义国家建立起的成熟的市场经济制度，结合自身制度的基本特征，建立有社会主义特色的市场经济制度。而要达此目的，非积极参与世界经济活动所不能。正如邓小平所说："开放不仅是发展国际间的交往，而且要吸收国际的经验。"① 这也是中国成功建立有中国特色社会主义市场经济体制的基本经验之一。

其次，参与世界经济活动可以在以下方面为社会主义的健康发展提供支持。一是通过加入世界性的经济组织如世界贸易组织、世界银行、国际货币基金组织等，参与全球经济运行规则的制定，保护自身权益；二是在参与世界经济活动的过程中，通过与资本主义国家的竞争，优胜劣汰，显示优越性，健全起自我完善机制；三是参与世界经济活动，还可以为社会主义国家利用发达资本主义国家先进的技术、资金、管理提供机遇，也可以为社会主义国家在按照全球产业结构调整的进程中进行经济结构调整提供保障，吸取人类文明一切成果。

最后，参与世界经济活动是社会主义在全球发展的基本条件。马克思把实现社会主义和共产主义的两个基本条件归结为生产力的高度发展和世界性普遍交往的高度发展。"世界性普遍交往"实质上指的就是世界性的经济活动，也就是经济活动的全球化。可以想象，社会主义国家如果关起门来搞建设，那么，发展得再好也只能是故步自封，不可能扩大影响，不可能在全球范围内战

---

① 《邓小平文选》第三卷，人民出版社 1993 年版，第 266 页。

胜资本主义，实现社会主义的全面胜利。因此，社会主义只能通过积极参与世界经济活动，在扩大对外交往的过程中不断扩大影响范围，最终成为世界性的社会制度。

四、在对外开放上的历史教训

对扩大开放的认识是从总结实践经验中得出来的。历史上凡是对外闭关自守就会遭到挫折；凡是注重科学地对外开放，就能吸取世界的进步成分、借助外部的动力并能较快发展。

（一）社会主义国家对外经济联系的历史经验

迄今为止，在社会主义国家对外经济联系的发展过程中，曾经出现过三种联系方式：一是完全实行"西化"，成为资本主义"和平演变"的牺牲品，如苏联和东欧的社会主义国家；二是被帝国主义国家制裁或封锁，难以对资本主义开放；三是我国在坚持社会主义基本制度的基础上加强对外联系。实践表明，凡是在坚持社会主义基本原则的基础上积极加强对外联系、实行对外开放的都取得了成功；相反，无法对外开放的和只知对外开放而放弃社会主义原则的，都出现了这样或那样的问题，直至失败。总结社会主义国家对外经济联系取得成功的经验，一方面有利于取得成功的国家继续前进，另一方面也可以为其他社会主义国家制定对外开放政策提供借鉴。

首先，社会主义国家必须利用资本主义所创造的一切优秀的物质技术和文化遗产。在学习、利用资本主义方面，列宁有一个著名的公式："乐于吸取外国的好东西：苏维埃政权＋普鲁士的铁路秩序＋美国的技术和托拉斯组织＋美国的国民教育等等等等＋＋＝总和＝社会主义。"[①] 这一论断实际上就是社会主义国家如何加强对外经济联系的一个形象的注释。20 世纪 80 年代以后，列宁的利用资本主义的思想在中国得到了全面运用和创造性的发展。邓小平把列宁的学习、利用资本主义的思想与中国的具体实际相结合，概括出了"对外开放"的理论。他说："对外开放具有重要意义，任何一个国家要发展，孤立

---

① 《列宁全集》第 34 卷，人民出版社 1985 年版，第 520 页。

起来，闭关自守是不可能的，不加强国际交往，不引进发达国家的先进经验、先进科学技术和资金，是不可能的。"①

其次，对外经济联系必须选择适当多样灵活的形式。世界经济联系的多样性决定了社会主义国家对外经济联系的多样性。在对外经济联系中，除了开展对外贸易外，还要灵活利用其他形式，如对外投资、对外工程承包、对外劳务合作、对外技术合作等。根据自身的比较优势，不断丰富和完善社会主义国家对外开放的形式，这既是社会主义国家对外开放的内容之一，也是更好地利用外部资源和外部市场的必由之路。

最后，在加强对外经济联系的同时，必须保持经济主权和安全，要重视意识形态领域的博弈。第二次世界大战以来，随着"冷战"的演进，资本主义加强了对社会主义国家意识形态领域的"侵略"，对社会主义国家的"遏制""超越遏制""和平演变"等策略层出不穷。通过"经济通道"，资本主义不断向社会主义国家输出其价值观、人生观等，侵蚀社会主义的意识形态。在进行对外经济联系的过程中，社会主义国家如果不能有效地防止资本主义的这些策略，那么社会主义就有被颠覆的可能。苏东剧变就是前车之鉴。正如邓小平所说："我们的整个开放政策也是一个试验，从世界的角度来讲，也是一个大试验。总之，中国的对外开放政策是坚定不移的，但在开放过程中要小心谨慎。"② 因此，在加强对外经济联系的同时，必须既善于防范经济风险，牢牢掌握经济主动权，又能够重视意识形态领域的斗争，才能保证社会主义国家的性质不变，才能保证国家长治久安。

（二）中国闭关自守的历史教训

中国是世界上人口最多的国家，曾为人类文明的发祥地之一。但在历史上吃过闭关锁国的亏。党的十一届三中全会后，把对外开放确定为基本国策，融入世界经济的广度和深度越来越高。中国对外开放的经验和面临的风险，需要全面研究和总结。

历史地考察，清朝末年，鸦片战争后被动对外开放。鸦片战争时期，西方

---

① 《邓小平文选》第三卷，人民出版社 1993 年版，第 117 页。
② 同上书，第 133 页。

资本主义国家已经建立起了完备的工业体系，无论是制造业还是运输业都因蒸汽机的发明与运用而实现了机械化。而当时的中国，由于闭关锁国，经济发展水平极其低下，还处于自给自足的自然农业经济阶段，几乎没有现代工业基础。18 世纪马克思曾评论过当时的中国："一个人口几乎占人类三分之一的大帝国，不顾时势，安于现状，人为地隔绝于世并因此竭力以天朝尽善尽美的幻想自欺。这样一个帝国注定最后要在一场殊死的决斗中被打垮……"① 新中国成立后，国际上帝国主义对新中国实施政治经济封锁，国内夸大阶级斗争，影响发展经济。国际国内形势共同作用的结果，直接导致中国与世界经济联系的大体断绝，即使有些联系，也主要限于欧亚的社会主义国家。其结果，经济潜力难以充分发挥。

总结中国的开放实践，至少可以得出以下两点：首先，历史昭示我们，封闭就要落后，落后就会挨打。江泽民同志指出："历史上，不看世界发展的大势，故步自封，作茧自缚，导致国家和民族衰亡的例子比比皆是。例如，清朝从一六四四年到一九一一年共延续了二百六十八年。从一六六二年到一七九五年是史称的'康乾盛世'。在这个时期，中国的经济水平在世界上是领先的。乾隆末年，中国经济总量居世界第一位，人口占世界三分之一，对外贸易长期出超。也正是在这一时期，西方发生了工业革命，科学技术和生产力快速发展。但是，当时的清朝统治者却不看这个世界的大变化，夜郎自大，闭关自守，拒绝学习先进的科学技术。最后，在短短一百多年的时间里，就大大落后于西方国家，直至在西方列强的坚船利炮面前不堪一击。"②

其次，在世界历史新的发展时期中，关起门来搞现代化建设更不可行。这是因为，现代化是一个世界性的、内涵不断更新的历史概念，如当今的现代化就融入了知识经济的内容。中国若关起门来搞建设，连世界上的信息都不通，就无所谓现代化。更何况中国是一个发展中国家，实现现代化有自己的特殊性，即要在 100 年内走完发达国家曾用三个世纪完成的生产力领域里的两次革命即近代工业革命和现代技术革命，实现工业化，进而现代化。这种加速过程，要求高密集的科学技术和充足的资金。满足这两个方面的要求，仅依靠自

---

① 《马克思恩格斯选集》第一卷，人民出版社 1995 年版，第 716 页。
② 《江泽民文选》第三卷，人民出版社 2006 年版，第 48 页。

力更生是不行的。仅就科学技术而言，长期以来，中国的经济增长主要是靠增加生产要素量的投入取得粗放型增长，经济增长的 80% 左右是靠投入规模的扩大带动，而生产要素利用效率提高的贡献只占 20% 左右。所以，中国要谋求发展，摆脱贫困落后，就必须对外开放，引进国外先进技术和现代科学管理，走集约型经济增长道路，同时切实把贸易额的增长状况作为衡量国家经济发展水平的重要标志，以优势产业的发展为龙头，扩大出口创汇，借以带动国民经济的全面腾飞。实践证明，中国对外开放政策是正确的。目前，中国已经同 227 个国家和地区建立了贸易合作伙伴关系。1978 年，中国进出口贸易总额仅为 206 亿美元，2005 年达到 1.4 万亿美元，增长了 68 倍，平均每年增长 16.9%，在世界贸易中由第 16 位上升到第 3 位。现在，中国成为利用外资最多的国家。伴随外资引进，也引进了先进技术和管理经验，对外投资也保持了良好的发展势头，这些都对国内经济建设起到了重要作用。2006 年 2 月我国外汇储备超过日本成为全球第一外汇储备国，2006 年 10 月突破 1 万亿美元，目前已达到 4 万亿美元。这与中国坚持扩大对外开放是密切相关的。

五、中国必须利用两种资源、两个市场

中国要实现到 21 世纪中叶人均 GDP 达到中等发达国家水平的战略目标，仅仅依靠传统的发展模式、依靠国内资源和市场是难以实现的。因为，中国是一个人口大国，人口众多，绝大多数经济资源的人均占有水平都低于世界平均水平（见表 4-1），收入水平也比较低，市场对经济发展的支撑能力有限。同时，由于传统的发展模式是粗放型的，资源瓶颈和生态环境恶化的制约作用将会越来越明显，这就更加重了资源与发展之间的矛盾。因此，中国要实现第三步战略目标，只有通过发展开放型经济，充分利用国内外两种资源、两个市场，才能克服资源、资金、技术、管理等方面的制约，实现可持续发展。这一经验也已经被中国改革开放三十多年来经济发展的实践所证实。同时，世界也需要中国，包括中国的自然资源、人才资源、文化资源，等等。扩大对外开放，就能取得双赢的良性发展。

表 4 – 1　　　　　　　　中国人均资源相当于世界人均资源的比例

项目	耕地	淡水	石油	煤炭
比例	1/3	1/4	1/17	42%

资料来源：梅永红：《自主创新与国家利益》，载于《求是》2006 年第 10 期。

　　利用国外资源，是国际分工的重要内容。任何一个国家不可能什么资源一应俱全，而是各国互通有无、互相补充的。较小的国家，其资源禀赋比较单一，需要大量的国外资源弥补，同时也能弥补其他国家某些资源的不足；作为大国，同样有资源的丰缺，以己之丰补人之缺，以人之丰补己之缺。历史和现实中的资本主义大国都是以强力掠夺和廉价采购从殖民地与欠发达国家取得自然资源和利用廉价劳动力的，有的就把企业建在别国，盘剥别国资源（日本侵略中国时就是如此）。社会主义国家利用外国资源则是一种互惠关系，以优惠条件投资，帮助该国发展，或者给予其他援助，或者以其他商品等价交换。中国与非洲诸国的关系就是如此。即使是与发达国家的关系，也是互惠的。例如，我国利用澳大利亚的铁矿石就是花大量的外汇购买，甚至用高价购买，同时向澳大利亚出口大量的其他商品。从社会化发展的趋势来看，各国之间的资源互补与产品交换关系将愈来愈紧密。

　　利用世界市场，实质上是参与国际市场竞争，是社会分工与社会经济联系的延长和扩大。世界市场竞争同国内市场竞争相比较，水平高，形式复杂，扩展空间大，有利于提高产品的科技含量和品位，增强经营管理能力，在更广泛的竞争中获取压力和动力。考察各国经济发展的经验，参与国际市场竞争是跨越式发展的重要途径，也是坚持自主创新为主与技术引进相结合的必由之路。韩国的高速发展就是一个很好的例证。我国要发挥后发优势，实现跨越式发展，就必须在参与国际市场竞争中提高企业的经营水平和创新能力，包括培植大型跨国公司和国际名牌产品，提升自主创新能力和消化吸收能力，形成强大的国际竞争力。同时，要预测、防范、化解国际市场带来的风险，规避国际市场波动的冲击，善于化险为夷。

　　要利用两种资源、两个市场，首先，必须了解国内外资源和市场的关系，确立以国内资源和国内市场为主，国外资源和国外市场服务于国内资源和市场的指导思想，避免利用国外资源和市场的盲目性，减少资源浪费和市场竞争力的削弱。其次，必须确定合适的手段，尤其是利用国外资源和市场的途径。传统观念认为，利用国外资源就是国外资源、资本、技术及商品的流入；利用国外市场就是产品出口。这种观念现在看来已经不符合经济全球化的要求了，因为在经济全球化条件下，任何国家的市场都不可能再孤立于世界市场之外，资源也不再受各种壁垒的阻碍而可以自由流动。因此，利用两种资源、两个市场要有新的思路，国内企业必须积极"走出去"，利用国外资源生产国际市场需要的产品；同时，"引进来"国外生产效率高的跨国公司，有效配置国内资源，走"引进来"与"走出去"相结合的开放道路。最后，一定要学会驾驭国际市场变化和应对国际市场的冲击，尤其要规避一些西方国家利用绝对优势控制、扼杀我国的竞争力，掠夺我国的资源、推销垃圾产品。我们一定要保持和增强主动权。

第二节　借鉴与创新：中国特色社会主义对外开放理论和实践

扩大对外开放的思想是中国共产党几代领导人的探索，特别是邓小平把这一思想提升到新的高度，形成了一套完整的对外开放理论，构成中国特色社会主义理论体系的重要组成部分。我国虽然也借鉴了西方国际经济学等理论的合理成分，如比较优势论、竞争优势论、资源禀赋论、钻石理论等，但我们主要是独创的。中国特色社会主义对外开放理论的最重要特征是坚持独立自主、自力更生为主导，统筹国内国际两个大局，全方位扩大开放，利用世界经济规律和国际经济资源为我国社会主义现代化建设服务，同时积极为全人类发展作出重大贡献。

一、毛泽东对外开放的思想遗产

伟大的马克思主义者毛泽东为对外开放打下了基础。他从世界的经济规律出发，早就指出："自从帝国主义这个怪物出世之后，世界的事情就联成一气了。"[①] 新民主主义革命时期，他提出不能"闭关自守"与"自力更生"相统

---

① 《毛泽东选集》第一卷，人民出版社1991年版，第161页。

一的思想。新中国成立初期，他及时提出同外国"做生意"的方针，"只要有可能，就发展同世界任何乐意和我们往来的国家的通商贸易关系"。"搞经济，关门是不行的，需要交换。"①并欢迎外国投资"到中国走上社会主义，如果那时英、美、法等国仍然是资本主义国家，如果这些国家不来打中国的话，那么，中国政府将对外来投资及外国人在中国财产给以保障（付以代价）。"②但他强调的是依靠自己的力量。"独立自主、自力更生"是毛泽东思想的一大精髓。他提出："自力更生为主，争取外援为辅，平等互利，互通有无，帮助民族主义国家建立独立经济。对外贸易只能起辅助作用，主要靠国内市场。"③在对外经济关系上坚持"维护国家主权、平等互利"的原则。在实践上，他打开了通向西方的大门，与法、英、美、日等国建立或准备建立外交关系，并恢复中国在联合国的席位。不过，由于帝国主义对中国的长期封锁，总体上没有完全摆脱封闭状况。主要是20世纪50年代中国对苏联东欧国家开放较多，中苏论战和两国关系破裂后，经济交往也少多了。

二、邓小平在对外开放理论和政策上的突破

作为邓小平理论体系的重要组成部分——对外开放思想，其提出、形成和发展，有着深厚的实践基础和理论渊源。它是对马列主义、毛泽东思想有关对外开放思想的继承、丰富和发展，反映了中国社会历史大变革的广阔背景和世界经济发展的大趋势，具有划时代的意义。

邓小平关于对外开放思想的论述，主要包括以下几个方面。

（一）现在的世界是开放的世界，中国的发展离不开世界

"现在的世界是开放的世界"，这是社会生产发展的必然结果，是商品经济、市场经济发展的必然结果。邓小平说："现在任何国家要发达起来，闭关自守都不可能。我们吃过这个苦头，我们的老祖宗吃过这个苦头。……历史经

---

① 《毛泽东著作专题摘编》，中央文献出版社2004年版，第942页。
② 同上书，第940页。
③ 同上书，第939页。

验教训说明，不开放不行。"① 随着科学技术和生产力水平的进一步提高，国际间的经济联系和交往就更加密切。邓小平说："经济上的开放，不只是发展中国家的问题，恐怕也是发达国家的问题。"② 现在的世界是开放的世界，世界各国的发展都必须实行对外开放。

"中国的发展离不开世界"。春秋时期水稻的引入、南北朝时期佛教的传入、唐朝时期各国人齐聚长安。到了近代，清王朝的腐败、闭关自守，使得中国落个挨打的被动局面。新中国成立后，我国积极引入马克思列宁主义，并结合当时的实际情况灵活运用并发展了马克思列宁主义，使得我国能够在世界的大舞台上立足。邓小平说："我们建国以来长期处于同世界隔绝的状态。这在相当长一个时期不是我们自己的原因，国际上反对中国的势力，反对中国社会主义的势力，迫使我们处于隔绝、孤立状态。六十年代我们有了同国际上加强交往合作的条件，但是我们自己孤立自己。现在我们算是学会利用这个国际条件了。"③ 历史的经验告诉我们，关起门来搞建设是不行的，把自己孤立于世界之外是不利的。结合我国当时的实际情况，资源相对不足、资金严重缺乏、科学技术落后、管理知识和经验不足，使得我国迫切需要扩大国际经济、技术交流，以引进资金、引进先进技术、设备和管理经验，发展对外贸易，从而加快我国社会主义现代化建设事业的步伐。

（二）吸收和借鉴国外的先进经验

1978 年，邓小平在《全国科学大会开幕式上的讲话》中指出："认识落后，才能去改变落后。学习先进，才有可能赶超先进。""科学技术是人类共同创造的财富。任何一个民族、一个国家，都需要学习别的民族、别的国家的长处，学习人家的先进科学技术。"④ 他还语重心长地说："社会主义要赢得与资本主义相比较的优势，就必须大胆吸收和借鉴人类社会创造的一切文明成果，吸收和借鉴当今世界各国包括资本主义发达国家的一切反映现代社会化生

---

① 《邓小平文选》第三卷，人民出版社 1993 年版，第 90 页。
② 同上书，第 79 页。
③ 《邓小平文选》第二卷，人民出版社 1994 年版，第 232 页。
④ 同上书，第 91 页。

产规律的先进经营方式、管理方法。"① "一切有利于发展社会生产力的方法，包括利用外资和引进先进技术，我们都采用。这是个很大的试验，是书本上没有的。"② 他认为：资本主义国家几百年来发展的科学技术，所积累的各种有益的知识和经验，都是我们必须继承和学习的。今天，我们因为科学技术落后，需要努力向外国学习。当我们的科学技术赶上了世界先进水平，也还是要学习人家的长处。同时，他还指出："我们的现代化建设，必须从中国的实际出发。无论是革命还是建设，都要注意学习和借鉴外国经验。但是，照抄照搬别国经验、别国模式，从来不能得到成功。这方面我们有过不少教训。"③

（三）经济特区是我国对外开放的"窗口"和"基地"

经济特区是在国内划定一定范围，在对外经济活动中采取较国内其他地区更加开放和灵活的特殊政策的特定地区。它是我国采取特殊政策和灵活措施以吸引外部资金进行开发建设的特殊经济区域。经济特区是随着国际贸易和资本主义对外经济关系的发展而发展起来的，主要形式有自由港、自由贸易区和出口加工区等。

1979 年 4 月邓小平首次提出要开办"出口特区"，1980 年 3 月，"出口特区"改名为"经济特区"，并在深圳实施。按其实质，经济特区也是世界自由港区的主要形式之一。以减免关税等优惠措施为手段，通过创造良好的投资环境，鼓励外商投资，引进先进技术和科学管理方法，以达到促进特区所在国经济技术发展的目的。经济特区实行特殊的经济政策、灵活的经济措施和特殊的经济管理体制，并坚持以外向型经济为发展目标。

邓小平说："特区是个窗口，是技术的窗口，管理的窗口，知识的窗口，也是对外政策的窗口。从特区可以引进技术，获得知识，学到管理，管理也是知识。特区成为开放的基地，不仅在经济方面、培养人才方面使我们得到好处，而且会扩大我国的对外影响。"④ 作为"窗口"，一方面，把国外的先进技术、设备和先进的经营管理方法引进来，加以吸收、消化和创新，并向内地转

① 《邓小平文选》第三卷，人民出版社 1993 年版，第 373 页。
② 同上书，第 130 页。
③ 同上书，第 2 页。
④ 同上书，第 51 页。

移。同时观察和了解世界经济发展的新情况和新变化。另一方面，可以把沿海生产的"洋货"销往内地，把内地的原料、产品，在特区加工增值后出口，进入国际市场。作为"基地"，特区要努力建立外向型经济体系，发展全面的对外经济交往，扩大我国的对外影响。

经济特区建立 30 年来的成功实践雄辩地证明，中央做出的兴办经济特区的决策是完全正确的。"经济特区不仅应该继续办下去，而且应该办得更好。中央将一如既往支持经济特区大胆探索、先行先试、发挥作用。"①

(四) 对外开放政策不会导致资本主义

邓小平指出："有人说中国的开放政策会导致资本主义。我们的回答是，我们的开放政策不会导致资本主义。如果真的导致了资本主义，那么，我们的这个政策就失败了。实现对外开放政策，会有一部分资本主义的东西进来。但是，社会主义的力量更大，而且会取得更大的发展。社会主义的比重将始终占优势。"②

必须承认，对外开放是有风险的，对外开放会带来一些资本主义的腐朽东西和消极因素，但这不可怕，只要政策正确，是可以克服的。开放政策不会导致资本主义，因为我们坚持的是社会主义公有制的主体地位，实行的是社会主义政策。邓小平还提出了防止和克服开放所带来的资本主义消极因素影响必须采取的措施：首先，必须坚持社会主义根本制度。他说："过去行之有效的东西，我们必须坚持，特别是根本制度，社会主义制度，社会主义公有制，那是不能动摇的。"③。其次，必须对资本主义的腐朽性影响进行坚决的抵制和斗争。"我们决不学习和引进资本主义制度，决不学习和引进各种丑恶颓废的东西。"④。最后，采用法律和教育两种手段来防止和克服资本主义的腐朽影响。邓小平说："我们要有两手，一手就是坚持对外开放和对内搞活经济的政策，一手就是坚决打击经济犯罪活动，没有打击经济犯罪活动这一手，不但对外开放政策肯定要失败，对内搞活经济的政策也肯定要失败。有了打击经济犯罪活

---

① 胡锦涛：《在深圳经济特区建立 30 周年庆祝大会上的讲话》，人民出版社 2010 年版，第 6 页。
② 《邓小平思想年谱 (1975~1997)》（上），中央文献出版社 1998 年版，第 308 页。
③ 《邓小平文选》第二卷，人民出版社 1994 年版，第 133 页。
④ 同上书，第 168 页。

动这一手，对外开放，对内搞活经济就可以沿着正确的方向走。"① 简言之，对外开放要保持清醒的头脑，把国家的主权和安全放在第一位。

"中国是社会主义国家，坚持社会主义道路，发展社会主义经济，吸收外资，合资经营，不可能损害社会主义中国的主权，只会有助于发展社会主义经济。再过三十年、五十年、七十年，中国的社会主义经济更加发展了。等到那一天，社会主义的主体经济发展得更强大了，更不怕社会主义的主体经济了。"②

（五） 构建全方位、多层次、宽领域的开放格局

20 世纪 90 年代，我国对外开放进入一个新的发展阶段，形成了全方位、多层次、宽领域的对外开放格局。所谓全方位开放，就是不论对资本主义国家还是社会主义国家，对发达国家还是发展中国家都实行开放政策。邓小平指出："我们是三个方面的开放。一个是对西方发达国家的开放，我们吸收外资、引进技术等等主要从那里来。一个是对苏联和东欧国家的开放……还有一个是对第三世界发展中国家的开放……所以，对外开放是三个方面，不是一个方面。"③ 所谓多层次，就是根据各地区的实际和特点，通过经济特区、沿海开放城市、沿海经济开放地带，开放沿边和沿江地区以及内陆中心城市的对外开放，充分发挥开放地区的辐射和带动作用。目前，我国逐步形成了经济特区—沿海开放城市—沿海经济开发区—沿江、沿边和内地这样一个全国范围的多层次的对外开放格局。所谓宽领域，就是立足于我国国情，对国际商品市场、资本市场、技术市场、劳务市场的开放，把对外开放拓宽到能源交通等基础产业以及金融、保险、房地产、科技教育、服务业等领域。

三、江泽民关于对外开放思想的论述

江泽民结合新的实践，集中全党智慧，进一步发展了中国特色社会主义的对外开放思想，不仅创造性地提出了实施"引进来"和"走出去"相结合的

---

① 《邓小平文选》第二卷，人民出版社 1994 年版，第 404 页。
② 《邓小平同志建设有中国特色社会主义理论学习纲要》，学习出版社 1995 年版，第 47～48 页。
③ 《邓小平文选》第三卷，人民出版社 1993 年版，第 99 页。

开放战略，而且全面阐述了在新时期进一步扩大对外开放的基本方略、方法步骤和重点任务，丰富和发展了马克思列宁主义、毛泽东思想和邓小平理论，对我国开放制度的实施和现代化建设事业具有重大而深远的指导意义。

（一）把握时代特征，立足自力更生，提高对外开放水平

面对近年来世界形势的变化，以江泽民为核心的党中央第三代领导集体审时度势，做出了"世界要和平，国家要稳定，经济要发展，人类要进步，已经成为当今世界的主旋律"① 的科学判断，强调"实行对外开放，是符合当今时代特征和世界经济技术发展规律要求的、加快我国现代化建设的必然选择，是我们必须长期坚持的一项基本国策"。②

江泽民在党的十四大报告中，把"进一步扩大开放"作为20世纪90年代十大任务的第二大任务，指出："进一步扩大对外开放，更多更好地利用国外资金、资源、技术和管理经验。"③ 他在党的十五大报告中指出，"努力提高对外开放水平。对外开放是一项长期的基本国策。面对经济、科技全球化趋势，我们要以更加积极的姿态走向世界，完善全方位、多层次、宽领域的对外开放格局，发展开放型经济，增强国际竞争力，促进经济结构优化和国民经济素质提高。"④ 党的十六大进一步提出要"积极推进西部大开发……促进区域经济协调发展"，"全面提高对外开放水平"，⑤ "适应经济全球化和加入世贸组织的新形势，在更大范围、更广领域和更高层次上参与国际经济技术合作和竞争，充分利用国际国内两个市场，优化资源配置，拓宽发展空间，以开放促改革促发展。"⑥ 至此，江泽民对外开放思想在这一阶段得到进一步发展与完善。

江泽民坚持了邓小平关于扩大对外开放与坚持自力更生关系的战略思想，并对二者之间的关系作了深刻的论述。他指出："在自力更生的基础上扩大对外开放，是我们必须长期坚持的方针。"⑦ "我们这样大的社会主义国家搞现代

---

① 《十四大以来重要文献选编》（中），人民出版社1997年版，第1780页。
② 《十五大以来重要文献选编》（上），人民出版社2000年版，第684页。
③ 《十四大以来重要文献选编》（上），人民出版社1996年版，第22页。
④ 《十五大以来重要文献选编》（上），人民出版社2000年版，第28页。
⑤ 《十五大以来重要文献选编》（下），人民出版社2003年版，第1831页。
⑥ 《十六大以来重要文献选编》（上），中央文献出版社2005年版，第22页。
⑦ 《十四大以来重要文献选编》（中），人民出版社1997年版，第1471页。

化建设，必须处理好扩大对外开放和坚持自力更生的关系，把立足点放在依靠自己力量的基础上。要引进先进技术，但必须把引进和开发、创新结合起来，形成自己的优势；要利用国外资金，但同时更要重视自己的积累。这样才能争取时间，加快缩小与发达国家的差距。独立自主不是闭关自守，自力更生不是盲目排外。讲独立自主、自力更生，绝不是要闭关锁国、关起门来搞建设，而是要把对外开放提高到一个新的更高水平。"①

（二）实施"引进来"和"走出去"相结合的开放战略

中国的发展离不开世界，我们必须打开大门搞建设，并充分利用国际国内两个市场、两种资源，从而更好地以开放促发展。江泽民根据我国新时期发展的要求，在邓小平的对外开放思想的基础上，提出了实施"走出去"战略的重大举措。强调指出："'引进来'和'走出去'，是我们对外开放基本国策两个紧密联系、相互促进的方面……缺一不可。"②江泽民形象地说，"'引进来'和'走出去'，是对外开放的两个轮子，必须同时转动起来。"③"这是大战略，既是对外开放的重要战略，也是经济发展的重要战略。"④

第一，他分析了实施"走出去"战略的可能性。指出"这二十年，我们是以引进来为主，把外国的资金、技术、人才、管理经验等引进来，这是完全必要的。不先引进来，我们的产品、技术、管理水平就难以提高。你想走出去也出不去。现在情况与二十年前不同了，我们的经济水平已大为提高，应该而且也有条件走出去了。"⑤

第二，他把"走出去"视为"关系我国发展全局和前途的重大战略之举"，从我国当前经济发展的实际需要、国家长远发展和安全等方面，全面深入地论述了实施"走出去"战略的重要性和必要性。他说："我们常说中国地大物博，但人口这么多，人均资源很有限。我们必须积极开拓国际市场和利用国外资源，以利增加我国经济发展的动力和后劲。"⑥"只有大胆地积极地走出

---

① 《十四大以来重要文献选编》（中），人民出版社1997年版，第1472页。
② 《江泽民文选》第二卷，人民出版社2006年版，第92页。
③ 《江泽民文选》第三卷，人民出版社2006年版，第457页。
④ 《江泽民文选》第二卷，人民出版社2006年版，第92页。
⑤ 《江泽民文选》第三卷，人民出版社2006年版，第457页。
⑥ 《江泽民文选》第二卷，人民出版社2006年版，第568页。

去，才能弥补我们国内资源和市场的不足；才能把我们的技术、设备、产品带出去，我们也才更有条件引进更新的技术，发展新的产业；才能由小到大逐步形成我们自己的跨国公司，以利更好地参与经济全球化的竞争；也才能更好地促进发展中国家的经济发展，从而增强反对霸权主义和强权政治、维护世界和平的国际力量。在这个问题上，不仅要从我国现在的实际出发，还要着眼于国家长远的发展和安全。所以，无论从哪方面考虑，加强对外合作都是一个大战略，应该不失时机地抓紧部署和实施。"① "这同西部大开发一样，也是关系我国发展全局和前途的重大战略之举。"②

第三，他提出了实施"走出去"战略要贯彻多元化的方针。"无论是开拓国际市场还是利用国外资源，都要贯彻多元化的方针。"③ "要继续不断提高我们的产品质量，努力开拓欧美市场。同时，要继续努力开拓亚洲、非洲、拉丁美洲一些发展中国家的市场。这些国家经济发展水平较低，我国的产品和技术对他们还是比较适用的，何况那里市场广阔、资源丰富。应该精心组织我们的企业特别是国有大中型企业到这些国家去开拓市场，发展贸易，开展经济技术合作。"④

第四，他提出了实施"走出去"战略需要注意的一些问题。"对走出去投资办厂，开展贸易活动，必须加强管理。要抓紧制定出一套有关的法律法规和政策措施。还要切实加强对个体户、私营企业到国外投资、做生意的管理。必须严防各种欺诈活动的发生，以免引起国际纠纷、损害国家信誉。"⑤

（三）加入世贸组织，积极参与全球分工和世界经济大循环

2001 年 11 月，中国以发展中国家身份成为世贸组织的一员，这是中国对外开放历程中一个重要的里程碑，是我国对外开放进入新阶段的显著标志，也是江泽民对外开放思想走向成熟的一个标志。它表明了我国政府坚持对外开放的坚定信心，大大推动了我国对外开放的进程。

在 2002 年 "5·31" 讲话中，江泽民明确指出："要适应经济全球化和我国加入世贸组织的新形势，在更大范围、更广领域、更高层次上参与国际经济

---

① ② ③ ④ 《江泽民文选》第三卷，人民出版社 2006 年版，第 569 页。
⑤ 同上书，第 670 页。

技术合作和竞争，拓展经济发展空间，全面提高对外开放水平。"① "5·31"讲话使我国的对外开放理论进一步系统化、具体化，为我国新的历史时期对外开放工作指明了前进的方向。江泽民在讲话中进一步就我国对外开放的具体思路做了全面而深入的论述。首先，他进一步明确了对外开放是一项基本国策，它是符合当今时代特征和世界经济技术发展规律要求的，是加快我国现代化建设的必然选择，是我们必须长期坚持的。其次，他指明了进一步扩大开放的规模，全面提高对外开放水平的具体途径，即一是继续完善全方位、多层次、宽领域的对外开放格局，二是以提高效益为中心，努力扩大商品和服务的对外贸易，优化进出口结构；三是积极合理有效地利用外资，提高利用外资的质量。

（四）继续办好经济特区、上海浦东新区和其他开放地区

江泽民指出："在中国兴办经济特区，打开改革开放和现代化建设的一条新路，充分体现了邓小平同志和我们党的勇于创新，高瞻远瞩的革命胆略和政治智慧。经济特区建设所取得的成就充分证明创办经济特区的实践是成功的，实行改革开放的总方针是完全正确的，它从理论和实践的结合点上，丰富了我们对建设有中国特色社会主义的认识。"②

（五）维护国家经济安全

随着对外开放的不断深入，在经济与非经济领域都出现了这样或那样的问题，江泽民根据冷战结束后国内外政治经济形势的剧烈变化，提出以经济为核心的经济安全思想。1994年11月，江泽民在亚太经合组织领导人第二次非正式会议上发表演讲时指出："经济优先已成为世界潮流，这是时代进步和历史发展的必然，当前，对每个国家来说，悠悠万事，唯经济发展为大。发展不但关乎各国国计民生，国家长治久安，也关系到世界的和平与安全。经济的确越来越成为当今国际关系中最首要的关键的因素。"③从而把经济安全问题提高到战略高度来认识。

---

① 《十五大以来重要文献选编》（下），人民出版社2003年版，第2415页。
② 《江泽民论有中国特色的社会主义》（专题摘编），中央文献出版社2002年版，第198页。
③ 《江泽民文选》第一卷，人民出版社2006年版，第414页。

四、胡锦涛关于对外开放思想的论述

坚持以人为本，全面、协调、可持续发展的科学发展观，是党中央对马克思列宁主义、毛泽东思想、邓小平理论的继承和发展，是与时俱进的马克思主义发展观，是新世纪新阶段我国对外开放的重要指导思想。

（一）实施互利共赢，构筑和谐世界战略

互利共赢的对外开放战略是全球化时代的理性选择，是建设和谐世界的基本内容和要求。胡锦涛站在时代的高度，结合我国目前在国际竞争力迅速提升的情况下就对外开放所提出的基本方针，体现了我国在实现自身发展的同时也要高度关注世界其他国家的利益。突出了我国作为一个负责任大国的形象。胡锦涛指出："中国坚持实施互利共赢的对外开放战略，真诚愿意同各国广泛开展合作，真诚愿意兼收并蓄，博采各种文明之长，以合作谋和平、以合作促发展，推动建设一个持久和平、共同繁荣的和谐世界。"[1] 十六届五中全会，胡锦涛进一步提出了"实施互利共赢的开放战略"。在党的十七大报告中，胡锦涛再一次深刻阐释："中国将始终不渝奉行互利共赢的开放战略。我们将继续以自己的发展促进地区和世界共同发展，扩大同各方利益的汇合点，在实现本国发展的同时兼顾对方特别是发展中国家的正当关切。"[2] 互利共赢的对外开放战略主要包括两个方面，一方面是遵守国际规则和国际承诺，通过公平竞争和有序竞争争取自己最大的利益，同时也关注其他竞争国的利益。另一方面则是在更大范围、更广领域、更高层次上参与国际经济技术合作与竞争，而不是集中在少数劳动密集型产品上，通过多层次地参与国际分工，既有利于提高自身在国际分工中的利益，也充分考虑其他国家的关切，从而与各国共享全球化的利益，共同创造竞争中的和谐。[3]

---

① 胡锦涛：《中国坚持互利共赢战略推动建设和谐世界》，载于《人民日报》，2006 年 4 月 23 日。

② 胡锦涛：《高举中国特色社会主义伟大旗帜　为夺取全面建设小康社会新胜利而奋斗——在中国共产党第十七次全国代表大会上的报告》，人民出版社 2007 年版，第 48 页。

③ 张幼文：《探索开放战略的升级》，上海社会科学院出版社 2008 年版，第 16 页。

（二）完善开放型经济体系、提高开放型经济水平目标

目前，我国开放型经济进入新阶段。胡锦涛在十七大报告中提出，我们要"坚持对外开放的基本国策，把'引进来'和'走出去'更好结合起来，扩大开放领域，优化开放结构，提高开放质量，完善内外联动、互利共赢、安全高效的开放型经济体系，形成经济全球化下参与国际经济合作和竞争新优势。深化沿海开放，加快内地开放，提升沿边开放，实现对内对外开放相互促进。"①这表明了在新的条件下，我国对外开放担负的主要目标，已经不再仅仅是单纯地将"引进来"和"走出去"结合起来，优化开放结构，而是在此基础上，完善有中国特色的开放型经济体系，提高开放型经济水平，从而形成经济全球化条件下参与国际经济合作和竞争的新优势。

从理论范畴来看，"内外联动"，指的是经济的运行机制；"互利共赢"，指的是对外经济的利益机制；"安全高效"，则侧重于对外经济的保障机制。三者的有机结合，既高度概括了我国开放型经济体系的本质特征，又充分体现了完善开放型经济体系的主要内容和发展趋势，是科学发展观在对外开放领域中的具体表现。②在开放型经济体系下，不仅要发展货物贸易，还要发展服务贸易和技术贸易；不仅发展出口贸易，还要进一步发展进口贸易；不仅要继续引进外资，实施"引进来"战略，还要到境外去投资，加快"走出去"的步伐；不仅要深化沿海开放，还要推进内地和沿边开放，实现对内对外开放相互促进；不仅要努力推动多边贸易体制的发展，也要积极融入区域经济一体化潮流中；不仅要抓住经济全球化带来的良好机遇，同时也要看到经济全球化的二重性，注重防范国际经济风险。

（三）坚持独立自主、自力更生，实现对外开放的自主发展原则

坚持独立自主、自力更生，是稳定发展的关键。早在开放之初，我国就已明确对外开放与独立自主、自力更生是统一的，相辅相成的。对外开放、发展对外经济关系正是为了进一步增强自力更生的能力；而自力更生地发展本国经

① 《十七大以来重要文献选编》（上），中央文献出版社2009年版，第21页。
② 程学童：《对外开放理论的新发展》，载于《中共浙江省委党校学报》，2007年第6期。

济又是实行对外开放的基础，只有经济实力和综合国力提高，才能扩大对外开放的深度和广度。对外开放与自力更生两者都是为了更好更快地发展社会主义现代化建设事业，必须把两者有机结合起来。只有这样，才能使我们同时利用好国内国际两个市场、两种资源，并且在趋利避害的平等竞争中达到互利共赢。独立自主绝不是不开放，而是从中国实际出发的自主开放，按照中国的需要才可能加快开放，是从国内改革进程的实际出发的稳妥开放。

（四）转变对外贸易增长方式，增强自主创新能力

改革开放三十多年，我国已经从一个贸易小国变成了贸易大国。对外贸易发展是国民经济整体发展的重要组成部分，在我们探讨"科学发展观"和经济增长模式转换的同时，必须密切关注对外贸易模式的转变。因为开放的中国经济已深深地融入了世界经济体系，对外贸易已成为我国国民经济发展的重要动力之一。[1]

胡锦涛同志指出，对外开放是我国的一项基本国策，必须坚持，毫不动摇。在国内市场和国际市场联系日益紧密的情况下，我们必须树立全球战略意识，实施互利共赢的开放战略，着力转变对外贸易增长方式，全面提升对外开放水平，扬长避短，趋利避害，在更大范围、更广领域、更高层次上参与国际经济技术合作和竞争，使对外开放更好地促进国内改革发展。[2] 我国对外贸易规模已经很大，但是粗放型经济增长的模式使得我国在对外贸易中显示出出口效益和质量存在较大差距的问题。因此，我们必须加大产业结构调整力度，增加自主知识产权和高附加值产品出口的比重，实施品牌战略，切实提高贸易效益。胡锦涛在十七大报告中也提到："加快转变外贸增长方式，立足以质取胜，调整进出口结构，促进加工贸易转型升级，大力发展服务贸易。创新利用外资形式，优化利用外资结构，发挥利用外资在推动自主创新、产业升级、区域协调发展等方面的积极作用。创新对外投资和合作方式，支持企业在研发、生产、销售等方面开展国际化经营，加快培育我国的跨国公司和国际知名品牌。积极开展国际能源资源互利合作。实施自由贸易区战略，加强双边多变经

---

① 李成勋：《中国经济发展战略》，社会科学文献出版社 2006 年版，第 256 页。
② 《十六大以来重要文献选编》（中），中央文献出版社 2006 年版，第 1097 页。

贸合作。采取综合措施促进国际收支基本平衡。注重防范国际经济风险。"①

（五）维护国家根本利益，保障国家经济安全

国家经济安全，是指一国最为根本的经济利益不受危害和威胁。其主要内容包括：一国经济在整体上主权独立、基础牢固、运行健康、增长稳定、发展持续；在国际经济生活中具有一定的自主性防卫力和竞争力；不会因为某些问题的演化而使整个经济受到过大的打击和遭受过多的损失；能够避免或化解可能发生的局部性或全局性的危机。②

经济全球化作为社会生产力和科学技术发展的客观要求和必然结果，它有利于促进资本、技术、知识等生产要素在全球范围的优化配置，为我国带来了新的发展机遇，但它也使国家的经济安全、政治安全、文化安全以及环境和生态安全受到挑战和威胁。③因此，随着对外开放的进一步扩大，外部因素对我国经济安全的影响趋势增加，在对外开放过程中要切实维护国家根本经济利益，保障国家经济安全。但是国家经济安全与对外开放并不是对立的，在经济全球化成为世界发展大趋势的形势下，我国不应该也不可能置身其外，但一定要树立风险意识，加强防范工作。当今世界是一个开放的世界，谁也不可能孤立于世界之外去发展自己的经济。因此我们要坚定不移地实行对外开放政策，积极参与国际经济合作与竞争，同时又要对经济全球化带来的风险保持清醒的认识，增强抵御和化解风险的能力，以切实维护我国的经济安全，更好地发展壮大自己。④

针对这一问题，党的十六大报告指出在扩大对外开放中，要十分注意维护国家的经济安全。胡锦涛同志在主持中共中央政治局第十次集体学习时也强调，要密切关注来自国际经济领域的各种风险，积极采取防范和应对措施，要始终把国家的主权和安全放在第一位，坚决维护国家的主权和领土完整，坚决维护国家的安全和根本利益。我国是一个经济正在高速发展的发展中国家，经

---

① 胡锦涛：《高举中国特色社会主义伟大旗帜 为夺取全面建设小康社会新胜利而奋斗——在中国共产党第十七次全国代表大会上的报告》，人民出版社2007年版，第27页。

② 陈江生：《要重视维护国家经济安全》，载于《中国青年报》，2003年4月27日。

③ 张军、平欢梅：《科学发展观与中国特色社会主义对外开放理论的创新与发展》，载于《华北电力大学学报》，2009年第5期。

④ 顾海梁：《从"三个代表"重要思想到科学发展观》，高等教育出版社2007年版，第349页。

济安全问题视为今后中国对外开放和经济发展中的重要问题，它关系到国家的整体利益和长远利益，关系到国家经济主权的独立和民族经济的发展，关系到中华民族在 21 世纪的国际地位，关系到社会主义的前途与命运。经济安全失去了保证，对外开放也就失去了意义。

胡锦涛对外开放的思想不仅有丰富的内容，而且具有鲜明的时代特点："互利"是对外开放思想的立足点，"共赢"是对外开放思想的着眼点，"科学发展"是对外开放思想的核心，"自主创新"是对外开放思想的根本要求。

2011 年 12 月 11 日，胡锦涛在"中国加入世界贸易组织十周年高层论坛"发表了演讲。在讲话中他总结了 10 年来中国发展开放型经济取得的成就，阐述了新形势下中国对外开放的基本方针和重大举措，提出六个"进一步"，即：进一步扩大对外经济技术合作；进一步促进对外贸易平衡发展；进一步完善全方位对外开放格局；进一步坚持"引进来"和"走出去"并重；进一步营造公平透明的市场环境；进一步推动共同发展。讲话充分表明了中国扩大对外开放的坚定决心。

胡锦涛的对外开放经济思想是对我国当前经济发展实践和经验的概括总结，是对科学发展观中统筹国内发展与对外开放的重要体现。他提出的指导中国对外经济互利共赢、科学发展、和谐发展的理论创新，不仅具有重大的理论意义，而且具有长远的现实意义。

五、理论与实践的统一：我国对外开放的历程和成就

改革以来创立的社会主义对外开放理论体系，属于中国特色社会主义理论体系的重要内容。具体说至少有以下 10 点：（1）科学地判断和平与发展的时代主题和特征；（2）揭示了社会主义国家对外开放的必然性、可能性、现实性，阐明社会主义对外开放的特殊规律；（3）坚持以自力更生为主、对外开放为辅，内向型经济为主、外向型经济为辅的基本方针政策和制度；（4）廓清社会主义具有自主性、能动性的对外开放，同资本主义国家特别是新自由主义的对外开放（拉美某些国家、俄罗斯等）之间的区别；（5）明确国内深化改革与对外开放的有机联系；（6）确立统筹国内外两个大局、兼用两种资源和两个市场的科学发展战略思想；（7）将对外贸易与对外投资等其他对外经

济交往相结合，实行"引进来"与"走出去"并重的方针；（8）坚持对外开放原则性与灵活性相结合，力图摆脱霸权主义的控制；（9）注重预警和化解对外开放的种种风险；（10）把对外开放面向世界市场的国际竞争纳入国家宏观调控的范畴，同基本经济制度和社会主义市场经济体制相结合。

从发展实践层面上考量，我国三十多年的对外开放是一次新的长征，我国从沿海到沿江沿边，从东部到中西部，逐渐形成了全方位、多层次、宽领域的对外开放格局。对外开放为我国经济社会发展注入了新的动力和活力，推动了社会主义市场经济体制的建立和完善，促进了中国与世界经济的共同发展。实践证明，对外开放是中国选择的一条正确道路，是中华民族的振兴之路。

（一） 对外开放的探索时期：1979 年到 20 世纪 80 年代中期

1978 年，中国共产党十一届三中全会确立了以经济建设为中心、实行改革开放、加快社会主义现代化建设的路线，并明确提出："在自力更生的基础上积极发展同世界各国平等互利的经济合作，努力采用世界先进技术和先进设备"。1979 年，广东、福建两省率先开放，对外经济活动实施特殊政策和灵活措施。1980 年 5 月，中央决定设立深圳、珠海、汕头、厦门经济特区，成为我国对外开放的先导示范基地。接着，我国沿海地区对外开放由点到线、由线到面逐步展开，到 80 年代末期形成了较为完善的沿海开放地带。这一时期，我国大力发展劳动密集型出口加工业，为我国经济增长注入了活力。

（二） 对外开放的逐步推进时期：20 世纪 80 年代后期到 2001 年中国加入 WTO

1992 年邓小平同志视察南方，提出了生产力标准、"三个有利于"等一系列新的改革开放思想。1994 年党的十四届三中全会做出建立社会主义市场经济体制的战略部署，提出"发展开放型经济，与国际互接互补"的新要求。中央决定开发开放上海浦东新区，我国开始在全国范围内全面推进对外开放，实行沿江和沿边开放，推动我国对外开放由沿海向内地纵深推进，进一步形成了全方位的区域开放格局。这一时期，我国实施一系列鼓励扩大开放的举措，贸易结构不断优化，在国际分工序列中的地位上升。

（三）对外开放格局的全面形成时期：加入 WTO 以后

2001 年 12 月 11 日，经过长达 15 年艰难而曲折的谈判历程，我国成为世贸组织成员。从此，我国的对外开放转变为在法律框架下，全方位、多层次、宽领域的双向开放，并主动参与国际经贸规则的制定。这一阶段是我国 30 年来对外经济贸易发展最快的时期，顺利度过了 WTO 过渡期，综合国力大幅提升，社会主义市场经济体制更加完善，为新世纪新阶段全面参与经济全球化奠定了坚实的基础。

三十多年来，我国对外开放成就巨大。即使是在 2008 年开始的经济危机中，在世界经济整体下降 1.3 个百分点的情况下，中国为世界经济增长贡献了正的 0.6 个百分点，占新兴经济体整体贡献率 1.1 个百分点的一半以上，成为抵御此次危机冲击的中流砥柱。在各国普遍经济困难、资金短缺的情况下，中国国家外汇储备居世界第一。2009 年，中国占世界制造业产值的 17%，超过了美国的 16%，真正成为世界制造业大国。[①] 2010 年我国经济总量超越日本，以 5.8 万亿美元的经济总量位居世界第二。2011 年我国经济总量更是达到了 7.46 万亿美元，近美国的 1/2。对外贸易居世界第二，出口为世界第一，在国内的投资约 1.5 亿美元，在海外企业的职工达 8000 多万人。可以说，对外开放根本性地改变了中国的经济社会面貌，取得了举世瞩目的成就。

第三节　自力与开放：开放制度的
内涵、特点与原则

一、开放制度的内涵

1978 年，我国把对外开放作为一项基本国策确定下来，为了正确地坚持

---

① 张幼文：《从开放战略到国际战略的升级——金融危机后中国的对外经济关系》，载于《国际经济评论》，2010 年第 4 期。

这一国策，我们必须正确把握开放制度的内涵。学术界对于对外开放概念的理解，大致包含相互联系的三个方面的内容：第一个方面是作为发展战略的对外开放；第二个方面是作为历史趋势的对外开放；第三个方面是作为客观状态的对外开放。只有将这三个方面的内容联系起来，才能准确理解对外开放的全部内涵。

（一）作为发展战略的对外开放

发展战略，是指一个国家（地区）在一个较长的时期内，为促进发展所进行的带有全局性、整体性、方向性的筹划和部署。它一般包括战略目标，以及为达到这种目标所规定的战略任务、战略步骤、应采取的战略方针和措施等。[①] 发展战略作为一个包含诸多内容的综合性概念，它首先带有全局性，是要解决关系全局的重大问题。其次，它应该具有长期性，尽管发展战略会随着形势的变化可能做出一些调整，其实现也需要分为若干步骤和阶段，但其最终是为了实现长期战略目标而进行的。

对外开放的发展战略，实际上是对闭关自守的内向型发展战略的一种否定，它是要消除自我封闭状态，逐步加深和扩大与外部世界的联系。该战略的制定，一方面是对自身发展道路探索的结果，表明原来的自我封闭的发展战略遇到困难，不能继续为一国经济的发展提供动力；另一方面也是本国发展与国际环境之间关系的一种全新的认识，认为只要善于抓住有利的外部时机，国际环境完全可以为本国的经济建设和发展服务。

在中国，"对外开放是指党的十一届三中全会确定的在新的历史条件下，扩展对外经济关系，加速社会主义建设的一项重要政策。按照这一政策，中国将在自力更生的基础上积极发展同世界各国平等互利的经济合作，包括扩展对外经济贸易，吸收和利用国外资金，引进先进技术设备，发展承包工程和劳务合作等。"[②] 对外开放作为我国的发展战略，一方面是国家积极主动地扩大对外经济交往；另一方面是放宽政策，放开或者取消各种限制，不再采取封锁国内市场和国内投资场所的保护政策，发展开放型经济。"一个国家的对外开

---

① 李琮：《第三世界论》，世界知识出版社 1993 年版，第 133 页。
② 杨发金等：《中国涉外知识全书》，中国社会科学出版社 1993 年版，第 1291 页。

放，实质上是其自觉地与世界相互关联。开放有许多方面，许多的层次，如经济的开放、科技的开放、政治的开放、文化的开放等。"① 实行对外开放"是生产的社会化、国家化的必然结果，是参与国际分工、开拓国际市场、加速现代化建设的客观要求，也有利于增进中国人民与世界各国人民之间的友谊。"② 正因如此，对外开放是我国的基本国策，是我国发展的长期战略。

（二）作为历史趋势的对外开放

对外开放是世界发展的一种客观趋势，而非一国的主观行为。它"既是一个主权国家实现经济快速发展的需要，也是世界经济发展的必然趋势"，③ 是当今时代的潮流和世界发展的趋势。

对外开放之所以成为世界历史发展的必然趋势，是因为：（1）生产力发展的必然结果。近现代以来科学技术革命极大地促进了生产力的发展，生产力的发展带来国际分工的产生和发展，伴随着国际分工的不断发展和深化，世界性的生产使世界各国之间的相互联系和依赖不断加深，国际交换和国际贸易获得了极大的发展，这推动了世界市场的形成和不断扩大。（2）世界经济发展不平衡的结果。自 20 世纪 80 年代以来，世界经济发展的不平衡趋势加剧，一方面是发达国家保持较高的经济增长率，在世界经济舞台上居于优势地位，另一方面是广大发展中国家陷入经济困境。发展中国家为了摆脱贫困，发展外向型经济，实行对外开放，积极向发达国家学习有用的东西。（3）国际政治形势发生变化的结果。20 世纪 80 年代以来，世界政治形势发生了巨大变化，苏联解体，东欧剧变，长期以来形成的东西方阵营间冷战关系趋于缓和，由对抗走向对话，这为东西方两大阵营发展相互交流与合作提供了有利条件，从而加快了国家间的交流与合作。

可见，"所谓开放、对外开放，是人类社会自近代以来不断进步和发展的一般的和普遍的客观现象和必然趋势。"④ 对外开放是一个处于不变发展变化

---

① 罗龙：《当代经济发展中的开放度问题》，中国对外经济贸易出版社 1990 年版，第 4 页。
② 《中国体制改革与对外开放大辞典：经济体制改革卷》，中国四川科学技术出版社 1992 年版，第 972 页。
③ 冯特君、王晓峰：《对外开放与今日中国》，中国人民大学出版社 1991 年版，第 4 页。
④ 叶自成：《对外开放与中国的现代化——经济文化政治的开放及其正负效应》，北京大学出版社 1997 年版，第 3~5 页。

中的过程，是一种历史趋势。

（三）作为客观状态的对外开放

对外开放是世界各国之间在经济、文化和政治等方面不断联系与交往的一种状态。其客观状态主要表现在五个方面：（1）生产的国际化。现阶段国际间生产的社会化程度不断提高，生产的分工不仅仅是一个国家内的分工，而且是国家间的分工协作。对于某些产品来说，它不是由哪个企业，哪个国家生产的，它是由许多国家联合生产的产物，可谓"全球性产品"。（2）国际贸易的全球化。一国产品价值的实现往往依赖国际市场的交换而实现，一国贸易的范围不限于某一个地区或少数国家，而是伸向所有能实现利润最大化的地方。（3）金融的全球化。信息技术的发展将世界各国的金融市场联系起来，任何金融交易都可以在一天 24 小时的任何时间完成，从而打破了不同金融市场原来无法避免的"时差障碍"。（4）政策协调的国际化。伴随着经济的全球化，各国之间经济的依赖性增强，其中占主要地位的国家或国家集团对全球经济和其他国家的经济产生重要的影响。为避免对世界经济发展不利情况的出现，世界各国都在国际性的经济组织中加强合作和协商，从而使得政策大致趋同。（5）信息、人员跨国流动的自由化。

可见，要全面准确理解对外开放，需要将对外开放看做是发展战略、历史趋势与客观状态三者的有机统一体。对外开发的历史趋势是实施对外开放战略的重要动因，而对外开放战略的具体表现就是其客观状态。

二、开放制度的特点

（一）客观性

实行开放制度是当今世界任何一个国家想要发展的必然趋势。早在 19 世纪中叶，马克思和恩格斯在《共产党宣言》中就曾指出："资产阶级，由于开拓了世界市场，使一切国家的生产和消费都成为世界性的了。""过去那种地方的和民族的自给自足和闭关自守状态，被各民族的各方面的互相往来和各方面的互相依赖所代替了"。① 一个半世纪以来，现代科学技术的进步、交通通信工具的不断改进、社会生产力的发展和生产社会化程度的不断提高，形成了无所不包的世界市场。各国的联系和相互依赖达到前所未有的程度，所以我国社会主义市场经济必须面向世界，倡导以相互开放取代彼此封闭，积极推进区域和全球经济合作，发展对外经济关系，努力实现优势互补和互利共赢。

（二） 渐进性

由于我国幅员辽阔，各地经济文化状况、发展水平等条件参差不齐，决定了我国实行开放制度必须采取渐进积累、梯度推进、逐步扩大的发展方式，即走"渐进"式的发展道路。1978～1991 年可以说是我国实行开放制度的探索阶段，其重要标志是经济特区的设立和浦东的开发和开放；1992～2001 年则是我国实行开放制度的高速发展阶段，标志性事件是邓小平的南方谈话；2001年 11 月以后，中国加入世界贸易组织，标志着我国的开放制度进入了新阶段。这一条"大胆地试、大胆地闯"的"渐进式"开放道路，符合中国国情的社会主义市场经济体制，大大促进了中国经济与世界经济的融合。

（三） 全面性

从对外开放的客体来看，即对世界所有国家开放。当代各国经济相互依存、相互制约，任何一个国家和地区的经济，都越来越不能脱离这种国际经济联系而生存和发展。世界经济一体化趋势的加强，决定我国必须实行全球的开放制度，与他国实现优势互补和互利共赢。从对外开放的主体来看，我国已在全国范围内实行对外开放，首先是沿海地区，进而扩大到了广大内地，充分发挥了各地的优势，调动了各地的积极性和创造性，形成了全方位、多层次、多渠道的各具特色的对外开放格局。从对外开放的内容来看，我国的对外开放是全面的，我们不仅对发达国家开放，也对发展中国家开放。我们既有经济领域的开放，又有科技、教育、文化等领域的开放。坚持同各国开展平等互利合作，才能有利于各国人民的根本利益。

---

① 《马克思恩格斯选集》第一卷，人民出版社 1995 年版，第 276 页。

（四） 长期性

邓小平曾说过，我国的对外开放，吸收外资是一项长期持久的政策。这就阐明了我国实行开放制度的长期性。一方面，我国是一个发展中国家，实行开放制度必须从我国的实际情况出发，借助国际有利条件，引进资金、技术、先进的管理经验，从而做出长远的具有稳定意义的战略；另一方面，从闭关自守到对外开放的转变本身就是一个长期的过程，因为这个转变涉及人类社会的方方面面，而且在转变过程中会遇到种种问题与困难，并且还有可能出现预料不到的危机等，这就更延长了这个转变的过程。

（五） 主动性

与殖民时期宗主国强加给殖民地的被动开放不同，现阶段的对外开放是一国的主动行为。经济全球化的发展趋势客观上要求一国的生产不仅以世界市场为基础，而且要以国际合作和交流为条件，否则本国经济不可能取得飞速的发展。世界各国为了本国的利益，为了适应世界经济发展的潮流，日益采取更加开发的政策。但是，一国究竟开放到什么程度才是对外开放了。事实上，纯粹的封闭型经济在现实生活中是不存在的，而开放经济才是现实的经济，也就是说，现实中一国的经济都要受到国际经济的影响，但是这并不意味着受到国际经济影响的国家就必然对外开放，在对外开放政策的制定中，我国始终采取符合我国实际情况，符合国际经济规则和惯例的保护措施，保护本国产业、市场和国家的利益，而不是一味地听任他人摆布而盲目开放，一切以发展和提高民族经济、本国产业的实力和维护国家利益为首任。

（六） 互动性

对外开放是经济政治文化等全方位互动的过程。对外开放不是一种简单的经济开放或政治开放、文化开放等，而是政治经济文化交互影响的过程。它通常是以经济开放为其核心和主要内容，但在经济开放的过程中，不可避免地也会产生文化和政治制度的某种变化，它们反过来又推动和影响经济的开放。

（七） 协调性

着眼于国内市场需求的进口替代战略和着眼于国外市场需求的出口替代战

略各有利弊。二者均不是万能的。经过三十多年的开放，我国坚持走出口替代和进口替代相结合的道路。面对国内巨大的市场，我国大力发展替代进口的产品、产业，以内需为主拉动经济快速增长，2008 年的国际金融和经济危机更清楚地表明扩大内需的重要性。面对广阔的国际市场，我国大力发展工业制成品出口，以便充分利用国外资源，增强本国经济的国际竞争力，促进经济的增长和技术水平的提高。

（八）双向性

改革开放之初，我国面对国内资金匮乏、技术水平低下的现实，走上一条引进来的道路，外资和技术的引进对我国经济的发展作出了巨大贡献。我们在继续实施引进来战略的同时，开始积极大胆地走出去，在投资主体上，形成以中央企业为主、地方企业和民营企业，甚至个人为辅的格局；在投资客体上，由过去注重金融投资转向实体经济投资，并逐步增加应对气候变化等公共领域的投资。

三、对外开放应遵循的基本原则

经济全球化和扩大对外开放具有两重性。许多发展中国家和转型国家的教训表明，如果实行依附性的开放，那就很容易引进风险，甚至变为西方列强的附庸，丧失经济主权。中国的对外开放的基本原则是自主性的开放，互利共赢。要坚持独立自主、自力更生的基本方针，紧紧掌握开放的主动权，又联合又博弈，为我国的发展服务，为世界的和平、合作、繁荣和共赢作出贡献。

（一）正确统筹自力更生与扩大开放、扩大内需和利用国际市场的关系

在开放经济条件下，一国经济发展固然离不开外部因素，但又决不可以完全依赖外部因素。一方面，尽管当今世界是开放的世界，但是还没有达到完全开放的程度，许多限制要素自由流动的因素如各种贸易壁垒、政治军事壁垒等仍然存在，一国完全依赖外部因素发展本国经济是不现实的。另一方面，过于或者完全依赖外部因素，就会陷入全球化的"陷阱"，给经济发展带来诸多风

险。特别是一个社会主义大国必须认识到这些。这就需要正确处理自力更生与扩大开放、扩大内需与利用国际市场的关系，统筹国内发展与对外开放的关系。

必须认识到自力更生与扩大内需是强国之本，是中国经济发展的决定性因素，是中国制定经济发展战略、对外开放政策的立足点和出发点。自力更生就是主要依靠中国人民自己的智慧，利用国内丰富资源，发挥比较优势，实现后发优势，走高起点、赶超式发展道路。自力更生的关键在于要顺应世界经济发展潮流，调整中国经济结构，不断实现产业升级，以保持与世界经济发展方向相一致。就促进经济增长而言，扩大内需应该是自力更生题中应有之义。在世界主要国家经济持续滑坡，国际市场疲软，外需不足的情况下，中国经济的高速增长只能主要依靠扩大内需来支撑。另外，对中国经济发展而言，扩大内需比扩大外需更可靠，因为国际市场上的不可控因素多，而且竞争激烈，国内市场则相对稳定，而且有规律可循。

在自力更生与扩大内需的基础上还必须注重扩大开放与利用国际市场。改革开放的实践已充分证明，扩大开放与利用国际市场是富国之路。当前，扩大开放就是要利用好世界贸易组织规则，适应经济全球化潮流，在有效规避各类经济、政治风险的前提下，进一步提高对外开放的广度和深度。利用国际市场的当务之急是进一步提高中国企业和产品的国际竞争力，使中国适应国际市场环境的应变能力从较弱转向更强。为此，政府要充分利用世界贸易组织规则，适时推出鼓励出口政策，调动企业扩大出口的积极性；深化外贸体制改革，推进经营主体和贸易方式多元化。企业要积极走出去，实施市场多元化战略，在巩固美国、日本、欧盟等传统市场的基础上，大力开拓俄罗斯、中东、印度、非洲及其他发展中国家等新兴市场；适应国际市场变化的需要，不断优化出口产品结构，提高出口产品国际竞争力。

（二）独立自主与互利共赢的原则

既然扩大对外开放对中国经济发展既有有利一面，也有不利一面，即同时存在积极和消极两种因素，那么，我们就必须正确对待对外开放，辩证地处理好积极和消极两者之间的关系。总的原则是，在独立自主、平等互利的基础上积极对外开放，化消极因素为积极因素。

独立自主就是要坚持社会主义道路。早在 1989 年，邓小平就曾明确指出："整个帝国主义西方世界企图使社会主义各国都放弃社会主义道路，最终纳入国际垄断资本的统治，纳入资本主义的轨道。现在我们要顶住这股逆流，旗帜要鲜明。因为如果我们不坚持社会主义，最终发展起来也不过成为一个附庸国，而且就连想要发展起来也不容易……只有社会主义才能救中国，只有社会主义才能发展中国……不走社会主义道路中国就没有前途……中国是独立自主的国家。为什么说我们是独立自主的？就是因为我们坚持有中国特色的社会主义道路。否则，只能是看着美国人的脸色行事，看着发达国家的脸色行事，或者看着苏联人的脸色行事，那还有什么独立性啊！现在国际舆论压我们，我们泰然处之，不受他们挑动。"① 江泽民同志在《正确处理社会主义现代化建设的若干重大关系》中强调，我们这样大的社会主义国家搞现代化建设，必须"把立足点放在依靠自己力量的基础上"②。绝不能把扩大对外开放变成仰赖国外，受制于人。实际上，坚持独立自主这是许多国家遵守的一个普遍的原则，许多发达国家也都坚持这一原则。现在美国和欧盟都带头实行"经济民族主义"（即为保护本国贸易上的利益而歧视他国的利益），法国人提出"必须要有一种经济爱国主义""要有真正的民族意识"，韩国人提倡"爱国主义"。作为发展中的国家，中国更应如此。

互利共赢是在处理中国与外国的关系时必须坚持的原则。平等互利就是在公平的基础上，开展国际经济往来，实现各参与国的"共赢"。我们是社会主义国家，绝不以一己之利损害别国的利益。国际市场是一个包括各种主体和客体在内的市场，每一个国家和利益主体都为了实现自身利益最大化而展开激烈竞争。但国际市场的交换也要坚持等价交换的基本原则方可维持和发展持久的交换关系。国际市场竞争是有序的、相对公平的竞争。

我们只要坚持独立自主，中国就能够在立足本国的基础上，发挥自身的优势，在国际市场上找准自己的位置，为积极利用国外资源和市场创造良好的平台；只要在对外经贸往来中遵循平等互利的原则，尊重别国利益，就能够为利用国外资源和市场铺平道路。在此基础上，中国就可以根据自己的发展需要，

---

① 《邓小平文选》第三卷，人民出版社 1993 年版，第 311～312 页。
② 江泽民：《正确处理社会主义现代化建设的若干重大关系》，发表于《人民日报》，1995 年 8 月 28 日。

以我为主，化消极因素为积极因素，促进国内经济发展。

中国的发展是和平发展。胡锦涛在 2005 年联合国成立 60 周年纪念大会上旗帜鲜明地提出促进世界和谐的主张，并表示承担负责任大国应尽的责任，受到世界人民的认同和支持。一方面表明中国不会再走侵犯别国利益的老路，而要按照世界分工和交换的客观规律发展国际交往；另一方面也是对"中国威胁论"的积极回应，表明中国的发展是和平发展，给各国人民一个和平共赢的信号，进一步促进中国国际经济关系的发展。这不仅是一个策略口号，而且是我们发展国际经济的基本原则。

（三）正视对外开放带来的风险

我们首先对扩大开放风险做一个分析。对外开放既是中国经济和世界经济的日益融合过程，也是内外经济体制摩擦、冲突的过程。在这一过程中，风险与机遇并存，开放越快，产生风险的可能性越大。必须清醒地看到，西方发达资本主义国家在世界经济中仍占主导地位，它拥有世界 2/3 的财富，仅金融资产即达 30 多万亿美元，犹如洪水巨浪，吞没一个国家是很容易的，同时又有许多矛盾和空当可以利用。正如邓小平所说，"实践证明，步子放大些有利。当然步子大风险也就大"[①]。中国对外开放带来的风险主要表现在以下几个方面。

1. 经济主权风险

从根本上讲，对外开放就是要将国内经济融入整个世界经济活动之中，通过商品和生产要素的跨国界流动来实现资源在全球范围内的最优配置。在这一过程中，国内经济活动的全球性将会日益增强，民族性则日益减弱。由于经济活动的全球化必然要求涵盖全球的统一规制，包括全球性的规则以及执行这些规则的国际组织。这样，这种全球性规制就会明显地侵入民族国家（当然包括中国）的传统领地，使国家主权受到冲击。具体来说，经济全球化对传统国家主权的冲击主要表现在三个方面：（1）来自国际组织（协定）如世界贸易组织、国际货币基金组织、世界银行等世界性组织和亚太经合组织等区域经济一体化组织的冲击。（2）来自跨国公司的冲击。跨国公司的冲击表现在，

---

① 《邓小平文选》第三卷，人民出版社 1993 年版，第 248 页。

凭借其强大的经济实力和庞大的跨国网络，可以摆脱东道国和母国的控制；通过直接施加压力和寻求或培植代理人，影响东道国和母国的决策；通过"公司文化"的营造和推广，传播管理方式、价值观念、文化意识等，改变东道国和母国的旧有传统价值；通过培训超越国籍和种族的"公司公民"，形成"无国界经济"或"无国籍企业"，将对公司的忠诚提升到对国家的忠诚之上；创造的税收，更使单一民族国家要从原先的国有化运动转向主动限制主权，与整个世界竞争。（3）来自非政府主体的冲击。所谓非政府主体是指具有相同利益的国内或全球的社会结成的非国家的利益主体，如工会、环境保护组织等，这些非政府组织既可能是存在于一国内部，也可能是国际性的。非政府主体的冲击主要表现在两个方面：一是非政府主体对本国主权事务的干预；二是非政府主体对主权国家对外交往的干预。

2. 贸易风险

对于发展中国家来说，贸易风险主要在于如果其贸易依存度过高，就意味着该国经济过分依赖国际市场。其过强的经济关联度势必影响本国经济的稳定性。中国与美国、欧盟的贸易摩擦频繁发生，发达国家对中国的贸易制裁时时威胁着我们。另外，初级产品与制成品特别是高新技术产品的价格剪刀差，长期来看也给我国带来不良影响。

3. 金融风险

首先是债务风险。债务结构的不合理会造成支付困难，陷入债务危机中。其次是金融风险。随着金融市场的迅速发展，交易品种的不断扩大，如果全面放开金融市场的话，容易引发金融危机。1997年东南亚金融危机的教训值得我们高度警惕。最后是汇率风险。近年来，由于缺乏有效的控制机制，导致国际上的巨额投机资本在国际汇率市场上兴风作浪，既打击了发达国家，也打击了发展中国家。特别是发展中国家，经济实力较弱，金融市场不健全，监管机制不完善，风险防范能力不强，在金融危机发生时所受损害更大。

4. 人才流失风险

对外开放意味着人才的流动，穷国向富国输送人才是一种趋势。这种人才的掠夺使穷国越穷，富国越富。人才流失风险从某种意义上说是中国最大的风险。

5. 生态风险

国门大开后，西方发达国家将其制造业、资源密集型产业和高污染产业向发展中国家转移，使其饱受环境污染和生态环境之苦。中国的环境急剧恶化，与这种发达国家的这种产业转移不无关系，而我们成为这种代价的主要承担者。

6. 政治风险

西方发达国家通过经济、文化渗透实现意识形态、政治理念和价值观念的渗透。通过经济自由化实现政治自由化，从而扩大其对中国政治、社会生活的影响，在对外开放过程中面临的政治风险应引起高度重视。

（四）警惕知识经济时代新的殖民主义扩张

新殖民主义是第二次世界大战以后在世界范围内出现的发达国家控制发展中国家的一种手段。从第二次世界大战后到20世纪70年代，新殖民主义十分盛行。但随着广大发展中国家的不断发展壮大和坚持不懈的反抗斗争，旧的国际秩序不断被改变，新殖民主义在世界范围内逐渐受到遏制，处于衰退之中。但是，到了20世纪80年代末90年代初，世界形势发生巨大变化，新殖民主义势力又有所抬头，并且借助于知识经济的兴起而兴盛，其手法也较之以前更具隐蔽性。

知识经济中促进经济发展的最主要因素就是知识（包括科学和技术）及与知识相关的产品。在知识经济时代，一国经济发展的动力主要来自于知识，一国掌握的知识越丰富、越高级，该国的经济发展动力越充足，国际竞争力就越强。因此，当今世界的竞争实际上是知识的竞争。当今世界，发达国家控制着世界领先的科学技术，短期内知识经济时代实际上就是"发达资本主义国家的时代"。广大发展中国家为了实现经济发展，提高其国际竞争力，首先必须学习、借鉴、吸收、利用发达国家先进的科学技术知识，这样可以节约许多基础研究的费用和时间，为跨越式发展奠定基础。发达国家正是通过这种"知识的输出"推行其新殖民主义的。主要表现在几方面：（1）通过"掌握知识的专业人才"的输出，输出资本主义的意识形态，通过吸引"留学生"影响这些来自发展中国家的青年人的价值观，以使发展中国家的意识形态新殖民化；（2）通过掌握"国际规则"的制定权制定符合自身利益的所谓的"国际技术标准"，迫使发展中国家在制定各自国内有关标准时不得不向发达国家"靠拢"；（3）通过跨国公司在国际范围内设立分支机构，形成"经济帝国"，控制发展中国家的经济命脉。同时，巨型跨国公司利用自身的强势地位，通过恶意并购东道国企业，在东道国市场上形成垄断，破坏东道国市场竞争结构，剥夺东道国利益。①

对外开放可能会给中国带来巨大的经济风险和政治风险，是对外开放中难以避免的副产品。我们必须正视而不是回避这些风险，加强对这些风险的研究，力争在实践中规避这些风险，保证实现中国对外开放政策效益最大化。

1. 要客观认识开放带来的风险

对外开放在许多方面都对中国的社会经济生活构成一定的冲击，这是不容否认的客观事实。但是，既不应缩小也不应夸大开放中存在的风险，只要政策适当，我们可以把这种冲击缩小到有限的程度。

2. 要有长远的观点

在中国国际竞争力还不是很强大的今天，有些风险在所难免。但是随着中国综合国力的不断提高，现在的许多风险都会迎刃而解。比如，跨国公司进入对中国国内企业的冲击、入世后关税、非关税壁垒的削减对中国民族产业造成的损害等，都会随着中国企业的日渐成熟而消失。

3. 规避风险必须有法律依据

在国际经济活动中，许多风险都是与国家之间的利益休戚相关。一国规避风险就可能给别国带来损害，这样就容易引起冲突和摩擦。因此，规避风险必须要有"法律"依据。比如，中国关税水平的逐步降低，会引致国外进口商品的增加，进口商品的增加又会造成对中国国内市场的冲击。如果为了保护本国市场免受冲击而限制进口，必然会引起出口国的报复，引发贸易战。如果国外增加的进口商品确实对中国民族工业造成了威胁，我们就应该以世界贸易组

---

① "必须绝对控股、必须是行业龙头企业、预期收益必须超过15%"，成了一些跨国公司目前在华并购战略的基本要求。这种行为的直接后果是在中国市场上形成行业垄断。针对这种现象，任何一个主权国家都不会听之任之，德国法律明确规定，禁止导致收购方产生或强化市场垄断地位的并购行为；加拿大规定，超过两亿美元的并购协议必须经过政府批准后方可生效；美国政府和国会对外国并购更是层层把关、多道设防。

织的反倾销条款为武器，对此类进口产品提起反倾销诉讼。

4. 建立必要的"防火墙"

在经济全球化时代，国内外经济互相沟通，以至你中有我、我中有你。国际的经济波动往往冲击经济发展。这就需要建立防护措施（如资源储备、外汇储备等）和采取有效措施（宏观调控），俗称"防火墙"。例如，1998 年的东南亚金融危机，尤其是 2008 年的国际金融危机，对我国经济有很大的冲击。但是，由于我们有强劲的防范化解措施，就大大减少了风险损失。

总之，面对复杂的国际环境，我们必须保持清醒的头脑，既要善于抓住知识经济和全球化带来的各种机遇，也要注意防范各种经济风险和政治风险，坚持独立自主、互利共赢的对外经济政策。"统筹国内国际两个大局，树立世界眼光，加强战略思维，善于从国际形势发展变化中把握发展机遇、应对风险挑战，营造良好国际环境。"[1] 正如江泽民所说："我们在国际经济贸易斗争中，要懂得这方面的知识和经验，要切实注意保护我们的民族利益。为了对付中国在国际市场上的竞争和遏制中国的发展，某些西方国家有整套的措施，我们可要心中有数，不可掉以轻心。这不是鸦片战争、甲午战争那样兵戎相见的军事战争，但这也是一种'战争'，是国际市场上的'经济战'。总之，我们既要对外进一步扩大开放，又要学会很好地保护自己，不断提高对外开放的水平。"[2]

第四节 加快转变的战略抉择：六个适当控制与积极提升

目前，我国开放型经济尚处于追求引进数量的粗放型发展阶段，主要以增加国内生产总值和出口创汇为导向，导致实践中的外资过度利用、对外资源依赖性过强、对外技术依赖性高、外汇储备和外贸规模过大等问题，不利于经济

---

[1] 胡锦涛：《高举中国特色社会主义伟大旗帜 为夺取全面建设小康社会新胜利而奋斗》，发表于《人民日报》，2007 年 10 月 25 日。

[2] 江泽民：《论社会主义市场经济》，中央文献出版社 2006 年 4 月版，第 282 页。

持续健康增长和维护国家经济安全。2009年3月，胡锦涛同志在"两会"期间广东代表团的讲话中首次提到要"转变对外经济发展方式"。2010年2月3日，在省部级主要领导干部深入贯彻落实科学发展观加快经济发展方式转变专题研讨班上，胡锦涛同志又深刻地指出："国际金融危机对我国经济的冲击表面上是对经济增长速度的冲击，实质上是对经济发展方式的冲击。综合判断国际国内经济形势，转变经济发展方式已刻不容缓。"并把"转变对外经济发展方式"作为八项重点工作之一。党的十八大报告又明确提出："要加快转变对外经济发展方式，推动开放朝着优化结构、拓展深度、提高效益方向转变。"

在要不要和如何加快转变对外经济发展方式这一重大理论和政策问题上，我国学界存在不同意见。应当看到，我国的经济开放应在以前发展的基础上，强调和积极实施"转变对外经济发展方式"的全新战略。加快转变对外经济发展方式，需要确立科学的开放观，从战略上谋划对外经济的长远发展。新的发展阶段，我国应当在科学发展观的指导下，从以扩大外需为主转到以扩大内需为主的轨道上来，完善自力主导型多方位开放制度；要统筹国内经济发展与对外开放的关系，积极调整开放战略和对外经济政策，避免成为国际垄断资本的利益输送地、发达国家的廉价打工仔、西方投机资本的跑马场、跨国公司的专利提款机和世界的污染避难所，通过对外资、外源、外贸、外技、外汇和外产的适当控制和提升，从根本上建立起"低损耗、高效益，双向互动，自主创新"的"精益型"对外开放模式，促进国民经济又好又快地持续发展。

一、适当控制外资依存度，积极提升中外资本协调使用的效益

随着世界经济格局的变化，在新的历史时期我国必须对利用外资做出重大调整。一方面，要看到经过多年发展，外商投资企业目前在我国经济中已占重要地位，我国工业部门的产业结构和产品质量提升都与外商投资企业相关；另一方面，我国也不能继续沉浸在引资规模的扩张上，而是要追求引资质量的提高。

第一，必须引导和实现外资投向和要素流入结构的改善。必须从注重"引资"转为谨慎"选资"，应制定以保护环境为主的外资进入产业目录，严

格限制污染性行业的外资进入，加大对"清洁"外资的引进力度，应引进弥补我国产业和产品空缺的、符合低碳经济要求的、科技含量高的企业。有的学者认为，中国经济已经步入快车道，是全球经济的强者，公用事业等领域开放不必担心外资入侵的问题，"多一些善待外资就是善待自己的前瞻性"。这个观点混淆了公用事业领域和一般竞争性产业领域的区别，把具有稳定盈利和预防外资支配而有损于民生的公益事业，轻易地让位于外资，以为引进外资越多越好，实际上这并不利于发挥内外资的综合效益。

第二，需要确立公平的竞争环境。一是要逐步取消外资企业在税收方面的优惠，保证国内企业在同一起跑平台上参与竞争；二是要通过提高环保标准来提高投资门槛，吸引真正有实力的"清洁投资者"，使引资工作适应我国结构调整与产业升级的大方略，服务于我们转变生产方式的大目标。

第三，需要调动国内资本，促进内外资合作。合理利用和引进外资，提高引资质量，其前提条件是必须充分唤醒和启动国内已有的巨大储蓄存款资源。我国目前储蓄增长相对过快，信贷增长相对不足，资金闲置和使用效率低。在这种新形势下，倘若继续如饥似渴地引进外资，势必产生"挤出效应"，影响中资的有效配置和利用效益。因此，如何适当控制外资依存度，是亟须统一认识和创新政策的重大问题。目前，关键是要推动以中资为主的中外资合作，引导和激发国内资本进入高新技术领域，适当控制外商独资企业的发展，提升中外资协调使用的经济效益。

第四，需要加强对境外的投资，发挥中国过剩资本的有效作用。商务部的数据显示，2010年上半年，我国境内投资者共对全球116个国家和地区的2163家境外企业进行了直接投资，累计实现非金融类直接投资354.2亿美元，同比增长48.2%。鉴于中方资本在国内使用不充分等情况，必须进一步加大对发展中国家，特别是发达国家的投资，包括工业交通、商业、农业、旅游、文化、新闻媒体等多领域的多元化灵活投资。

二、适当降低外技依存度，积极提升自主创新的能力

事实证明，在缺乏核心技术而形成的"三高一低"（高污染、高能耗、高依存度、低附加值）模式下所获取的贸易利益，只能属于初级开放阶段的状

态。倘若长期照此模式继续下去，过度依赖发达国家的高科技产品，会在外贸结构、贸易条件、社会整体福利水平提高等方面改善缓慢，并逐渐陷入"比较优势陷阱"。

（一）确立自主知识产权优势战略

我国的对外贸易战略虽然要重视发挥比较优势，但不能以西方教科书上的比较优势战略作为主要模式，需要解放思想，突破以传统比较优势理论为基础的旧式国际分工模式的束缚，变"比较优势"为"知识产权优势"。只有具有自主知识产权的优势，企业和产业的核心竞争优势才有可能形成并长期保持。或者说，知识产权优势是维护持久、高端竞争优势的必要性条件。在"第二届（2005）中外企业知识产权高层论坛"上，商务部副部长廖晓淇提出"积极创造自主知识产权，切实加强知识产权保护"。构建自主知识产权，确立自主知识产权优势战略是中国转变经济发展方式的必然选择。那种只强调保护国内外知识产权，不强调创造自主知识产权的做法，那种主要寄希望于依赖式不断引进外技、外牌和外资的策略，那种看不到跨国公司在华投资双面效应的思维，都是不科学的僵化开放理念。虽然技术没有国界，但是最先进的技术买不来，不掌握核心技术，没有自主知识产权，国家的发展就会受制于人。核心技术优势是西方发达国家的竞争优势的源泉之一，其为了维持自己的竞争优势，会尽量保持自己对核心技术的垄断地位。西方跨国公司在对我国投资时往往将研发中心留在本国，并且越来越多地采用外商独资的形式，以保持对技术的控制。总之，一味地依赖国外技术是不可能提高我国经济的竞争力的，必须确立自主知识产权优势战略，打造拥有自主知识产权的核心技术和自主知识产权的国际品牌，才能确保我国未来发展的优势。要丢掉一切不切实际的幻想，以最大的决心培养自己的自主知识产权。海尔集团是中国企业成功的典范，而知识产权战略是其成功的保证，是其竞争力的源泉与根基。海尔的知识产权创新之路，始终坚持自主创新、自主品牌、自主知识产权的"三自"原则，依靠自主知识产权，海尔构建起强大的创新体系。相反，不掌握自主知识产权，我国只能成为世界加工厂，仅仅获得微薄的加工费，成为市场的追随者。最典型的案例就是 DVD 专利之争，西方跨国公司以行使知识产权的名义向我国企业征收上百亿美元的专利费，使我国的 DVD 行业遭受重大打击，许多企业被迫退出 DVD 行业。至于西方跨国公司批评中国政府鼓励自主知识产权创新是所谓用"公权力"对抗"私权力"，这完全是站不住脚的，因为西方发达国家一贯如此。

（二）强化国际科技合作，积极完善国内创新环境

降低外技依存度，需要推动以我为主的国际国内的科技合作，使科技合作与经济合作相融合。实现国际科技合作的关键在于完善国内创新环境。一是要完善科技人才成长和发展环境，加大创新人才的培养力度，建设一支适应时代和社会发展需要的民族创新人才队伍。创新的根本在人才，培养杰出的创新型人才是实施自主知识产权战略建设创新型国家的基础和前提。首先要进一步落实人才强国战略，把人才的培养放在更加重要的位置，积极营造一个公平竞争的良好环境，制定和实施对吸引和培养人才有强大吸引力的政策。其次人才的培养关键在教育。我国要继续坚持科技兴国战略，坚持教育先行的方针。为此要巩固和普及义务教育，提高高等教育质量，大力发展职业教育。再次要改革科技人员收入分配方案，建立人才激励机制，提高科研人员待遇。如加快和完善技术入股制度，提高技术奖励金额等，使科技人员的劳动得到合理的回报，激发科技人员进行创新活动的激情和动力，提高创新效率。二是要加大自主创新的研发经费投入，完善创新载体和创新平台，为自主创新提供必要的物质基础。在自主创新的过程中，资金短缺往往成为制约自主创新的瓶颈，而足够的资金投入是自主创新的有力保证。长期以来我国企业在科研研发自主创新方面的投入严重不足。据调查，我国大中型企业的研发经费平均只占销售额的0.39%，①与国外相同类型的企业2%~4%的比例相去甚远。

自主创新是一种开创性的活动，具有较大的风险，我国在实施自主创新战略建设创新型国家的过程中，首先要加大政府对自主创新活动的资金投入，尤其是加大对基础性创新研究、核心技术开发等方面的资金投入。这些研发活动往往周期长、风险高，需要政府资金的强力支持。一是财政资金直接投入，如国家的重大科技专项投入。二是可以通过创新基金等形式资助企业，以政府资金的投入带动社会资金的投入。据研究，美国联邦政府各机构每年对中小企业

① 峰岭：《拓展企业自主创新资金来源渠道之思考》，载于《交通企业管理》，2006年第8期。

的研发资助达到 13 亿～15 亿美元。1999 年国务院批准设立了《科技型中小企业技术创新基金》，通过无偿拨款、贷款贴息等方式扶持和引导科技型中小企业的技术创新活动。三是可以通过政府采购、税收优惠等形式间接解决企业自主创新资金投入问题。为了解决科技型中小企业融资难的问题，还需要进一步深化金融改革，有效地金融制度不仅能解决自主创新过程中融资难的问题，还能有效地分散自主创新的风险。四是要充分发挥政府的主导作用。政府作为自主创新的一个重要主体，具有举足轻重的作用。在我国实施自主知识产权战略建设创新型国家的过程中要充分发挥政府的主导作用。政府的主导作用主要体现在几个方面：（1）规划自主创新战略。只有明确了自主创新战略，自主创新才能有效地进行。胡锦涛同志在 2005 年 10 月第十六届五中全会上，明确提出了建设创新型国家的重大战略思想，在 2006 年 1 月 9 日全国科技大会上宣布中国未来 15 年科技发展的目标：2020 年建成创新型国家，使科技发展成为经济社会发展的有力支撑。中国科技创新的基本指标是，到 2020 年，经济增长的科技进步贡献率要从 39% 提高到 60% 以上，全社会的研发投入占 GDP 比重要从 1.35% 提高到 2.5%。此后中央各部委要制定一系列鼓励自主创新的政策措施。（2）要利用社会主义集中力量办大事的优势，组织好若干重大科研项目的攻关，努力在若干技术前沿领域和重要产业领域，掌握一批自主核心技术和技术标准，积极提高中方专利和品牌的档次和质量。（3）要培养有效率的市场和有利于创新的环境。政府要通过立法为自主创新活动提高法律保障；要打破地区、部门的壁垒，形成全国统一的创新平台，促进人才、资金等的自由流动，通过市场机制来配置创新资源，提高创新资源的利用效率。（4）要强化知识产权保护。知识产权一旦受到侵犯，则企业的创新投入就无法得到回报，企业的自主创新的热情就会受到极大的挫败，自主创新就会停滞不前。加强知识产权保护首先要完善立法，建立完善有中国特色的知识产权法律保护体系；其次要严格执法，严厉打击盗版等侵权行为。

（三）强化国内企业科技创新的主体地位

在 2007 年的"中国保护知识产权高层论坛"上，吴仪指出，企业是技术创新的主体，也是知识产权创造、保护、运用和管理的主体。企业创造知识产权的总体能力决定着国家的竞争力。在许多发达国家，80% 的研发工作是由大企业完成的，这些企业有很强的知识产权创造能力和保护意识，这是增强竞争能力的有力保障。因此，必须确立强化企业的科技创新主体地位。要将企业纳入国家的科技规划中，除基础性、战略性研究外，其他的科研项目要交由企业，由企业在市场需求的驱动下进行研发。政府要通过税收政策、信贷政策等扶持、鼓励企业的创新研发活动。自主创新是一个从研发到最终产业化的过程，自主创新的产品最终需要接受市场的检验，其价值也需要在市场中得到体现。而企业作为市场的主体理所应当成为自主创新的主体。鼓励企业建立研发机构，支持企业与高等院校科研机构建立联合研发机构，积极开展自主创新，突破技术的瓶颈制约。进一步深化产权、人事、分配制度等方面的改革，打破妨碍企业自主创新的障碍。积极提升自主创新能力，重点要积极发展控技（尤其是核心技术和技术标准）、控牌（尤其是名牌）和控股的"三控型"民族企业集团和跨国公司，突出培育和发挥自主知识产权优势，以打造"中国的世界工厂"来取代"世界在中国的加工厂"，尽快完成从技术大国向技术强国、专利大国向专利强国、品牌大国向品牌强国的转型。

三、适当降低"外源"依存度，积极提升配置资源的效率

能源等一些资源过度依赖进口，即使我国未来的经济发展背上沉重的成本负担，也威胁到国家的经济政治安全，并且容易引发更多的国际争端。2005年中海油竞购美国优尼科公司，历经曲折，最终却以失败告终。近几年来我国钢铁企业不得不接受国际铁矿石价格的暴涨，将企业利润拱手让予国外铁矿石供应商。适当降低对国际市场能源和资源的依赖程度，是我国转变对外经济发展方式的重要内容。

尽管能源大量依赖进口存在着较高的风险，但由于国内能源供给数量有限，进口仍然会成为中国能源供给的重要方式之一，问题的根本在于，如何把握能源进口的依赖程度。一些舆论认为，中国目前的能源对外依赖程度并不足以引起高度警戒，也没有必要加以防范。其理由一是从国外进口开采成本低，符合经济规律；二是中国到目前为止并未遭遇过政治上的禁运。事实上，国际原油价格一度突破百元大关，高企的原油价格令低成本说不攻自破，而至今没

有遭遇禁运，也绝不能推出未来就没有遭遇禁运的可能。因此，中国某些能源和资源的进口高依存度"无风险"论并不能成立，需要及时建立风险防范措施。

（一）需要尽快建立起自己的重要能源战略储备体系，形成一道基本的防火墙

在开放经济条件下，由于处于低端生产环节，我国能源原材料需求急剧增加，供需缺口加大，但国家能源等战略储备建设滞后，而且国内又存在西方大型公司的垄断化经营，导致我国一方面由于对国际市场存在刚性依赖，难以有效防范国际市场价格的异常波动带来的风险；另一方面也对国内能源安全带来冲击，不利于增强我国在国际市场的自主性。建立能源战略储备体系，第一，可以防范国际市场价格风险。国际油价受到多种因素的影响，既包括实体经济的影响也包括虚拟经济及投机因素的影响，近年来其价格一直处于起伏不定的状态。由于我国石油储备建设严重滞后，无法通过石油储备来平抑市场价格的异常波动，因此，价格风险已经成为影响我国发展的重要的不稳定因素，迫切需要采取有效措施加以应对。第二，可以应对不可预见的突发事件。世界上的重大突发事件往往会对国际油价产生重大影响，石油战略储备的一个重要功能就是可以有效地应对重大突发事件，减少此类事件对国内能源供应的影响，保证国家的能源安全。第三，最重要的是，能源战略储备体系可以平抑国内能源市场价格波动，引导和促进我国能源消费的合理化。我国要继续在吸收国外先进经验的基础上立足本国国情加快石油战略储备的建设，保障我国的能源安全。

（二）需要重视国内资源能源的科学开发和高效利用

缓解我国能源资源与经济社会发展的矛盾，必须立足国内，显著提高能源资源利益效率。结合各国的发展经验，能源的科学开发与高效利用必须放在我国能源战略的首位。一是要大力发展技能技术，积极开展技术改造。我国"十一五"期间实施了一系列的技能工程如燃煤工业炉改造工程、建筑节能工程等，推动了技能技术的应用，为我国能源的科学高效利用提供了必要的技术支持。今后一方面需要引进国外先进的节能技术，另一方面也要坚持自主创

新，掌握核心技术，这既需要国家在政策上的指引和扶持，也需要国家加大资金的投入力度。二是要研究先进勘探开采技术，提高能源开采效率。我国需要重点研制深海油气勘探技术与设备。未来我国的油气勘探开采将重点放在海洋油气资源，尤其是南海油气资源。三是要调整产业结构，促进产业结构的优化升级。中国长期以来走了一条粗放式的经济增长之路，特点就是高耗能、高污染。高耗能行业如水泥、电解铝等行业在国民经济中的比重长期居高不下，而低耗能的第三产业比重相对较低，因此必须积极淘汰落后产能、大力促进服务业、高新技术产业等低耗能产业的发展，以此推动能源的科学高效利用。四是要倡导全民节能。

（三）需要坚持鼓励和支持对新能源的开发和利用

新能源主要包括核能、生物能、太阳能、风能、水能、海洋能等。我国利用核能虽然较早，但核电在我国发电总量中的比重不足3%，核能对我国来说仍然可算是新能源，未来发展空间很大，且我国已经制定了大规模发展核电的计划。生物能等其他新能源同样发展潜力巨大。为了鼓励和支持对新能源的开发和利用，首先，需要针对新能源的发展制定发展规划和目标，指引新能源的发展。以法律的形式来规范新能源的开发和利用，既可以保障新能源的发展，还可以明确政府、企业等各相关方的权利和义务，是国家能源战略的具体体现，具有重要的意义。其次，要积极落实《可再生能源法》等法律法规，积极出台政策，大力支持新能源的开发和利用。最后，要规范市场发展，发挥市场机制的作用。目前，我国新能源市场发展迅速，为缓解我国能源供需矛盾做出了贡献，但是新能源市场在发展过程中还存在许多不够规范的地方亟待解决。这就需要建立市场准入制度，避免无序竞争；明确企业的市场主体地位，政府作为监督者切实履行自己的职责；鼓励创新，加强知识产权保护，保障企业的合法权益。

（四）需要加强石油、黄金、有色金属、煤炭等各种稀缺资源的战略性管理，提升资源类商品的国际市场定价权和市场控制力

为了维护我国的经济利益和经济安全，我国对重要的能源和资源都应该加强出口管制，力争战略性资源产品定价主导权。要由"价格追随者"变为

"价格制定者"，尤其要注重提高黑色金属（如铁矿石）、有色金属（如铜、铝、铅、锌、锡、镍）及稀土资源的国际定价权。

四、适当控制外汇储备规模，积极提升使用外汇的收益

充足的外汇储备有利于增强我国的对外支付和清偿能力，防范国际收支和金融风险，提高海内外对中国经济的信心。但是，如果长时间和大幅度地超过合理规模，会给经济发展带来诸多负面影响。

解决外汇储备过度的问题，不仅要控制低收益的加工贸易的发展规模，从根源上减少贸易顺差，降低外汇储备激增的速度，而且要通过扩大内需，增加国内消费，更多地进口以平衡对外贸易。历史经验证明，大部分发达国家都经历了一个先"引进来"再"走出去"的过程。目前我国比较充裕的外汇储备，可以为我国"走出去"提供坚实的经济后盾。

巨额的外汇储备是我们来之不易的宝贵财富，除了尽可能实现保值和增值，以及合理地安排其在境外的投资结构以外，也要及时地合理配置手中已有的外汇资源。从国内来说，应当有计划地激活这些资源，用于国内急需的国计民生领域和项目，如社会保障、基础教育、医疗卫生、扶贫、住房、环境保护、基础设施、西部开发，等等。从国际来说，针对不断贬值的美元外汇储备，必须及时提高外汇使用的效率，改善现有外汇的配置。中国应加大推进海外投资由虚拟资产向实体经济投资转型，具体可以从以下五方面实施。

一是可赎回被外国企业收购的中国重要国有企业资产。改革开放以来，我国大力吸收和利用外商直接投资，一方面对我国某些内资企业提升自主创新能力具有积极作用，另一方面外商通过"绿地投资"和并购我国内资企业，继而凭借其资金、技术、管理等垄断优势，控制了我国的某些行业和市场，使我国民族品牌产品受到威胁。因此，应在恰当时机赎回外商并购的我国重要行业国有企业资产，给予民族企业生长空间，保证国家的经济安全。

二是可用来支持中国企业收购海外资源和有价值实体企业，或收购控制着中国战略性行业的跨国公司股份。利用外汇储备来支持涉及国家经济安全的企业进行海外并购，不仅使我国的巨额外汇储备又多了一个既安全又长久受益的渠道，也使拥有雄厚资金储备的中国企业，通过并购和投资的方式，加快了融

入国际市场的步伐。

三是可用来引进国外的关键技术和科研人才，实现"引智创新"。目前，我国仍处在全球价值链的末端，原因之一在于我们没有一大批拥有自主知识产权的核心技术。而采取积极措施吸引海外人才，引进国外关键技术显然是一国壮大本国人才队伍、短时间内突破技术瓶颈、提升科研水平、形成拥有自主知识产权的核心技术的必经之路。

国家的竞争，归根到底是人才的竞争。我国应拿出一部分外汇储备用于人力资本的投资上，重点支持一批能够突破关键技术、发展高新产业、带动新兴学科的战略科学家和领军人才回国创业。除此之外，我国需要技术引进的行业应从传统的冶金、运输、化工和能源等行业转变为信息等新兴行业。利用外汇储备引进国外的关键性技术和科研人才的"引智创新"模式，是以较小代价带来长期高收益的途径，是通过对引进技术进行消化吸收再创新，提升企业的自主创新能力，加快重点产业的技术跨越。

四是积极建立"主权基金"，或直接进行"海外购物"，购买高端技术和设备或相关物资。主权基金又称主权财富基金，是一种全新的专业化、市场化的投资机构，是针对过多的财政盈余与外汇储备盈余，由国家成立的专门投资机构来进行管理运作的基金。简单来说，主权基金可以理解为由一个国家或地区政府设立的官方投资基金。2007年创建的中国投资有限责任公司（以下简称"中投"）是中国的一支主权财富基金，并在市场上扮演着越来越重要的角色。

获取外汇的最终目的在于保持可持续发展能力，增加社会财富，中国在海外最需要的就是技术、设备、能源和矿产品，而中投也是中国购买这些产品的一个重要手段。成立初期，中投公司向美国金融公司投资遭受了一些损失，随后在分散投资时点和资产类型控制整体风险的基础上，加快了投资进度和力度，也完成了一些在矿业、能源、房地产等行业的直接投资。然而随着中国主权财富基金对外投资规模的扩张，一些西方国家政府和国际机构主观臆断主权财富基金对于接受国的投资并不完全追求盈利，而是怀有政治目的，投资接受国的国家经济安全会受到威胁，从而他们不顾主权财富基金对国际金融市场稳定所发挥的重要作用，制定了一系列严格限制主权财富基金进入的监管规则，这已经实质性地威胁到包括中投公司在内的全球主权财富基金的正常投资活动。中国应通过各种途径，将外汇储备充分应用到国外资源与技术的购买上，既积累社会财富，又实现外汇资产的保值增值，也使平衡贸易成为可能，减少贸易争端。

五是参股或并购海外各种媒体，客观介绍中国，反击妖魔化中国的舆论，增强国际话语权和软实力。

总之，要采取多种方式，降低货币资本储存的机会成本。同时，还要在不放弃对资本流动管制的条件下，大力促进人民币的区域化和国际化进程，使人民币逐步成为世界贸易结算、流通和储备货币之一，从根本上解决"币权"问题。

五、适当控制外贸依存度，积极提升消费拉动增长的作用

在经济自主发展、竞争力不断提高的基础上参与国际竞争，积极开拓国际市场，是转变对外经济发展方式的内在要求。增强经济自主性，需要发挥内需拉动经济增长的作用，适当降低外贸规模，提高国际市场竞争力，需要加快提升贸易层次和调整贸易结构。作为一个发展中大国，从保持经济健康可持续发展和提高人民生活角度考虑，都不能不重视外贸依存度问题，需要将外贸依存度控制在略低于发展中国家的平均水平。适当控制外贸依存度，重点是做好以下几个方面。

（一）尽快扭转我国进出口不平衡的趋势

技术层次低、竞争力弱和发展中短期利益倾向，容易导致对外贸易方式相对单一、贸易对象和内容单调、贸易结构不合理，这是造成我国进出口不平衡的主要原因。今后，不仅需要平衡好进出口数量关系，也需要调整好进出口结构。

其一，优化我国的贸易方式，在积极提升加工贸易的同时，大力发展边境贸易、易货贸易、转口贸易、租赁贸易等其他贸易方式。加工贸易是经济全球化条件下发展中国家参与国际分工和国际贸易的一种有效方式，其在促进就业、扩大出口等方面发挥了重要作用。但是，加工贸易所带来的问题也是显而

易见的。加工贸易一直以外商投资企业为主，贴牌生产为其主要存在形式，产品技术含量、附加价值较低，生产过程中消耗了大量资源，引起了环境污染，并使我国在国际分工中长期处于产业链的低端。因此，中国急需促进加工贸易转型升级，推动加工贸易向上下游延伸，尽快提高我国在国际分工价值链中的地位，同时大力发展其他贸易形式，维持我国对贸易规模。

其二，促进服务贸易的进出口增长，适度开放服务贸易领域，提高服务贸易额在总贸易额中的比重。目前，服务业占世界经济总量的比重达到70%左右，低收入国家服务业比重也达到50%，加快发展服务贸易，是我国从贸易大国走向贸易强国的必然选择。服务贸易具有高技术含量、高附加值、环保节能、不易产生贸易摩擦等特点，已经成为国际贸易竞争的制高点。2000～2011年，中国服务贸易进出口总额从660亿美元增长到4191亿美元，年均增长18.3%，全球占比从2.2%增长到5.2%，世界排名由第12位上升至第4位。目前，中国服务贸易发展格局基本形成，服务贸易结构也不断优化，在运输、旅游、建筑等传统服务贸易稳步发展的同时，计算机、金融、咨询等现代服务贸易快速起步。服务贸易的发展有利于加快中国转变经济发展方式、调整经济结构的步伐。

其三，加快改善外贸结构，改变贸易主体长期由外资主导的局面，促进本土企业参与高端国际贸易和竞争。我国对外贸易出口商品结构一直存在层次不高、附加值较低的问题，且加工贸易一直以外商投资企业为主。不加快外贸结构的调整与升级，可能会使中国出现"拉美化"的危险，国家经济最终陷入对外资的严重依赖中无法自拔，难以摆脱对依附性加工贸易的依赖。因此，我国要积极改善出口商品结构，大力支持和培育参与国际市场竞争的骨干企业和龙头产品，把产品价格优势转移到质量和品牌优势上来；加大对传统劳动密集型产业的技术改造，提高产品质量和档次，逐步扩大国际市场份额；集中力量培育高新技术产业，将生物工程、电子通信等作为开拓海外市场的突破口。

其四，加快改善文化贸易的结构，消除"文化赤字"。文化贸易已成大国竞争的另一焦点。文化产品出口，投入低利润高，并具有极大的利润隐蔽性，同时又不会面临反倾销制裁、别国敌视等问题。然而，中国的文化出口的状况却令人担忧，中国经济总的出口是长期顺差且顺差持续增长，但文化产业出口却一直是逆差，且进出口贸易大约保持7:1的逆差比例。因此，尽快启动文化产业发展的国家战略，大力提高文化产品特别是拥有知识产权的文化软件产品的出口比重已刻不容缓。

其五，改善扭转进出口不平衡局面，还需要适时调整对外贸易区域，改变国际贸易上对发达国家的过度依赖。针对中国对外贸易过于集中在日本、美国、西欧等市场的情况，中国政府在 20 世纪 90 年代曾提出"市场多元化"战略，这一战略在促进出口市场的分散度、逐步降低发达国家的市场份额、提高新兴市场国家和发展中国家的市场份额方面发挥了重要作用。然而，美国和欧盟在我国出口市场中所占比重仍高达 50% 以上，中亚、西亚、南亚、非洲和拉美市场份额仍然很低，新兴市场国家与我国的贸易摩擦也日益上升①。未来，我国仍需坚持"出口市场多元化"战略，并通过"共享发展"计划开拓亚非拉新兴市场，扩大东亚地区内相互贸易体系，开拓最不发达国家出口市场，并进行经济技术合作。

（二）积极促进内需与外需协调发展

积极扩大内需，既是转变经济发展方式的条件，也是消化国内过剩产能的重要手段。扩大内需有利于适当降低企业对国际市场的依赖程度，有利于降低外贸依存度。今后，在推动外贸平稳增长和提高档次的同时，要更加重视促进外贸企业服务于扩大内需的大局。一方面，要推动外贸出口企业调整产品结构、调整市场方向。在人民币汇率走低，欧美市场疲弱时，推动外贸出口企业转型，开拓国内市场，既使企业得以继续生存和发展，也开发了国内的消费需求。另一方面，国家也要适时出台相关政策，引导和支持外贸出口企业的转型，引导社会消费合理化，使消费成为拉动经济增长的内在动力。金融危机虽然对我国经济增长提出了挑战，但也为我国经济结构调整提供了契机。2009年年末，中央经济工作会议定调 2010 年宏观调控政策，扩内需、惠民生成为政策重点。为促进内需消费，国家在增加消费信贷等方面逐步推出新举措，成立了消费金融公司，借助金融信贷体系推动内需消费增长。同时，包括《纺织工业调整和振兴规划》在内的国家"一揽子计划"的落实，也对外贸出口

---

① 张燕生、丁刚等：《后危机时代我国对外贸易的战略性调整》，载于《国际贸易》，2010 年第 1 期。

企业的转型起到了推动作用。

（三）大幅提高中低阶层收入水平

社会中低阶层收入水平的提高，是增强全社会消费能力、扩大内需的前提条件。过去三十多年，虽然我国城乡居民收入水平有所提高，但中国企业的薪酬福利平均成本不到总成本的8%，远低于欧洲的22%和美国的34%。人多地少的国情和国际农产品的冲击，也使农民增收缓慢，很多农民不得不进入外向加工型企业打工。这种建立在廉价劳动力基础上的竞争优势，其实是以牺牲民生福利水平为代价，是不可持续的。大幅提高中低阶层收入水平，关键是要加快财富和收入分配制度改革，调整国民收入初次分配和再分配的结构，尽快提高劳动收入占国民收入的比重，扭转收入和财富分配差距不断扩大的趋势。大幅提高中低阶层收入水平，还需要尽量减轻居民生活负担，提高其消费意愿和能力。

一是要考虑通过加大农业和农村的基础设施投资，促进农民持续增收等措施，持续扩大农村消费。农业基础设施建设是调整农业产业结构，增加农民收入的最基本的重要条件。政府要加大财政对"三农"的投入力度，不断提高预算内固定资产投资用于农业、农村的比重，新增国债使用继续向"三农"倾斜，大幅度增加对公益性建设项目的投入。进一步增加对种粮农民的补贴，尤其要增加对种粮农民的直接补贴，完善补贴动态调整机制，使补贴可根据农资价格上涨幅度和农作物实际播种面积得到及时调整。密切跟踪国内外农产品市场变化，适时加强政府调控，努力避免农产品价格下行，稳定粮食价格，保障农业经营收入稳定增长。

二是要坚持提高社会医疗和社会保障水平，解除基层群众后顾之忧。社会保障经常被人形象地称为"经济运行的减震器"和"社会发展的稳定器"。根据《人力资源和社会保障事业发展"十二五"规划纲要》，我国社会保险覆盖范围将进一步扩大，社会保障水平将稳步提高，而且我国还要保证各项保障制度基本完备，缩小城乡社会保障发展水平的差距，解决养老保险个人账户空账运行和基金保值增值问题。在社会医疗方面，我国要进一步扩大城镇职工基本医疗保险、城镇居民基本医疗保险覆盖面，完善城乡医疗救助制度，加大救助力度，资助城乡低收入人群参保。

三是要加大基础教育和健康卫生方面的公共投资，逐步缩小公共物品和公共服务的分配差距，有效改善人们的消费预期，提高消费倾向。近几年来，中国政府大力推行公共财政，致力于加大义务教育投入，特别是农村义务教育的投入。2006～2010年，中央和地方各级财政5年间将新增2182亿元投入农村义务教育。但我国仍存在教育投入不足的问题，教育投入欠账超1.6万亿元，教育经费占GDP 4%的目标18年来仍未实现。在健康卫生方面，长期以来，中国政府也存在卫生投入严重不足的问题，政府财政对卫生服务投入为17%，医疗机构主要依靠以药补医和医疗服务收费维持运行，导致公立医疗机构趋利行为严重，患者看病难、看病贵问题突出。政府应增加这两方面的共同投资，使子女的教育问题不再成为个体家庭的沉重负担，建立覆盖城乡居民的基本医疗卫生制度。

六、适当降低"外产"依赖度，提升参与国际分工的层次

提升国内产业的国际分工水平，是转变对外经济发展方式的立足点。只有提升产业分工层次，消除"微笑曲线"不良分工现象，才能降低对外国产业的依赖度，打破西方发达国家对我国的"产业链阴谋"（郎咸平语）。当前，要扭转以"引进战略投资者"为理由，主动或被动地逐步让西方跨国公司支配或控制中国产业和重要产品的现象；要利用西方金融和经济危机，以及今后国际生产和贸易格局变革的历史机遇期，适当淘汰高污染、高能耗的外向型加工业，积极推进产业优化升级，提升参与国际分工层次。

（一）加快调整产业结构

以提高产业竞争力和产品附加值为导向，促进产业结构合理化，使产业在调整中优化和提高。调整优化产业结构涉及诸多方面，主要是做好以下几个方面工作：一是要用先进技术改造传统产业，推动传统产业技术装备更新换代和产业升级，力争使传统产业在全球产业链获取更高的附加值，避免陷入"比较优势陷阱"，防止我国沦为西方发达国家的"生产基地"；二是要制定中长期的国家产业创新战略，切实推进产业创新，大力发展信息产业和新能源产

业，大力发展设计、咨询、物流等现代服务业和文化教育产业，抢占未来全球经济和文化教育竞争的制高点；三是要鼓励民间创业和国内企业创新，改革和完善投融资体制，引导和鼓励国内资本调整投资方向，使新增投资逐渐向现代服务业和高新技术产业转移，以便像中国高铁成为首个发展中国家向发达国家输出的战略性高新技术领域那样，逐步提升参与国际分工的层次。

（二）完善国家经济安全防范体系

加强国家经济安全，首先，要加强对外资企业并购中国企业的监管，加大对关系到国计民生和战略性产业的保护。要运用经济的、法律的手段，制止西方跨国公司越来越多地控制和垄断我国产业的行为。其次，要严格执行环保等前置性审批，完善外资投资目标指引，提高外资进入门槛和标准，遏制跨国公司将技术落后和污染严重的生产基地转移到我国的现象。最后，要健全金融监管体系，稳健开放金融业等涉及国家经济安全的核心产业，确保国内产业安全和金融安全。

（三）积极参与国际货币体系改革，改善参与高端产业竞争的国际环境

降低对发达国家产业的依赖，需要积极创造公平合理的国际经济竞争和合作条件。一方面，我国应主动和积极地介入国际高端产业分工，广泛开展国际市场竞争；另一方面，也要积极推动国际货币金融体系改革，增强我国在国际经济规则制定中的主动权，避免西方发达国家利用非市场力量打压我国。需要清醒地看到，只有通过"走出去"来提升我国的全球要素配置能力，才能创造出参与国际分工的新优势。当前，应利用我国外汇储备急剧增长、人民币升值等有利因素，在国内资源整合和产业升级的基础上，积极开展海外投资和跨国并购，化解目前开放层次低、利益少、自主性差的发展难题。在自主、自立和自强的基础上，真正使我国开放型经济体系成为全球生产体系的重要组成部分。

第五章

完善和发展中国特色社会主义经济制度

邓小平在著名的南方谈话中提出："恐怕再有三十年的时间，我们才会在各方面形成一整套更加成熟、更加定型的制度。"[①] 完善和发展中国特色社会主义经济制度是一个在深化改革开放中的渐进过程，需要在理论与实践创新中实施大的系统工程，需要把握基本方向，抓住机遇，对应挑战。

第一节　经济制度的理论和现实问题与回应

我国基本经济制度是在理论论争中不断调整的，过去、现在和未来首先遇到的是国内外理论挑战。我们必须用中国特色社会主义理论加以回应。

一、公有主体型多种类产权制度的结构

马克思主义的产权观和西方学者是不同的。

（一）经济学与哲学的联姻：为什么要从哲学角度审视西方产权理论

马歇尔（1890）认为，经济学不仅仅是一门关于财富的学问，更是一门关于人的学问。现实经济活动与人的主体性，既属于经济学范畴，又属于哲学范畴。在许多经济学大师的著作中，如亚当·斯密的《国富论》和《道德情操论》，马克思的《1844 年经济学—哲学手稿》《哲学的贫困》《资本论》等，经济学思维与哲学思维交融在一起，形成独到的经济哲学分析的人文经典。

---

① 《邓小平文选》第三卷，人民出版社 1993 年版，第 372 页。

然而，21世纪西方主流经济学背离古典经济学的理论传统，摒弃了人的主体性觉醒和人本身发展的分析，专门着力于经济生活现象层面的数量分析，使经济学成为"象牙塔"之中的"黑板经济学"（科斯）。这种"黑板经济学"的范例之一是瓦尔拉斯的完全竞争一般均衡模型。在那个均衡世界中，权利是完全界定的，交易成本为零，价格具有足够的弹性将资源配置调整到帕累托最优状态，制度和组织成为多余。不过，现实经济生产中交易成本大于零的普遍事实，使瓦尔拉斯完全竞争的市场理念成为"乌托邦"。西方产权理论家也正是从这里发现了经济学中的"摩擦力"世界，使经济学从"黑板经济学"重新回归到现实并重新将"人"纳入经济学分析框架中来。虽然它对于"人的主体性"及其动态发展并没有显示出足够关注，但毕竟是一种对瓦尔拉斯思维定式的偏离。它所引导的制度分析的潮流极大地启发了此后的委托—代理理论、寻租理论、合约理论、不对称信息理论等现代经济学理论前沿领域的研究。它使经济学家不仅关注效用函数和生产函数及其资源约束，而且关注经济关系中的体制与法律约束（布坎南，1983）。这是西方产权理论的历史功绩。

遗憾的是，西方产权理论仍然是在新古典主义的框架之内讨论所谓市场机制和经济效率问题，不过它所采用的是"新古典主义＋交易费用分析"的理论模式。这种聪明的折中方式虽然没有被西方主流经济学家斥为"异端"，但同时也使其理论具有许多不彻底性和局限性，对此，中外经济学界已经作了许多批评，如循环论证、交易费用概念模糊、存在科斯悖论等。这些批评大多只是经济分析技术上的批评，实质上是从另外的角度对产权理论进行完善和补充。至于对其基本范畴和方法论方面的批评，即从经济哲学的角度对西方产权理论进行方法论基础的反思则较为少见，而这对中国目前的新经济学建设和产权制度改革实践显得尤其必要。在产权改革实践方面，东欧国家和俄罗斯"产权神话"的经济学后果和社会悲剧，已经为我们提供了可察之鉴，使我们对"产权拜物教""市场拜物教"有了更为清醒的认识。从中国经济学的建设来看，对于西方经济理论（包括产权理论）既要吸收和借鉴其理论精华部分，但又不能采取思想僵化的教条主义态度和单纯模仿的做法。这就要求经济理论工作者深入西方经济理论的深层，探究其方法论的哲学基础，在理性地反思该理论的渊源、结构、方法和前提的基础上，超越其局限性的一面。有关这一点，已故著名经济学家孙冶方（1987）说得对："经济理论上的许多争论，都涉及哲学世界观方法论问题，注意从哲学的角度来回答这些问题，就可以取得突破性进展。"事实上，研究西方产权理论，必然涉及私产制与"异化"、经济人假设、公平与效率等哲学方法问题，对这些问题的讨论会深化我们对西方产权理论的认识。

另外，应当看到，对西方产权理论进行哲学审视，必然涉及对经济哲学这门学科的认识问题。我们认为，经济哲学是一门专为经济学的发展提供方法论的交叉学科。也就是说，经济哲学提供给经济学的是思想方法或关于经济学方法的反思而并非直接的经济观点，而经济学应该有自己的视界，它可以从哲学那里获取支援意识，但绝不是在"哲学帝国主义"的笼罩下迷失自我。美国熊彼特在其鸿篇巨制《经济分析史》中就曾论述过经济学和哲学的关系问题：对于经济学，哲学的外表也是可以脱掉的，经济分析在任何时候都不是由经济学家碰巧持有的哲学观点所决定的。其实，我们对西方产权理论进行哲学审视的目的在于批判其方法论哲学基础的贫困，从而呼唤一种既关注资源配置和经济增长，又关注人的权益和全面发展的新经济学——一种具有哲学灵魂的理论经济学。

（二）西方若干产权理论的哲学审视

1. 关于私有产权与所有制

西方产权理论家在论述产权问题时，眼光停留在法权关系问题上而尽量不触及终极所有制层面。他们在"产权—市场—效率"之间寻找逻辑联系，总是明显地带有或暗含着对私有产权制度和市场魔力的赞颂，认为市场能有效率地运行的唯一条件是：追求最大化的个人主体是自由的，能对激励作出反应，并能以他个人的自我利益管理有价值的财产。因此，对于自由进入公共财产和私有财产来说，前者注定是滥用的，而后者则代表了有效率的财产制度。但是实际情况即便是在私产制度下，仍然会存在农业耕地流失和个人林场过度砍伐之类资源浪费问题。不过，他们仍然能找到理由，认为这是市场不完全和一些人的短视行为造成的。这显然是在"产权—市场—效率"之间的制度现象层面兜圈子。由于没有历史唯物主义的方法论作指导，他们只是注意到社会经济发展的表层，而没有深究在产权关系的背后还有什么因素在操纵着社会经济动态长期的演进趋势。与西方产权理论不同，马克思的产权理论则显出更为厚重的历史感和触摸、洞察经济本质的深邃的哲学意识。在马克思的眼中，私有产权不过是历史的产物并且其本身也必将成为历史的过渡性范畴。

马克思认为，产权本质上是一种法权关系，是生产关系的法律表现，所有权不过是所有制的法律表现。他从生产力和生产关系的矛盾运行中阐明产权的起源和本质，将原始公有产权作为人类社会产权的最初形态，并把产权看成一个与生产力、经济和文化发展环境有关的历史性范畴。在他的产权制度变迁理论当中也隐含着制度变迁费用的比较，最终表现为是否推动生产力的提高和人的全面发展。马克思所强调的所有权在有效率的组织中的重要作用以及现存所有权体系与新技术的生产潜力之间紧张关系在发展的观点，堪称是一项重大贡献。在我们看来，马克思不仅贡献出深刻的产权理论，更重要的是提供了产权理论研究的方法论哲学基础——历史唯物主义。从历史唯物主义出发，跳出资源私有制度给定的分析框架，重新确定"产权—市场—效率"的本质关联模型，私产制度的局限性便会"浮出水面"。

其一，私有产权制度必然涉及"异化"问题。所谓异化，英语单词为alienation，意指"变得陌生、疏远"，在英国经济学中用来表示货物出售、主权转让；在一切自然法的社会契约学说中用来表示人的自然权利和根据契约而建立的社会的转让，或原始自由的丧失。法兰克福学派代表人物费洛姆在其"To Have or To Be"一书中区分了生存和占有的概念。他认为，人类原本只是作为一种"类"（To Be）的存在，但后来则成为所有的主体（To Have）来认识，很显然，这二者是存在矛盾的。"所有"是一种关系概念。在私有制中，"所有"被界定为一组私人权利，这是人类"异化"的开始。马克思则在其《1844年经济学——哲学手稿》中运用德国古典哲学的"异化"概念，对私产制造成的"人的异化"现象展开批判。他认为，私有制使人们变得愚蠢和片面，人的感觉（肉体和精神）都绝对地受私有财产这种"异化"的支配而贫困化，变成一种追求占有私有财产的感觉和欲望。这样，人不再是一个全面的人，一个对自己的生命本质全面占有的人。只有私有财产制度的废除，才意味着一切属于人的感觉和特性的彻底解放。马克思在对"异化"的批判中论述了私有产权制度的过渡性质：私有产权阻碍了人向自己的生命本质的全面复归，因此是必然被取代的制度形态。这种观点体现了马克思对人的本质的全面把握、对私有制本质特征的哲学透视，这是西方产权理论所不能企及的。

其二，产权界定是一个动态博弈的过程，从长期来看会牵涉阶级斗争（在阶级社会里）并与社会变迁相联系。产权的界定是一个演进的过程，随着新信息的获取，产权主体力量对比的变化，产权主体之间的博弈过程中很可能会因为收入分配累积效应引起阶级分化并产生阶级斗争。在斗争中，法律体系也会发生变更，甚至会引起大规模的社会变迁。如果承认产权安排与资源配置同时被博弈行为所决定，并承认经济权利上的阶级斗争对社会变迁的决定性作用，那私有产权制度就不会再有一种永恒的先验的安排。

其三，财产占有的初始产权很可能是不公平的。财产的初始占有很可能遵循"先来者，先有权"的逻辑，而不管其通过何种方式（有可能是掠夺、偷盗或其他暴力手段），这无疑是承认飞来鸿运带来的巨大社会和经济意义，同时也说明一个人最好是能比世界上任何人都出生得早。同时，法律也似乎承认了"强盗逻辑"。在一个由私人所有权和契约组成的法律结构内，用市场机制的运行来描绘的经济竞争，不公平的原因在于，在作出选择之前，在运气投入经济骰子之前，在付出努力之前，人们在进入竞争的初始位置时所用的禀赋的分配。

2. 关于"自私的经济人"假设

私有产权学派沿袭英国亚当·斯密、西尼耳、约翰·穆勒以来西方主流经济理论，只把"自私人"作为分析人类经济行为和市场经济的始点和基点。实际上，自私的经济人假设不过是工具理性、功利主义、个人主义、实证主义哲学思想的经济学用语。在这种假设下，经济人在手段和目的之间作出理论的最大化计算，而意义、信仰、道德和情感则被排除在经济分析的框架之外。现代经济社会的发展表明，人类必定和已经为工具理性的膨胀和个人主义的泛滥付出惨重代价。现代资本主义的各种危机实质上是信仰危机、文化危机和价值观的危机。

法兰克福学派的代表人物如弗洛姆、哈贝马斯、马尔库塞等人，从社会后果的角度对工具理性过度膨胀所造成的"单面人""异化"等现象展开批判。弗洛姆指出："异化"导致了不断增强的疯狂，生活没有意义，没有欢乐，没有信仰，没有现实。19世纪的问题是上帝死了，20世纪的问题是人类死了。过去的危险是人成了奴隶，将来的危险是人会成为机器人。现象学派则从哲学本体论的角度反思工具理性。其代表人物胡塞尔指出实证意义上的科学理论（经济人假设在某种意义上说是牛顿时代经典物理学的思想反映），并不能完全充当我们生活的基础，它呼唤的是人的主体性和人的真实生命体验。从经济哲学的角度看，"自私的经济人"假设将丰富的人性概括为自利的精明算计等，虽然在特定意义上有利于经济学家进行逻辑分析，但同时也使经济学日益脱离现实经济生活，并且缺少应用的人文内涵，所以，即使是在经济学圈内也常常受到不同学派的指责。

利己主义是"自私的经济人"假设所包含的另一种哲学意蕴。亚当·斯密在《道德情操论》中主张人性既不是完全利他，也不是完全利己，利己心和利他心都是人性中自然存在的不同侧面，而西方产权理论家则视利己心为与生俱来的一成不变的东西，将"自私人"绝对化和永恒化，这就会陷入历史唯心主义的泥潭。马克思则从历史唯物主义的观点出发，将利己主义看成特定历史条件下的产物，是人在本身的发展还存在着"物的依赖性"的社会背景（指的是私有制商品经济）下表现出来的特征。马克思认为，在社会历史发展中，人的自我实现表现为三种历史形式：一是前资本主义社会，由于个人从属于集体，人的自我实现表现为个人的自我牺牲；二是在资本主义商品经济条件下，个人追求自身利益最大化，人的自我实现表现为利己主义；三是在共产主义社会，由于"人的依赖性"和"物的依赖性"消除，生产力高度发展，个人的自我实现表现为个人本身的发展和社会发展的和谐一致。马克思的分析表明，人的本性是不断变化的，是一定的经济关系和经济环境规定了经济活动中人的本性和本质，而不是相反——将人性看做一个先验的存在和永恒的范畴。可见，"自私的经济人"假设并没有把人性的全部内涵概括进去，也没有将人性看成是一个不断发展丰富的东西。它堵塞了科学分析社会经济系统演进规律的途径，是必须扬弃的理论假设。实际上，经济活动中的人不仅具有利己性，而且具有利他性，并与一定的价值观相联系。经济哲学从有别于纯经济学分析的新视角出发，更容易发现经济人行为的多面特性。

3. 关于公平与效率

资源配置效率是人类经济活动追求的目标，而经济活动的主体在社会生产中起点、机会、过程和结果的公平，也是人类经济活动追求的目标。西方产权理论的代表人物之一张五常先生认为，要选择一个能够促进生产的制度，不管分配是否合理，私产制是唯一的选择。这就产生了一个经济高效率能否脱离合理分配或公平分配的问题，实际上已经超出了纯实证经济学讨论的范围。如果从经济哲学的角度深入该领域进行整体性、主体性和趋势性的探讨，就会摆脱所谓机会平等和结果平等的狭隘眼界。经济公平具有客观性、历史性和相对性，它是指有关经济制度、机会和结果等方面的平等与合理。显而易见，把经济公平纯粹视为心理现象，否认其客观属性和客观标准，是唯心主义分析方法思维表现；把经济公平视为一般的永恒的范畴，否认它在不同的经济制度和历史发展阶段有特定的内涵，是历史唯心论分析方法的思维表现；否认经济公平与否的辩证关系和转化条件，把经济公平视为无需前提的绝对概念，是形而上学分析方法的思维表现。

经济学上的效率是指经济资源的配置和产出状态。对于一个企业和社会来说，最高效率意味着资源处于最优配置状态，从而使特定范围内的需要得到最大满足或福利得到最大增进或财富得到最大增加。

经济公平和经济效率之间是一种辩证关系，二者在一定条件下互相影响。收入和财富的差距并不都是效率提高的必然结果，实际上其刺激效应达到一定程度之后便具有递减的趋势，甚至出现负效应。经济人接受高收入刺激的效率有着生理和社会的限制，过大的财富和收入分配差距必然会损失社会总效率。西方产权理论关于公平和效率问题的形而上观点，如二者对立论或替代论等，会误导经济改革和经济发展，造成一国甚至全球的两极分化和低效率。

二、关于国有制发展问题

在社会主义初级阶段，我国实行以公有制为主体、多种所有制经济共同发展的基本经济制度。公有制经济主要包括：国有经济和集体经济。国有企业是国有经济的主要载体和具体组织形式。我国的国有企业经过多年艰辛的改革，国有企业活力的重新焕发。我国国有企业盈利能力不断增强，市场竞争力不断提高，在促进经济增长、改善人民生活、保持社会稳定、维护国家经济安全等方面均发挥了不可替代的重要作用，体现了公有制经济的巨大优越性。然而，在一些媒体和学者的文章中，已经实现改革初衷、搞活并做强的国有经济近年来不仅没有赢得普遍的喝彩，却遭受不断的质疑。这些质疑试图通过全面否定国有经济在社会主义市场经济的基础地位和主导作用，旨在营造推动国有企业——特别是掌握国民经济命脉的央企——大规模私有化的舆论压力，成为理论和实践都不能回避的争论焦点。他们认为国有经济效率低下，国有企业的垄断地位成为中国经济持续发展的主要障碍。现在必须对"国有经济低效论"和"国有企业垄断论"两个伪命题予以澄清。

（一）回应"国有经济低效论"

关于国有经济是否有效率或效率高低问题，长期以来一直是一个颇有争议的问题。迄今为止国外学术界对这一问题尚未取得共识。不过，在我国却流行着一种影响颇大的观点，一些学者在片面的实证分析后断言：与私人经济（部门）相比，国有经济（部门）缺乏效率。在貌似公正的研究数据包装下，国有经济低效率的这一论点成为否定国有经济的一大"利器"。

不过，这些针对国有经济低效问题的质疑尽管核心观点相似，但在论证过程中却是看法不一。如张维迎教授将国有企业缺乏效率归因于公有化程度提高和公有经济规模扩大导致的委托—代理层次增加，以及相应增加的高昂监督成本；樊纲研究员根据国有经济比重、各项财务指标和全要素生产率自20世纪90年代后持续恶化，得出国有企业低效率的结论[①]；刘小玄研究员通过自己对有关数据的分析，认为私营个体企业的效率最高，三资企业其次，股份和集体企业再次，国有企业效率最低；[②] 袁志刚教授等则认为国有企业效率低下阻碍了市场经济体系的完善，导致劳动收入占比下降和内外结构失衡，只有进一步出售国有企业才是唯一出路。[③] 针对这些片面的论证和观点，有必要加以澄清。

1. 国有经济的整体高效已得到历史的检验

我国国有经济建立以来，历经60多年的发展和改革，遭遇了诸多坎坷，

---

① 樊纲：《论体制转轨的动态过程——非国有部门的成长与国有部门的改革》，载于《经济研究》，2000年第1期。

② 股份制企业效率低下的结论，尽管暗合了国有经济效率低下的结论，但却与前面那些将股份制看作"新公有制"或"公有制的经济基础"的观点是相悖的，因为在这个结论中，从效率观点看股份制显然也是过时的，而最没有过时的却应当是私营个体经济！

③ 袁志刚、邵挺：《国有企业的历史地位、功能及其进一步改革》，载于《学术月刊》，2010年第1期。

但其在维护国家、社会和广大劳动人民利益方面表现出来的效率是不容抹杀的。[①] 其巨大优势和伟大功绩已经经受了历史的检验。

国有经济高效率的一个重要体现，就是在较短的时期内形成了独立的、比较完整的工业体系和国民经济体系，为建立现代化的工业、农业和国防事业奠定了坚实的基础，巩固了人民民主专政的国家政权。国有经济的高效率还体现在其发展速度上，新中国成立 60 多年以来，我国国有经济产值平均增长速度高于 10%。从改革开放后到 2009 年，国有及国有控股企业资产总计达到215742 万元，占全部资产的 70.29%，所有者权益 85186.57 万元，占全部所有者权益的 67.84%。[②]

就国有经济的具体经济绩效而言，国有企业效率必然低于私营企业的观点也得不到事实的支持。这是因为，经济效率要取决于劳动者的积极性，同时也和规模经济、技术水平、管理能力、企业文化等因素相关。每年均有众多的私营企业因管理不善而导致破产或歇业，而国有企业因制度优势和科学管理成功的事例也很普遍。与所谓的"私有制激励相容"判断相反，即使在资本主义国家的大型国有企业或受到政府管理和扶持的大型企业就曾取得世人瞩目的成效。因此，即使是国外理论界，目前也没有笼统地将国企与经济低效率画上等号。[③] 从我国的情况看，尽管有学者以国有企业在土地、融资和资源等方面获得的各种财政补贴作为依据，指出 2001～2008 年国有企业没有账面盈利，[④] 但却无法否认国有经济逐步做大做强的事实。以作为国有企业骨干的中央企业为例，2002～2010 年中央企业的资产总额从 7.13 万亿元增加到 24.3 万亿元；营业收入从 3.36 万亿元增加到 16.69 万亿元。从 2006 年开始，中央企业向国家上缴国有资本收益，已累计上缴 1371 亿元。2009 年中央企业完成向社保基金转持国有股 55.3 亿股，对应的市值为 429.68 亿元。[⑤] 有学者研究表明，1998～

---

① 很多学者诸如刘国光、杨承训、项启源、林毅夫、张宇、曹雷、王小文等也都撰文认为国有经济是富有效率和效益的。

② 数据来源：根据《中国统计年鉴 2009》的相关数据计算整理。

③ 如斯蒂格利茨就指出："韩国的国有钢铁企业比好多美国的私有企业同行还有效率"。参见《私有化更有效率吗》，载于《经济理论与经济管理》，2011 年第 10 期。

④ 宗寒：《正确认识国有企业的作用和效率》，载于《当代经济研究》，2011 年第 2 期。

⑤ 白天亮：《央企主要经营指标五年翻番年均国有资产保值增值率达到 115%》，发表于《人民日报》，2011 年 1 月 25 日。

2006 年，国有企业工业增加值增长率均维持在 30% 以上，而同期私营企业的增长率仅为 25% 左右；2005 年和 2006 年国有企业的成本费用利税率分别达 8.44% 和 7.09%，而私人企业则仅为 4.93% 和 5.27%。[①] 可见，即使在改革开放后与私人企业竞争的情况下，国有企业也同样展现了其经济高效性。

从衡量效率的重要指标即技术进步方面看，当前我国经济中技术要求较高的生产资料、技术产品和重要消费品的生产领域，如石油、电力、钢铁、煤炭、大型专用机械设备等，80% 以上都是由国有企业提供。纺织品、化肥、农药、大型农业机械也主要是由国有及国有控股企业提供，国有制经济承担了现代化建设中的绝大多数重大的先进工程和技术项目。2006 ~ 2009 年，中央企业科研投入年均增幅达 37.3%，有 33 家中央企业被命名为国家级创新企业，有 46.2% 的国家重点实验室建立在中央企业，国家科技进步特等奖全部由中央企业获得。[②] 在微观层面，从国有经济的活力、产品质量、发展后劲、职工生活水平等方面看，我国国有经济的效率指标也明显要高于非公有制经济。

注重社会经济活动的整体效率，是国有经济高效率的内在本质。一方面，我国目前已经建立起自主经营、自负盈亏、产权清晰、责任明确的高效率的管理体制，解决了长期困扰国有企业的激励机制问题，使市场经济条件下的国有企业经受了激烈市场竞争的考验。[③] 另一方面，与单纯注重利润导向的私有制经济不同，我国国有经济在提高经济效率的同时，能够兼顾社会效率和生态效率等方面。在保持社会稳定、保障宏观调控、维护国家安全、实现国家战略、推动自主创新，以及实现科学发展和促进社会和谐等方面，我国国有企业承担着至为重要的基础性作用。

2. 重视经济效率或绩效不能限于局部效率和经济效益

效率是社会经济活动的内在要求，社会生产力的发展是效率提高的源泉。因此，对于效率问题的考察需要联系整个社会生产力的进步，从整体上予以考察。对于国有经济（部门）的效率，不能简单地从现象出发，或者是片面地

---

① 宗寒：《正确认识国有经济的作用和效率》，载于《当代经济研究》，2011 年第 2 期。

② 张旭东等：《国家脊梁 负重致远——中央企业"十一五"时期改革发展纪实》，发表于《中国青年报》，2011 年 01 月 24 日第 6 版。

③ 张宇：《正确认识国有经济在社会主义市场经济中的地位和作用》，载于《广西电力》，2010 年第 7 期。

运用一些数据进行计量分析，便就此认为国有经济（部门）缺乏效率或低效率，这样的结论是片面而不符合实际的。

首先，从效率的内容来看，效率有经济效率、社会效率和生态效率等的划分。对国有经济效率的评价，不应单纯地集中在经济效率方面，而应既要关注其经济效率，也要兼顾其社会效率、生态效率；既要关注其微观效率，也要兼顾其宏观效率；既要考虑到国有经济承担的经济责任，也要考虑到其承担的社会责任等。持国有经济无效率或低效率观点的论著，只侧重研究国有经济的经济效率或利润率，而忽视了对国有经济效率的全面、系统的研究，由此而得出的结论必然有失偏颇。

其次，从研究的层面来看，认为国有经济（部门）无效率或低效率的结论基本上都是从微观层面出发，运用个别案例（如格林柯尔）或某一个阶段数据分析得出的。这些研究几乎都从国有企业自身经营活动的表象着手，挑选有利于预设结论的其中几个变量的微观经营数据进行所谓的实证分析，其得出国有经济缺乏效率的结论，并不足以代表国有企业的整体情况。正如列宁所言："社会生活现象极其复杂，随时都可以找到任何数量的例子或个别的材料来证实任何一个论点"。[1] 实质上，在正常的市场经济中，处于竞争压力下的企业其经营状况的变动不居是一个正常现象。如果说国有企业的效率普遍不堪，则无法解释新中国成立以来我国国有经济的历史成绩，更无法解释我国国有企业对改革开放的巨大贡献，以及在国内外激烈市场竞争中良好业绩。

最后，从研究运用数据指标来看，现有对国有经济效率的质疑往往只选取了反映企业微观经营效益的经济数据，不能全面反映国有经济的真正经济效率。如果按这些研究者的方法，仅仅从诸如销售收入、销售利润等指标出发，用效益替代效率进行研究，势必不能将国有企业参与国家宏观调控贡献、履行社会责任和生态环境重建等方面的因素考虑进来。因此，在进行效率对比时自然造成国有企业效率评估信息的不完全和信息失真，进而影响到效率评估的完整性、真实性和客观性。显然，要使统计数据"成为真正的基础，就必须毫无例外地掌握与所研究的问题有关的全部事实，而不是抽出个别的事实"。[2]

---

[1] 《列宁选集》第四卷，人民出版社 1995 年版，第 578 页。
[2] 《列宁全集》第 28 卷，人民出版社 1990 年版，第 365 页。

例如，我国私营经济改革开放后的发展速度很快，投资规模急剧上升，效益（利润实现情况）普遍较好，但并不必然就是其生产效率高的结果。如果从微观的企业效益（所有者利益）角度出发，即使企业生产效率不变，效益也能同样提高。正如马克思揭示的那样，其奥秘在于利润和工资的相互对立关系，亦即利润率的提高有时是以牺牲劳动者的利益为代价取得的。反观我国私营企业发展的轨迹，劳动者工资水平被长期压低，普遍延长法定劳动时间，提高劳动强度、工作条件和劳动保护受到漠视等现象，集中出现于私营企业中，背后的深层次原因其实是不言自明的。如果私营企业的劳动者能够避免上述低劣的劳动条件和待遇，则私营经济所谓效率优势的结论将很难站得住脚。让人匪夷所思的是，在对私营企业的赞歌声中，国有企业职工较高的工资水平和较好的劳动待遇反而饱受非议。

3. 对国有经济的局部低效和阶段性亏损应作具体分析

指出国有经济整体效率较高的事实，并不意味着国有经济不会存在着局部低效率和阶段性亏损的情况。正如任何一个企业的发展都会经历由亏损到盈亏平衡点，再向赢利转化的过程一样。作为局部的国有企业是否高效，也需要从历史发展的具体条件出发来评判。在对国有经济效率问题进行分析时，有三个不可忽略的方面，需要客观地、公正地看待。

其一，从职能来看，由于提供公共产品导致的经济效率低下。对于以从事公用事业和公共服务为主要职责的国有经济成分，如基础设施投资和运营部门、具有战略意义的高科技部门的国有企业等来说，由于其独特的职能，决定了其社会效益要大于企业微观经营效益，或者短期经济效益低于长期经济效益。在公用事业和基础设施部门，如教育文化事业、公路铁路、自来水和电力供应、水利建设部门、森林系统、科研部门等，这些部门往往投资规模大、投资期限长、见效慢。如果从短期或者从局部来评价，可能经济效益不突出，但从长期来看，其综合效益却很高。对于具有战略意义的高科技部门来说，投资风险大、见效慢且可能性低，但由于事关国家经济安全和主权独立，其在较长一段时间内的亏损或者低效是必须忍受的，因为它是保障我国国民经济整体利益值得付出的代价。如果以同样的条件由非公企业来承担，则照样会甚至会更差地出现上述情况。

其二，从空间来看，为协调平衡区域经济发展和保持社会稳定，局部的国有经济低效率情况也是存在的。这不仅是优化利用经济资源、节约运输成本的需要，更是促进地区就业和缩小地区差距的重要举措。期望私营企业来促进地区平衡发展是不现实的，在实践中只能依靠国有经济的优化布局来达到这一目的。此外，从国家的军事斗争需要考虑，作为国有经济重要组成部分的军工企业和一些战略性工业部门，也不能集中在沿海发达地区。尽管这会降低其投入产出率，但由国有经济来承担并由国家给予支持或相应补贴也是合理的，西方国家同样如此。对于上述原因造成的低效率，显然不能一概否定。

其三，从时间维度看，由于历史原因造成的低效或亏损。在我国国有经济发展过程中，曾经有一段时间，国有企业因承担着大量的战略性和社会性政策负担，导致其预算软约束基础上的亏损。但经过多年改革后，当初预算软约束的制度环境已经发生了改变。① 目前，国有企业则更多地承担了社会责任而导致短期或局部亏损，这是我国为维持社会稳定和保持国民经济平稳增长采取的制度性措施。② 例如，由于我国历史形成的价格体系、长期压低资源价格导致部分国有企业产生的赢利消长（最典型的是煤企和电企、电企和电网间的经营结果差异），由于政策性原因导致的亏损等。有关数据表明，在我国亏损的国有企业中，政策性亏损会占到全部亏损企业数量的 1/3 以上。又如，我国出于社会稳定需要，限定公用事业品价格（如城市自来水、电、燃气等）而造成部分国有企业的亏损等。客观地说，这些领域国有经济的亏损并不说明其本身效率低下。

其四，国有企业在经营过程中正常的亏损。一般来说，市场经济中企业的效率高低总是相对的，在激烈的竞争中，无论国有企业还是私营企业，其中总会有部分企业存在效率低下的现象。不过，相比于私营企业的亏损面，我国国有企业的亏损面要小得多，通常在 5% 左右。从国际对比看，即使世界 500 强

---

① 将国有企业低效率归于预算软约束的说法源于科尔奈（Kornai）关于计划经济体制下政府对企业"父爱主义"的观点。中国曾有学者将国有企业因承担大量的战略性和社会性政策负担看做是预算软约束的根源。不过，经过三十多年的国企改革，已经很少有人再将预算软约束与国有企业效率相联系了。参见林毅夫、李志赟：《政策性负担、道德风险与预算软约束》，载于《经济研究》，2004 年第 2 期。

② 有些学者片面地指责国有企业存在的预算软约束，而没有看到其背后国有企业由于承担社会责任而付出的代价。对照目前对国有企业"垄断高利润""跑马占地"的指责，可以看出，所谓国有企业拖累民营企业发展、对经济增长构成"增长拖累"的说法显然是无稽之谈。关于后者，可参见刘瑞明、石磊：《国有企业的双重效率损失与经济增长》，载于《经济研究》，2010 年第 1 期。

和前 100 强企业中，1991 年以来每年均有约 10% 的企业产生亏损。[1] 可见，局部的正常经营中的亏损并不能成为抹黑国有企业形象的理由。进一步说，尽管私营企业中破产、亏损、浪费资源和损害劳动者权益的企业数量不在少数，我国仍然在整体上对其发展持鼓励、引导和支持的政策，没有笼统地以"效率低下"将其一棍子打死。对于暂时处于经营困难处境的局部的国有企业，当然更不能以所谓虚拟的低效论来全盘否定。

当然，对于国有经济发展中确实存在的因投资失误或经营不善导致的效率低下，我国一方面应通过市场竞争中的淘汰机制来解决；另一方面要通过完善立法、加强监管和建立责任体系来化解。这样才能真正将"坚持公有制为主体"落在实处，而不是在"国企低效论"的杂音中为推进私有股份化或私有化鸣锣开道。

（二）回应"国有企业垄断论"

有论著和舆论指责说，国企的垄断挤占了民营经济的发展空间，阻碍了我国现代化进程，是导致我国收入分配差距拉大的主因，因而必须压缩国企规模，打破国企垄断。回应这种指责，需要从垄断的性质、特点作具体分析。

1. 区分两类不同性质的垄断

对我国国有企业存在着的部分垄断行为需要有正确的认识，而不能一味地指责。一方面，我国国有企业垄断的产生和存在有其深刻的历史背景。新中国成立后，出于应对国际敌对势力威胁、迅速恢复国民经济和巩固社会主义国家政权的需要，我国兴办了大量国有企业，控制了几乎全部的国民经济。改革开放后，我国国有企业尽管有较大缩减，但在很多领域尤其是自然垄断领域依然占据着重要地位，并由此形成了我国国有企业占据垄断地位的历史基础。另一方面，在社会主义国家，由国有企业占据垄断地位还有着重要的理论基础。马克思、恩格斯在设想未来社会主义社会时就指出："无产阶级将利用自己的政治统治，一步一步地夺取资本主义的全部资本，把一切生产工具集中到国家即组织成为统治阶级的无产阶级手里。"[2] 列宁更进一步指出，"社会主义无非是

---

[1] 宗寒：《国有经济读本》，经济管理出版社 2008 年版，430 页。

[2] 《马克思恩格斯选集》第一卷，人民出版社 1995 年版，第 272 页。

变得有利于全体人民的国家资本主义垄断而已。"① "全体公民都成了一个全民的、国家的'辛迪加'的职员和工人。"② 可见，在一定历史条件下对国民经济的关键领域实行垄断，是巩固发展社会主义公有制经济的一个重要手段。

国际经验也表明，生产的高度集中化是现代市场经济中的必然现象，市场经济本身并不能自发地消除垄断，在一些自然垄断行业中更是如此。例如，在电力行业，美国电力公司占电力市场份额的 85%～100%；在初级产品市场中，15 家棉花跨国公司控制着世界棉花贸易的 90% 左右，6 家铝业公司的铝土产量占世界的 45% 以上③；在新技术领域，英特尔、微软、IBM 等垄断了信息产业关键领域，等等。国务院研究中心的研究指出，在我国 28 个主要行业中，21 个行业由外资企业掌握着多数资产控制权。④ 其原因就在于我国企业特别是私营企业的规模普遍较小，难以与西方跨国公司展开竞争，从而导致我国整体利益受损。可见，如果在一些关键的领域和行业不由国有企业来垄断，而交由私人去垄断经营，不仅不会消除垄断的弊端，反而会放大其负面效应。

需要指出的是，我国社会主义国家国有企业的垄断与私人资本的垄断、资本主义国家金融资本的垄断有着本质的差别，对其性质、后果不能一概而论，更不能相互混淆。首先，我国国有经济中处于垄断地位的企业，从根本上是服务于我国经济社会发展的总体需要，国家对其有直接的控制能力，而私人资本垄断则主要服务于垄断资本家，难以服务于全体人民利益和国家长远利益；其次，国有企业的垄断利润是属于全体人民和国家，可以用以充实国有资本金、上缴财政或补充社会保障资金，总体上有利于缩小贫富差距和促进共同富裕。而私有制的跨国公司和私人经济的垄断则完全不同，其垄断利润属于私人资本家。如果以"公平竞争"为名，任由中外私人经济垄断国民经济的关键领域和攫取暴利，只会导致我国贫富差距的加速扩大，从而背离社会主义共同富裕的发展目标。

2. 正确区分垄断行业和国有企业占优势行业

当前"国有企业垄断论"的产生也与理论上的一个误读有关。有些人将

---

① 《列宁选集》第三卷，人民出版社 1995 年版，第 163 页。
② 同上书，第 258 页。
③ 刘国平、范新宇：《国际垄断资本主义时代》，经济科学出版社 2004 年版。
④ 江涌：《猎杀"中国龙"？——中国经济安全透视》，经济科学出版社 2009 年版。

我国国有经济占据绝对优势地位的行业"定义"为"国有垄断行业",而对处于这些行业的国有企业"定义"为"国有垄断企业"。这种片面的解读,不仅割断了我国各类企业的发展历史,而且混淆了"垄断"的基本概念。

首先,我国国有企业的布局和结构相对集中于一些重要的行业和领域,既有历史的原因,也同国有企业的属性及自身素质有关。同时,改革开放以来我国的国有企业经营范围也在进行不断调整,并且逐步引入了竞争机制,如在石油、航空领域等就进行了分拆,使国有(及国有控股)企业间能够开展竞争。而国内的私营企业起步晚、规模相对小、技术水平不足,导致其在一些技术和管理要求高的关键行业不占主导地位,是情理之中的事。换言之,即使不考虑国家经济安全而在市场中进行公平竞争,国内私营企业在铁路、航空、电子通信、石油、国防科技、银行等战略性部门也难以国有企业相提并论。如果一味推动对民营经济放开,只能使这些领域沦为外资企业之手。

其次,从垄断本身的市场特征看,必须具备市场垄断和控制价格两个前提条件。垄断现象之所以会受人诟病并被各国政府所关注,主要原因在于会形成垄断价格并产生暴利。如果是自然原因导致的垄断,政府一般通过价格管制来解决,而不是通过分拆企业来防范,更不可能通过强行规定企业的所有制性质来根除。按照这个标准来看,尽管我国国有企业在部分行业中占主导地位,但它们并没有形成价格垄断。[①] 相反,相互间还因各自利益(上市公司中的情况更是如此)而产生激烈的竞争。因此,不能盲目地将国有企业占优势的现象混淆为国有企业垄断。

当然,倘若有国有企业独自或联合起来,通过任意抬高价格或压低价格来损害消费者利益,有损于社会主义公有制经济的发展和人民利益的经营行为,那么,在实践中便需要加以反对和制约,消除其负面影响。

3. 国有企业的发展加快了我国现代化进程

有舆论指责国企对我国的现代化进程形成了阻碍,认为"世界上还没有一个国家依靠国有垄断而实现了现代化"。[②] 这一判断显然是脱离了历史事实。

首先,垄断作为一种市场现象,与所有制形式并没有直接的联系。不能将

---

① 王红茹:《国企是"做大"还是"垄断"?》,载于《中国经济周刊》,2010 年第 11 期。
② 胡星斗:《建议"两会"审议和制止"国进民退"》,http//www.huxingdou.com.cn。

公有制经济本身定义为垄断。公有制的主体地位和国有经济的主导作用，是由社会主义基本经济制度决定的，反映的是物质生产领域的生产关系；而垄断则主要产生于流通和交换领域的市场竞争。① 将垄断与所有制挂钩，意味着将生产领域和交换流通领域的概念相混淆，显然是不科学的。西方一些学者也认识到，"公有制并不意味着国家垄断，私有制本身也并不是必然伴随着竞争。"② 从苏联和新中国成立后的实践来看，公有制经济的内部竞赛和竞争，同样在推动现代化进程起了重要作用。这种作用是由公有制内在性质决定的，而不是垄断的结果。特别是在我国市场化改革取得巨大成就的今天，将相互间处于竞争地位的国有企业都划归"国有垄断"，既没有理论上的依据，更与现实不符。

其次，从现代化的历史进程来理解。目前为止，世界的现代化历程大体可以分为两个阶段：第一阶段（或称第一次现代化）是从农业社会向工业社会、农业经济向工业经济、农业文明向工业文明的转变；第二个阶段（或称第二次现代化）是从工业社会向知识社会、工业经济向知识经济、工业文明向知识文明、物质文明向生态文明的转变。可见，现代化的一个重要环节就是工业化。新中国成立以来，我国集中力量兴办了大量的国有企业，为我国工业、国防和科技现代化奠定了坚实基础。到20世纪末，在强大的国有企业尤其是国有工业企业的支撑下，我国基本上实现了工业现代化、国防现代化和科学技术现代化。我国之所以能较为顺利地实现现代化，正是由于国有企业在事关国家发展的重要行业和关键的科学技术领域占据了垄断地位，通过大量的而且是私人资本所不能完成的科技研发投入，不断推进技术创新的结果。显然，如果没有国企对重要行业和关键技术领域的垄断，让唯利是图的私人资本把持这些重要行业和关键领域，我国的现代化进程将是不可想象的。

有些人动辄拿欧美发达国家的现代化水平对比当下的中国，殊不知这些国家现代化进程要比中国早了数百年。如果以印度等处于相同发展阶段的大国作为参照，则中国以发展国有经济为主导的现代化道路，显然更为成功。即使从西方资本主义国家发展史看，其政府也都曾经兴办过大量的国有企业，并赋予其在一些公共品供给领域的垄断地位。就我国而言，国企在部分行业的高度集

---

① 何干强：《维护社会主义公有制主体地位的若干观点》，载于《海派经济学》，2010年第32辑。
② 约翰·维克斯、乔治·亚罗：《私有制的经济学分析》，重庆出版社2006年版。

中和我国现代化也不是矛盾对立的，二者在长远目标和利益取向有根本的一致性，都是致力于增强我国综合国力和尽快提高全体人民的生活水平。如果陷入将国企发展与现代化相割裂的奇怪逻辑中，就不仅无法说明新中国成立以来我国依靠国有经济建立起比较完整的工业体系这一巨大历史功绩，而且会使我国民族产业在新一轮的国际竞争中被国际垄断资本所击溃。因此，将国企发展问题与现代化相对立，是对新中国现代化事业的选择性失明，其所谓的"现代化"，不过是"西化""资本主义现代化"的代名词而已。

4. 国企垄断不是当前我国收入分配不公的主要原因

在对国有企业的质疑中，指责国企垄断导致分配不公的声音最为强烈。有舆论认为"中国社会当下严峻的两极分化，垄断国企要负很大责任"[1]"造成贫富差距日益悬殊的原因很多，但需着重强调的是，垄断资本加权力资本始终是创造财富马太效应的两员'悍将'""解决贫富悬殊之策，首当破除垄断。"[2]

不可否认，当前我国确实存在贫富差距拉大，贫富分化严重的现象。但要看到，形成我国当前贫富悬殊的原因是很复杂的，其中既包含要素报酬差异、行业收入差异、地区经济发展水平差异、城乡差异等因素的影响，也包含了经营管理者报酬和员工报酬差异等因素的影响，还包含了国家财税政策差异的影响。而影响最大的，则是非公经济发展导致资本所有者和劳动者之间的财富与收入差别。

从现实来看，在诸如石油、电力、电信、金融保险、能源交通、水煤气供应等自然垄断行业，我国部分国有企业确实存在着收入水平偏高的事实。但与同行业私营企业相比，其收入水平则相对合理。以金融业为例，根据2007年《中国统计年鉴》数据，2006年我国银行业职工平均工资为39096元，其中国有单位为38629元，其他单位（其中包括混合所有制企业，如上市公司）为59071元；而当年证券业职工平均工资为85522元，其中国有单位为63741元，其他单位为91364元。[3] 可见，垄断行业国有企业员工工资是略低于非国有企.

---

[1] 笑蜀：《我们需要一场跟特殊利益集团的硬仗》，发表于《南方周末》，2010年3月18日。

[2] 叶建平：《把收入分配提高到改革成败的高度》，发表于《经济参考》，2010年5月21日。

[3] 梅爱冰、潘胜文：《我国垄断行业职工工资外收入状况分析》，载于《湖北社会科学》，2011年第4期。

业员工工资的。此外也要看到，我国仍有大量制造业等领域的国有企业，其职工的总体收入水平并不高。

表 5 - 1   2007 年部分垄断行业上市公司工资情况

公司名称	工资总额（万元）	员工人数（人）	人均工资（万元）	所属行业
中信证券	5874522	1396	42.08	券商
民生银行	617518	17766	34.75	银行
兴业银行	374942	11851	31.63	银行
中信银行	476400	15070	31.61	银行
华夏银行	231202	9390	24.62	银行
浦发银行	350152	14233	24.6	银行
深发展 A	181954	8573	21.22	银行

资料来源：上市公司 2007 年年报，工资总额为上市公司 2007 年年报披露的实际支付工资。转引自：梅爱冰、潘胜文：《我国垄断行业职工工资外收入状况分析》，载于《湖北社会科学》，2011 年第 4 期。

至于所有制结构变动的影响则更是尽人皆知的事实。有学者研究指出，不同所有制决定了对生产条件的不同占有，我国社会主义初级阶段多种所有制并存的格局，导致对生产条件的占有权的多层次性，而国家宏观分配政策又有利于非公有制经济占有生产条件分配权，这些因素成为当前我国分配不公的主因。[①] 仅从私营企业主及其管理层与普通员工的收入对比看，2003 年全国私营企业职工人均年工资 8033 元，而早在 2000 年全国私营企业主平均年收入就已高达 110470 元，即全国私营企业主与职工收入之间的差距，平均至少有 12.75 倍。[②] 近年来，不仅私营企业主与员工收入差距拉大，企业管理层与职工的差距也加速拉开，少数大型私营企业高管更甚。如房地产商万科集团 12 名高管 2007 年年薪平均 390 万元，最少的 200 万元，董事长王石 691 万元。按平均年

---

① 周肇光：《如何促进中国分配制度中公平与效率和谐发展》，载于《海派经济学》，2008 年第 21 辑。

② 转引自丁冰：《坚持公有经济是坚持中国特色社会主义的生命线》，载于《福建论坛》，2011 年第 3 期。

薪 390 万元计算，与普通职工收入差距在 100 倍以上。[①] 2007 年中国平安保险有 3 名董事及高管 2007 年的税前薪酬超过 4000 万元，董事长马明哲税前报酬为 4616.1 万元，另有 2000 万元奖金直接捐赠给中国宋庆龄基金会，总薪酬折合每天收入 18.12 万元。[②] 与普通保险员收入相比何止百倍！受私营企业收入分配结构的影响，近年国有企业内部管理层和劳动者间的差距也不合理地扩大，但远小于私有企业中的差距。

在我国，外企和私营企业就业人数占 2/3 以上，国有企业员工约占 1/3，而垄断行业的国企从业人员比重则更低。即使国企员工工资较高，但对我国整个收入分配差距的影响度也极为有限。因此，在分配差距问题上祭出"国有企业垄断论"，是要故意模糊公有制和私有制基础上两种不同性质垄断的差别。这种试图转移公众对贫富差距真正原因的追问的伎俩，自然很难得到公正的学者和社会大众的支持。

三、关于国家调节问题的回应

关于国家调节问题，学术界一直有争论。有人认为不需要国家调节，当出现经济危机后，通过市场调节经济是会逐渐恢复到正常状态的，由于国家调节过程中存在决策的滞后性和政策发挥作用的时滞性，有了国家调节反而会加大经济波动的幅度，加深经济危机的程度。有人认为，单靠市场调节，经济所遭受的损失过大，恢复周期过长，因此需要国家进行调节，但国家调节所采用的政策主要应是货币政策和财政政策，反对通过建立国有企业之类的措施来实施调节。这两种观点都是新自由主义式的，是不正确的，对我国的经济发展是相当有害的。上述这两种观点早已被历史所证明是行不通的。20 世纪 30 年代的经济大萧条，宣告了如果没有国家调节，经济衰退之程度会多么惨烈，经济恢复之周期会多么漫长，人民生活之困难会多么严重。之后，凯恩斯主义的兴

[①] 美国经济学家乔杜里表示："我个人认为有一些公司高管的薪酬水平已经高到不道德的程度，不管是几千万还是两三亿的工资，有的时候从个人对企业贡献的角度来说，这些高管可能不值这个价。"参见《王石再登地产高薪榜首 麾下高管年薪全破 200 万》，载于《北京晨报》，2008 年 4 月 1 日。

[②] 余彦君：《马明哲每天收入 18 万 平安三高管年薪均超 4000 万》，发表于《晶报》，2008 年 03 月 21 日。

起，标志着否定任何形式的国家调节理论的破产。而 2008 年此次世界金融危机，则宣告了如果仅有货币政策和财政政策这样的国家调节，同样难以应对巨大的经济冲击，难以迅速恢复经济增长，难以彻底摆脱经济危机。在此次危机中，中国应对得相对比较成功，这主要是中国坚持了以公有制为主体的基本经济制度。

中国当前的生产力问题，如科技自主创新，以及公平问题，如缩小贫富差距，都有赖于巩固和改善公有制经济。但是竟然有人公开大讲特讲，说中国模式有两大缺点：第一国家宏观调控太多；第二国有企业太多，要像美国才对。

另有一种错误观点认为，国企不要与民企竞争，国有企业只是拾遗补缺的，这就是资产阶级典型的口号，这种观点所说的那个民不是人民，是私营业主和资本家，尤其是大的垄断资本家。西方资产阶级执政党以及他们的理论家就持这样的观点。这些国家是私有制为主体，国有经济是为私有经济服务的。平时如果某个行业是亏损的，或者投资收益比较低，私人不能干，就国家去干。干了盈利了，再卖给私人。什么叫资产阶级政府？什么叫人民政府？在国企问题上就是最典型的区别。人民政府允许私有制部分发展，按照邓小平的讲法是为了巩固公有制，而资产阶级政府是为了巩固私有制才发展一点公有制，两者性质是根本不一样的。

还有一种观点，认为国有企业不是共产党执政的经济基础。不要说马克思主义的基本观点，我们就看《江泽民文选》第三卷，有一篇关于加强和巩固社会主义经济基础的文章，主张公有企业主要是指国企，是共产党执政等上层建筑的经济基础。社会主义社会的经济基础是包括非公经济的，但是社会主义性质的经济基础就是单指公有制。在美国出版的经济学大辞典中，当讲到什么是市场社会主义的时候，运行机制、调节方式可以是市场机制，但是公有制占主导，这是主要的本质性特征，西方有一些学者也看到了这一点。

当然，国有经济的管理也需要改善。比如说利润，财政部或者国资委只允许交 5% 的利润，后来又说 5%～15%。这个定得太死，应该根据每一个企业的情况，国家需要这个国有企业继续大规模发展，那么就是一分钱不交也是可以的，如果不太需要这个国企发展，那它就应该交超过 15% 的利润。重庆规定国企的利润 30% 交财政，然后财政里面 50% 用于民生。

四、关于国家经济安全问题的回应

在扩大对外开放中要不要强化国家经济安全？是理论界争论的问题之一。"华盛顿共识"要求完全自由放开，国家无须调控，致使拉美国家遭受重大灾难。中国特色社会主义制度则必须强化国家经济安全，这正是国际经济博弈的一个突出课题。

国家经济安全是指一个国家在经济发展过程中能够有效消除和化解潜在风险，抗拒外来冲击，以确保国民经济持续、快速、健康发展，确保国家经济主权不受分割的一种经济状态。它包括两个方面：一方面指国内经济安全，即一国能够化解各种潜在风险，保持经济稳定、均衡、持续发展的状态和能力；另一方面指在国际关系中的经济安全，即一国经济主权不受侵犯，经济发展所依赖的资源供给不受外部势力控制，国家经济发展能够抵御国际市场动荡和风险的冲击。

随着我国改革开放的推进，我国经济与世界经济的融合度越来越高，我国面临的经济安全形势也越来越严重。我们必须提高维护国家经济安全的意识，增强维护国家经济安全的能力，采用有力措施应对来自国内、外的威胁，特别是要加强对一些重要产业的保护和扶持。有人认为强调保护就是保护落后，就不利于中国经济竞争能力的增强；强调国家经济安全就是妨碍中国经济的全球化进程，就不利于中国经济的增长。这一观点是非常错误的，对我国的改革开放会产生非常不利的影响。从世界各国经济发展的历史来看，发达国家在发展的过程中，无论是英国、美国这样的率先实现工业化的国家，还是德国、日本这样的后起之秀，它们在发展的初期，都对本国的很多的产业进行了保护，这才使它们在激烈的竞争中，不但没有被击垮，反而越来越强大。从当今世界经济的实践来看，无论是发达国家还是发展中国家都对国内的幼稚产业给予一定的保护，甚至像美国这样的最发达的国家，对农业等弱势产业也给予很强的保护。很多国家的国民都有很强的保护国内产业的意识，在消费中往往优先购买本国产品，特别是在政府采购中会更加倾向购买本国产品。而我国政府和企业部门的国货意识淡薄，这是非常令人担忧的。我国政府和企业对外国产品崇洋媚外的现状将有可能使我国民营企业和国有企业在我国政府采购市场上一溃千里。统计数据显示，2008 年中国机电设备产品通过国际招标采购的总金额是 282 亿美元，国外产品的中标率高达 80.5%。① 总之，无论是从历史来看，还是从当今实践来看，很多国家都有选择地对于本国的产业给予适合的保护，我们必须提高维护国家经济安全的意识，增强维护国家安全经济的能力。

我国经济安全面临的挑战，突出体现在四个方面：一是产业安全，体现在国内民族产业受到冲击。随着国际投资自由化的不断发展与各国市场开放力度的不断加大，跨国公司以对外直接投资形式进入我国。在利用外资过程中可能出现跨国公司凭借其雄厚的资本与先进的技术、信息、管理及营销方面的优势，通过各种方式形成对我国国内某些产业尤其是重要产业的控制，由此导致对我国产业安全的威胁。二是能源安全，主要是国内能源对国际市场的过度依附及国内重要资源的流失。能源安全是一国经济发展的基础，应高度重视、全方位确保能源安全。随着我国经济的发展，我国的经济与世界经济的关系将会越来越密切。由于我国自然禀赋相对匮乏，现阶段我国在原材料、技术、自然资源等方面需要大量地进口，需要依赖国际市场。当前石油安全已成为中国能源安全的核心。三是生态安全，表现为面向国际市场的国内生产所带来的环境污染日益加剧。四是金融安全，由于国际金融风险向我国的传导，国内金融领域面临更大的不稳定性。金融作为现代经济的核心，金融产业是具有高度战略性的产业之一，不仅仅自身十分重要，它还和其他重大产业如信息产业高度相关。虽然国家经济安全并不仅仅限于金融领域，但是金融却是影响国家经济安全的最重要方面。提高维护国家经济安全的能力的着力点就是要保证民族产业的发展。因为民族产业是国家经济的根本，在对外开放过程中能否增强国家经济安全，关键是要看民族产业能否发展壮大，提高国际竞争力。

（一）提高科技创新能力，确保国家经济安全

国家经济安全不仅来自于一个国家的经济实力，更来自于一个国家的经济能力，即财富增值的能力。只有保持国家经济实力的持续增长，才能保持开放中的主体性。改革开放以来，尽管我国经济总量急剧增长，招商引资、技术引

---

① 贾根良：《我国为什么不要急于加入 WTO 政府采购协议》，载于《国外理论动态》，2012 第 2 期。

进的能力大幅提高，但由于自主创新能力的抑制和削弱，我国经济的自控力和安全性也存在降低的趋势。尽管我国现在被称为"世界工厂"，但有关数据显示，我国工业品出口的55%以上、高技术产品出口的87%以上是由跨国公司完成的，我国基本上不掌握其核心技术、品牌和销售管道。国内过去存在的一个观点认为，中国的企业被跨国公司整合就是参与了全球化，没有必要强调自主创新。这种旧的开放观，显然不利于增强国家经济安全。

在当前全球科技竞争日益激烈的条件下，科技创新竞争力已经成为一个国家竞争成败的决定性因素，美国经济学家在20世纪末就提出了"赢家通吃"的理论，即一个企业（产业、国家）在高科技领域领先一步，就可以占领绝大多数市场份额，其他竞争者将很难生存。如英特尔的微处理器和微软的系统软件占全世界同类产品90%的市场份额，后来者几乎连参与竞争的机会都没有。在世界产业体系中，少数发达经济体利用科技竞争能力优势，向"外围"国家（不发达经济体）转移低端技术及低技术含量产业，并通过资本力量、金融手段、舆论引导甚至军事手段等来固化这种不公平的两极格局，其结果是"强者恒强，弱者愈弱"。东南亚金融危机、拉美经济危机等的相继爆发，从表面上看是个经济体制与管理规制问题，但从更深层次上看是对发达经济体的技术依赖、市场依赖和资本依赖的结果，核心问题是这些不发达经济体的国家科技创新能力不足。[①] 总之，在目前全球科学技术知识研发、生产、垄断、传播及利用的国际分工体系中，不发达经济体基本处于依附地位，实质上面临着极其严峻的经济安全、产业安全及技术安全问题。我们必须加快国家创新体系的建设，以提高技术自主性作为扩大开放的突破口。

（二）降低外贸依存度，确保国家经济安全

鉴于高外贸依存度对中国经济安全的负面影响，必须采取积极措施，对我国偏高的外贸依存度进行合理的调整，构建适度的外贸依存度，使之符合我们现实发展的需要，以保障国家的经济安全。

第一，积极引导和扩大国内有效需求，改变我国经济增长过多地对国际市

① 赵细康、温宪元等：《自主创新探源——中国研究与开发的实证分析》，华南理工大学出版社2006年版，第9页。

场的依赖。让合理的对外贸易和有效的国内需求的双引擎推动我国经济的发展。为此我们应该积极落实农民和低收入者的增收政策，完善社会保障制度，改变消费方式，积极修订各项消费政策。鼓励我国企业在引进、吸收、消化先进技术的基础上进行自主创新。使企业在提高自身市场竞争能力的同时，也不断地为社会提供丰富的物质产品。

第二，促进加工贸易的转型升级。由于中国国内相当比重的加工企业只是进行简单的加工装配，加工贸易中国产原料、零部件使用率低，使得加工贸易在快速增长的情况下，没有带动国内其他产业的发展，我国的产业结构也没有因为加工贸易的发展而得到升级和进步。一旦我国失去人力资源优势，外贸发展将受到严重影响。因此，在制定发展加工贸易政策时，应当从对本国产业的带动作用出发，促进加工贸易由简单的加工装配逐步向采购、加工制造、分销服务、售后服务、研发、信息咨询等升级。

第三，积极培育外贸新的增长极，包括具备国际竞争优势并符合新型工业化方向的重点产业，以及现代服务业。服务贸易将是我国对外贸易发展的新领域，我国已经是全世界名列第三的货物贸易大国，货物贸易顺差巨大，服务贸易则发展相对滞后，服务贸易收支逆差庞大，从而严重损害了我国对外贸易的效益。我国必须大力发展服务贸易，推动重点服务部门发展，形成有竞争力的产业体系。如鼓励重点领域服务贸易出口、大力促进文化产品出口、发展服务外包、促进技术出口及进一步开拓服务贸易市场等。

第四，改变对外贸易模式，加大对外直接投资力度。如果我国企业能够通过对外直接投资，将生产厂建立在目标市场当地，不但可以避开各国的贸易壁垒，同时还可以降低顺差额，使得我国的国际收支趋于平衡，进而可以维持人民币汇率的稳定，使得我国的货币发行能够维持在一个合理水平，减少因为热钱流入增发货币引起的通胀压力。通过企业的国际化发展，还可以使国内的产业链向外延伸，促进我国国民经济体系的转型升级。

（三）增强政府的管控能力，确保国家经济安全

对于发展中国家而言，保证国家经济主权和安全更需要政府的力量。在很大程度上，不断强化经济安全职能已成为其在全球化中应对经济危机冲击并维护国家利益的有力工具和重要内容。有日本学者指出：全球化与其说是削弱了

经济性国家主权，还不如说是加强了各国政府的责任，即在充分理解本国经济政策的国际影响的基础上，采取适当手段，有效地行使经济性国家主权。[①]

首先，发展中国家政府应从共同的安全利益需求出发，为国内各经济主体如企业和个人创造良好的宏观经济制度环境。目前，发展中国家政府在维护经济安全方面的职能尚不规范，对于如何促进本国的经济安全和发展缺乏相关的经验与知识积累，但作为维护经济安全的主角，发展中国家政府在为国内经济主体提供制度化和物质化的安全设施方面仍发挥着极为重要的作用。为了保障根本的经济利益和安全，发展中国家政府必须不断完善经济安全战略，加强经济风险的防范和化解，为国内经济发展提供一个良好的宏观环境。

其次，伴随着经济资源流动的自由化和配置的国际化，世界市场失灵日益凸显。在此情况下，只有政府能够作为主权国家的代表，从本国经济利益出发，有效维护自身经济主权和经济安全。著名发展经济学家格申克龙曾指出，一国距离先进者越远，在推进民族经济发展和经济安全过程中所需要的政府干预和政府保护度就越高。但是，在维护经济安全的过程中，发展中国家政府必须从全球视野出发，积极借鉴国外维护经济安全的先进理念、知识和经验，根据环境变化不断调整经济安全职能的范围和空间。另外，从经济利益角度考量，作为国家经济利益的人格化代表，由政府来担当维护经济安全的职责是成本最小收益最大的理性选择。因此，只有政府能够在谋求国家经济利益最大化的前提下承担维护经济安全的重任，并致力于实现国家经济利益和经济安全的均衡。

最后，政府能够依托自身的协调能力和权力统筹安排经济安全事务。经济安全不仅决定着一国经济的正常运行和持续发展，而且与一国的政治、军事和外交密切相关，并对确保国家的政治和军事安全有着重要的意义。从目前来看，只有政府能够利用强制性和组织的规模优势，对经济安全事务进行集中决策和协调，即将经济、外交等政策统一起来，协调各有关机构的工作。如美国的国家安全委员会、俄罗斯的联邦安全会议、日本的安全保障会议等都是解决经济安全问题的综合协调机构。此外，国家可以通过各种法令、政策，通过财政收支活动及相应国内法律及政策的制定、调整和实施，依托强大的经济实

[①] 吴惕安、俞可平著：《当代西方国家理论评述》，陕西人民出版社1994年版，第237页。

力，凝聚和引导国内经济力量以构筑国家经济安全。如加强对经济安全的研究，促进相关理论的深入探讨和知识存量的积累，尤其当发展中国家陷入危机状态时，只有政府能够迅速地动员起全社会的人力、物力、财力等社会资源抵御经济风险的蔓延，使国家尽快摆脱危机并恢复到安全状态。

（四）加快涉外经济体制改革，维护国家经济安全

涉外经济体制是开放经济体系中体现国家意志、保证国家开放利益的重要一环，事关国家经济安全。涉外经济体制需要根据一个国家经济开放的规模、层次和水平，不断进行调整和完善。经过多年的开放，我国占世界贸易总额的比重已经发生了历史性的变化，外汇储备余额规模急剧增长，已经连续四年居世界第一位。由于我国在国际市场中地位的变化，传统的外汇、外资、外贸及技术合作等涉外体制，已难以适应新阶段的要求。如外资企业在税收上的超国民待遇尽管取消了，但目前在市场准入（如政府采购）、稀缺资源配置（如土地）、税收返还顽强地存在，其深层次的原因就在于现行的体制和政策，使得各级地方政府在政绩观和扭曲的政策误导下，出于追求短期经济增长的需要，而把招商引资特别是引进外资作为首选。克服现有体制上的弊端，根本的办法，是加快推进涉外经济管理体制的稳定化和透明化，创造公平和可以预见的法制环境。党的十六届三中全会在《中共中央关于完善社会主义市场经济体制若干问题的决定》提出，要进一步"深化涉外经济体制改革，全面提高对外开放水平"。深化涉外经济体制改革，首先是要及时调整过去那种不分重点、不分领域和不分内容的对外优惠政策，保证国内企业在对外经济贸易活动中的平等地位；其次是要促进行政审批体制的科学化、简便化和高效化；再其次要完善对外开放的制度保障，建立健全外贸运行监控体系，有效地防范和化解贸易争端，保护我国贸易利益；最后要建立科学的国际收支预警机制，维护国家金融安全。

西方金融危机发生后，我国对外开放面临新的形势，国家经济安全面临新的变数。国际间的贸易争端、能源争端、知识产权争端、汇率问题和外汇管理问题等摩擦急剧增多。依靠我国社会主义国家的体制优势和国有企业的支柱作用，我国经济开放的成果虽受到一些影响，但总体上仍然保持了健康平稳的发展态势。从实践来看，发挥我国社会主义经济制度和宏观调控的综合优势，使

涉外经济体制与社会主义经济制度相统一，对于增强我国经济安全有着极其重要的意义。

第二节 完善经济制度的前景展望

如何在实践中完善和发展中国特色社会主义经济制度？需要从原则上明确基本方向，认清它的广阔前景。

一、全面贯彻两个"三个有利于"原则，中国特色社会主义经济制度更具成熟性

中国特色社会主义经济制度还处于不断完善、发展之中，要使其更具成熟性，我们必须全面贯彻两个"三个有利于"原则。两个"三个有利于"都是邓小平的重要思想，一个是判断社会主义改革开放成效的"三个有利于"；另一个是关于社会主义改革开放的总目——"三个有利于"。过去，我们对第一个"三个有利于"比较熟悉，而对第二个"三个有利于"未予广泛重视。邓小平提出："判断的标准，应该主要看是否有利于发展社会主义社会的生产力，是否有利于增强社会主义国家的综合国力，是否有利于提高人民的生活水平。"[①] 这是判断社会主义改革开放成效的"三个有利于"（以下简称"改革开放成效的三个有利于"），这是第一个"三个有利于"。邓小平提出："总的目的是要有利于巩固社会主义制度，有利于巩固党的领导，有利于在党的领导和社会主义制度下发展生产力。"[②] 这是我国社会主义改革开放目的的"三个有利于"（以下简称"改革开放目的的三个有利于"），这是第二个"三个有利于"。邓小平的两个"三个有利于"重要思想对于我们完善中国特色社会主义经济制度具有重要指导作用。

---

① 《邓小平文选》第三卷，人民出版社1993年版，第372页。
② 同上书，第241页。

（一）两个"三个有利于"重要思想的提出

自 1978 年实行改革开放政策以来，邓小平多次强调发展生产力、提高人民的生活水平、坚持社会主义制度的重要意义。针对改革中的种种疑惑和争论，邓小平多次以讲话的形式表达了自己的看法，分别提出了"改革开放目的的三个有利于"和"改革开放成效的三个有利于"重要思想。

1987 年 6 月 12 日，邓小平会见南斯拉夫共产主义者联盟中央主席团委员科罗舍茨时指出："我们的改革要达到一个什么目的呢？总的目的是要有利于巩固社会主义制度，有利于巩固党的领导，有利于在党的领导和社会主义制度下发展生产力。"这是邓小平首次明确提出我国"改革开放目的的三个有利于"标准。

1992 年，邓小平在武昌、深圳、珠海、上海等地的谈话中指出："改革开放迈不开步子，不敢闯，说来说去就是怕资本主义的东西多了，走了资本主义道路。要害是姓'资'还是姓'社'的问题。判断的标准，应该主要看是否有利于发展社会主义社会的生产力，是否有利于增强社会主义国家的综合国力，是否有利于提高人民的生活水平。"① 这是邓小平首次明确提出判断我国"改革开放成效的三个有利于"。1997 年，党的十五大报告进一步明确指出，在走向新世纪的新形势下，要增强和提高解放思想、实事求是的坚定性和自觉性，要求我们一切以是否有利于发展社会主义社会的生产力、有利于增强社会主义国家的综合国力、有利于提高人民的生活水平这"三个有利于"为根本判断标准，不断开拓我国事业的新局面。

（二）正确认识两个"三个有利于"重要思想

从提出的时间来看，"改革开放目的的三个有利于"早于"改革开放成效的三个有利于"。1987 年，邓小平提出社会主义"改革开放目的的三个有利于"，1992 年，提出社会主义"改革开放成效的三个有利于"。那么，两个"三个有利于"有什么区别和联系？如何理解两个"三个有利于"的基本内涵？

---

① 《邓小平文选》第三卷，人民出版社 1993 年版，第 372 页。

第一，两个"三个有利于"强调的侧重点不同。"改革开放目的的三个有利于"，即"有利于巩固社会主义制度，有利于巩固党的领导，有利于在党的领导和社会主义制度下发展生产力"，它更强调巩固社会主义制度，巩固党的领导。而"改革开放成效的三个有利于"，即是否有利于发展社会主义社会的生产力，是否有利于增强社会主义国家的综合国力，是否有利于提高人民的生活水平，强调在发展生产力的基础上增强综合国力，提高人民生活水平。从文字表述上看，它更强调发展社会主义的生产力；在生产力和综合国力这两个词前面加了"社会主义"，因而强调的是社会主义性质和方向的"三个有利于"。

第二，两个"三个有利于"提出的具体背景不同。两个"三个有利于"，一个强调的是巩固社会主义制度和党的领导；一个强调的是发展社会主义的生产力和提高人民生活水平。这与两个"三个有利于"提出的具体背景是相关联的。1987年前后，社会上主张资产阶级自由化的思潮兴盛。1986年12月中下旬，资产阶级自由化思潮一度泛滥，极少数别有用心的人进行反对共产党的领导、反对社会主义道路的煽动活动。正是在这一背景下，邓小平提出了"改革开放目的的三个有利于"，强调巩固社会主义制度和巩固党的领导，坚持在党的领导和社会主义制度下发展生产力。随着我国改革开放的推进，非公有制经济日益增长，特别是1989年政治风波以后，人们的思想观念又趋于保守，把计划等同于社会主义、把市场等同于资本主义的姓"资"姓"社"的争论比较激烈。在这种情况下，邓小平在视察武昌、深圳、珠海、上海等地的谈话中，提出了"改革开放成效的三个有利于"。可见，"改革开放目的的三个有利于"主要是针对右的思想，"改革开放成效的三个有利于"主要是针对"左"的思想，因而它们强调的重点是不同的。

第三，两个"三个有利于"内涵的一致性。两个"三个有利于"都强调坚持社会主义，都强调发展生产力这一社会主义的根本任务。两个"三个有利于"强调我们是在社会主义的前提和条件下谈论发展生产力的问题，而不是离开这个前提条件抽象地谈论发展生产力的问题；说明坚持以生产力为根本标准，绝不是不要坚持社会主义制度和方向。它们都强调发展生产力这一社会主义的根本任务。"改革目的的三个有利于"指出我国改革开放总的目的是要有利于在党的领导和社会主义制度下发展生产力，"改革开放成效的三个有利于"又指出改革开放应该主要看是否有利于发展社会主义社会的生产力。

（三） 全面理解和贯彻两个"三个有利于"原则

2008 年，胡锦涛在纪念党的十一届三中全会召开 30 周年大会上的讲话中进一步强调："把人民拥护不拥护、赞成不赞成、高兴不高兴、答应不答应作为制定各项方针政策的出发点和落脚点，一切以是否有利于发展社会主义社会生产力、有利于增强社会主义国家综合国力、有利于提高人民生活水平这'三个有利于'为根本判断标准。"①

当前，全面理解和贯彻两个"三个有利于"重要思想，要求我们正确认识改革开放的目的，全面执行党在社会主义初级阶段的基本路线，把改革开放同四项基本原则统一起来，进一步完善中国特色的社会主义经济制度。

第一，全面理解和贯彻两个"三个有利于"重要思想，要求我们正确认识我国改革开放的目的。从两个"三个有利于"提出的基本逻辑来看，一以贯之的主要思想是坚持社会主义，通过发展生产力来巩固社会主义制度。与资本主义国家的改革目的不同，我国经济改革的目的既是要促进生产力和人民群众生活水平的提高，又是要巩固社会主义各项制度，而不是巩固为资产阶级利益服务的资本主义制度。与资本主义国家发展生产力不同，我国发展生产力完全是为广大人民的利益服务的，要最大限度地提升人民的人均生活水平，并保障城乡各阶层和各地区生活水平的合理差距，而不是主要维护垄断资产阶级的利益。有些人主张，改革开放的目的是要以美国为代表的新自由主义制度或以瑞典为代表的民主社会主义为样板，走苏联和东欧"改向"的道路，逐步实行私有化，造就一个经济政治上控制国家的垄断资产阶级，这是极端错误的。

邓小平说得好："不坚持社会主义，不改革开放，不发展经济，不改善人民生活，只能是死路一条。"②（以下简称"四个不"）邓小平的"四个不"思想与两个"三个有利于"思想是一致的。如果只说改革开放，而撇开坚持社会主义等原则，那就具有片面性和迷惑性，因为"某些人所谓的改革，应该换个名字，叫做自由化，即资本主义化"。③

---

① 胡锦涛：《在纪念党的十一届三中全会召开 30 周年大会上的讲话》，http://news.xinhuanet.com/news-center/2008-12/18/content_10524481_3.htm。
② 《邓小平文选》第三卷，人民出版社 1993 年版，第 370 页。
③ 同上书，第 297 页。

第二，全面理解和贯彻两个"三个有利于"重要思想，要求我们始终坚持党的基本路线。党在社会主义初级阶段的基本路线，概括起来就是"以经济建设为中心，坚持四项基本原则，坚持改革开放"。要真正贯彻好两个"三个有利于"，客观上就要把改革开放同四项基本原则统一起来。邓小平一再强调改革开放中坚持社会主义制度的重要性，从理论上论证了"改革开放"和"社会主义"的关系。他指出："我们现在讲的对内搞活经济、对外开放是在坚持社会主义原则下开展的。社会主义有两个非常重要的方面：一是以公有制为主体，二是不搞两极分化。"①"我们实行改革开放，这是怎样搞社会主义的问题。作为制度来说，没有社会主义这个前提，改革开放就会走向资本主义，比如说两极分化。"两个"三个有利于"强调改革开放的目的是巩固社会主义制度，与四项基本原则的基本要求是一致的。以经济建设为中心，就是突出发展生产力这一社会主义根本任务，因为，如果我国生产力和人民群众生活水平的发展和提高速度不能超过资本主义国家，那就体现不出社会主义的优越性。坚持四项基本原则是改革开放的政治前提和政治保证。两个"三个有利于"强调巩固社会主义制度，巩固党的领导，与坚持四项基本原则不仅不矛盾，而且是完全统一的。

第三，全面理解和贯彻两个"三个有利于"重要思想，要求我们深入落实科学发展观。科学发展观第一要义是发展，核心是以人为本，基本要求是全面协调可持续，根本方法是统筹兼顾。两个"三个有利于"明确指出我国改革开放的目的是巩固党的领导和社会主义制度，发展生产力，增强综合国力，提高人民的生活水平。这些都包含着以人为本，全面、协调、可持续的发展观的基本精神。科学发展观，是对党的三代中央领导集体关于发展的重要思想的继承和发展，是同马克思主义、毛泽东思想、邓小平理论和"三个代表"重要思想既一脉相承又与时俱进的科学理论，是我国经济社会发展的重要指导方针，是发展中国特色社会主义必须坚持和贯彻的重大战略思想。全面理解和贯彻两个"三个有利于"，要求我们认真领会、创造性地落实科学发展观。

总之，不能把判断改革开放得失成败标准的"三个有利于"理解为判断

---

① 《邓小平文选》第三卷，人民出版社1993年版，第138页。

姓"社"姓"资"的标准。应当把两个"三个有利于"统一起来，提高社会主义社会的生产力、综合国力、人民群众生活水平，加强制度体系和党的领导，把中国特色社会主义推向新阶段。

二、深入落实科学发展原则，中国特色社会主义经济制度更具可持续性

（一）人类面临前所未有的生存危机、发展危机

可持续发展是马克思主义经济发展理论的基本立场。可持续发展涉及各种因素，不仅与自然资源、生产的技术条件等因素相关，也与生产的社会组织制度、生产的利益结构和目标导向相关。可持续发展涉及的人口、资源和环境问题，伴随当今世界的经济日益全球化，已经成为了全球性的共同问题。当今世界的财富占有和收入分配的两极分化更加严重，除中国之外的世界赤贫人口还在继续增加，全球失业人口居高不下，劳动人口的人均工作时间减少徘徊不前，甚至变相增加。全球以追逐利润为目标的现代工业的生产方式，还不断地开拓新的投资领域和扩大生产规模，以更快的速度耗尽可再生和不可再生的资源，并不断地向自然界排放大量有害物质。以追求享乐和功利为时尚的现代人类的生活和消费方式，还在不断地挖掘人的消费潜能和刺激人的消费欲望，并不断向自然界遗弃更大规模的生活垃圾。现代工业和人类对资源的消耗和对环境的污染已经超过自然本身的吸收能力、补偿能力、再生能力和恢复能力，这不仅导致全球的生态环境危机，而且人类自身的生存也处于危险之中，人类正面临可持续发展的危机。

因此，人类不得不思考人口、资源、环境与发展的关系，不得不反思以牺牲生态谋求经济增长、以牺牲劳工谋求资本增值、以牺牲他人谋求自身福利、以牺牲整体谋求局部发展、以牺牲长远谋求眼前利益、以牺牲精神谋求物质占有、以牺牲后代人谋求当代人享受的不可持续的发展方式，不得不挖掘当代人类社会经济走向不可持续发展道路的深层根源，不得不探求人类可持续发展的道路、方式和前景。

（二） 资本主义社会经济发展具有不可持续性

马克思主义深刻地揭示了资本主义社会经济发展的不可持续性，指出资本主义私有制和私有资本积累规律必然引发人的不平等。非均衡和片面发展，带来人的异化和人与自然关系的灾难。马克思指出资本主义私有制社会同以往社会相比具有巨大的历史进步性，赞扬资产阶级在它不到一百年的统治中所创造的财富，比过去一切世代所创造的财富还要多还要多，但是，又同时指出建立在资本主义私有制基础上的资本积累和生产，受到资本主义财富占有和收入分配两极分化以及劳动阶级有效消费不足的限制，资本主义的社会经济发展必然不断地被周期性的经济危机所打断。私有资本运动的规律强迫资本家，以牺牲劳工的身体、健康和闲暇，降低劳工的工作条件，压低劳工的生存条件以及损害环境等手段，实现可变资本和不变资本的节约和利润最大化。"资本主义生产方式按照它的矛盾的、对立的性质，还把浪费工人的生命和健康，压低工人的生存条件本身，看作不变资本使用上的节约，从而看作提高利润率的手段……使工人挤在一个狭窄的有害健康的场所，用资本家的话来说，这叫做节约建筑物；把危险的机器塞进同一些场所而不安装安全设备；对于那些按其性质来说有害健康的生产过程，或对于像采矿业中那样有危险的生产过程，不采取任何预防措施，等等。"[①] 私人资本对利润的追逐是过去一段时期和当今世界社会危机和生态危机的根源。

（三） 落实科学发展观是中国特色社会主义经济持续发展的保证

马克思指明，只有积极扬弃资本主义私有制，实行自然和生产资料共同所有。经济计划统筹、社会民主治理，才能达到人道主义和自然主义的统一。人的解放与自然解放的统一，才能真正解决人与自然、人与人之间的对立矛盾，实现人与自然、人与人、人与社会、社会与自然的和谐和人类的可持续发展。共产主义是私有财产即人的自我异化的积极的扬弃，因而是通过人并且为了人而对人的本质的真正占有；因此，它是人向自身。向社会的即合乎人性的人的复归，这种复归是完全的、自觉的和在以往发展的全部财富的范围内生成的。

---

① 《马克思恩格斯全集》第46卷，人民出版社2003年版，第101页。

可持续发展是社会主义和共产主义社会的重要特征，因而国外生态马克思主义或生态社会主义强调人类要不断追求和践行可持续发展。

要实现中国特色社会主义经济持续发展，就要全面落实科学发展观。其中，最重要的就是要转变经济发展方式。转变经济发展方式是贯彻落实科学发展观的重要目标和战略举措。胡锦涛强调："我们必须紧紧抓住机遇，承担起历史使命，把加快经济发展方式转变作为深入贯彻落实科学发展观的重要目标和战略举措，毫不动摇地加快经济发展方式转变，不断提高经济发展质量和效益，不断提高我国经济的国际竞争力和抗风险能力，使我国发展质量越来越高、发展空间越来越大、发展道路越走越宽。"要求"全党全国必须增强主动性、紧迫感、责任感，深化认识，统一思想，加强规划引导，突出战略重点，明确主要任务，兼顾当前和长远，处理好速度和效益、局部和整体的关系，调动各方面积极性，推动经济发展方式转变不断取得扎扎实实的成效。"①

科学发展观关于转变发展方式有明确的要求。在转变的方向上，可以概括为三个转"向"，就是"经济增长由主要依靠投资、出口拉动向依靠消费、投资、出口协调拉动转变，由主要依靠第二产业带动向依靠第一、第二、第三产业协同带动转变，由主要依靠增加物质资源消耗向主要依靠科技进步、劳动者素质提高、管理创新转变。"在转变的内容和时间要求上，可以概括为"八个加快"，就是要加快经济结构调整，把调整经济结构作为转变经济发展方式的战略重点；加快推进产业结构调整，适应需求结构变化趋势；加快推进自主创新，紧紧抓住新一轮世界科技革命带来的战略机遇；加快推进农业发展方式转变，坚持走中国特色农业现代化道路，扎实推进社会主义新农村建设；加快推进生态文明建设，推动整个社会走上生产发展、生活富裕、生态良好的文明发展道路；加快推进经济社会协调发展；加快发展文化产业；加快推进对外经济发展方式转变。②

从我国经济发展方式的现实状况看，贯彻落实科学发展观具有十分的紧迫性。目前许多地方的经济发展方式是背离科学发展的，已出现相当严重的不可持续性后果。许多地方高碳经济居主导地位，生态文明循环式低碳循环经济在

---

①② 《十七大以来重要文献选编》（上），中央文献出版社 2009 年版，第 106 页。

全国经济发展方式中占比微乎其微。③ 这种状况如若持续下去，经济发展的根本动力（指劳动者的积极性）将降低，资源环境承载力将超极限，发展难以持续，甚至有可能会产生新中国 60 年的举世瞩目成就付之东流的严重恶果。

因此，我们一定要把加快经济发展方式转变，作为贯彻落实科学发展观的实际行动。要努力发挥社会主义基本经济制度的优越性，走出一条独具中国特色社会主义的经济发展方式转变之路和生态文明建设之路。

三、积极凸显价值理性与制度理性辩证统一原则，中国特色社会主义经济制度更具优越性

中国特色社会主义经济制度能够很好实现价值理性与制度理性的辩证统一。价值理性主要体现在，中国特色社会主义经济制度，能够促进生产力得到更快发展，在该制度下广大劳动人民的根本利益能够得到更好的实现。制度理性主要体现在，中国特色社会主义经济制度追求的价值目标，不是空想，而是有制度保障的。坚持以公有制为主体、多种所有制经济共同发展的基本经济制度，就能够促进生产力得到更快发展，就能够让广大人民分享改革开放的成果，就能够最终实现共同富裕。只有中国特色社会主义经济制度，才能实现保障广大劳动人民利益的这一价值理性与坚持以公有制为主体、多种所有制经济共同发展的基本经济制度。中国特色社会主义经济制度的优越性也只有在二者的辩证统一中才能得到更好的发挥。实践证明，中国特色社会主义经济制度在应对经济危机中，在保障人民群众的利益上，具有更大的优势。

（一）坚持基本经济制度是应对国际经济危机的根本保证

当前，面对国际金融危机，强调坚持以公有制为主体、多种所有制经济共同发展的社会主义基本经济制度，具有特别重大的意义。这是因为，只有发挥它的优越性，才能在实践中建立和完善社会主义市场经济的宏观调控机制。

社会主义市场经济的宏观调控机制与发达资本主义的宏观调控机制相比，

---

③ 低碳循环经济是相对于不可持续的高碳经济而言的、生态文明的经济形态；推进资源循环利用，并使废弃物排放降低到自然能够降解的程度，维护可持续发展，这是低碳循环经济的本质特征。

其特征和优势在于它以公有制为基础。有人把社会主义市场经济的特征概括为"有宏观调控的市场经济",这没有抓住本质。因为,这只是说到了国家垄断资本主义阶段的市场经济与自由资本主义阶段的市场经济相比的特征,只是看到了资本主义经济本身两个阶段的特征。社会主义市场经济的特征不仅在于一开始就有自觉的宏观调控,而且它是以占主体地位的公有制为基础的。坚持公有制的主体地位乃是社会主义市场经济避免经济危机的根本保证。

我国之所以能够比较有效地应对国际金融危机,是由于国有企业发挥了主要作用。我国作为社会主义国家,国有企业一直是在我国经济发展中起主导作用的。由于制度安排的不同,产权主体所追求的目标不同,从而在资源配置效率和经济推动作用比资本主义国有企业也有极大的差别。我国国有企业在应对经济危机所起的作用主要表现在以下几个方面。

首先是增加就业。就业指标是宏观经济的一个重要指标,就业率的高低,直接影响社会的总需求水平。当经济危机到来,需求下降,市场低迷,绝大多数私营企业就会裁减员工;失业人口增加,收入下降,进一步促进需求下降,导致经济陷入恶性循环。而此时,国有企业往往会逆周期而行事,加大投资、增加员工,使市场回暖。中国在应对最近这次国际金融危机时,所启动的4万亿元投资,绝大多数就是通过国有企业投下去的。国有企业在美国金融危机期间仍然表现了稳定就业的巨大功能。

其次是稳定物价。稳定物价是政府宏观决策中的很重要的目标。要稳定物价,就需要对能源、原材料及中间产品的价格进行控制,因为,这类产品对物价水平的影响很大。当经济危机到来,物价往往会发生巨大波动,有的商品价格上涨过猛,有的商品价格下跌过快,这往往会加剧本已很脆弱的经济的更大波动。在此情况下,稳定物价,特别是稳定能源、原料等商品的物价至关重要。此时,国有企业就会通过高价收购产品,而低价出售产品来平抑物价。我国国有企业在能源、原料等基础产业部门和中间制成品部门占的比例比较高,在此次金融危机中就很好地平抑了物价,保证国民经济的有序运行。

最后,促进经济增长。国有企业是国家直接投资形成的。国家通过增加科技投入和资金投入,全面推动经济增长。特别是当经济危机到来,国有企业在促进经济增长方面的作用就更为凸显。英国《经济学家》周刊在2012年1月21日发表的一篇文章中承认,中国最大的121个国有企业的总资产从2002年的 3600 亿美元增长到 2010 年的 2.9 万亿美元（虽然它们所占的国内生产总值份额有所下降）。国有企业还促进了中国新兴产业的发展。新兴产业的形成具有投入期长、风险大的特点，私有企业尤其是发展中国家的私有企业从自身的利益出发，为了避免先驱成先烈，对此是有心无力。而国有企业在国家的要求下，其投资决策不完全受市场信号支配，敢于承担先行的风险和亏损，从而成为新兴产业的主导。

总之，国有企业在我国宏观经济协调发展中起到了积极的作用。近年来，有些人为了在中国推行新自由主义和里根经济学，大搞私有化，使欧美国家能够将经济危机转嫁到中国来，而极力否定改革开放三十多年来的成就，企图编造国有企业效益低的鬼话，遭到了学术界的驳斥①。在西方发达国家造成的世界性萧条面前，国有企业必须更好地起到宏观调控作用，以保证中国特色社会主义市场经济的健康发展，为此必须使国有企业处于市场经济运行的核心地位，国有企业必须加强而不是削弱。

（二）坚持基本经济制度能够在生产力和价值双重标准上超越私有制

公有制在生产力和价值双重标准上都全面超越私有制。从生产力角度来说，它比私有制效率更高；从价值观角度来说，它比私有制更有利于公平。私有制在发展过程当中影响了生产力的发展，比如说它每过几年出现一次经济危机，这种经济危机导致了社会财富的损失、发展的缓慢以及民生问题的倒退。危机的总根源，实际上仍然是马克思、恩格斯著作中所揭示的，是因为生产的越来越社会化，这个社会化客观上要求公有制，但是由于生产资料是由私人来占有的，这个生产的社会化和私有制就互相冲突，这个冲突就要求实行公有制，以适应越来越高度发达的社会化的生产、现代化的生产。

另外，如果从价值标准来看，公有制体现的经济平等肯定是要高于私有制。公有制在生产资料的占有和所有上是平等的，同时所有制的平等又会影响到分配。在分配上，简单来说利润不是个人得，而是集体的或者是国家的。集体拿了这些钱可以扩大再生产，可以搞集体福利。国家拿了这些钱如果合法使

---

① 余斌：《算法与逻辑：评天则报告的"独门"武功》，载于《国企》，2011 年第 9 期。

用的话，也是取之于民，用之于民。从这个价值观角度来说，公有制的公平程度肯定比私有制要高。

不坚持公有制为主体，就不能避免资本主义式的经济危机，国家宏观调控的效果就会大打折扣。此次金融危机中，美国政府的调节是相当低效的。美国著名金融评论家、《利率观察家》杂志主编吉姆格雷特认为，在以前美国"二战"后经历的十次经济衰退中，美国政府平均采取的财政、货币刺激力度，仅为国内生产总值的2.9%，而当前美国政府采取的财政、货币刺激力度，达到了超过以前10倍以上的前所未有规模；20世纪30年代大萧条中，美国的国内生产总值下降了27%，当时政府采取的财政、货币刺激力度，也仅为国内生产总值的8.3%。据计算同大萧条时期相比，美国为挽救一个百分点的经济衰退，付出的救市代价相当于大萧条时期的54倍，也就是说为挽救危机所付出的代价损失，甚至远远超过了危机本身造成的损失，美国政府付出巨大埋单代价仅仅带来了微弱复苏。

当前，尽管美国政府和央行不断出台规模庞大的各种救市计划，国债泡沫和美元债务泡沫膨胀达到空前规模，但是，美国经济尚未摆脱衰退并处于不稳定的震荡状态，即使今后债务泡沫膨胀刺激国内生产总值恢复增长，也不是实质上摆脱了经济衰退并进入经济复苏，而是从经济危机的"自然爆发状态"变成了"人为压抑状态"，债务泡沫暂时压抑的需求不足矛盾仍在不断蓄积能量，债务清算期来临时就会以更加强烈的威力爆发。美国今后即便宣布国内生产总值恢复微弱增长，也不能说明美国经济真正康复了，而可能是又一次某种形式的经济危机和经济风暴来临前的暂时平静时期。

西方垄断财团一方面竭力贬低维护社会利益的国家调节，另一方面毫不犹豫操纵政府为其谋求私利。政治上资产阶级政党轮流执政和政治制度的低效率，精神上主张非为人民服务的"自私经济人"的理念和行为，必然导致市场失灵和伦理失灵基础上的国家调节失灵，从而影响资本主义的生存和发展。

综上所述，以私有制为基础的国家宏观调控是不可能根除经济危机的，在应对危机中的作用也是有限的。只有建立在公有制为主体基础上的国家宏观调控才是有效的。因此，坚持以公有制为主体、多种所有制经济共同发展的基本经济制度的信念绝不能动摇。只有这样，中国特色社会主义经济制度的优越性才能体现出来。

四、充分体现制度公平与制度效率有机结合原则，中国特色社会主义经济制度更具人民性

（一）制度公平与制度效率的有机结合

中国特色社会主义经济制度既要体现制度的公平，又要体现制度的效率，二者是有机统一的。经济制度的公平体现在，在该制度下有关经济活动的主体拥有平等的权利、同等的机会和合理的结果。经济制度的效率体现在，在该制度下经济资源的配置和产出状态，是否处于最优配置状态。

经济制度公平与经济制度效率是人类经济生活中的一对基本矛盾，也是经济学争论的主题。人们之所以把这一矛盾的难题解析称作经济学说史上的"哥德巴赫猜想"，其缘由在于：社会经济资源的配置效率是人类经济活动追求的目标，而经济主体在社会生产中的起点、机会、过程和结果的公平，也是人类经济活动追求的目标。这两大目标之间的内在关联和制度安排，就成为各派经济学解答不尽的两难选择。一些西方经济学家认为，公平和效率是反向变动的关系，经济越公平，效率就越低，效率越高必然导致经济越不公平。这一观点，是错误的，也是有害的，对于我国的经济建设是非常不利的。经济效率和经济公平之间是一种辩证关系，二者在一定条件下相互作用、相互制约，总体上表现为交促互补的关系。在现实经济生活中，收入和财富的差距并不必然提高效率，其刺激效应达到一定程度之后便具有递减的趋势，甚至出现负效应。人们接受高收入刺激而产生的效率有着生理的和社会的限制，过大的财富和收入分配差距必定会损失社会总效率。

近些年来，我国居民收入差距拉大，为国内外所关注。公平与效率关系的研讨，成为理论界研讨的热点。然而，令人深思的是，许多论点不提或者忽视唯物史观关于分配与所有制存在内在联系的基本观点，不区分不同历史条件和不同社会制度下的公平的经济内容，而只谈抽象的公平，把公平的决定因素寄托于所谓机会的平等或者满足于所谓人的理性要求的制度环境；面对居民收入差距继续扩大不良势头，不是从所有制关系出现的变化，寻求源头并提出解决问题的思路，而是认为私有制市场经济可以提高效率，用二次分配或者再分配的办法就可以实现公平。有些学者离开所有制关系来谈贫富关系，认为对于社

会不公的现象，不能存在"反富"的心态，用劫富济贫的方法去帮助穷人，那会牺牲效率，如果富人的钱得不到保障，谁会去努力工作？没人努力工作，经济就不会发展，即使把富人的钱都分配给穷人，穷人花光了钱后还是穷人。① 按照这些观点，经济效率与贫富差距是不可分离的，即使是剥削关系造成的两极分化，也是天经地义、永恒合理的，还谈什么"让发展的成果惠及全体人民"？

近年来，收入分配状况不断恶化、贫富差距不断扩大，中国特色社会主义经济制度的公平性受到质疑。如何缩小收入差距，让更多的人分享改革的成果就成了完善中国特色社会主义经济制度的重要内容，就成了新一轮收入分配制度改革的着力点。

邓小平晚年语重心长地讲过："少部分人获得那么多财富，大多数人没有，这样发展下去总有一天会出问题。分配不公，会导致两极分化，到一定时候问题就会出来。这个问题要解决。过去我们讲先发展起来。现在看，发展起来以后的问题不比不发展时少。"② 1993 年 9 月，邓小平说："十二亿人口怎样实现富裕，富裕起来以后财富怎样分配，这都是大问题。题目已经出来了，解决这个问题比解决发展起来的问题还困难。"③。他还特别尖锐地提出："如果搞两极分化，情况就不同了，民族矛盾、区域间矛盾、阶级矛盾都会发展，相应地中央和地方的矛盾也会发展，就可能出乱子。"④

在总结 30 年理论探索和实践经验的基础上，进一步改革和完善中国特色的社会主义市场经济的收入分配制度，是我们还必须下大力气进行研究的重大问题。首先是要正视我国改革和发展成果的分配状况；其次是要全面准确地评价和认识收入分配差距扩大的性质和趋势；最后要在深入分析造成这种状况的原因基础上，提出正确的对策，扭转收入分配过分拉大的趋势，改善我国的利益分配格局。

党的十七大坚持马克思主义的基本原理，贯彻科学发展观，高度重视收入分配问题，明确提出了完善收入分配制度、调整国民收入格局的指导思想和努

---

① 《与林老师对话：经济学方法论篇》，2005 年 2 月 10 日，北京大学中国经济研究中心网站："林毅力发展论坛"。

②③ 《邓小平年谱 1975～1997》（下）中央文献出版社 2004 年版，第 1364 页。

④ 《邓小平文选》第三卷，人民出版社 1993 年版，第 364 页。

力方向："要坚持和完善按劳分配为主体、多种分配方式并存的分配制度，健全劳动、资本、技术、管理等生产要素按贡献参与分配的制度，初次分配和再分配都要处理好效率和公平的关系，再分配更加注重公平。逐步提高居民收入在国民收入分配中的比重，提高劳动报酬在初次分配中的比重。着力提高低收入者收入，逐步提高扶贫标准和最低工资标准，建立企业职工工资正常增长机制和支付保障机制。"①

我们在新的历史阶段要进一步改革分配体制、构建和完善社会主义初级阶段的系统完备的分配制度。在我国这场历史性的变革和急速推进的现代化过程中，必须坚持社会主义市场经济的基本目标和要求，构建具有中国特色的能够体现效率与公平的历史性结合的收入分配体制，树立经济发展的根本目的是为了不断满足人民群众日益增长的物质和文化需求的社会主义生产目的。这样才能使全体人民共享改革和发展成果，使我国的经济发展保持可持续性，才能有强大的动力推进我国的现代化进程，逐步实现共同富裕和人的全面发展。

财富和收入分配差距过大的问题，应当在深化改革和经济发展中解决，但关键在于坚持改革的正确方向。我国的改革是社会主义的自我完善，不是为少数人谋利益，而是体现以人为本，让最广大的人民享受改革成果。以前曾经流行一种说法：改革是利益关系的调整，需要牺牲一些群体的利益，似乎牺牲一部分人民的利益（包括下岗职工、农民和农民工等）是不可避免的。诚然，改革中确实会涉及利益调整问题，但不是主题，关键又在于调整谁、怎样调整。从改革的宗旨看，需要调整的主要是有碍于生产力发展的既得利益者，而作为改革主体的广大劳动者则必须共享改革的成果。如果借口发展生产力，以牺牲广大群众的利益为代价，让少数人独享社会财富而使多数人陷入贫困，扩大收入差距，那就是保护既得利益，扭曲了改革的方向。从各地反映出的大量事实看，相当普遍地存在着大量不顾多数职工和农民切身利益（如失业、失地）、官员"傍大款"的现象，既危及群众的生活，也不利于社会稳定，会挫伤群众的积极性，反过头来又会妨碍生产力的发展。因此，应当把"改革必然要牺牲一部分人民的利益"改为改革是解放生产力、为全体群众谋利益、使之分享改革成果的社会主义自我完善过程。

---

① 《十七大以来重要文献选编》（上），中央文献出版社2009年版，第30页。

（二） 改革就是要构建依靠人民的经济制度

中国特色社会主义经济制度的人民性，体现在社会主义市场经济体制的改革目标，归根到底是要构建依靠人民发展经济、让人民共享发展成果的经济制度。依靠人民来实现长期的科学发展，必须坚定不移地巩固社会主义公有制的主体地位，依靠人民实行科学的改革与开放，努力构建有助于"发展依靠人民"的经济制度。

经济体制改革是要实现社会主义公有制与市场经济的结合，是要实现社会主义取向与现代市场经济取向的结合，这实质上就是要构建依靠人民的经济制度。传统的计划产品经济体制也是建立在公有制基础上的，本质上也是依靠人民的，问题在于管理体制上存在主观性的弊病。在现阶段，那种单一地垂直性的集中管理体制，抑制了历史条件决定的发展社会生产力所需要的市场经济关系，不能充分发挥基层经济组织的能动作用，因而使公有制依靠人民、促进生产力发展的这种优越性，不能高效地显示出来，所以必须进行经济体制的变革；但是，这绝不是要取消公有制这个基础和社会主义方向，恰恰相反，从根本上说，是要通过改革，寻求到能够同市场经济结合的公有制的实现形式，从而使其更有利于依靠人民，调动人民群众的积极性和创造性。

唯物史观把所有制的实现形式，理解为生产资料所有权经济价值的实现过程，理解为经济主体凭借生产资料所有权获取经济利益的实现途径和形式。[①] 同市场经济结合的公有制的实现形式，就是指全体或者集体劳动者，在国家宏观计划调节或科学统筹下，凭借共同占有的生产条件（公有资本、土地等），以企业或集体组织的经济形式，面向市场，自主地发展经济，贯彻按劳分配方式，使劳动者个人以一定的收入形式获取自身物质利益的过程。我们应当从这种过程而且是可持续的过程，来理解公有制在市场经济条件下的实现形式，那种把实现形式仅仅理解为某种企业治理结构，是存在片面性的。从这种理解来

---

① 马克思在论述资本主义条件下土地所有权的实现形式时指出，"问题就在于说明这种垄断在资本主义生产基础上的经济价值，即这种垄断在资本主义生产基础上的实现"。"地租是土地所有权在经济上借以实现即增殖价值的形式"。"地租是土地所有权在经济上的实现"。参见《资本论》第三卷，人民出版社1975年版，第695、698、715页。这些阐述包含着对生产条件所有权的实现形式一般科学含义。

看，公有制的实现形式，包含着从生产、流通、分配到个人消费的一系列具体制度环节，如果其中的某个环节存在体制弊端，就会阻碍劳动者对生产条件共同所有权的经济价值的实现，阻碍作为公有制主体成员的劳动者个人经济利益的实现。不过，只要公有制的性质不变，其经济价值实现过程中具体环节的弊端，是可以通过依靠人民来纠正或完善的。

（三）让发展成果惠及全体人民

中国特色社会主义经济制度的人民性，还体现在经济发展的成果要惠及全体人民、由全体人民来共享。在社会主义市场经济实践中，"让发展的成果惠及全体人民"[①] 是特别有利于广大干部群众建立和完善按劳分配为主体的具体分配关系的一个极其重要的、具有长远意义的指导方针，对于理顺当前的分配关系，完善分配制度，构建社会主义和谐社会，具有重大意义。我们应当遵循这个方针，用能否使全体人民共享改革开放的成果，来总结改革的经验和教训，推进建立和完善社会主义市场经济条件下的分配制度。遵循"让发展的成果惠及全体人民"的指导方针，特别有利于建立和完善按劳分配为主体的具体分配关系。

首先，它有利于广大社会主义劳动者创造出占主体地位的按劳分配的具体形式。按劳分配体现的是"等劳交换关系"，[②] 它把商品流通中的等价交换的平等关系贯彻到直接生产过程中，体现了一种消除阶级剥削的平等交换关系，体现了社会主义的经济权益公平。而它与市场流通的平等要求又是一致的。因此，虽然在市场经济条件下，公有制企业或者公有控股企业必须自主独立经营，导致在全社会不可能按统一标准实施按劳分配，但是，在企业内部，只要力求让企业经营和发展的成果惠及全体职工，就必定有助于形成最能体现按劳分配原则的具体分配形式。这是因为，在企业可分配的价值成果或分配基金确定之后，只有坚持按每个职工在企业内部的岗位上付出的实际劳动量获得相应的劳动报酬，才能最公平地分配企业劳动成果，使每个职工公平地获得自身利益。公有制企业只要切实实行民主的科学的管理，就能保证广大职工维护自身

---

① 胡锦涛：《树立和落实科学发展观》，见《保持共产党员先进性教育读本》，党建读物出版社2005年版，第281页。

② 何干强：《试论等劳交换市场》，载于《社会科学研究》，1987年第3期。

权益，关心各种生产或工作岗位在同一时间的劳动量换算，从而逐步寻求出符合本企业的劳动量计算的办法，创造出符合本企业特点的具体按劳分配形式。

其次，它有利于制定服从于全体人民最终实现共同富裕的非按劳分配性质的分配政策。在社会主义初级阶段，存在非公有制经济和各种混合所有制经济，它们对于促进整个社会生产力的发展，调动一切积极因素，振兴民族经济是十分必要的。这必然要允许在这些经济成分中，实行按私人资本所有权分配、按股权分配等非按劳分配的分配形式。但是，这些分配形式或者分配政策既然不属于等劳交换范畴，对于广大劳动者来说，就会存在着某种不平等。因此，在制定这方面的具体政策时，就需要遵循"让发展的成果惠及全体人民"的指导方针，把握好实施政策的范围和限度，同时研究如何对可能引起的贫富差距进行合理的调节，这样，就有助于把非按劳分配的分配形式纳入有利于广大劳动着整体利益和长远利益的轨道。

最后，它有助于排斥不利于广大劳动人民的错误分配思想和做法。我们知道，社会经济科学发展的可分配成果，体现在经济资源、生产成果、生态环境、空间资源等许多方面。"让发展的成果惠及全体人民"这个指导方针强调的是，享受发展成果的对象应当是全体人民，而不只是少数人，因此，这是一个对经济实践的价值目标有明确指向的方针。例如，如果对"高尔夫"球场的发展不加控制，生态环境和空间资源就会集中给少数人享用，所以必须严格控制。又如，如果照搬发达资本主义国家的经验，靠大力发展私人小汽车来拉动产业发展，而把公共交通放在次要地位，那么，将会造成社会经济资源最后为少数人服务，土地空间也会为少数人所享用。可见，"让发展成果惠及全体人民"，这个指导方针为我们在建立和完善有利于全体人民的分配制度实践中，及时地判断取得的成绩和存在的问题，提供了一个明确的方针。

五、党的十八大精神：完善经济制度的"四个关键词"

当前，我国经济体制改革的顶层设计或再出发主要有两大思路：一种认为中国现在是"半统制、半市场"的双重体制，近几年改革还处于停滞或倒退状态，实行"国家资本主义或权贵资本主义"，因而必须重启改革，而改革的方向和目标就是"国有企业私有化、土地私有化和金融自由化"，以便建立

"社会公正＋市场经济＝社会主义"市场经济体制。为此，必须重设"国家体改委"来推行之。另一种认为中国在2000年已初步建立了社会主义市场经济体制，接着又用十几年大体完善了这一体制，今后是按照党的十八大提出的四个层面进一步加以完善，即在坚持社会主义取向与现代市场经济取向相结合的基础上，从产权、分配、调节和开放层面加快完善社会主义市场经济体制。为此，必须加强党中央对改革的统筹领导。此思路以刘国光、卫兴华、项启源和笔者等马克思主义经济学家为代表。

党的十八大报告明确指出："要加快完善社会主义市场经济体制，完善公有制为主体、多种所有制经济共同发展的基本经济制度，完善按劳分配为主体、多种分配方式并存的分配制度，更大程度更广范围发挥市场在资源配置中的基础性作用，完善宏观调控体系，完善开放型经济体系"（以下没有注明出处的引文均出自该报告）。这就从产权、分配、调节和开放四个层面科学地界定了加快完善社会主义市场经济体制的方向和内涵。我们应结合十八大精神，依据不断变动中的国情和世情，对这四个层面或关键词作理论和现实的深刻阐述和创新，以表明进一步完善中国特色社会主义经济制度的科学前景。

第一个关键词是产权。广义的产权与广义的所有权或所有制在概念上大同小异。公有制为主体、多种所有制共同发展的制度，属于社会主义初级阶段必须长期坚持和完善的基本经济制度。因为它从经济学原理、经济属性和经济类型上规定了什么是社会主义性质的市场经济体制。美国《帕尔格雷夫经济学大辞典》在界定"市场社会主义"词条时认为，资源配置或经济运行主要是市场机制，而公有制经济又是主要形式。这是诠释言之有理。反之，若是私有制占主体，多种所有制共同发展，便是当今资本主义市场经济体制或基本经济制度，即市场资本主义。这也是现代政治经济学和西方比较经济体制学的主流共识。

问题在于，如何完善这一初级社会主义的基本经济制度？报告强调"要毫不动摇巩固和发展公有制经济，推行公有制多种实现形式，深化国有企业改革，完善各类国有资产管理体制，推动国有资本更多投向关系国家安全和国民经济命脉的重要行业和关键领域，不断增强国有经济活力、控制力、影响力。毫不动摇鼓励、支持、引导非公有制经济发展，保证各种所有制经济依法平等使用生产要素、公平参与市场竞争、同等受到法律保护。"传统社会主义计划经济体制和当代资本主义市场经济体制已表明，单纯的公有制或私有制占主体均难以实现科技发展所提供的潜在效率和实然公平。而西方国家每隔若干年发生一次次周期性或重或轻的经济衰退和各种危机，也表明私有制市场经济始终内生不可持续发展的功能性痼疾。因此，完善公有制主体与私有制辅体的全社会所有制结构，要在市场竞争和国家导向下增强两种所有制的共生性和互补性，做到"两个毫不动摇"，而非人为地"公退私进"或"公进私退"。不过，面对西方跨国垄断资本逐渐控制我国经济许多领域的严峻局面，当务之急是私营经济与公有经济加强合作而非内耗，共同参与和应对外国垄断资本在国内外的激烈竞争。

第二个关键词是分配。由于产权关系和制度决定分配关系和制度，收益权属于广义产权的一束权利之一，因而公有制主体便决定或派生出按劳分配主体。社会主义初级阶段要实行按劳分配为主体、多种分配方式并存的分配制度。撇开自然经济和个体经济不谈，现代企业制度下分配的基本形式就是市场型按劳分配或按资分配，所谓多种分配方式或按生产要素产权分配，实质上是可以分解为按劳分配或按资分配的。按经营才能分配属于按劳分配，而按土地要素分配则属于按资分配。企业人员获得发明技术的收益属于按劳分配，再折合成股份而获得的收益则属于按资分配。可见，改革中要完善的其实是按劳分配为主体、按资分配为辅体的分配制度。

问题在于，如何完善这一初级社会主义的分配制度？报告强调必须"维护社会公平正义""走共同富裕道路""共同富裕是中国特色社会主义的根本原则"。目前，居民财富和收入分配差距较大的根源和首因，在于非公经济及由此决定的按资分配比重较大，因而报告提出"要坚持社会主义基本经济制度和分配制度，调整国民收入分配格局，加大再分配调节力度，着力解决收入分配差距较大问题，使发展成果更多更公平惠及全体人民，朝着共同富裕方向稳步前进。"为此，实现发展成果由人民共享，必须深化收入分配制度改革，努力实现居民收入增长和经济发展同步、劳动报酬增长和劳动生产率提高同步，提高居民收入在国民收入分配中的比重，提高劳动报酬在初次分配中的比重。这里要求"实现两个同步""提高两个比重""实现两个倍增"（实现国内生产总值和城乡居民人均收入比2010年翻一番），是必须贯彻"初次分配和再分配都要兼顾效率和公平，再分配更加注重公平"这一分配领域改革发展总方针的。其经济学缘由在于，平等或公平在概念上不等于平均或均等，经济公平与效率的真实关系不是孰先孰后的反向变动的替代关系，而是同向变动的互促关系，即在权利、规则和机会等方面越公平，便越有效率，反之则相反。当前，出于切实有效地解决企业人员的财富和收入分配差距较大问题，应采取笔者多年强调的"四挂钩"立法措施和改革政策，即普通职工的收入须与企业的劳动生产率、利润率、高管收入和当地物价的变动挂钩，以促进分配和谐。

第三个关键词是调节。发挥市场在资源配置中的基础性作用，可以缩称为以市场调节为基础，其对立统一面是国家调节。国家调节主要包括负责立法的人大调节和政府调节，既有宏观调节或调控，又有微观调节或规制。正如萨缪尔森所说的，市场是没有大脑和心脏的，需要国家发挥作用。斯蒂格利茨的《政府经济学》和克鲁格曼关于回归凯恩斯主义等西方不少论著，已充分阐述了功能性双重调节体制机制的应然性和可行性。由于我国是要实行跨越性大发展的后发国家，又要在改革中避免要出现政策和机制的缺位或真空，还要"不断增强国有经济活力、控制力、影响力"，以及合理借鉴亚洲"四小龙"等政府主导的有益经验，因而必须发挥国家在又好又快地发展国民经济中的主导作用。社会主义初级阶段应在廉价、廉洁、民主和高效的基础上构建小而强的国家调节体系，形成"以市场调节为基础、国家调节为主导"功能互补性的双重调节体制机制，以此消除西方国家过分实施市场调节或市场化改革所形成的周期性多种经济危机和困境。

问题在于，如何完善这一初级社会主义的调节制度？报告强调"经济体制改革的核心问题是处理好政府和市场的关系，必须更加尊重市场规律，更好发挥政府作用。……健全现代市场体系，加强宏观调控目标和政策手段机制化建设。"（习近平总书记在2013年两会讲话再次同时强调"更加""更好"这两个双重调节机制）完善商品、技术、资本、土地、住宅、人力等各类市场的客体结构、主体结构、空间结构和时间结构，释放其耦合性良好功能，是全面深化改革的重要内容。同时，要重点深化财税体制改革，建立公共资源出让收益合理共享机制；深化金融体制改革，健全促进宏观经济稳定、支持实体经济发展的现代金融体系；深化投资和经济结构调整体制，推进经济结构战略性调整，加快转变经济发展方式；深化科技教育文化卫生体制改革，提升科技创新、国家软实力和国民健康水平；深化城乡一体化体制改革，促进解决好"三农"问题。

第四个关键词是开放。市场经济和经济全球化内在地要求国民经济实行内外开放，以优化资源配置、促进优势互补和推动经济发展。开放与保护是一对矛盾，均有正效应与负效应、适度型与过渡型之分。发达国家和开放收益显著的国家，在经济开放的之前和同时都十分注重自主创新、自力发展和经济安全，突出开放的整体长远效益和国民福利，因而报告指出要"全面提高开放型经济水平。适应经济全球化新形势，必须实行更加积极主动的开放战略，完善互利共赢、多元平衡、安全高效的开放型经济体系。"可见，自力主导型的全方位开放制度，要求处理好引资、引技、引智同主要高效利用本国资本和智力、发展自主知识产权的关系，实行内需为主并与外需相结合的国内外经济交往关系，促进追求引进数量的粗放型开放模式向追求引进效益的精益型开放模式转变，从而尽快完成从贸易大国向贸易强国和经济大国向经济强国的转化。

问题在于，如何完善这一初级社会主义的开放制度？报告强调"要加快转变对外经济发展方式，推动开放朝着优化结构、拓展深度、提高效益方向转变。创新开放模式"。确实，随着世界经济格局的深刻变化，冷静面对当前对外经济发展面临的问题，迫切要求我国从战略上谋划对外经济关系的长远发展，在加快转变对外经济发展方式上树立新思维，采取新战略和新举措。为此，一是面对中资大量过剩，应适当控制外资依存度，积极提升中外资本协调使用的效益；二是面对构建创新型国家，应适当降低外国技术依存度，积极提升自主创新的能力；三是面对全球生态环境保护和资源能源相对不足，应适当降低外源（外国资源能源）依存度，积极提升配置资源能源的效率；四是面对出口导向型经济的弊端，应适当控制外贸依存度，积极提升消费拉动增长的作用；五是面对美国美元的数轮量化宽松政策，应适当控制外汇储备度，积极提升使用外汇的收益。这五个适当控制与积极提升，是要在科学发展观的指导下，在巩固和完善自力主导型全方位开放体系的基础上，建立起"低损耗、高效益、双向互动、自主创新"的精益型对外开放模式，统筹国内经济发展与对外开放的关系，更加注重经济开放中的自主发展、高端竞争、经济安全、国家权益和民生实惠，以促进国民经济又好又快地持续健康发展。

| 后 记 |

本书由我先提出写作思路和基本框架。中国社科院马克思主义研究院特聘研究员、河南财经大学终身教授杨承训撰写第一章；中国社科院马克思主义研究院张建刚副研究员和笔者共同撰写第三章和第五章；首都经贸大学经济学院徐则荣教授撰写第二章和第四章。杨承训教授先对全书初稿进行了修改，接着我又依据党的十八大精神和中外学术进展，修订和充实了整部书稿。不过，每章的主要内容和知识产权责任仍由各章第一执笔人负责。欢迎读者批评指正。

全国著名财经类图书出版社——经济科学出版社各级领导和责任编辑范莹同志十分支持此套丛书的编辑出版，给予真诚的智慧和资助，在此深表谢意！

程恩富
2013 年 4 月